Csaba Lentner

DE L'OUEST À L'EST, DE L'EST À L'OUEST

L'Évolution des finances publiques de la Hongrie depuis l'époque de la Monarchie austro-hongroise jusqu'à nos jours

Csaba Lentner

De l'Ouest à l'Est, de l'Est à l'Ouest

L'évolution des finances publiques de la Hongrie depuis l'époque de la Monarchie austro-hongroise jusqu'à nos jours

Traduit du hongrois par
László Sujtó

L'Harmattan
Paris – Budapest, 2022

Le présent ouvrage a été publié grâce au généreux
soutien de la Fondation Pallas Athéné Domus Meriti.

Le texte de l'édition hongroise a été revu par:
Ernő Huszti (†), professeur honoraire, docteur de l'Académie hongroise des sciences, et
Pál Péter Kolozsi, maître de conférences à l'Université Corvinus et à l'Université nationale de service public, directeur de département de la Banque nationale de Hongrie

ISBN 978-2-14-027379-7
DOI: https://doi.org/10.56037/978-2-14-027379-7

Design de la couverture : László Kára
Mise en page : Krisztina Csernák
Imprimé par Prime Rate Ltd.
Responsable en charge : Péter Tomcsányi

Je dédie ce livre à la mémoire de mon père Lajos Lentner (1934-2019) et en hommage à ma mère Etelka Balogh (1942), qui ont été témoins d'une bonne partie de la période étudiée sur ces pages. Je le dédie aussi à mes proches Csanád (1997), Fanni (2009), Katalin (1983), Kinga (1971) et Szabolcs (1991), en guise de leçon d'histoire.

TABLE DES MATIÈRES

CHAPITRE 1
Le sujet et l'objectif du présent livre
Bref résumé historique de son sujet

1.1 LES CADRES D'INTERPRÉTATION HISTORIQUE DES FINANCES PUBLIQUES DE LA HONGRIE

Écrire l'histoire de l'évolution des finances publiques hongroises semble être une entreprise plus courte et plus modeste que les travaux similaires des pays et nations d'Europe occidentale. Cependant, si l'on se penche sur le dernier siècle et demi de développement des finances publiques hongroises, ce que tente de faire le présent ouvrage, on voit une série dense, voire trépidante d'événements, c'est-à-dire une série riche mais rapidement changeante de crises, de réformes, de réformettes, puis de nouveaux revers, ainsi que la « cavalcade » de théories économiques qui y sont associées.

L'arrivée des tribus hongroises dans le bassin des Carpates, la conquête de la Hongrie, date de la fin du 9e siècle de notre ère, si l'on fait abstraction de la théorie de la double conquête du pays[1]. À cette époque, les nations occupant la moitié occidentale de l'Europe avaient déjà formé des États, disposaient d'administrations et d'armées depuis des siècles. Nous sommes déjà quatre cents ans après la chute de l'Empire romain d'Occident, qui possédait un appareil d'État très développé.[2] En Égypte, en Grèce, en Chine et en Perse, des systèmes administratifs avancés étaient déjà en place depuis des milliers d'années. La transformation de la confédération tribale hongroise en une organisation étatique a eu lieu après la conquête du pays, au tournant du premier millénaire, sous la direction du roi Étienne. « En embrassant la foi chrétienne et en construisant un État chrétien, notre premier roi, saint Étienne, a créé la possibilité pour les Hongrois de survivre pendant des siècles. L'État, incarnant le christianisme, en tant que défenseur de la culture occidentale et de la volonté de l'Europe, a contribué de manière significative à la préservation de l'identité structurelle de l'Occident pendant un millénaire et à son développement ininterrompu jusqu'à ce jour »[3].

« Depuis sa fondation jusqu'au début du 18e siècle, la Hongrie était presque exclusivement un État de production primaire, dans la mesure où tous ses produits, son activité industrielle, son chiffre d'affaires, sa fiscalité et ses

[1] Gyula László, *A „kettős honfoglalás"* (La Conquête du pays en deux étapes), Magvető, 1978.

[2] Ajoutons que la chute de Rome fut suivie d'une nouvelle époque de barbarie, mais l'héritage de l'Empire romain fut préservé par Byzance.

[3] Gábor Máté, « Szent Korona – Eszme – Parafrázis » (Couronne sacrée – Idéal – Paraphrase), in *Eckhart Ferenc Emlékkönyv* (Mélanges Ferenc Eckhart), dir. Barna Mezey, Gondolat, 2004.

finances publiques étaient basés sur l'agriculture et les professions connexes »[4], écrivait Gyula Kautz dans la seconde moitié du 19e siècle. Selon lui, « dans l'économie de la Hongrie, le Moyen Âge a duré essentiellement jusqu'au 18e siècle, et le caractère économique naturel de notre foyer national, avec toutes ses déficiences et ses demi-perfections, l'immobilité et la rigidité de la vie industrielle, le sous-développement de l'activité du capital-argent et du crédit, la passivité du commerce, le manque de capacité à taxer, etc. est resté presque inchangé jusqu'à ce siècle, de sorte que, en comparant notre pays avec d'autres pays, nous devons avouer que, à l'exception de quelques périodes brillantes mais brèves, où la force nationale était plus productive et où notre économie a fait un grand pas en avant, il y a peu d'États dans lesquels les progrès de l'économie nationale ont été aussi lents et difficiles qu'en Hongrie. »[5] L'état arriéré du pays en position périphérique par rapport aux courants et foyers principaux de l'économie européenne a aussi entravé les progrès de la gestion économique et des savoirs y relatifs. Il convient cependant d'articuler les étapes de cette période de huit siècles.

Depuis la Conquête du pays jusqu'à la seconde moitié du 19e siècle l'économie hongroise a été sujette à bien des changements et porteuse de nombreuses contradictions. Pendant les cinq siècles et demi de son existence, le Royaume de Hongrie a été une puissance moyenne importante de l'Europe centrale ;[6] cependant, après avoir réussi à refouler les attaques de l'Empire ottoman pendant près d'un siècle, il a pratiquement disparu de la carte politique de l'Europe après 1526, à la suite de la défaite de Mohács. Scindée en trois parties, la Hongrie a perdu son indépendance politique et toute possibilité d'une gestion économique autonome. Occupées par les Habsbourg et gouvernées à partir de Vienne et de Pozsony (auj. Bratislava, Slovaquie), les régions de l'Ouest et du Nord ont pourtant préservé leurs droits constitutionnels.[7] La partie centrale du pays a été inféodée à l'Empire ottoman, tandis que la principauté de Transylvanie a réussi à garder une grande partie de son autonomie malgré la pression continue de la Porte. La dislocation de l'organisation de l'État hongrois, la formation de zones sous domination ou

4 Gyula Kautz, *A nemzetgazdasági eszmék fejlődési története és befolyása a közviszonyokra Magyarországon* (Histoire de l'évolution des idées d'économie nationale et leur influence sur les conditions générales de la vie en Hongrie), Gusztáv Heckenast éditeur, 1868, p. 13.

5 *Ibidem*, p. 15.

6 L'âge d'or de la Hongrie correspondait au règne de Mathias Corvin (1458-1490). Un tiers du stock d'or et près de la moitié du stock d'argent de toute l'Europe provenait alors de Hongrie. Le pays possédait une armée nombreuse et bien équipée, et des organes administratifs très efficaces. La mise en valeur des ressources de la région ne cessait de progresser, et le volume de la production économique rivalisait avec celui de l'Angleterre. Malgré les guerres contre les Turcs, la Hongrie exportait de grandes quantités de cheptel, de blés et de vin. Ce qui revient à dire que cet état arriéré qui selon Kautz aurait marqué les neuf siècles consécutifs à la Conquête du pays n'était ni continu ni général.

7 Sur le statut particulier du Royaume de Hongrie, et sur les réalités du pays scindé en trois parties mais restant culturellement plus ou moins uni, voir Géza Pálffy, *A tizenhatodik század története* (L'Histoire du seizième siècle), Pannonica, 2000. La Hongrie de l'époque se situait à la frontière – et dans les cadres – de deux vastes empires.

influence étrangère ont rejeté en arrière la vie économique hongroise et ont rendu impossible une existence nationale authentique.

La fondation tardive de l'État hongrois et les retards dans le développement des structures administratives a déterminé pour longtemps le fonctionnement des organes publics, bien que les *Mémoires* de Léon le Sage nous apprennent que les tribus hongroises cheminant vers le bassin des Carpates « tenaient en haute estime les présents d'hommage et avaient une excellente organisation militaire, appuyée sur un embryon de régime financier et d'économie publique ». Au témoignage des sources contemporaines, « les finances relevaient d'un magistrat nommé à cet effet, le trésor bénéficiait de revenus déterminés, les impôts et contributions de guerre, les recettes et les bétails des princes se séparaient nettement les uns des autres [...] ce dont on peut conclure que les Magyars étaient conscients des besoins et intérêts financiers d'un État bien organisé ».[8]

Durant les cinq siècles et demi d'indépendance politique suivant la fondation de l'État hongrois,[9] la création d'une gestion économique conforme aux possibilités de l'époque a entraîné le développement notable de l'économie et le renforcement des capacités de défense du pays. Plus tard, la division du pays en trois parties pendant cent cinquante ans, ensuite la domination des Habsbourg étendue progressivement sur l'ensemble du territoire après le refoulement définitif des Turcs en 1686 ont empêché la restauration des institutions souveraines de l'État hongrois. Après l'échec de la guerre d'indépendance nationale conduite par le prince François II Rákóczi, le mouvement de réforme des premières décennies du 19e siècle, la « fermentation intellectuelle » pour promouvoir le commerce, le crédit et l'industrie, ensuite la révolution et la guerre d'indépendance de 1848-1849 et les deux décennies suivant son écrasement ont néanmoins abouti à un Compromis historique avec la maison des Habsbourg et à un progrès remarquable de la vie économique et des finances publiques.

La Grande Guerre a mis fin à la prospérité économique relative de la Monarchie austro-hongroise. La principale ambition du régime instauré en 1920, lié au nom de l'amiral Miklós Horthy, était de remédier aux pertes militaires, économiques, territoriales et sociales subies par le pays. Les résultats d'une stabilisation économique plus ou moins réussie ont été anéantis par la deuxième guerre mondiale, puis, après une période incertaine de deux ans, la politique économique de la Hongrie allait être déterminée par l'intégration politique et économique forcée du pays dans la zone d'intérêt soviétique et par l'instauration d'un système d'économie planifiée.

8 Les sources contemporaines sont citées par Gyula Kautz, *op. cit.*, pp. 20-21.

9 Sur la modernisation relativement rapide de la gestion financière et économique à cette époque, voir István Draskóczi, « A honfoglalástól a 16. századig » (De la Conquête du pays au 16e siècle), in *Magyarország gazdaságtörténete a honfoglalástól a 20. század közepéig* (L'Histoire économique de la Hongrie depuis la Conquête du pays jusqu'au milieu du 20e siècle), dir. János Honvári, Aula Kiadó, 1996, pp. 3-80.

Le système d'économie planifiée, sous le contrôle de l'État et du Parti communiste, devenait de plus en plus inefficace pendant les quatre décennies de son existence. Toutefois il ne s'agit pas d'une époque totalement homogène, car un large éventail d'instruments de politique économique a été utilisé. La volonté de desserrer les contraintes s'est concrétisée par les événements de 1955-1956, puis par le Nouveau Mécanisme économique introduit en 1967-68. L'attitude hongroise a toujours été caractérisée par la volonté, après la seconde guerre mondiale, de mettre fin à l'approche volontariste en matière d'armement, en particulier dans l'industrie, ce qui signifie que l'économie planifiée hongroise était beaucoup plus « orientée vers le marché » que celle d'autres pays socialistes, en particulier si l'on tient compte des premières formes d'entrepreneuriat dans l'agriculture (exploitations personnelles de coopérateurs, location de terres). L'échec des réformes, l'épuisement progressif des ressources internes du système, l'endettement du pays et la vulnérabilité de la politique économique qui en découlait ont conduit, d'une part, à la dépendance vis-à-vis des prêts occidentaux et, d'autre part, à « laisser » l'esprit d'entreprise s'imposer dans les conditions du marché. En conséquence, les contours d'un système brut d'économie de marché néolibérale ont émergé en Hongrie, au lieu de la poursuite d'une transition basée sur des facteurs internes (endogènes). À partir de la fin des années 1980, la tendance « ascendante » s'est caractérisée par l'éclipse de la réglementation et du contrôle de l'État et la création légale de la propriété privée dans les secteurs de la production et des services, remplaçant la propriété de l'État et des coopératives. Une économie de marché a émergé en Hongrie, mais non pas grâce à l'expansion des ressources internes, qui se développaient à la recherche de percées sur le marché depuis des décennies, mais grâce à l'influence dynamique du capital occidental.

Les faiblesses et l'inefficacité accompagnant la transition vers une économie de marché, les dépenses budgétaires excessives et la structure asymétrique de la charge fiscale ont conduit à une nouvelle détérioration de la trajectoire de la dette publique, voire à son insoutenabilité par la crise de 2007-2008. La diminution excessive du rôle de réglementation des pouvoirs publics, le déficit croissant du budget national et en particulier celui des municipalités, de même que l'endettement démesuré des ménages trahissaient le dysfonctionnement de l'État.

Bénéficiant d'un fort soutien social, le nouveau cursus politique et économique inauguré en 2010 a mis en place un modèle par lequel l'État est capable d'exercer une influence active sur l'économie. La discipline budgétaire, la discipline fiscale et la réglementation du fonctionnement des institutions financières ont été renforcées. Ces mesures et le nouveau type de réglementation fiscale ont atténué les problèmes du budget central, réduit la part de la dette publique dans le PIB et créé les conditions de la croissance économique ; d'autre part, après l'« autoconsolidation » du budget central, les administrations municipales, la sécurité sociale et les ménages endettés en devises étrangères ont bénéficié d'un processus de consolidation financière coordonné par l'État. L'administration publique, y compris l'administration économique, a été caractérisée par la centralisation, la réduction des attributions parallèles des services publics et la recherche de l'efficacité, « couplée » depuis 2013 à une politique monétaire soutenue par la banque centrale.

1.2 LA CHARPENTE DU LIVRE ET SES FONDEMENTS THÉORIQUES

Le présent traité étudie cinq régimes successifs de gestion économique, avec quelques différences fondamentales dans la méthodologie et la disponibilité des ressources. Chacun se caractérise par une présence plus marquée de l'étatisme que dans les trois siècles précédant le 19e siècle, et par le cadre juridique de sa légalisation, parfois relative. Ils sont tous axés sur le développement économique et le désir de rattraper l'Europe occidentale. Le point de départ de tous ces régimes de gouvernance économique est donc le désir d'atteindre un niveau administratif et économique plus moderne. C'était à l'époque de la Monarchie austro-hongroise que Béla Máriássy[10] a formulé sa thèse valable à tous les cinq régimes en question, selon laquelle « les conditions fondamentales de l'existence nationale étant la souveraineté nationale, le bien-être matériel, la sécurité des personnes et des propriétés et la capacité intellectuelle de la population, seul un État à finances réglées peut en bénéficier, puisque le bien-être matériel est inconcevable sans une ample production de qualité, la production sans l'aide de l'État, tandis que le maintien de la souveraineté, de la sécurité des personnes et des propriétés et des capacités intellectuelles de la population exigent des frais immenses, que seul peut couvrir un État possédant une ample production de qualité, et dont les citoyens possèdent par conséquent un surplus dépassant leurs besoin, qui leur permet de contribuer aux dépenses de l'État sans léser leurs intérêts propres ». Donc c'est de l'État souverain, c'est-à-dire de l'institution la plus importante, de caractère originellement juridique, que Máriássy attend le soutien d'une économie arriérée, avec éventuellement des interventions dans les rapports de marché, et – conformément aux enseignements d'Adam Smith – cela probablement jusqu'au moment où l'économie en a encore besoin et où les éléments d'une économie de marché ne sont pas tous (re)mis en place.[11]

[10] Béla Máriássy, *Pénzügyeinkről* (De nos finances), édition de l'auteur, p. 1.

[11] Sur le rôle de « veilleur de nuit » de l'État libéral, voir Adam Smith, *The Wealth of the Nations*, 1776, http://en.wikisource.org:80/wiki/The_Wealth_of_Nations, téléchargé le 9 janvier 2019. Après avoir « mené à bonne fin » la colonisation, et après s'être assuré une main-d'œuvre et des matières premières bon marché, de même que des débouchés pratiquement illimités, l'État gouvernant l'Empire britannique du 18e siècle s'est retiré à l'arrière-plan, ce qui revient à dire qu'après la création de l'institution du « marché », l'économie a été façonnée essentiellement par les acteurs autonomes du marché et leur volonté de réaliser un maximum de profits. Je fais abstraction pour le moment de l'ouvrage intitulé *The Theory of Moral Sentiments* d'Adam Smith (1759), où il a développé sa théorie des sentiments moraux de l'homme. Voir https://books.google.hu/books?hl=hu&lr=&id=iS5f-xlvRrwC&oi=fnd&pg=PT8&dq=theory+of+moral+sentiments&ots=XGuUrDzzYU&sig=52sG_S3iX_

En raison de la fondation tardive de l'État hongrois, des fléaux historiques et de l'état arriéré du pays (guerre turques, oppression par les Habsbourg, emprisonnement dans la zone d'influence soviétique, carences et indécisions de la direction économique durant la période de transition), chacun des cinq régimes successifs a tenté un effort de rattrapage dépassant les forces réelles du pays, où le rôle de catalyseur incombait le plus souvent à l'État. En d'autres termes, à l'exception de la période de transition vers une économie de marché néolibérale, les contours d'une structure d'économie de marché ou planifiée « organisée » ont émergé. Dans l'économie de marché néolibérale, l'État est également l'acteur central, ce qui tend cependant à démanteler les actifs de l'État et à « limiter » sa propre réglementation et contrôle. On constate aussi que contrairement à d'autres pays bénéficiant d'un ample temps de préparation et d'exécution, la direction économique hongroise a tenté de réaliser « en marche forcée » et à la manière d'un « acteur d'arrière-plan » le rattrapage économique et le plein développement du fonctionnement de l'État. On voit aussi que l'accumulation des tentatives avortées de rattrapage économique avait pour conséquence la naissance d'un environnement régulatif de plus en plus actif.[12] À la suite des insuccès éprouvés dans les périodes précédentes, la gouvernance économique devenait de plus en plus agissante, dans la mesure où elle prenait pour modèles les pays les plus développés, et voulait remédier aux tentatives manquées de rattrapage. Aussi la formulation des normes juridiques réglant le comportement des acteurs économiques témoignait-elle d'un dynamisme rapide.

Cet ouvrage se propose

- de décrire et de mettre en parallèle les principales caractéristiques de la gestion économique des cinq périodes en question, aussi bien que les mesures conditionnant l'économie des pouvoirs publics, et d'analyser l'efficacité de leur gestion économique ;
- d'examiner l'interaction de la politique fiscale du gouvernement et de l'action de la banque centrale ;
- d'explorer et de systématiser les principales théories d'administration publique et de finances publiques dominant dans les cinq périodes ;
- de mettre en évidence l'influence exercée par l'État sur les acteurs de la vie économique.

Nos recherches ont tenté d'explorer et d'évaluer le rôle de l'orientation économique gouvernementale dans les efforts de rattrapage et de modernisation du dernier demi-siècle. Il s'agissait de définir l'efficacité et la valeur de la

---

b74bbggqexj3g6nTI&redir_esc=y#v=onepage&q=theory%20of%20moral%20sentiments&f=false, téléchargé le 9 janvier 2019.

12 Voir en particulier la période extrêmement active après 2010 où toute une série de lois et de mesures ont été adoptées à un rythme hallucinant.

politique économique gouvernementale dans le contexte de l'état arriéré des réalités hongroises.

Nous nous proposons donc d'apporter une modeste contribution à la science économique par l'étude de l'évolution de la gestion économique, de l'efficacité des mesures économiques et de l'arrière-plan théorique des régimes économiques. Nous nous empressons d'ajouter qu'en raison de contraintes éditoriales nos analyses n'auront pas la profondeur souhaitée : nous devrons nous borner à l'étude des traits principaux des processus et des courants d'idées économiques des cinq périodes en question.[13]

Ces cinq périodes sont donc : 1) le demi-siècle du régime politique et économique né du Compromis historique de 1867 avec la maison des Habsbourg ; 2) la politique économique de la reconstruction de l'entre-deux-guerres, menée par un État désireux d'obtenir une révision territoriale ; 3) les réalités économiques déterminées par le Parti-État à l'époque de l'économie planifiée ; 4) les trois décennies de la transition à l'économie de marché à partir des années 1980 ;[14] 5) l'époque, à partir de 2010, de l'intervention active de l'État. Il s'agit donc de l'étude de cinq périodes historiques nettement délimitées, centrée sur le rôle régulateur de l'État. Nos finances publiques ont différé, et diffèrent aujourd'hui aussi de celles des pays d'économie de marché les plus avancés, en particulier de ceux appartenant à l'aire culturelle anglo-saxonne, tandis que l'économie planifiée hongroise était aussi sensiblement différente de celle de l'URSS. Cela revient à dire que la position géographique intermédiaire de la Hongrie entre l'Ouest et l'Est s'accompagne d'une pratique intermédiaire dans le domaine des finances publiques, ce qui s'exprime aussi dans le titre de notre traité.

Pour ce qui est du « genre » du présent ouvrage, il relève du domaine des sciences de l'administration publique. Durant la dernière décennie, j'ai tenté de définir dans plusieurs de mes publications le champ notionnel des finances publiques dans le cadre des sciences de l'administration publique, et de placer dans un contexte à la fois historique et international son statut dans les différentes époques.[15] Après la crise de 2007-2008, la revalorisation du

[13] L'histoire de l'évolution des finances publiques dans les cinq périodes en question m'a préoccupé pendant les décennies de ma carrière universitaire. La plupart de mes publications y relatives sont accessibles sur le site « Magyar Tudományos Művek Tára » (Collection des ouvrages scientifiques hongrois). Elles complètent le présent traité dans la mesure où c'est leur ensemble qui peut donner un tableau complet du sujet traité ici.

[14] Il est impossible de définir ici des limites chronologiques nettes, étant donné que la formation d'un régime de marché avait commencé avec le déclin de l'économie planifiée, c'est-à-dire encore sous le régime communiste, toléré puis soutenu par le pouvoir.

[15] Voir entre autres : Csaba Lentner, *Közpénzügyek és államháztartástan* (Finances publiques et science de l'administration publique), Nemzeti Közszolgálati és Tankönyvkiadó, 2013 ; « A magyar nemzetgazdaság működésének gazdasági, rendszertani és jogszabályi alapjai – unortodox jegybanki eszközök bemutatásával ékesítve » (Les bases économiques, systématologiques et juridiques du fonctionnement de l'économie nationale hongroise, accompagnées de l'exposition des mesures non orthodoxes employées par la Banque nationale), in Csaba Lentner (dir.), *Adózási pénzügytan és államháztartási gazdálkodás* (Économie financière de la fiscalité et gestion du budget de l'État) NKTK, 2015, pp. 31–76 ; *Közpénzügyi menedzsment* (Management des finances publiques), Dialóg Campus, 2017 ;

rôle de l'État, une plus intensive activité de réglementation et de contrôle de l'État,[16] c'est-à-dire une orientation plus soutenue exercée par les institutions de finances publiques[17] fournissent une excellente occasion pour qu'une discipline scientifique interdisciplinaire étudiant de près le fonctionnement de l'État se forme aussi en Hongrie[18] entre les sciences juridiques, « de caractère plutôt descriptif », et les sciences économiques de plus en plus orientées vers le marché, dont la configuration intérieure s'est constituée d'abord sous la Monarchie austro-hongroise,[19] puis entre les deux guerres.[20]

Kormányzati és közigazgatási feladatok közgazdasági és közpénzügyi megalapozása (Les fondements d'économie politique et de finances publiques de tâches gouvernementales et administratives), Dialóg Campus, 2017 ; « Állampénzügyi modellváltásunkról – történeti és tudományos vázlat » (Une ébauche historique et scientifique du changement de modèle de nos finances publiques), *Miskolci Jogi Szemle*, 2017, année 12, numéro spécial 2, pp. 328–337.

16 Dans le cadre d'une économie « normale » de marché, l'État exerce une influence tantôt plus faible, tantôt plus forte. Voir à ce sujet Attila Harmathy, « A gazdaság állami befolyásolásának jogi eszközeiről (a kapitalista országok gyakorlata » (Sur les moyens juridiques de l'État pour orienter l'économie [dans les pays capitalistes]), *MTA IX. osztály közleményei* (Publications du IXe département de l'Académie hongroise des sciences), 1981, nrs. 1–2, pp. 85–127 ; László Kecskés, « Az állam gazdasági tevékenysége és az immunitás. Az immunitás-problémák átfogó szemléletéért » (L'action économique de l'État et l'immunité. Pour une vue synthétique des problèmes d'immunité), *MTA IX. osztály közleményei* (« Publications du IXe département de l'Académie hongroise des sciences »), 1981, nrs. 1–2, pp. 179–213. Cf. l'émergence, quelques décennies plus tard, de la réglementation limitant les subventions (et par là intensifiant la concurrence du marché) de l'UE, dont une évaluation succincte se trouve dans Csaba Lentner, « Az állami támogatáspolitika fő eszközei és korlátai » (Les principaux moyens et limites de la politique nationale des subventions), in *Közigazgatási szakvizsga – gazdasági igazgatás* (Examen d'administration : gestion économique), dir. Miklós Imre et al., Nemzeti Közszolgálati Egyetem, 2015, pp. 64–74.

17 Sur l'interprétation scientifique du rôle de l'État, y compris la modification du rôle de la gestion économique, voir Márton Gellén – Hortenzia Hosszú (dir.), *Államszerep válság idején – Magyary Zoltán emlékkötet* (Le rôle de l'État en temps de crise – Mélanges Zoltán Magyary), Groupe Complex – Wolters Kluwer, 2010 ; voir en particulier Lajos Lőrincz, « Magyary Zoltán helye a magyar közigazgatástudományban » (La place de Zoltán Magyary dans la science de l'administration hongroise), pp. 39-48.

18 András Tamás remarque, à propos de la genèse de la science de l'administration publique (la science de l'État), que son origine remonte à la caméralistique et à la science des finances, et qu'il est tout à fait erroné de voir en elle une science juridique, arguant que ce qui est réglementé par le droit ne se réduit pas à un objet d'enquête de science juridique. Pour plus de détail : András Tamás, « A közigazgatás-tudomány helye és szerepe a tudományokon belül » (La place et le rôle de la science de l'administration parmi les sciences), *Pro publico Bono Magyar Közigazgatás*, 2013, nr. 2, pp. 28-34. András Tamás et Lajos Lőrincz ajoutent que la science de l'administration publique (la science de l'État) ne saurait être classée parmi les sciences juridiques malgré le fait qu'elle est cultivée essentiellement par des juristes.

19 Voir, en guise d'exemples, les ouvrages suivants : Vilmos Mariska, *Pénzügytan. Különös tekintettel a nevezetesebb államok államháztartására* (Caméralistique, concernant en particulier le budget des États illustres), Petrik Géza, 1871 ; Béla Földes, *A nemzetgazdaság- és pénzügytan kézikönyve* (Manuel de la science de l'économie nationale et de l'économie financière, 2e édition mise à jour, imprimerie de Sámuel Zilahy, 1885 ; Géza Kiss, *A parlamenti költségvetési jog természete és határai* (La nature et les limites du droit budgétaire parlementaire), Plitzer, 1905.

20 Quant à l'étude du budget d'un point de vue administratif, juridique et politique, voir surtout : Zoltán Magyary, *A magyar állam költségvetési joga* (Le droit budgétaire de l'État hongrois), Stúdium Kiadó, 1923 ; en fac-similé : Bureau de l'Assemblée nationale, 2010, XII. Sur son adaptabilité à l'époque contemporaine, voir Ernő Várady, « Adalékok alkotmányos pénzügyi jogi kérdésekhez » (Contributions à quelques questions de droit financier constitutionnel), *Acta Universitatis Szegediensis: Acta juridica et politica*, année 47, pp. 1-18, 187-196.

« La science de l'administration publique est le domaine de recherche que Zoltán Magyary désigne par le terme " administration publique ". Pour cette raison, il serait inutile d'y faire entrer la perspective adoptée par la science juridique. Il est donc parfaitement légitime de voir en Zoltán Magyary le grand classique de la science de l'administration publique hongroise. »[21] Selon la conception de Barna Mezey, « l'administration publique, c'est-à-dire l'administration de l'État destinée à satisfaire les besoins de l'État et les besoins de la population est une des activités les plus complexes de la vie de la société ».[22] À mon sens, cette « activité complexe » comprend la réglementation fiscale, la gestion fiscale et le contrôle du régime financier de l'État, le contrôle des finances publiques, aussi bien que la politique, la réglementation et le contrôle monétaires de la banque centrale, car ce sont ces institutions nationales qui sont responsables de la satisfaction des besoins publics, de la stabilité de valeur de l'argent payé à cet effet, à savoir de leur « accessibilité dans la stabilité ». Des exemples historiques montrent qu'en temps de crise, c'est l'État qui accomplit l'œuvre de consolidation, de réorganisation et de stabilisation, cependant que plus tard la philosophie de cette intervention peut être reconsidérée et son intensité peut diminuer. Dix ans après l'éclatement de la crise, nous sommes justement dans cette phase.

Proclamant la raison d'être d'un « pluralisme méthodologique »[23], la philosophie de László Csaba, élaborée au sommet de la crise et inspirant aussi la conception du présent ouvrage, est fort encourageante. Selon Csaba, dans la domaine de la science économique, on observe, parallèlement au renouveau amorcé il y a une bonne dizaine d'années, « l'émergence d'un pluralisme méthodologique, accompagnée de la réhabilitation de l'approche de science économique comparée, et le recul des études donnant une priorité unilatérale aux formalisations mathématiques »[24]. C'est dans cette perspective qu'il convient d'étudier l'évolution de l'économie et des finances publiques hongroises, aussi bien que la réglementation juridique y relative.[25] Bien entendu, ces réarrangements des aires scientifiques ne peuvent pas ignorer les acquis scientifiques vérifiés, la nouvelle approche ne cherchant qu'à leur donner plus de profondeur ; il paraît cependant qu'à côté de la science

21 Lajos Lőrincz, « Magyary Zoltán helye a magyar közigazgatástudományban » (La place de Zoltán Magyary dans la science de l'administration publique hongroise), in Márton Gellén – Hortenzia Hosszú, *op. cit.*, pp. 39-48. Voir en particulier la lutte menée par Magyary pour faire reconnaître son domaine scientifique.

22 Barna Mezey, « Államosítás és autonómia. Centralizáció és önkormányzatiság a XIX. század második felében » (Nationalisation et autonomie. Centralisation et administration régionale et locale dans la deuxième moitié du 19e siècle), in *Autonómiák Magyarországon 1848-1998* (Autonomies en Hongrie 1848-1998), dir. Péter Strausz – Péter Krisztián Zachar, ELTE, 2004, p. 18.

23 László Csaba, *Átmenet és közgazdaságtan. Módszertani tanulságok egy részterület műveléséből* (Transition et science économique. Les leçons méthodologiques de la pratique d'un domaine scientifique), conférence inaugurale à l'Académie hongroise des sciences, MTA, 2013, pp. 27.

24 Csaba, *op. cit.*, p. 5.

25 L'étude conjointe, à l'Université nationale de service public, des aspects juridiques et économiques du fonctionnement de l'État illustre bien cette orientation. Le programme a été accueilli favorablement par nos étudiants.

économique *mainstream* à base de mathématiques[26] les thèses des chercheurs étudiant le fonctionnement de l'État dans une perspective historique et institutionnelle[27] sont parvenues à leur maturité et attirent de plus en plus d'attention.

Le présent ouvrage se propose donc d'étudier le fonctionnement de l'économie d'État et ses relevances juridiques dans une perspective à la fois historique et internationale, suivant une chronologie d'un siècle et demi, et tirant les conclusions des événements et des théories de cette période. La crise a aussi quelque peu fragilisé les dogmes de l'économie, les lignes de prédictibilité mathématique que l'on croyait stables[28], et plus encore la confiance en eux[29], qui s'était pourtant renforcée avec le déclin du système économique de l'étalon-or (Bretton Woods), et qui a conduit à la prolifération de nouvelles approches[30] ou à la redécouverte d'anciennes[31], c'est-à-dire à une remise en cause des théories[32].

26 Un des principaux éléments en est l'adoption des mathématiques de programmation comme méthodologie des sciences économiques. Voir à ce sujet Ernő Zalai, « A közgazdaságtan metodológiájáról és a matematikai közgazdaságtanról – a Neumann-modell ürügyén » (De la méthodologie des sciences économiques et des sciences économiques mathématiques – à propos du modèle de Neumann), *Közgazdasági Szemle*, 1999, année 44, nrs. 7-8, pp. 600-628. Cf. László Csaba, *Módszertan és relevancia a közgazdaságtanban. A mai közgazdaságtan és a társadalomtudományok* (Méthodologie et relevance dans la science économique. La science économique d'aujourd'hui et les sciences sociales), MTA, 2013, pp. 43.

27 Pour ce qui est des bases de la science économique institutionnelle, voir l'œuvre de H. Ronald Coase, en particulier *The Firm, the Market and the Law*, University of Chicago Press, 1999, et « The New Institutional Economics », *Zeitschrift für die gesamte Staatwissenschaft*, 1984, année 140, nr. 1, pp. 229-231. Voir aussi Dane Rodrik, *Economic Rules : The Rights and Wrongs of the Dismal Science*, W. W. Norton, New York, 2015.

28 Quelques ouvrages essentiels liés à ce domaine à base de mathématiques : Myles D. Gareth, *Public Economics*, Cambridge Economics University Press, 1995 ; József Móczár – Jinkichi Tsukui, « Balanced and Unbalanced Growth Paths in a Decomposable Economy : Contributions to the Theory of Multiple Turnpikes », *Economic Systems Research*, 1992, nr. 3, pp. 211-222 ; József Móczár, *Fejezetek a modern közgazdaságtudományból. Stochasztikus és dinamikus nemegyensúlyi elméletek, természettudományos megközelítések* (Études de science économique moderne. Théories de non-équilibre stochastique et dynamique, approches des sciences exactes), Akadémiai Kiadó, 2008.

29 Voir entre autres Katalin Botos, « Burdensome Legacy. Political and Economic Changes Through the Glasses of a Financial Policy Maker », *Public Finance Quaterloy* (États-Unis), 2015, année 60, nr. 3, pp. 392-403.

30 Parmi les écrits économiques nés sous l'égide spirituel de l'Église catholique, voir entre autres Paul H. Dembinski – H. Paul, *Ethics and Responsibility in Finance*, Routledge Focus, 2017 ; Sarolta Laura Baritz OP, *Három dimenziós gazdaság. Lehet-e gazdálkodni erényetikai paradigmában* (Une économie de trois dimensions. Peut-on gérer l'économie dans un paradigme d'éthique de vertus), Kairosz, 2016 ; Martin Foo, « Ethics and the New Frontiers of Finance », in « Finance and Common Good », *Financial Ethics Review*, 2017, année 44-45, dir. Paul Dembinski, Observatoire de la Finance, pp. 50-63.

31 Voir le renouveau d'intérêt pour la *Theory of Moral Sentiments* (1759), ouvrage un peu oublié d'Adam Smith, et surtout pour les idées d'Antonio Genovesi, précédant de deux siècles Ernst Schumacher, qui revendiquait une gestion responsable, soucieuse du bien-être de tous (*Lezioni di commercio, O sia di economia civile*, 1765). Pour « l'ajustement » des idées de Genovesi à notre époque, voir Luigino Bruni – Stefano Zamagni, *Civil Economy : Efficiency, Equity, Public Happiness*, Peter Lang AG, 2007.

32 Voir par exemple : László Csaba, « Az intézményi gazdaságtan és a főáram » (La science économique institutionnelle et le *mainstream*), *Közgazdasági Szemle*, année LXV, janvier 2018, pp. 1-23 ; József Móczár, « Kornai János és a neoklasszikus versus intézményi közgazdaságtan » (János Kornai et économie néo-classique contre économie institutionnelle), *Közgazdasági Szemle*, année LXV, mars

D'après l'historienne Mária Ormos,[33] l'émergence de la crise économique s'explique par plusieurs facteurs. Les lois du marché ont été ignorées par les acteurs, les politiques, les intellectuels, en dehors des impacts venus de l'extérieur, et c'est justement l'action conjointe de ces mêmes facteurs qui peut y remédier. Donc ce n'est pas du seul État qu'on doit attendre la solution : une large collaboration est requise pour corriger le mécanisme déréglé. « On ne peut s'attendre à une solution relativement durable et à courte échéance que si les formules mises en œuvre – en dehors des questions financières et économiques relevant de l'État – tiennent compte aussi des facteurs sociaux, politiques et intellectuels. »

Il convient d'invoquer en premier lieu les « facteurs intellectuels » de l'époque de la Monarchie austro-hongroise, berceau du capitalisme hongrois, pour critiquer cette conception erronée, en vertu de laquelle en anémiant à un rythme relativement rapide ces fonctions de refinancement de l'économie réelle et en limitant ces opérations de financement de la dette publique, la politique de la banque centrale s'est sensiblement éloignée, après l'effondrement de l'économie planifiée, de la politique fiscale du gouvernement, ce qui a eu pour conséquence que la politique monétaire a quitté le domaine de la politique économique (gestion économique, finances d'État), son influence sur la macroéconomie et l'environnement social s'est diminuée, et on a dû faire face finalement à un endettement insoutenable et sur le plan national, et sur celui des entreprises et des ménages.

De la même manière, l'analyse de l'activité dynamique des finances publiques à l'époque de la Monarchie fournit des bases suffisamment solides pour délimiter un domaine autonome pour la science de l'administration publique et des finances publiques, en particulier à l'époque du « nouveau » capitalisme dominé par l'État.[34] Au milieu du 19e siècle, Ágoston Karvassy[35]

2018, pp. 229-239 ; Pál Valentiny, « Coase-kép másképp: középpontban a közszolgáltatások » (Une image différente de Coase : les services publics au centre), *Közgazdasági Szemle*, année LXV, avril 2018, pp. 346-381.

33 Mária Ormos, « Válságok és megoldások » (Crises et solutions), in *Válságos idők tegnap és ma. Pénz, gazdaság és politika a 19-21. században* (Temps critiques hier et aujourd'hui. Argent, économie et politique aux 19e-21e siècles), dir. Virág Rab, Pro Pannonia, 2009, 19 pp.

34 Sans doute, l'époque de la Monarchie austro-hongroise ne manquait pas de débats scientifiques. Dans un ouvrage intitulé *Magyar pénzügyi jog* (Droit financier hongrois ; Athenaeum, 1901), Kornél Exner décrit les sources du droit financier et le rattache au droit d'administration publique, ce qui s'explique aussi par le fait qu'à cette époque le droit financier était lié au droit d'administration publique aux examens d'État dans la plupart des universités hongroises (le censeur du droit d'administration publique était en même temps le censeur du droit financier, à l'exception de l'université de Kolozsvár). Donc l'appartenance à un domaine scientifique donné dépendait des autorités – comme aujourd'hui. En outre, la science économique et juridique liée au fonctionnement de l'État était appelée au sens étroit « science financière », « connaissance des lois financières » (Vilmos Mariska), ou bien au sens plus étendu « droit budgétaire » (Lajos Tihanyi), « droit financier » (Kornél Exner), « science financière » (Ágoston Karvassy) ou « science de l'économie nationale » (Gyula Kautz). De toute façon, il s'agit de cette discipline scientifique qui étudie « simultanément » et « conjointement » les aspects économiques et juridiques du fonctionnement de l'État.

35 Ágoston Karvassy, *A politikai tudományok rendszeresen előadva* (Exposition systématique des sciences politiques), année 2, deuxième édition augmentée, Győr, 1847, pp. 142-172.

a disserté de manière exhaustive sur l'argent comme unité de base monétaire, de même que sur la banque et le crédit, qui relevaient selon lui de la science de l'État.[36] Il définit ainsi la « science financière », « pendant longtemps incultivée » : « ensemble des principes d'après lesquels les instruments monétaires sont rassemblés, traités et affectés pour servir la réalisation des objectifs de l'État »[37]. Et la banque centrale sert les objectifs de l'État par sa politique de refinancement-escompte, ses opérations directes ou indirectes d'« allègement » de la dette publique. Sa spécificité fait que ses instruments sont différents de ceux de la politique budgétaire, mais son objectif ultime ne peut être que le même que celui de la politique gouvernementale, à savoir rendre le fonctionnement de l'État plus efficace et améliorer la qualité de vie dans la société. Il est donc parfaitement justifié d'étudier conjointement, dans le domaine des sciences de l'État et des finances publiques, la fiscalité et l'émission des billets de banque.[38] En particulier, dans la période post-crise, il a été démontré que les mesures de relance de la banque centrale indépendante du gouvernement peuvent être d'un grand soutien, notamment dans le contexte des sorties de crise (par exemple, la consolidation effectuée par Bethlen entre 1921 et 1931, la période post-2007-2008 sur la scène internationale) et dans le contexte de la progression à partir d'un stade de développement antérieur (par exemple, la transition d'une économie de marché vers un modèle d'État actif avec gestion de crise).

Dans un environnement de politique budgétaire gouvernementale sans freins et contrepoids, c'est-à-dire sans contrôle constitutionnel efficace (par exemple, dans la période de transition de l'économie de marché hongroise), il n'est pas opportun de favoriser une banque centrale totalement indépendante du gouvernement et qui ne fonctionne que dans le cadre de sa politique monétaire anti-inflationniste, car l'austérité de la banque centrale (restriction des instruments de la banque centrale[39] soutenant la politique budgétaire) ne limite que modestement les « actions criminelles » d'un gouvernement indiscipliné et trop dépensier. Il n'est pas (ou n'était pas) approprié d'utiliser comme référence les rôles des banques centrales, qui sont « des ordres de grandeur plus avancés » et ont été formés au cours d'un long processus organique, et de les importer un par un dans les conditions hongroises, tout comme il n'est pas approprié de « tolérer » que la banque centrale « observe

36 Béla Földes (*op. cit.*) assigne la même place aux banques, ce qui revient à dire qu'il rattache le système monétaire et les affaires bancaires à l'économie nationale (c'est-à-dire à la politique économique). Il donne un panorama remarquable de la littérature contemporaine d'inspiration similaire de la science des finances, y compris l'œuvre de Baxter, Parieu, Léon Say, Leroy Beaulieu, Hoffmann, Nebenius, Hock, Stein, etc. Voir pp. 389-408.

37 Karvassy, *op. cit.*, pp. 37-38.

38 Sur l'interdépendance et le fonctionnement de type nouveau de ces deux domaines de finances publiques, voir Csaba Lentner, « New Concepts in Public Finance after the 2007-2008 Crisis », *Economics and Working Capital*, 2017, nrs. 1-4, pp. 2-8.

39 Ainsi, la transposition au marché du financement de la dette publique gonflée immensément à la suite d'anomalies fiscales n'a pas apporté un frein vraiment efficace aux dépenses excessives des gouvernements des deux premières décennies après le changement de régime.

la crise à distance ». La banque centrale ne crée pas de monnaie publique (elle ne fait pas partie des finances publiques, voir la loi sur les finances publiques), bien qu'elle tienne le compte unique du Trésor et qu'elle puisse compter sur le gouvernement pour une réserve de lissage si nécessaire, son capital souscrit est détenu par l'État, ce qui ne représente qu'un pour cent du total de son bilan[40]. Tout en étant juridiquement indépendante, elle joue un rôle cardinal dans le fonctionnement économique de l'État, et est donc un acteur institutionnel des finances publiques.

Donc, au lieu d'essayer d'« écouler » les finances publiques à la science économique ou à la science juridique, c'est sur la base millénaire de la science de l'administration publique qu'il faut établir les disciplines liées à l'économie publique, qui ont connu un développement rapide – et peut-être aussi organique – sous la contrainte de la crise. C'est ainsi que pourra s'affirmer peut-être, dans l'aire interdisciplinaire entre la science économique et la science juridique, une science exacte de l'administration publique, qui étudiera les aspects juridiques, économiques, sociologiques et politiques du fonctionnement de l'État, tout en restant proche du droit et de l'économie, puisque la coopération générant des synergies entre ces domaines devra se maintenir. La science de l'administration publique étudie donc le fonctionnement de l'État, tandis que la science des finances publiques embrasse, à l'intérieur de la science de l'administration publique, les composantes liées à la réglementation fiscale (par des impôts, des contrôles, des subventions, des entreprises de propriété nationale) et monétaire (contrôle micro- et macroprudentiel, supervision bancaire[41]) du fonctionnement de l'État.

C'est sur ces bases que le présent ouvrage a été conçu. Nous espérons que ce panorama d'un siècle et demi des institutions hongroises de finances publiques qui se superposent dans le temps donnera un tableau compréhensif des réalités hongroises sujettes à des changements chaotiques, aussi bien que de leur environnement international et de leurs « empreintes » dans les différentes aires scientifiques.

À Budapest, juillet 2019.

Csaba Lentner

40 En 2017, le total du bilan de la Banque Nationale de Hongrie était 9 307 752 millions de forints, son capital souscrit 10 000 millions.

41 À partir de 2013, les pouvoirs d'administration, de contrôle et de réglementation concernant les banques relèvent de la Banque nationale, comme dans de nombreux autres pays.

CHAPITRE 2
L'époque de la Monarchie austro-hongroise, 1867-1918 : une économie commandée par l'État

Après la perte de l'indépendance du pays en 1526, on ne peut pas parler de régime de finances publiques hongroises jusqu'au refoulement définitif des Turcs, puis jusqu'à la fin des l'occupation par les Habsbourg. Les conquêtes de l'Ère des réformes du début du 19e siècle, les mesures administratives économique prises (quoique supprimées par la suite) pendant la guerre d'indépendance de 1848-1849, les innovations de gestion fiscale introduite pendant les décennies du néo-absolutisme ont cependant conduit, après le Compromis historique de 1867, à la mise en place d'une administration économique de plus en plus autonome. L'histoire des décennies de la Monarchie austro-hongroise a montré comment une administration efficace et presque complètement indépendante des finances publiques pouvait naître dans le contexte d'une économie attardée et d'une administration financière privée d'autonomie, et quels en était les aspects de structuration et de gestion économiques. Elle a mis en lumière la nature des mesures de gestion nécessaires pour sortir d'un état sous-développé et arriver au stade d'un mode de fonctionnement stable de l'État.

2.1 VERS LE COMPROMIS DE 1867

2.1.1 Les germes du capitalisme semées pendant l'Ère des réformes

Dans les années 1820, la prise de conscience sur l'état attardé de la Hongrie a provoqué une véritable effervescence intellectuelle, et de nombreuses idées ont vu le jour dans le but de faire progresser l'économie et les conditions générales en Hongrie. Le chef de file le plus marquant de ce mouvement fut István Széchenyi,[1] qui « a résolu bien des problèmes hongrois, et en a

1 N'oublions pas cependant l'œuvre de Gergely Berzeviczky, d'Emil Dessewfy et d'autres. Sur les penseurs et les périodiques de l'époque, voir Virgil Koltai, *Széchenyi István gróf közgazdasági eszméi* (Les idées économiques du comte István Széchenyi), en particulier le chapitre intitulé « Közgazdasági irodalom Széchenyi előtt » (La littérature économique avant Széchenyi), Budapest, Lampel Róbert, 1903, pp. 5-22 ; Gyula Kaunitz, *Nemzetgazdasági eszmék fejlődési története és befolyása a közviszonyokra Magyarországon* (L'histoire et l'influence des idées d'économie nationale sur les réalités hongroises),

posé bien davantage »[2], et dont les idées allaient déterminer la pensée de la génération suivante. Le progrès était freiné par « la pauvreté, le manque de capitaux, le problème complexe de la paysannerie, de l'inaliénabilité des biens patrimoniaux, de la participation aux charges publiques, celui des tarifs de douane et du commerce extérieur, la question de l'industrie, du commerce et du crédit »[3].

Széchenyi a examiné les limites des possibilités et a cherché des solutions pour les surmonter. « En Hongrie, l'étendue et la quantité des terres fertiles sont si abondantes que même une partie de ces terres gisant sans profit ferait la richesse d'une autre nation ... »[4] Il a vu la cause principale des conditions économiques arriérées de l'époque dans le manque de capital de crédit : « ... Je considère le manque de crédit comme l'une des principales causes de toute dépravation morale et de toute dégradation spirituelle. »[5] « Le manque de crédit est la cause pour laquelle aucun homme ne peut améliorer sa terre dans la mesure où cela devrait naturellement être possible. »[6] Cependant, la création du système institutionnel et le décaissement du crédit comme catalyseur de l'économie n'ont pas pu être créés en raison d'un certain nombre de facteurs limitatifs. L'invendabilité de la propriété foncière noble due à la loi de primogéniture et le sous-développement simultané des canaux de crédit ont entravé la formation du capital et des revenus, ce qui s'est traduit par le niveau modéré de la demande solvable interne. « Pour l'essentiel, la consommation interne est oubliée, alors que c'est sur cette base que reposent les économies des nations. L'Angleterre consomme les trois quarts des produits de ses manufactures, et seulement un quart d'entre eux sont échangés dans le monde. Par conséquent, plus les gens vivent dans des maisons luxueuses, mangent de la nourriture de qualité, portent des vêtements de luxe, etc., c'est-à-dire plus la consommation intérieure est importante, plus je considérerai que ce pays est riche. Et plus les gens désirent et peuvent acquérir tous les biens de la vie pour eux-mêmes, plus le travail et l'effort pour les exposer seront grands. »[7] István Széchenyi espérait l'essor de la Hongrie à partir de la liberté du commerce, pour laquelle l'abolition des corporations et de l'inaliénabilité des biens patrimoniaux, était indispensable. L'essor du commerce et de l'industrie devait conduire à la prospérité, à la croissance de la consommation intérieure et à la liberté humaine. « L'objectif est donc : plus de consommation, plus de

---

en particulier le chapitre intitulé « Az önálló eszmefejlődés megindulásáról » (Sur les débuts du développement autonome des idées), Pest, Heckenast, 1868, pp. 137-470.

2 Mihály Borbély, « Könyvismertetések » (Revues de livres), *Társadalomtudomány*, 1941, nr. 5, p. 581. Les ouvrages cités : Antal Éber, *Széchenyi gazdaságpolitikája* (La politique économique de Széchenyi), Franklin Társulat ; Antal Éber, *Mire tanít Széchenyi ?* (Qu'est-ce que Széchenyi nous enseigne ?), édition de l'auteur.

3 Mihály Borbély, *op. cit.*, p. 580.

4 István Széchenyi, *Hitel – Világ – Stádium* (Crédit – Lumière – Stade), Quattrocento Kiadó, 2013, p. 16.

5 István Széchenyi, *op. cit.*, p. 20.

6 *Ibidem*, p. 79.

7 *Ibidem*, p. 128.

prospérité, plus de liberté et de dignité pour l'homme. Dans une large mesure, ces objectifs sont toujours d'actualité, mais les moyens dont nous disposions alors sont devenus des fins en soi. »[8]

L'importance d'époque de Széchenyi[9] réside dans le fait que « tandis qu'en raison du manque de débouchés, en raison de l'état arriéré du marché intérieur la plupart des ouvrages économiques publiés dans la dernière décennie du 18e siècle et dans les premières décennies du 19e siècle faisaient dépendre l'essor économique de la Hongrie du développement du commerce extérieur »,[10] il « voyait la raison du retard fondamental du pays dans le système féodal existant, qui entravait l'activité économique dans tous les domaines, tant au niveau de la production que de la circulation, ainsi que dans la sphère financière »,[11] c'est-à-dire qu'il voyait le problème dans le retard du système, dans sa non-durabilité. « Le défaut se trouve dans notre système : voilà la philosophie de l'état présent. »[12] Le féodalisme des premières décennies du 19e siècle, qui « enchaînait la main-d'œuvre agricole »[13] et les guildes qui « étouffaient l'industrie »,[14] étaient des facteurs qui empêchaient le pays d'avancer sur la voie du développement social. Ainsi, une pratique de crédit conforme aux normes de l'époque n'a pas pu se développer. « Széchenyi a fondé son plan de réforme pour le renouveau de la Hongrie sur la solution du problème du crédit. Le crédit était la base de tout son système de réforme, et c'était le problème qu'il abordait le plus souvent dans ses œuvres et qui lui causait le plus de soucis. »[15]

Antal Mátyás, résumant les pensées pleines de ressentiment d'István Széchenyi, écrit qu'« en raison de l'incertitude de nos conditions financières, les capitaux étrangers n'osent pas venir dans notre pays, tandis que chez nous, le capital d'usure est capable de survivre, et le capital d'emprunt moderne ne le peut pas ».[16] En partie pour surmonter cette situation, et en partie pour créer une institution financière moderne, le réformateur a proposé la création d'une Banque nationale. « L'argent est donc pour nous ce dont nous

8 Mihály Borbély, « Könyvismertetés », (Revue de livres) *op. cit.*, p. 581.

9 Széchenyi a pris position non seulement dans des questions économiques, mais aussi dans les questions juridiques y relatives. Voir pour plus de détail : Attila Horváth, « A jog modernizációjának kezdetei. Széchenyi István magánjogi reformkoncepciója » (Les débuts de la modernisation du droit. La nouvelle conception de droit privé d'István Széchenyi), in *A jogalkotás és a jogalkalmazás egyes kérdései Magyarországon. Jogtörténeti értekezések.* (Quelques question de législation et d'application de la loi en Hongrie. Traités d'histoire du droit), dir. Kálmán Kovács, 1986, Publications du Département d'histoire du droit de l'université ELTE, 15, pp. 133-147.

10 Antal Mátyás, « Szécsényi fejtegetései Magyrország gazdasági felemelkedésének feltételeiről és akadályairól » (Les réflexions de Széchenyi sur les conditions et les obstacles du progrès économique de la Hongrie), *Közgazdasági Szemle*, 1991, année XXXVIII, nr. 9, pp. 825-837.

11 Antal Mátyás, *op. cit.*

12 István Széchenyi, *Hitel* (Crédit), 1833, p. 53.

13 Antal Mátyás, *op. cit.*, p. 827.

14 *Ibidem*, p. 830.

15 Olivér Téchy, « Széchenyi hatása a magyar hiteljog fejlődésére » (L'influence de Széchenyi sur le développement du droit de crédit hongrois), *Hitel*, 1943, année 8, nr. 7, p. 397.

16 Antal Mátyás, *op. cit.*, p. 828.

avons le plus besoin, et aujourd'hui c'est la cause dont découlerait le travail, et avec le temps plus d'argent. Si nous établissions une banque nationale bien ordonnée, cela nous permettrait d'emprunter certains capitaux, apportés dans notre pays par des étrangers, à 5, au plus à 6 %, sans craindre d'être appelés, et après avoir gagné 9, 10 % par l'habileté de son profit, nous repaierions peu à peu nos dettes, et ce dernier profit resterait dans nos poches. Et n'est-il pas évident qu'il serait beaucoup moins dangereux de devoir de l'argent à nous-mêmes qu'à des étrangers ? »[17] L'idée d'une institution financière indépendante organisée en fonction des intérêts nationaux, le renforcement des prêts, l'idée d'une compensation interne comme moyen d'éviter la fuite des ressources, tout cela faisait partie du projet de Széchenyi, qui séparait – techniquement – la Hongrie féodale de l'époque du monde occidental développé. « Széchenyi considérait donc le crédit comme un moyen de mobiliser et d'accroître l'économie et la richesse, et à travers lui, comme un moyen de dynamiser la vie économique. »[18] « L'absence de conditions pour la gestion de la monnaie a ainsi soulevé des milliers de questions qui ont eu un effet négatif sur l'industrie, l'agriculture et le commerce, rendant impossible un développement rapide ».[19]

Ainsi, István Széchenyi a défini le manque de crédit, l'absence d'institutions pour assurer son décaissement et l'impossibilité de fournir des garanties physiques pour le prêt, c'est-à-dire les conditions juridiques qui les entourent et qui entravent le prêt, comme le problème clé, la pointe de l'iceberg, de la transition du féodalisme à la nouvelle ère économique. Sa conception était basée principalement sur la promotion de l'agriculture hongroise. « Széchenyi était d'avis que la pratique de crédit qu'il promouvait dynamiserait l'agriculture hongroise et que, grâce à lui, le pays tout entier serait rafraîchi. »[20]. Széchenyi, « aussi sévèrement qu'il ait pu critiquer les relations féodales existantes et dépassées, il ne pouvait, en tant que propriétaire, rejeter le système féodal aussi clairement que ses critiques bourgeois »,[21] et il pensait que la mise en œuvre du changement devait être laissée à la noblesse, en l'absence de la bourgeoisie. Széchenyi a appelé à une expansion de la fiscalité publique. Selon lui, « le mode de production bourgeois nécessite une infrastructure développée, des routes modernes, des canaux, des rivières régulées, et les coûts de ces infrastructures, ne pouvant pas être répercutés uniquement sur les serfs, doivent être assurés aussi par la noblesse ».[22] Sur la base de son exemple personnel (le Pont des chaînes, le soutien à la création de l'Académie

17 István Széchenyi, *Hitel – Világ – Stádium* (Crédit – Lumière – Stade), *op. cit.*, p. 140.

18 Ernő Huszti, « Széchenyi István gondolatai a modern magyar hitelélet kialakítására » (Les idées d'István Széchenyi concernant la création d'une pratique moderne du crédit en Hongrie), in *Tudományos értékeink* (Nos valeurs scientifiques), dir. Csaba Lentner, Sopron, 2001, p. 15.

19 Ernő Huszti, *op. cit.*, p. 16.

20 Olivér Téchy, *op. cit.*, p. 399.

21 Antal Mátyás, *op. cit.*, p. 836.

22 *Ibidem*, p. 830.

hongroise des sciences[23], le développement des secteurs agricole[24], financier[25] et des transports[26]), il considère l'institution de contributions publiques comme une solution partielle. Ainsi, la création des conditions de la pratique de crédit, le renforcement du caractère public du système fiscal et l'expansion des dons publics étaient les éléments les plus importants de sa conception, dont l'exécutant aurait été la classe noble, le principal bénéficiaire de l'ordre féodal, qui présentait un déficit considérable dans la reconnaissance des intérêts nationaux. Sans exagérer l'importance de Széchenyi pour l'époque, Virgil Koltai écrit : « … dans ces circonstances, le bon moyen était d'éveiller la nation à sa propre conscience, ce que Széchenyi a choisi. ... Mais il a aussi montré que si nous voulons vivre, nous devons mourir au passé et renaître dans les grandes idées et les grands sentiments du progrès humain … ».[27]

À partir des années 1840, au lieu de l'idée d'un développement économique organique, on assiste à une recrudescence des efforts ouverts pour obtenir l'indépendance politique, qui culmine au printemps 1848 d'abord dans une révolution constitutionnelle, puis, quelques semaines plus tard, dans une guerre d'indépendance contre les Habsbourg. Cette prise de conscience idéologique s'est concrétisée, entre autres, dans les Articles XV et XIV (lois d'avril) de la Loi 1848. Le premier article prévoyait l'abolition de l'inaliénabilité des biens patrimoniaux et le second la création d'une institution de crédit. Ces dispositions ont été adoptées par la dernière Diète hongroise (1847-1848) et sanctionnées par le roi Ferdinand V (empereur d'Autriche) le 11 avril 1848.

23 István Széchenyi, *A' magyar akadémia körül* (Autour de l'académie hongroise), Pest, Trattner–Károlyi, 1842, p. 56.

24 István Széchenyi, *Lovakrul* (Sur les chevaux), Pest, 1828 ; László Révész, « Széchenyi földbirtokpolitkája » (La politique de propriété terrienne d'István Széchenyi), *Társadalomtudomány*, 1941, année 21, pp. 504-537.

25 Attila Horváth, « Széchenyi István modernizációs programjának hiteljogi vonatkozásai » (Aspects de droit de crédit du programme de modernisation d'István Széchenyi), in *Széchenyi emlékkönyv gróf Széchenyi István születésének 200. évfordulója alkalmából* (Mélanges Széchenyi à l'occasion du 200e anniversaire de la naissance du comte István Széchenyi), 1991, pp. 115-128 ; Tamás Bánfi (dir.), *Fejezetek a magyar pénzelmélet-pénzügytörténet irodalomból. Egyetemi tankönyv* (Chapitres de la littérature sur l'histoire monétaire et financière hongroise), Budapest, Tanszéki Kiadó, 2001, p. 156 ; Olivér Téchy, *op. cit.*, pp. 71-86.

26 Béla Czére, « Széchenyi közlekedéspolitikája és hatása a közlekedés fejlődésére » (La politique des transports de Széchenyi et son impact sur le développement des transports), *Közlekedési Közlöny*, 1975, année 35, pp. 1014-1018 ; József Hudi, « Széchenyi és a balatoni gőzhajózás » (Széchenyi et le vapotage sur le lac Balaton), *Comitatus Önkormányzati Szemle*, 2000, nr. 11, pp. 66-69 ; István Széchenyi, *A magyar közlekedés ügyről. Javaslat a magyar közlekedési ügy rendezésére* (Sur la question du transport hongrois. Proposition de règlement de l'affaire des transports hongrois), réimpression, 1987, p. 134 ; Imre Gráfik, « Egy törvényjavaslat motivációi. Széchenyi István közlekedésfejlesztési elképzelései és a tiszai hajózás múltja » (Motivations pour un projet de loi. Les idées de développement des transports d'István Széchenyi et le passé de la navigation sur la Tisza), *Néprajzi Értesítő*, 1994, nr. 76, pp 5-22 ; Olivér Téchy, *op. cit.*, pp. 46-70.

27 Virgil Koltai, *op. cit.*, p. 35.

2.1.2 Les mesures prises par le gouvernement de la révolution et de la guerre d'indépendance de 1848-1849. Les débuts d'une administration économique autonome

Compte tenu de l'évolution historique précédente, les lois promulguées en avril 1848 marquent la fin de l'Ère des réformes. Elles ont créé une nouvelle situation de droit public dans l'Empire des Habsbourg en vue du développement du pays hongrois. État d'ordres jusque-là, la Hongrie devenait ainsi une monarchie constitutionnelle et parlementaire. Le féodalisme a été aboli, cependant que la création de la banque nationale n'a pas eu lieu.

Avant la promulgation des les Lois d'avril, le 3 mars 1848, Lajos Kossuth[28] a présenté un projet de loi à la Chambre basse du parlement en réponse au déclenchement de la révolution de Paris, demandant l'affranchissement des serfs, l'introduction de la participation aux charges publiques et l'institution d'un gouvernement national indépendant. Après celle de Vienne (13 mars), une révolution a éclaté aussi à Pest, accélérant les changements politiques et économiques. Dans ce processus, un rôle de catalyseur revenait aux « 12 Points », rédigés par les adeptes de changements radicaux et rapides. Point 6 réclamait la participation générale aux charges communes ; Point 7, l'abolition des redevances seigneuriales ; Point 9, la création d'une Banque nationale (que les lois d'avril allaient cependant omettre de prescrire). Széchenyi n'a pas manqué de faire l'éloge de Kossuth, initiateur des changements rapides : « Nous vivons des miracles, mon ami [...]. Le premier acte a été merveilleux ! Je suis plein des plus beaux espoirs. Ma politique était sûre, mais lente. Kossuth a joué tout sur un coup de dés, et cela a apporté d'un jour à l'autre plus de gains pour le pays que ce que ma politique eût pu produire en vingt ans. »[29]

L'abolition des institutions de l'État féodal – la suppression des prestations seigneuriales (Art. IX), le règlement de l'usage des communaux (Art. IX), l'abolition de la justice seigneuriale (Art. XI), de la dîme (Art. XI) et de l'inaliénabilité des biens patrimoniaux (Art. XV), de même que l'introduction de la participation générale aux charges publiques (Art. VIII) – devait servir le progrès économique, dont les cadres administratifs et juridiques devaient être assurés par la création d'un gouvernement hongrois responsable.

En vertu de l'Article VIII, la noblesse n'était plus exempte des impôts, ce qui a fourni – du moins théoriquement – une nouvelle source de revenus à l'État. Il a permis en outre d'abroger un des éléments clefs des privilèges

[28] L'activité de Kossuth n'était pas seulement influencée par la « ferveur révolutionnaire », puisqu'il avait déjà soutenu le développement de l'industrie nationale pendant l'Ère des réformes. Il est célèbre pour avoir dit : « Sans industrie, la nation est un géant manchot. » Comme la cour impériale ne soutenait pas ce projet patriotique, Kossuth a organisé une Association de défense nationale pour soutenir l'industrie et le commerce nationaux, un outil contre le manchestrisme classique. D'un « point de vue supérieur », il a artificiellement ouvert la voie au développement économique de la Hongrie. Les travaux de Friedrich List ont eu une grande influence sur les mesures prises par Kossuth.

[29] Lettre du 17 mars d'István Széchenyi, in Géza Závodszky, *Történelem III* (Histoire III), Nemzeti Tankönyvkiadó, 2004, p. 133.

nobiliaires et de diminuer par là les écarts sociaux. L'Article prévoyait pour novembre 1848 l'établissement d'un nouvel impôt basé sur le principe de la participation générale aux charges publiques. Du même coup, le parlement a invalidé les dispositions y relatives de la Bulle d'or et d'autres lois s'y reportant. « Pour ce qui est de la fiscalité du 19e siècle, il faut reconnaître que les trois principes de base de la fiscalité moderne – à savoir la généralité, l'égalité et la proportionnalité – ont été posés par le gouvernement de Batthyány. »[30] En vertu de la participation aux charges publiques, « tous les habitants de la Hongrie et de ses régions attachées contribuent à part égale et proportionnellement aux charges publiques ».[31]

L'abolition des prestations seigneuriales était accompagnée de celle de la justice seigneuriale (Art. IX). La loi promettait une indemnisation par l'État aux propriétaires fonciers concernés et prévoyait une protection temporaire contre les créanciers en attendant une décision sur l'indemnisation. La période de transition a été facilitée par l'institut de crédit établi par l'Article XIV, qui fournissait des prêts temporaires pour le domaine noble jusqu'à ce que l'indemnisation soit réglée.[32] Il autorisait l'achat des propriétés foncières par des roturiers, la vente des propriétés nobiliaires et la contraction de crédits par des nobles dont les terres pouvaient servir de gages de créance. La justice seigneuriale était abolie par l'Article XI, et ce rôle devait être rempli dorénavant par des « vice-présidents de canton » (*szolgabíró*) et les autorités des comitats. Ces lois ébranlaient de manière décisive les bases de l'ordre social et économique féodal.

Ratifiées par le roi Ferdinand V, les lois d'avril équivalaient à une révolution constitutionnelle. Leur adoption – et leur maintien ultérieur – était le résultat des événements révolutionnaires de Pest du 15 mars 1848. Ceci était d'autant plus nécessaire qu'avec l'écrasement de la révolution de Vienne et le reflux révolutionnaire en Europe, la cour de Vienne voulait faire marche arrière et cherchait à gagner du temps. Elle envoya même une armée commandée par le *ban* de Croatie Jelašić contre le gouvernement de Pest, qui fut cependant écrasée avant qu'elle n'atteigne la capitale. La victoire de l'armée hongroise marqua le début d'une guerre d'indépendance nationale. Les lois adoptées au cours de la « révolution constitutionnelle » furent donc aussitôt mises à l'épreuve : il s'agissait avant tout de couvrir les frais de la guerre, et toute la gestion économique fut subordonnée à cet objectif. « La lutte d'autodéfense des Hongrois était la conséquence non du surgissement de divers intérêts personnels, mais de la putréfaction envahissant le corps entier et tous les

30 Pour plus de détail, voir Mária Ilonka, *Modern adózás a 19. század második felében. A magyar adózás története 1849-től 1880-ig* (Fiscalité moderne dans la seconde moitié du 19e siècle. L'histoire de la fiscalité hongroise de 1849 à 1880), BDO Magyarország, 2013, pp. 40-41.

31 Art. VIII de la loi 1848 sur la participation générale aux charges publiques, https://net.jogtar.hu/index.php?a=3&param=5276, téléchargé le 13 août 2018.

32 Art. XIV de la loi 1848 sur l'institut de crédit, https://net.jogtar.hu/index.php?a=3&param=5282, téléchargé le 13 août 2018.

organes administratifs du pays condamné à une exploitation perpétuelle. »[33] La situation était alourdie par le fait que l'application des lois abolissant le système féodal (participation aux charges publiques, compensations, création d'une institution de crédit, etc.) se heurtait à des difficultés en raison de la guerre, et les recettes du trésor étaient largement inférieures aux sommes escomptées.

Le droit de l'Assemblée nationale de décider du budget annuel a été défini par l'Article III de la loi 1848, qui a aussi proclamé la constitution du premier gouvernement indépendant et responsable devant le parlement : « § 37. Le ministère doit présenter chaque année le relevé des revenus et besoins du pays – de même que celui des revenus gérés par lui – à la Chambre basse pour examen et acceptation. »[34] « Devenu ministre des Finances du premier gouvernement créé en vertu de l'Article III de la loi 1848, Lajos Kossuth devait faire face à une situation extrêmement difficile. »[35]

La tâche principale du gouvernement était d'assurer les fonds économiques, qui devaient reposer sur deux piliers : l'élaboration du budget et l'émission des billets de banque.[36] L'état de guerre exigeait qu'on procède sans délai à la préparation et à l'adoption des budgets 1848 et 1849, la mise en place des conditions de financement, l'acquisition des recettes budgétaires, et à ces fins la création d'une gestion économique autonome et d'une monnaie nationale. Quoiqu'il ait ratifié les lois d'avril, le souverain était opposé à leur mise en vigueur,[37] car elles risquaient de conduire à l'indépendance nationale et à l'autonomie économique complètes de la Hongrie. Dans ces conditions, la création de finances hongroises autonomes était d'une importance capitale, surtout du pont de vue de la défense nationale. La Hongrie n'avait ni monnaie propre ni administration financière proprement dite. Depuis le début de la souveraineté des Habsbourg, les finances relevaient d'une Chambre hongroise des finances créée par la cour de Vienne. Au printemps de 1848, le gouvernement

33 Miksa Faragó, *A Kossuth-bankók kora. A szabadságharc pénzügyei* (L'époque des billets Kossuth. Les finances de la guerre d'indépendance nationale), préface de Gyula Madarassy-Beck, Nyugat, 1900, p. 2.

34 Library Hungaricana, https://library.hungaricana.hu/hu/collection/allami_koltsegvetes/, téléchargé le 8 août 2018.

35 György Kövér, « A magyar állampénzügyek történetéből » (Un chapitre de l'histoire des finances publiques hongroises), *Pénzügyi Szemle*, 1992, nrs. 10-11, p. 753.

36 À l'origine, Kossuth voulait réunir les institutions du trésor, de la banque nationale et du fisc en un seul ministère.

37 L'un des problèmes quotidiens causés par l'absence d'un système monétaire indépendant : le 19 mars 1848, la foire de la fête de saint Joseph échoue parce que les gens de la campagne ne peuvent pas acheter : les commerçants n'ont pas de monnaie, car le papier-monnaie s'est déprécié à cause de l'ambiance révolutionnaire, et ceux qui ont déjà échangé leur papier-monnaie contre des pièces d'argent ne veulent pas s'en séparer, et les commerçants des grandes banques restent à l'écart de la foire parce qu'ils ne peuvent pas obtenir de crédit à cause de la situation incertaine. La Banque nationale impériale était l'émetteur, et la cour impériale, reconnaissant la situation, n'a pas envoyé suffisamment de billets. Kossuth voulait donc une monnaie nationale indépendante. Batthyány et ses collaborateurs voulaient emprunter de l'argent, mais ils ne renonçaient pas à une monnaie hongroise indépendante. Vienne a refusé le prêt, mais voulait acquérir de l'argent en dévaluant les billets de 6 à 8 % pour stabiliser son système, et la sortie d'argent de Hongrie commence.

Batthyány devait faire face à une pénurie d'argent paralysante et à l'absence d'une organisation de gestion financière, alors que les lois d'avril définissaient les fondements juridiques d'une fiscalité moderne. Le 18 juillet, Kossuth présentait un rapport détaillé à l'Assemblée nationale « sur les finances du pays et sur le projet budgétaire pour la seconde moitié de l'an 1848 et pour l'an 1849 ». Sa proposition a fait connaître les mouvements budgétaires entre le 11 avril et le 30 juin 1848, les prévisions pour la seconde moitié de 1848, et une ébauche de budget pour l'année 1849. Le rapport contenait des balances, indiquant le montant du déficit et son mode de financement. Il présentait aussi des budgets de prévision pour chaque ministère, basés sur des calculs détaillés. Kossuth exposait en outre une proposition de loi sur l'établissement des impôts, y compris « l'impôt de la seconde moitié de l'année des classes jusqu'ici exemptées du pays, un impôt extraordinaire sur le revenu, et une taxe extraordinaire sur le commerce de l'eau-de-vie ». Des décisions ont été adoptées sur l'ouverture d'un gros crédit, sur des impôts complémentaires et des impôts « directs ».[38] La mise sur pied de la gestion financière de l'État hongrois autonome, « les mesures prises pour remédier aux difficultés des opérations de change »[39], « les négociations poursuivies avec les dirigeants de la Banque commerciale hongroise »[40] dans le but de l'émission de billets de banque – auxquels « l'esprit de sacrifice de la nation devait servir de couverture » –, la compensation du déficit au moyen de crédits[41] étaient autant de tâches ardues à résoudre.

L'autonomie financière était impensable non seulement sans l'adoption d'un budget national, mais aussi sans l'émission autonome de billets de banque. À cette fin, Kossuth a commencé des négociations avec la Banque commerciale hongroise de Pest. Il pensait d'abord obtenir la couverture métaux précieux des nouveaux billets en recourant à la souscription d'un prêt. Le 23 mai, il a appelé les Hongrois à souscrire des bons de trésor en coupures de 50 et de 100 forints à échéance de 3, 6, 9 et 12 mois, et promettaient des intérêts de 5 %. Entrés dans la circulation monétaire, ces bons servaient aussi de billets de banque. Cependant le résultat attendu n'a pas été atteint : seul un tiers de la somme espérée est rentré.[42]

Le contrat avec la Banque commerciale hongroise de Pest sur l'émission de billets de banque était signé le 17 juin. Il était prévu que le ministère des Finances devait fournir une couverture or et argent équivalant à 5 millions de forints à la banque, qui en échange devait émettre des billets valant au total 12,5 millions. Cependant le ministère ne pouvait produire qu'une partie de la couverture (ayant la valeur de 1,8 millions de forints), et par

38 Sur les mesures financières, voir Miksa Faragó, *op. cit.* ; *Kossuth Lajos iratai* (Les écrits de Lajos Kossuth), XII. S. a., classés par Ferenc Kossuth, Atheneum Rt. Társulat, 1906 ; Bibliothèque de DVD Arcanum, III. Történelem: Kossuth Lajos összes munkái (Histoire : les écrits complets de Lajos Kossuth), XII, Arcanum, 2003.

39 Miksa Faragó, *op. cit.*, pp. 22-46.

40 *Ibidem*, pp. 48-76.

41 *Ibidem*, pp. 114-129, 130-152.

42 Sur les bons de trésor portant intérêt, voir *ibidem*, pp. 48-76.

conséquent le volume des billets de banque émis devait être diminué en proportion.[43] La principale signification de cet acte résidait pourtant dans le fait que le contrat a fait de la Banque commerciale hongroise de Pest une banque centrale hongroise autonome. Le forint avait déjà servi de monnaie solide dans le royaume de Hongrie du Moyen Âge, et avait aussi cours dans la Monarchie austro-hongroise. Le choix du nom était dicté par la volonté de nourrir la confiance pour la nouvelle monnaie, surtout parce que l'arrière-fond économique en était pour le moins incertain. Malgré les protestations de Vienne, la monnaie hongroise fut mise en circulation, et fut utilisée sur les territoires contrôlés par le gouvernement révolutionnaire jusqu'à la fin de la guerre d'indépendance. Après l'affirmation du droit à un budget national (l'adoption de la loi budgétaire) la création de la monnaie nationale signifiait que la Hongrie venait de recouvrer son indépendance.

Pour assurer l'émission continue des billets de banque, Kossuth a demandé au parlement le 11 juillet deux cent mille conscrits et un crédit de 42 millions de forints, que les députés ont accueilli avec une ovation enthousiaste. En effet, en raison de la conjoncture politique et économique défavorable, Kossuth ne pouvait compter que sur l'esprit de sacrifice de la nation. « La nation ne peut avoir confiance que dans sa propre force. Nous avons besoin à cette fin de deux cent mille soldats dont l'équipement exigera 42 millions de forints »[44], a-t-il dit devant les membres de l'Assemblée nationale. Le 13 août 1848, la banque centrale a mis en circulation la nouvelle monnaie, ce qui a marqué la création du monopole de l'émission des billets de l'État indépendant. En dehors de l'inégalité des forces militaires, l'échec de la guerre d'indépendance nationale a été aussi causé par la puissance économique supérieure de l'Autriche et de la Russie, malgré le fait qu'en un an et demi les Hongrois ont réussi à mettre sur pied une administration budgétaire et financière qui fonctionnait bien.

2.1.3 Entre la guerre d'indépendance et le Compromis historique : l'époque du néo-absolutisme, « répétition générale » de la gestion économique d'après 1867

Après l'échec de la guerre d'indépendance, les lois fiscales Batthyány ont été réintroduites par décret de l'empereur François-Joseph, ce qui signifiait que les propriétaires fonciers devaient également payer des impôts. L'empereur a créé le bureau des impôts, le cadre institutionnalisé de la collecte des recettes de l'État.[45] La tâche principale de l'administration financière impériale après

[43] Voir Józsefné Földi – István Hetényi – Judit Gondos, *Pénzügyminisztérium 1848-1998* (Le ministère des Finances, 1848-1998), Pénzügyminisztérium, 1998, p. 35.

[44] Miksa Faragó, *op. cit.*, p. 107.

[45] Sur la fiscalité de l'époque, voir Imre Halász, « Az első modern adórendszer bevezetése Magyarországon 1850-ben – néhány helyi példával » (L'introduction du premier système fiscal moderne en Hongrie en 1850, avec quelques exemples locaux), *Társadalomtudományi folyóirat*, 2016, année 8, nrs. 1-2, pp. 207-216.

1849 était de gérer l'augmentation de la dette publique résultant des dépenses de guerre. Pour couvrir le déficit, des obligations d'État ont été émises à un taux d'intérêt élevé. Le système fiscal a été uniformisé dans tout l'empire, avec une augmentation constante des recettes et une collecte stricte des impôts. Des impôts directs ont été introduits, tels que la taxe foncière, la taxe d'habitation, l'impôt sur le revenu. Les déclarations d'impôts étaient basées sur des estimations de revenus. Outre les impôts directs, des droits d'accise sur le sel, le sucre et les spiritueux étaient également appliqués, et d'autres prélèvements faisaient aussi partie du système fiscal, tandis que les revenus du tabac constituaient également une source importante de recettes publiques. François-Joseph a introduit en Hongrie, par le biais de brevets et de décrets, une imposition absolutiste de la fourniture de revenus aux fins des finances publiques, selon le modèle autrichien. Bien entendu, après l'échec de la guerre d'indépendance, les billets Kossuth ont été retirés de la circulation. Après les événements de 1848-1849, l'administration fiscale autrichienne a également été appliquée dans le Royaume de Hongrie, c'est-à-dire qu'un système d'administration fiscale homogène a été établi dans tout l'Empire. Grâce à cette administration fiscale réglementée et efficace et malgré quelques velléités de résistance, les impôts directs et indirects ont augmenté de manière dynamique.

Recettes fiscales en Hongrie, 1850–1864[46]

	1850	**1857**	**1864**
Impôts directs	11 076 768	17 427 654	28 305 000
Impôts indirects	12 273 865	37 473 302	47 164 000
Total	**23 350 633**	**54 900 956**	**75 469 000**

(Données calculées en forints d'Autriche)

Alors que la charge fiscale d'avant la révolution avait augmenté d'à peine un huitième en 1850, elle avait été multipliée par près de deux et trois quarts en 1857 et par plus de trois et demi en 1864. La consommation était taxée plus lourdement que le revenu. Cependant, la consommation moyenne par habitant dans les provinces hongroises est restée inférieure à la moyenne impériale en raison du sous-développement économique et de l'absence de demande de solvants. Néanmoins, la charge fiscale moyenne pour les impôts directs en Hongrie au début des années 1860 était supérieure de plus de 4 % à la moyenne impériale, et en Croatie de plus de 8 %.[47]

Après les événements de 1848-1849, une entité économique impériale a été créée avec l'émancipation réglementée des serfs, l'extension de l'administration fiscale à la Hongrie, le rattachement du droit de vote au cens fiscal et l'abolition partielle puis complète des lignes douanières. De

[46] Source : Mária Ilonka, *op. cit.*, pp. 20-22.
[47] *Ibidem*, p. 25.

nouvelles conditions, plus orientées vers le marché, ont également été créées pour l'économie hongroise dans le cadre constitutionnel unifié et indivisible de l'Empire autrichien, garanties par la Constitution d'Olomouc (4 mars 1849). Dans ce cadre réglementé, l'extraction et la production de matières premières industrielles et la transformation de produits agricoles tels que le sucre, les spiritueux et les produits de meunerie se sont développées le plus fortement. Malgré cela, le développement de la production industrielle a été beaucoup moins dynamique que celui de l'agriculture, mais il s'est néanmoins caractérisé par une croissance et une transformation progressives, ainsi que par la concentration partielle et sectorielle de la base de la révolution industrielle. La production industrielle de la Hongrie, qui dépassait à peine celle de l'artisanat, représentait entre un cinquième et un sixième de la production totale de l'Empire. La modernisation de l'administration économique s'est accompagnée du développement d'institutions financières, mais en ce qui concerne l'impact fiscal de ces développements, seulement 17 % de l'impôt sur les revenus étaient prélevés en Hongrie au début des années 1860, bien que, comme nous l'avons déjà mentionné, le taux d'imposition directe en Hongrie ait été de 4 % supérieur à la moyenne impériale. Entre 1861 et 1863, les dépenses publiques dépassent les recettes de plus d'un sixième, alors que François-Joseph avait imposé à la Hongrie, par des décrets et des arrêtés, l'obligation absolue d'assurer des recettes conformes aux objectifs des finances publiques. Mais le déficit moyen était supérieur à 20 % des recettes.

2.2 ASPECTS ET INCIDENCES ÉCONOMIQUES DU COMPROMIS HISTORIQUE DE 1867

Les mécanismes de coopération immédiatement avant et après le Compromis devaient essentiellement fonder l'institution de la coopération avec un autre État, qui a pris forme à partir de la seconde moitié du 19e siècle. Le fait politique du Compromis, et le cadre juridique qui l'entoure, se sont combinés pour créer une tranquillité politique et économique, et donc la possibilité d'un développement continu, bien que la régulation économique de l'expansion de la construction et du fonctionnement de l'État fût porteuse de certaines spécificités découlant de l'état arriéré du pays.

2.2.1 Les intérêts économiques et politiques derrière le Compromis

Se référant à des sources contemporaines, l'académicien Antal Mátyás souligne également que pendant longtemps, la noblesse a vu la cause du retard économique dans le manque de main-d'œuvre, en particulier dans la faible efficacité du travail des serfs.[48] Dans la période précédant la guerre d'indépendance, Széchenyi, dans son ouvrage intitulé *Hitel* (Crédit), note que « notre population n'est pas tant faible que notre système est déficient ... »,[49] c'est-à-dire que le principal problème de l'économie hongroise n'était pas le manque de main-d'œuvre de qualité. Sans aucun doute, l'efficacité du travail des serfs était inférieure aux attentes, mais après leur émancipation, une situation fondamentalement nouvelle, plus grave pour la classe des propriétaires terriens, est apparue. L'utilisation des outils du serf assujetti à la corvée était ainsi sortie du système de production, de sorte qu'il y avait une double pénurie de facteurs de production, en termes de travail et de moyens de production. Cela a créé un énorme besoin d'investissement, car le principal problème était de trouver les coûts de main-d'œuvre pour douze millions de salaires journaliers avec bête de labour et à pied. Le principal problème était de cultiver la moitié ou les trois quarts des 8 millions d'hectares de terres arables qui restaient aux mains de la noblesse, car jusqu'ici les serfs avaient effectué le travail demandé par le propriétaire avec leurs propres outils et animaux. Pour moderniser complètement et remplacer les facteurs de production, 160 à 180 millions de forints auraient été nécessaires, mais au lieu de cela, le système de propriété foncière a été accablé par des dettes de 200 à 300 millions de forints. Le manque de ressources « techniques » résultant de l'émancipation des serfs, c'est-à-dire le double déficit de facteurs de production, a été aggravé par un manque de capital, qui a ainsi créé un triple déficit, et a forcé une constellation politique à voir le jour, dans lequel l'agriculture, puis l'industrie, pouvaient se développer, c'est-à-dire que le système foncier, capable de processus de reproduction limités, pouvait accéder par le capital aux ressources d'inputs techniques, comme le travail salarié et les moyens de production, pour lesquels il avait besoin du capital de crédit comme catalyseur. Le capital monétaire n'était disposé à « bouger » que dans une situation politique calme, des conditions sociales consolidées et une situation claire en matière de droit de propriété, ce qui a servi de base et de justification économique à la demande hongroise de se réconcilier avec Vienne.

Du côté de la cour impériale, la volonté de réconciliation s'explique principalement par des considérations militaires et politiques. Même la répression de la guerre d'indépendance hongroise n'a pu être obtenue qu'avec l'aide du tsar, et la guerre austro-prussienne-italienne qui a éclaté à l'été 1866 a également laissé entrevoir la possibilité d'une nouvelle guerre d'indépendance.

La défaite de Königgrätz montra clairement les faiblesses de l'Autriche et le déclin de son rôle européen, ce qui entraîna une recherche accélérée d'un allié interne et une volonté d'apaiser les différends politiques au sein de l'empire. Ferenc Deák – « le Sage de la patrie » – est convoqué par l'empereur pour une consultation le 18 juillet 1868. Deák avait déjà exprimé sa volonté de

48 Voir à ce sujet, Antal Mátyás, *op. cit.*, pp. 829-830.

49 István Széchenyi, *Hitel* (Crédit), in *Gróf Széchenyi István munkái I* (Les œuvres du comte István Széchenyi I), MTA, 1904, p. 88.

réconciliation dans son « article de Pâques » de 1865, et avait même reconnu que la guerre, les affaires étrangères et les finances ne pouvaient relever de la compétence de la Hongrie, mais devaient faire partie d'un cadre impérial commun. « Un but est donc l'existence ferme de l'Empire, que nous ne voulons subordonner à aucune autre considération. Un autre objectif est le maintien de l'existence constitutionnelle de la Hongrie, de ses droits et de ses lois, qui sont solennellement garantis par la *sanctio pragmatica*, et dont il ne serait ni juste ni opportun de prendre plus que ce qui est indispensable pour assurer l'existence solide de l'empire. »[50] La volonté de compromis de Deák a joué un rôle important dans l'accélération du processus de réconciliation et dans l'élaboration de l'Article XII de la loi 1867. En 1864, il était déjà clair que Bismarck voulait unir les États allemands sur la base du principe de la « petite unité allemande », ce qui signifiait pour l'Autriche qu'elle était repoussée du centre du continent vers la périphérie de l'Europe orientale. En conséquence, il était de plus en plus question à la cour impériale de créer un État dualiste.

En dernière analyse, les acquis de l'Ère des réformes du début du 19e siècle, suivis de la guerre d'indépendance de 1848-1849, et l'adoption d'une administration autrichienne plus moderne (administration fiscale et économique) à l'ère néo-absolutiste, ainsi que les progrès économiques qui l'accompagnaient, ont poussé la Hongrie vers l'établissement du Compromis, encadré par un nouveau développement économique permanent. Du côté impérial, l'objectif était de garantir les revenus d'un État « en difficulté », de compenser un rôle international « en déclin » et de diffuser une image impériale unifiée et forte. Pour la dynastie, la réconciliation a donc été une sorte de « ressourcement politique », et pour la Hongrie, elle a également été un « ressourcement économique ». C'est grâce à cet alignement et à ce compromis des intérêts que la réconciliation a été réalisée, ce qui a créé la possibilité d'un développement économique pour la Hongrie, quoique dans une mesure limitée, ce qui était également vrai des possibilités d'un progrès social. Vingt-trois ans plus tard, Ernő Zergényi a écrit ce qui suit à ce sujet : « Lorsque Sa Majesté a sanctionné le Compromis, qui a été conclu après de longues délibérations et promulgué en tant que loi le 12 juin 1867, la grande tâche consistant à établir les droits et obligations mutuels des deux États alliés d'une manière équitable était loin d'être résolue. »[51]

2.2.2 La teneur du traité entre les deux États. Les cadres de l'administration économique et budgétaire

Du côté hongrois, « les artisans du Compromis considéraient que la tâche la plus importante des décennies à venir était de combler les lacunes des siècles

[50] L'article de Pâques de Ferenc Deák, *Pesti Napló*, 16 avril 1865.

[51] Ernő Zergényi, « A quote kérdéséhez közjogi szempontból » (La question de la *quota* dans une optique de droit public), *Jogtudományi Közlöny*, année XXV, Budapest, 5 septembre 1890, p. 282.

passés dans tous les domaines et de rattraper les principaux pays européens, ou du moins les territoires occidentaux de la monarchie ».[52] § 1 de l'Article XIV de la loi 1867 stipulait que les coûts des affaires publiques communes entre les deux États devaient être couverts à hauteur de 30 % par l'État hongrois et de 70 % par les provinces héréditaires.[53] L'attente, indépendamment des proportions, était que « la régénération de l'empire dépende de l'établissement d'un budget sans déficit, dont les éléments permettront d'améliorer la condition matérielle et intellectuelle de la population ».[54] Cet esprit a prévalu tout au long du processus de négociation et de mise en œuvre, comme le confirme l'analyse de Scott M. Eddie[55] selon laquelle le quota devait être basé sur la capacité contributive, mais les deux pays n'ont jamais pu se mettre d'accord sur une méthode de calcul simple.

Après son couronnement (28 juillet 1867), François-Joseph a signé l'Acte de Compromis (Article XII), puis les lois réglementant les modalités économiques ont été adoptées (Articles XIV XVI). Bien que, selon Ernő Zergényi, les circonstances de l'accord, en particulier les proportions convenues pour couvrir les affaires communes de la Monarchie, n'aient pas été sans complications, elles ont produit des résultats, et peuvent donc avoir une valeur de message même pour les concertations de droit public et les négociations de politique étrangère d'aujourd'hui. « En ce qui concerne l'ordre des délibérations, un modèle approprié a été trouvé dans l'institution des délégations, et ainsi toute l'organisation des deux parties négociantes reflète celle des délégations. Les délégués, qui déterminent les proportions des délégations, délibèrent également séparément et interagissent entre eux par l'intermédiaire des *nuntia*. À certains égards, la séparation entre les députations est encore plus marquée que dans le cas des délégations. Les délégations peuvent, si l'échange de listes a échoué dans trois cas, tenir une réunion commune en vue du vote ; cette institution, qui se justifie plus politiquement que juridiquement, n'a pas été étendue aux députations. On ne peut nier que la procédure est donc très lourde, mais au moins on ne peut pas l'objecter en droit public. »[56]

§18 de l'Article XII de la loi 1867 stipulait que la proportion des tâches communes à couvrir par les pays de la Couronne hongroise sur la base de la *sanctio pragmatica* devait être déterminée d'un commun accord. La même loi stipulait également que les pays de la Couronne hongroise et les autres

52 László Katus, *Az állami ipartámogatás politikai háttere a dualizmus korában* (L'arrière-plan politique du soutien de l'industrie par l'État à l'époque du dualisme), Pécs, Pro Pannonia, 2009, p. 151.

53 Il est également important de souligner que les calculs n'étaient pas clairs, notamment du côté autrichien qui n'était pas satisfait. Les Hongrois voulaient 25 %, les Autrichiens 31-32 %. Voir à ce sujet Ferenc Glatz (dir.), *A magyarok krónikája* (Chronique des Hongrois), Magvető Könyvklub Officina Nova, 2000, pp. 439-443.

54 Vincze Weninger, *A közös ügyek kérdése közgazdasági szempontból* (La question des affaires communes dans une optique économique), Szatmáry Károly, 1867, p. 12.

55 M. Eddie Scott, « Limits on the Fiscal Independence of Sovereign States in Customs Union : "Tax Union" Aspects of the Austro-Hungarian Monarchy, 1868-1911 », *Hungarian Studies Review*, 1982, année IX, nr. 2, pp. 7-28.

56 Ernő Zergényi, *op. cit.*, p. 283.

pays de l'Empereur devaient désigner des délégations à effectifs égaux pour mener les négociations. Ces deux délégations, avec la participation des ministères, ont élaboré leurs propositions, qui ont ensuite été soumises aux parlements compétents, lesquels, après les négociations, ont soumis l'accord à l'Empereur pour ratification sous forme de loi. Le taux de contribution à la cause commune était fondamentalement basé sur la charge fiscale des pays. « La question de la détermination de la proportion est cependant si essentielle qu'il n'est pas surprenant que ce principe soit souvent relégué au second plan au cours des négociations des délégations »,[57] écrit Zergényi. La partie autrichienne a soulevé la question d'une définition objective du ratio, qui a été rejetée par la partie hongroise, mais elle a été soulevée encore et encore. En opposition à la position autrichienne, par ailleurs logique, la délégation hongroise a fait valoir à plusieurs reprises que « § 22 de l'Article de la loi 1867 stipule explicitement que la négociation du rapport ne peut concerner qu'une période limitée, après quoi une nouvelle négociation doit être effectuée de la même manière. Le taux est donc toujours soumis à la libre négociation, et toute restriction à sa liberté est interdite. En outre, la nature juridique des rapports entre les deux États interdit aussi de restreindre la liberté de l'établissement du quota. Car l'indépendance financière est le pilier le plus solide de l'indépendance juridique, et l'affaiblissement de l'une des deux affecte aussi l'autre. »[58]

Zergényi écrit également que, si aucun accord n'était trouvé, la partie autrichienne établirait une loi selon laquelle la mesure coercitive du souverain intervenant ne pourrait durer qu'un an et ne s'appliquerait qu'aux provinces héréditaires autrichiennes. Cette disposition n'a pas été incluse dans la loi hongroise. Les ordres hongrois considéraient que même sous cette forme limitée, ce droit impérial était préoccupant du point de vue du parlementarisme, car les droits budgétaires des deux États seraient altérés. Une circonstance quelque peu atténuante était que l'interférence éventuelle du monarque pouvait facilement être contournée par les deux assemblées, à condition qu'elles maintiennent temporairement au moyen d'un *motu proprio* le ratio existant. Le monarque n'a pas exercé ce droit avant 1877, l'explication de droit public étant que, pour les provinces héréditaires autrichiennes, il était l'empereur d'Autriche et, dans le royaume de Saint Étienne, le roi de Hongrie, et le titulaire des deux fonctions était incarné dans un seul monarque. L'interférence dans ce processus de conciliation budgétaire « ne permet pas une intervention aussi poussée », selon Zergényi.[59] Au moment du Compromis, beaucoup pensaient que les anomalies du processus de conciliation sapaient le crédit des deux États, ce qui n'était pas le cas et « était complètement démenti par l'expérience. Le crédit de la Hongrie et de

57 *Ibidem.*
58 *Ibidem*, p. 284.
59 *Ibidem.*

l'Autriche a bénéficié du développement économique auquel le Compromis a donné un nouvel élan. »[60]

Le taux de contribution de 30–70 % réglementé par l'Article XIV est resté en vigueur pendant 10 ans, du 1er janvier 1868 au 31 décembre 1877, mais pour le Compromis suivant, il n'était plus obligatoire, ni en ce qui concerne le taux, ni en ce qui concerne l'intervalle de 10 ans. Les délais les plus courts et les plus longs ont été fixés pour garantir que l'« humeur » des négociations n'affecte pas l'humeur des opérateurs économiques et de la société, tandis que le délai le plus long a été considéré comme une atteinte aux droits budgétaires des parlements.

La mise en œuvre des dispositions du Compromis de 1867 a été accélérée par la précarité de la situation fiscale : « au début de 1867, les trésoreries étaient vides, les 9/10 du personnel employé dans l'administration financière étaient des étrangers qui ne comprenaient pas la langue officielle, et les forces intérieures n'étaient pas et ne pouvaient pas être disponibles. Les impôts ont presque cessé d'être perçus au cours des premières semaines, car la population n'était pas habituée au paiement volontaire. Finalement, tout s'est bien terminé : les recettes de 1867 ont dépassé toutes les attentes et le premier budget réglementaire s'est terminé par un bon résultat. »[61]

L'Article XVI a réglementé l'établissement de l'union douanière et commerciale, c'est-à-dire l'établissement d'une frontière douanière commune pour la monarchie.[62] La question douanière et le système fiscal, en particulier le traitement des impôts indirects, étaient donc des questions interdépendantes que le gouvernement hongrois ne pouvait pas régler de manière autonome. Les recettes douanières étaient entièrement utilisées pour les dépenses communes, cependant que l'union douanière impliquait également la réglementation des impôts indirects les plus importants, car d'énormes difficultés auraient surgi si les deux États avaient eu des taux différents d'accises et de taxes à la consommation incluses dans le prix des marchandises.

Le réaménagement des droits de douane et des impôts indirects (sur le sel, le tabac[63] , le sucre, la bière et les spiritueux) ne pouvait être réalisé qu'en collaboration avec le gouvernement autrichien. Selon Ákos Paulinyi,[64] l'Autriche-Hongrie était plus qu'une simple union douanière, car elle

60 *Ibidem.*

61 Mária Ilonka, *op. cit.*, pp. 44-45.

62 À partir de 1850, il existe une union douanière entre la Hongrie et l'Autriche, de sorte qu'il n'y a pas de droits de douane entre les provinces de l'Empire. Joseph II avait déjà aboli les droits de douane sur les exportations autrichiennes vers la Hongrie en 1786. Ces droits sont restés en vigueur jusqu'en 1795, puis ils ont été réintroduits en réponse à une initiative hongroise, pour rester en vigueur jusqu'en 1850.

63 Cette problématique apparaît clairement dans les interpellations de Menyhért Lónyai. Voir *Lónyai Menyhért nevezetesebb országgyűlési beszédei* (Les interventions les plus notables de Menyhért Lónyai au parlement), Pest, Édition de Mór Ráth, 1870, pp. 200-210.

64 Ákos Paulinyi, « Die sogenannte gemeinsame Wirtschaftspolitik Österreich-Ungarns », in Adam Wandruszka – Peter Urbanitsch (Hrsg.), *Die Habsburgermonarchie 1848–1918*. Band I: *Die Wirtschaftliche Entwicklung*, Vienne, Österreichischer Akademie der Wissenschaften, 1975, p. 585.

fonctionnait comme un véritable marché commun avec une intégration monétaire complète et une union fiscale partielle. En fait, les accords économiques ont assuré la circulation complète et libre des facteurs de production, de la main-d'œuvre et du capital entre les deux pays, même s'ils ont a enfermé la monarchie dans ses frontières.

La Hongrie ne pouvait pas appliquer de manière indépendante des mesures mercantilistes aux marchandises provenant de l'extérieur de la Monarchie ou aux marchandises destinées à l'Autriche, mais il ne fait aucun doute que le marché de la Monarchie, qui comptait près de 50 millions d'habitants, constituait une excellente opportunité pour les exportations agricoles hongroises. Lors des négociations des accords économiques de 1875, la question des droits de douane a été à nouveau mise en avant – de même que la répartition des taxes à la consommation et la discussion d'une banque centrale indépendante. En 1878, le résultat est atteint : les quotas d'importation financiers, industriels et agricoles sont augmentés, ce qui profite à la partie hongroise. Cependant, comme le dit Sándor Matlekovits, « le Compromis lui-même a été un succès certain en termes financiers. La réforme de la taxe sur les alcools et le sucre, le règlement des questions relatives aux tarifs et aux remboursements d'impôts ont enrichi les recettes du trésor hongrois de plusieurs millions de forints … »[65]

Après le Compromis, le nouvel État hongrois a adopté – avec des modifications mineures – le système fiscal et l'administration fiscale de l'absolutisme autrichien d'après 1849,[66] et est même devenu une partie légalement reconnue de Monarchie. La possibilité de modifier les impôts indirects était minime, et l'accent a donc été mis sur la réforme des impôts directs,[67] en particulier lorsque des mesures d'assainissement des finances publiques[68] étaient nécessaires. Alors que la réforme de 1875, dans un climat politique plus calme suite à la victoire écrasante du Parti libertarien, s'est concentrée sur les impôts directs,[69] les réformes répétées des années 1880 ont cherché à augmenter les recettes des impôts indirects uniquement, en particulier celles des différents impôts sur la consommation. Les recettes de l'impôt sur la consommation ont quadruplé entre 1868 et 1890, car le boom du marché a sensiblement augmenté le chiffre d'affaires, et les changements

65 Sándor Matlekovits, *Magyarország államháztartásának története 1867-1893* (L'histoire des administrations publiques hongroises), Introduction, Grill Károly, 1894, p. 21.

66 János Szita, « Az adóigazgatás szervei a dualizmus első felében » (Les organes de l'administration fiscale dans la première moitié du dualisme), in *Jogtörténeti tanulmányok, Emlékkönyv Csizmadia Andor hetvenedik születésnapjára* (Études d'histoire du droit. Mélanges offerts au soixante-dixième anniversaire d'Andor Csizmadia), dirs. Antal Ádám, Ferenc Benedek, János Szita, Studia Juridica Auctoritatis Pécs Publicata, 1980, pp. 385-395.

67 Sur la question du système fiscal dans la politique intérieure contemporaine, voir Menyhért Lónyai, *op. cit.*, pp. 211-295.

68 Voir par exemple Ede Horn, *Államháztartásunk rendezéséről* (Sur la mise en ordre de nos finances publiques), Budapest, Éditions de Sámuel Zilahy, 1874, p. 99.

69 Sur la réforme des impôts directs sous le dualisme, voir Frigyes Fellner, « Az egyenes adók reformja Magyarországon » (La réforme des impôts directs en Hongrie), *Adó- és illetékügyi szemle*, 1914, année 3, nr. 4, pp. 210-222.

structurels du système fiscal ont lentement déplacé l'accent des impôts directs vers les impôts indirects. Selon les comptes définitifs du solde des administrations publiques entre 1868 et 1914/15, le seul déficit important entre 1868 et 1914/15 est celui de 1870 (72,3 millions de forints), avec des recettes de 185,8 millions de forints et des dépenses de 258,2 millions de forints, ce qui est toutefois moins important que l'excédent de 39,5 millions de l'année précédente. Dans les années 1868-1869, 1873-1876, 1878-1879, 1882-1883, 1886-1895, le solde du compte final du budget a présenté un excédent, ainsi qu'en 1900, 1910, 1913 et 1914/15.[70] Dans l'administration économique du dualisme, il convient de mentionner tout particulièrement le mandat de Kálmán Széll en tant que ministre des Finances entre 1875 et 1878, puis comme Premier ministre entre 1899 et 1903.[71] « En tant que ministre des finances, il a mis de l'ordre dans les finances de l'État, augmenté considérablement les recettes, réorganisé l'administration financière, acquis les chemins de fer de l'Est et de la Tisza pour l'État [...]. On lui attribue le Compromis financier et économique avec l'Autriche en 1878 ... »[72] Selon l'académicien Gábor Hamza, « le gouvernement de Kálmán Széll a apporté un calme relatif à une vie publique autrement troublée »[73] et son œuvre politique a jeté les bases de l'âge d'or du dualisme.

Dans le fonctionnement de l'État hongrois dualiste, les mesures visant à faire des économies, à augmenter les recettes fiscales, à accroître l'efficacité de l'administration financière et de la perception des impôts, et même la conversion continue des emprunts d'État contractés pour financer le développement capitaliste à des taux d'intérêt plus favorables étaient des caractéristiques permanentes de la politique fiscale et des finances publiques.[74] Malgré les efforts de la direction des finances publiques pour atteindre l'efficacité fiscale, le déficit budgétaire est resté prédominant,[75] en raison de l'expansion des investissements en infrastructures construites et financées par l'État. « La restauration de la Constitution a trouvé le pays dans un état tel que dans toutes les directions, dans toutes les branches de la vie de l'État, il y avait un besoin immense, qui demandait à être satisfait dans le domaine de l'investissement. »[76] Pour couvrir les dépenses non couvertes par les recettes fiscales (c'est-à-dire le déficit), l'État hongrois a placé des obligations d'État sur les marchés financiers internationaux. « Dans les

70 Sources : Károly Görög Straub – Géza Patay, *Wekerle Sándor*, Helikon, 2011, p. 316.

71 Kálmán Széll était le douzième Premier ministre du Royaume de Hongrie.

72 Gábor Hamza, « Száz évvel ezelőtt hunyt el Széll Kálmán, Magyarország miniszterelnöke » (Le centenaire de la mort de Kálmán Széll, Premier ministre de la Hongrie), *Polgári Szemle*, 2015, année 11, nrs. 4-6, p. 528.

73 Gábor Hamza, *op. cit.*, p. 530.

74 Sur les processus de consolidation, en particulier sur les activités y relatives de Kálmán Széll, voir *Le progamme de consolidation de Kálmán Széll*, Imprimerie impériale et royale, Budapest, s. d.

75 Par exemple 61,5 millions de forints en 1874, 7,9 millions en 1875, 31,3 millions en 1876.

76 Rapport général du Comité permanent des finances sur le budget de l'État pour 1873. Documents de la Chambre des députés de l'Assemblée nationale convoquée pour le 1er septembre 1872, II, Buda, 1873, p. 275.

années qui suivent le Compromis, les emprunts d'État ne sont contractés que pour les investissements prévus par la loi : 85 millions pour la construction des chemins de fer en 1867-68, 30 millions pour 1871, 24 millions pour les constructions de la capitale en 1872. L'emprunt de 54 millions émis en 1872 a également été largement utilisé pour poursuivre les investissements déjà commencés. »[77] László Katus remarque qu'entre 1868 et 1890, les dépenses publiques ont augmenté de 72 % en Autriche et de 142 % en Hongrie. Mais, selon lui, cette tendance à la croissance hongroise rapide était une conséquence de la nécessité d'un État indépendant et du développement économique, c'est-à-dire qu'elle était couverte par les performances économiques. D'autant plus qu'entre 1867 et 1913, la production industrielle de la Hongrie a augmenté de 4,5 % par an en moyenne, et la part de l'industrie dans le PIB est passée de 15 % à 24 %.[78]

Le Compromis de 1867 a donc favorisé le développement capitaliste en Hongrie. Cependant, la construction des chemins de fer, la régulation du Danube, la transformation de la capitale et la construction du port de Fiume ont consommé d'importantes sommes d'argent, financées principalement par des emprunts, et l'équilibre des finances publiques a été quelque peu perturbé. Ce redressement – sur la proposition de Sándor Wekerle – a été obtenu par une augmentation des impôts directs, des droits et des accises sur le tabac, par une réforme radicale de la taxe sur l'alcool et le sucre et par le rachat de la taxe sur les boissons. Ajoutons la conversion des emprunts d'État, qui impliquait la conversion d'obligations sur la dette de l'État précédemment contractée à des conditions défavorables en des échéances plus longues et des taux d'intérêt plus bas.[79] En plus de rendre l'appareil d'État plus transparent, Sándor Wekerle a mis l'accent sur le développement industriel, la nationalisation des chemins de fer (principalement pour éliminer les abus), le développement du secteur agricole et de la santé animale, et l'amélioration des conditions sociales.

Les lois de politique sociale[80] des deux premiers gouvernements de Sándor Wekerle[81] – trois fois Premier ministre hongrois – et même celles de ses années en tant que ministre des Finances à partir de 1891, étaient liées entre elles

77 László Katus, « Magyarország államháztartása » (Les finances publiques de la Hongrie), in *Receptek a válságra. Pénz és gazdaság a 20. század első felében* (Recettes pour la crise. Argent et économie dans la première moitié de 20e siècle), dir. Anna Dévényi et Virág Rab, Pannónia könyvek, 2007, p. 82.

78 László Katus, *op. cit.*, p. 90.

79 Sur les emprunts d'État de l'époque, voir Vilmos Sándor – Tibor Kolossa, « Magyarország államkölcsöneinek történetéből » (Un chapitre de l'histoire des emprunts d'État de la Hongrie), *Századok*, 1950, nrs. 1-4, pp. 453-478.

80 Selon Gábor Máthé, les premières interventions de l'État actif dans le domaine économique ont pris corps dans des idées de politique sociale. Gábor Máthé, « Állami beavatkozási kísérlet a polgári korban » (Tentative d'intervention de l'État dans la Hongrie bourgeoise), in Gábor Máthé – Mihály Révész T. – Gergely Gosztonyi, *Jogtörténeti Parerga. Ünnepi tanulmányok Mezey Barna 60. születsénapja tiszteletére* (Parerga d'histoire du droit. Mélanges offerts à l'occasion du 60e anniversaire de Barna Mezey), ELTE Eötvös Kiadó, 2013, pp. 296-308.

81 Pour l'œuvre politique de Wekerle, voir Ferenc Erdős, *Mór története* (L'histoire de Mór), Mór, 2002, 562 p. ; Csaba Svéhlik, *Wekerle arckép világtörténeti háttérrel* (Portrait de Wekerle dans une perspective d'histoire mondiale), 2014 ; Károly Görög Straub – Géza Patay, *op. cit.*

pour créer les possibilités d'améliorer la qualité de vie des enseignants, des ouvriers et des domestiques selon les normes de l'époque. Dans sa réflexion sur la politique sociale, il cherchait à concilier l'intérêt public économique, les intérêts économiques et sanitaires du travailleur, les intérêts de l'employeur et les exigences de l'éducation publique. Conscient de l'interdépendance inhérente d'un système à quatre niveaux, il a présenté ses projets de loi et les a défendus lors des débats parlementaires. Après l'effondrement consécutif à la première guerre mondiale, les gouvernements de l'ère Horthy, en 1926-1927, ont pu s'appuyer sur les bases qu'il avait posées. Au cours du premier gouvernement de Sándor Wekerle (1892-1895), le ministre des Cultes et de l'Éducation publique de l'époque a présenté un projet de loi sur la « retraite des directeurs d'école publique, des enseignants, des directeurs et directrices d'école et des personnes à leur charge », qui n'étaient pas encore couverts par l'État ou d'autres dispositions de même nature.

Au cours de son deuxième gouvernement (1906-1910), les mesures de politique sociale ont été intégrées comme éléments importants dans son programme gouvernemental, à côté des mesures économiques. En rendant l'assurance accident obligatoire pour les employés du commerce et de l'industrie, en créant un régime d'assurance pension et en organisant l'assistance maladie, il a offert une solution même pour les cas où ces mesures auraient nécessité des sacrifices et des investissements considérables. En 1907, la loi « sur la réglementation des relations juridiques entre l'agriculteur et le salarié agricole » était destinée à assurer le bon fonctionnement de la production nationale et garantir la paix sociale. En 1908, la loi « sur les maisons ouvrières à construire aux frais de l'État dans et autour de la capitale Budapest » considérait que l'État avait pour mission de réaliser des investissements sociaux dans l'intérêt public.[82]

Le Compromis a fait de l'État hongrois une monarchie constitutionnelle,[83] dans laquelle l'activité législative était exercée conjointement par le chef de l'État et l'organe représentatif suprême, le Parlement, tandis que le roi, par le biais du gouvernement nommé généralement du sein du parti majoritaire au Parlement, assurait la mise en œuvre de la loi.[84] Le nouveau

82 L'un des « défauts » des mesures sociales de Wekerle est la loi 1876 sur les domestiques, qui a permis à des centaines de milliers de personnes au bas de l'échelle de la paysannerie de trouver une échappatoire uniquement dans l'émigration. L'action d'Ignác Darányi pour le rattrapage des périphéries mérite également d'être mentionnée, y compris celle visant à l'élévation de la minorité ruthène, et surtout celles conduites en Haute-Hongrie et auprès des Szekler, destinées à éliminer les tensions entre les diverses nationalités.

83 Une forme dualiste de gouvernement est apparue, principalement dans le sens politico-administratif. Il ne faut cependant pas oublier les différences de développement entre l'Autriche et la Hongrie ou, comme l'écrit Tamás Szentes dans un autre contexte, le dualisme sociologique et technologique qui peut être appliqué aux réalités de ces deux pays à l'époque. « ... l'idée du dualisme, de la désintégration, devient de plus en plus populaire et générale dans la littérature de l'arriération », dit-il. Tamás Szentes, *A Dualizmus leszűkített értelmezései az elmaradottság-elméletekben* (Les interprétations réduites du Dualisme dans les théories du retard), MTA, Centre de recherché afro-asiatique, 1971, p. 1.

84 En substance, la Hongrie est devenue une démocratie civile, dans laquelle les finances publiques nécessitent également un contrôle budgétaire indépendant de la bureaucratie qui sert de médiateur à la

système parlementaire établi par le Compromis austro-hongrois de 1867 a institutionnalisé le droit de contrôle législatif sur le gouvernement en Hongrie, et le parlement a créé la Cour nationale des comptes pour exercer un contrôle économique. « L'Article XVIII de la loi 1870, qui a institué la Cour des comptes, a toutefois établi le statut juridique de l'institution de manière tiède, en précisant que sa mission se limitait à effectuer un contrôle comptable, ce qui signifiait que le fonctionnement de l'institution – depuis sa création jusqu'à sa suppression – a soulevé bien des controverses. »[85]

2.2.3. La réglementation du développement industriel et ses résultats

Il ne fait aucun doute que la consolidation politique a eu un impact positif sur le développement de la Hongrie. Mais il est également important de considérer comme une condition positive le fait que la seconde moitié du 19e siècle a été une période de révolution industrielle et de boom bancaire en Europe.[86] La combinaison de ces deux facteurs « a conduit à un développement sans précédent du pays de 1867 à 1873, surtout par rapport à l'ère du despotisme orchestré par Bach. Les capitaux sont entrés en Hongrie à une échelle sans précédent, le réseau ferroviaire s'est élargi spectaculairement, et le nombre d'institutions financières formant la base du système de crédit s'est multiplié : en 1873, le nombre des banques et des caisses d'épargne était passé de 78 à 429, et leur apport en capital de 169 à 531 millions de forints. »[87]

---

volonté du monarque. En Hongrie, József Hajnóczy, un martyr jacobin, et Károly Koppi, un professeur d'histoire, ont été les premiers à exprimer ces idées dans leurs traités de théorie de l'État. Voir à ce sujet Árpád Kovács, « A Magyar Királyi Állami Számvevőszék 1870-es megalakulása és előzményei » (La création en 1870 de la Cour royale nationale des comptes de Hongrie et ses antécédents), in *Állam- és közigazgatás Magyarországon az egyes történelmi korokban* (Administration publique en Hongrie dans les différentes périodes historiques), dir. Sándor Molnár, 2001, Vaja, pp. 29-46.

85 Mihály Révész T., « Az Állami Számvevőszék felállítása és működésének kezdetei » (L'établissement et les débuts de la Cour nationale des comptes), *Pénzügyi Szemle*, 2012, année LVIII, nr. 2, pp. 98-111 ; voir aussi Árpád Kovács, « Töredékek a Magyar Királyi Állami Számvevőszék 1870-es megalakulásáról és előzményeiről » (Fragments concernant la création en 1870 et les antécédents de la Cour royale nationale des comptes), *Pénzügyi Szemle*, 2002, nr. 9, pp. 823-840 ; Tamás Révész, « Az Állami Számvevőszék dualizmuskori történetéhez » (Contribution à l'histoire de la Cour nationale des comptes sous le dualisme), in *Jogtörténeti előadások II* (Conférences d'histoire du droit II), dir. Barna Mezey, ELTE ÁJK–Tankönyvkiadó, pp. 171-183.

86 Il y a eu cependant quelques crises économiques mineures, comme celle de 1873, mais leurs effets se sont fait sentir beaucoup moins à Pest qu'à Vienne. Voir à ce sujet Katalin Mérő, *The Role of the Stock Market – and Its Significance in the Economic Life of Capitalist Hungary (1864-1944)*, Hungarian Stock Exchange, Budapest, 1988 ; István Schlett, « Válságkezelés, rendszerváltoztatás vagy a pártstruktúra átalakítása? Politikai dilemmák és válaszok az 1873-1875-ös pénzügyi válság idején » (Gestion de crise, changement de régime ou transformation des structures des partis ? Dilemmes politiques au temps de la crise financière de 1873-1875), *Közgazdasági Szemle*, février 2007, pp. 142-166.

87 Iván Berend T. – György Ránki, *A magyar gazdaság 100 éve* (Cent ans de l'économie hongroise), Budapest, 1972, pp. 26, 35.

À l'époque du Compromis, les hommes politiques pro-Deák et ceux de l'opposition ont convenu que l'état de l'économie pouvait être amélioré en autorisant la libre concurrence et le libre-échange. Il y avait également un accord sur le fait que « le progrès, l'équilibre dans le développement économique et la création de richesses dans un pays qui n'est engagé que dans l'agriculture et n'a pas d'industrie est inconcevable ».[88] La situation après l'émancipation des serfs est devenue une contrainte économique pour l'élite politique et économique, et la création des conditions pour le développement capitaliste est devenue inévitable. « Le principe de base de la politique économique officielle est toujours resté le libéralisme. Cependant, la situation de l'économie nationale et les difficultés de développement ont inévitablement nécessité une intervention toujours plus directe de l'État. Les partisans de la politique économique libérale l'ont également reconnu. »[89] On retrouve ici, par exemple, une similitude de pensée avec l'économiste français Michel Chevalier (1806-1879), partisan de la politique économique libérale,[90] qui soulignait l'importance de l'initiative et de l'implication de l'État dans le développement de certains secteurs de l'économie, notamment les infrastructures. Friedrich List[91] (1789-1846) voyait dans l'intervention de l'État le meilleur moyen pour accélérer le développement économique des territoires allemands fragmentés, notamment dans le domaine des infrastructures. Les hommes d'État hongrois du dualisme pensaient de la même manière. « Les hommes politiques libéraux de l'époque étaient convaincus que les changements politiques, qui rétablissaient le constitutionnalisme libéral et la souveraineté nationale au prix de certains concessions, ouvraient la voie à un processus de « développement infini », et qu'en instaurant la liberté individuelle et nationale, la Hongrie pourrait rattraper les nations plus avancées. »[92]

« Immédiatement après le Compromis, l'État a joué un rôle direct dans la construction d'infrastructures modernes. Les compagnies privées de chemin de fer étaient soutenues par une garantie d'intérêt de l'État, les compagnies de navigation par une subvention annuelle. »[93] Des emprunts d'État ont été émis pour la construction de chemins de fer et de canaux (Article 13 de la loi 1867). La politique industrielle (la loi 1872 sur l'industrie), perçue comme libérale, a été combattue par les petits artisans. Les dirigeants de l'Association nationale de l'industrie ont demandé que le développement de l'industrie devienne le principe directeur de la politique économique, notamment de la

88 Vincze Weninger, *op. cit.*, p. 28.

89 László Katus, « Az állami ipartámogatási politika háttere a dualizmus korában » (L'arrière-fond de la politique de soutien industriel à l'époque du dualisme), in *Válságos idők tegnap és ma – Pénz, gazdaság és politika a 19-21. században* (Temps critiques hier et aujourd'hui – Argent, économie et politique aux 19e-21e siècles), dir. Virág Rab, Pannónia Könyvek, Pécs, 2009, p. 151.

90 Voir en particulier *De la question de l'intervention dans les travaux publics des gouvernements dans l'Amérique* (1842); *Des intérêts matériels en France* (1843, 7e édition); *Introduction aux rapports du jury international* (1868); *Turgot et la liberté du travail* (1873).

91 Son ouvrage principale : *Das nationale System der politischen Ökonomie*, Stuttgart–Tübingen, 1841.

92 István Schlett, *op. cit.*, p. 143.

93 László Katus, *op. cit.* (2009), p. 152.

politique du commerce extérieur et des douanes, et ont estimé que le principal obstacle au développement industriel était l'absence d'une zone douanière commune et de tarifs industriels protecteurs.

« Le territoire douanier commun et unifié a eu un effet bénéfique indéniable sur le bien-être économique des deux parties différentes et interdépendantes de la Monarchie austro-hongroise [...] il ne met pas en danger nos intérêts industriels. [...] Nos industries vitales n'ont pas décliné pendant la période du territoire douanier unifié et de l'union douanière et commerciale, mais, là où il y avait suffisamment de capitaux et d'intelligence, là où il n'y avait pas d'étourderie mais une volonté et une ambition sérieuses, elles ont fait des progrès assez rapides. »[94]

L'Article 44 de la loi 1881 sur les avantages de l'État à accorder à l'industrie nationale a attribué ceux-ci aux usines « équipées conformément au développement actuel de la technologie », produisant « des articles qui ne sont pas encore produits en Hongrie », ainsi qu'aux usines déjà existantes ou à créer qui produisent les articles industriels énumérés dans la loi. Dans le cas des usines textiles, la législation a également défini en détail les conditions d'obtention des avantages. Les usines concernées ont été exonérées jusqu'en 1895 du paiement des impôts et de la surtaxe communautaire sur les impôts dus par les entreprises industrielles et de l'impôt général supplémentaire sur le revenu. Ils étaient également exemptés du paiement des droits et des timbres sur divers documents et pouvaient obtenir des tarifs préférentiels pour le sel industriel.[95]

Les avantages offerts aux sociétés industrielles ont été étendus à certaines sociétés minières par l'Article 3 de la loi 1887. La deuxième loi sur la promotion de l'industrie, Article 13 de la loi 1890, a étendu l'éventail des industries et des manufactures bénéficiant de ce régime. La même loi a aussi prévu des avantages pour les coopératives artisanales et les industries artisanales. Les deuxième et troisième lois sur la promotion de l'industrie stipulaient que toutes les entreprises pouvaient bénéficier des préférences de l'État pour une période maximale de 15 ans. Article 22 de la loi 1893 (« sur l'octroi d'aides d'État et d'avantages aux navires marchands hongrois pratiquant la libre navigation en haute mer ») a étendu le cercle des bénéficiaires aux chantiers de construction navale, aux chantiers et ateliers de réparation navale « équipés conformément aux exigences techniques », aux cales flottantes et aux cales sèches.

Alors que les instruments de soutien de l'État à l'industrie se développaient, un comité d'État a été créé pour « promouvoir une plus grande utilisation de l'industrie nationale par les sociétés de transport et les usines d'État ». En 1887, le ministre des transports, Gábor Baross, a demandé aux sociétés de transport de donner la préférence aux produits nationaux disponibles en quantité,

[94] *Documents de la Chambre des députés convoquée pour le 28 août 1875*, XIV, Budapest, 1877, pp. 329, 331.

[95] Voir Article LXIV de la loi 1881 sur les avantages à accorder, https://net.jogtar.hu/ezer-ev-torveny?docid=88100044.TV&searchUrl=/ezer-ev-torvenyei%3Fpagenum%3D31 téléchargé le 6 septembre 2018. Pour une étude de la loi, voir László Katus, *op. cit.*, p. 159.

qualité et prix suffisants. Il a également obligé les entreprises industrielles bénéficiant de subventions et de remises de l'État à faire de même. En réponse à cet appel, les chemins de fer et les usines d'État se sont approvisionnés à l'intérieur du pays pour 85 % de leurs besoins. Il était également possible de faire en sorte que l'industrie hongroise reçoive des commandes pour l'armée commune, puis, au début du 20e siècle, pour la marine en plein essor, à peu près dans les proportions prescrites par le quota. En 1890, de nouveaux tarifs ont été introduits sur les lignes ferroviaires de l'État, favorisant les produits des usines nationales par rapport aux produits manufacturés importés, et des tarifs directionnels ont été appliqués pour promouvoir les exportations.[96]

Article 14 de la loi 1890 sur les remises d'État accordées aux établissements financiers soutenant l'industrie nationale prévoyait des remises importantes dans le cas où « se constituerait une société par actions ayant son siège à Budapest, avec un capital social entièrement libéré d'au moins cinq millions de forints, pour la promotion de l'industrie et du commerce nationaux, qui, selon ses statuts, aurait pour objectif principal la création et l'implantation de nouvelles industries dans les pays de la Couronne hongroise, le développement et le soutien des industries existantes, et l'octroi de prêts bonifiés aux industriels et aux entreprises industrielles des pays de la Couronne hongroise ... » Article 17 de la loi 1884 (la loi sur l'industrie de 1884) a rendu obligatoire la création de syndicats des industriels, ce qui a renforcé l'organisation de l'industrie et la représentation des intérêts des personnes y employées. Ces lois ont favorisé le développement de l'industrie nationale du point de vue de l'organisation du capital et du travail.[97]

Dans les premiers temps du développement industriel par l'intervention de l'État, des questions d'efficacité ont été soulevées, telles que « [...] le gouvernement doit se garder d'une indolence totale, [...] mais il doit aussi se garder d'en faire trop, car créer artificiellement une industrie sans base suffisante ne pourrait qu'entraîner l'effondrement de cette industrie à la première occasion et provoquer des crises majeures »[98]. Mais pendant les quatre décennies du dualisme, l'opinion générale est restée que « dans nos conditions économiques, l'État ne peut pas suivre un système de laisser faire et l'intervention est parfaitement justifiée dans notre pays. Dans de nombreux secteurs productifs, l'initiative et la stimulation n'ont pas lieu ou n'auraient pas eu lieu si l'État n'avait pas au moins joué le rôle de bailleur de fonds et pris le risque du démarrage ».[99]

96 *Ibidem*, p. 170.

97 La loi sur l'industrie a également réglementé les conditions de démarrage et de poursuite de l'activité industrielle, le cadre procédural de la formation professionnelle, de la discipline du travail et de l'autorité industrielle.

98 *Journal de la Chambre des députés de l'Assemblée nationale convoquée pour le 17 octobre 1878*, XVIII, Budapest, 1881, pp. 384-386.

99 Sándor Matlekovits, *Magyarország közigazgatási és közművelődési állapota ezeréves fennállásakor* (L'état de l'administration publique et de la culture en Hongrie mille ans après la fondation du pays), II, Budapest, 1898, pp. 115-116.

« Dans les années qui ont suivi le Compromis, pendant le boom de la *Gründerzeit*, aucune autre intervention de l'État n'était nécessaire pour le développement souhaitable de l'économie. Il est vrai que lors des petites crises boursières et de crédit de 1869, le gouvernement s'est précipité au secours des entreprises en difficulté en leur versant des sommes importantes provenant du trésor public. La Grande Dépression de 1873 a toutefois stoppé la croissance de l'économie hongroise pendant de nombreuses années, et il est devenu de plus en plus évident que sans la participation et le soutien actifs de l'État, l'économie hongroise ne pourrait pas être compétitive sur un marché international de plus en plus féroce. »[100] L'économie privée soutenue par l'État en Hongrie (et en Europe de l'Est également) est devenue un moyen d'effectuer la rupture – permanente et irréversible – avec les survivances du mode de production féodal et en même temps un moyen de rattraper rapidement le mode de production capitaliste, mais dans les circonstances de l'époque, cela signifiait une politique économique libérale telle que définie par le *zeitgeist* général.[101] « Nous avons accepté le libre-échange et son corollaire, la libre concurrence, et nous avons cru que la nation ne se reposerait pas dans les domaines où elle est en retard jusqu'à ce qu'elle ait rattrapé ses voisins », a déclaré l'un des principaux hommes politiques économiques de l'époque.[102]

Décrivant la politique économique active de l'État dualiste et nos relations avec l'Autriche, Gábor Baross a écrit : « ... au cours des dix dernières années, le commerce, l'agriculture et l'industrie de la Hongrie en général ont progressé et se sont développés ».[103] Dans les écrits de László Katus, de Béla Makkai[104] et de John Komlós[105] déjà cités plus haut, rien ne montre que l'économie hongroise ait été atrophiée par l'industrie autrichienne pendant la période du dualisme, et en fait un fort développement a eu lieu.[106] En fait, rien ne prouve non plus que l'industrie autrichienne ait eu un effet destructeur sur le développement de l'industrie hongroise, ou que d'autres industries naissantes ou en développement aient été amenées au « bord de la ruine ».

100 László Katus, *op. cit.*, p. 152.

101 Sur les aspects théoriques du libéralisme, voir *Magyar liberalizmus* (Libéralisme hongrois), textes choisis par László Tőkéczki, Századvég, 1993.

102 *Journal de la Chambre des députés de l'Assemblée nationale convoquée pour le 10 décembre 1868*, VI, Pest, 1868, p. 172.

103 *Journal de la Chambre des députés de l'Assemblée nationale convoquée pour le 28 août 1875*, XIV, Budapest, 1877 [1878], pp. 264-265.

104 Béla Makkai, « Hungarian Monarchy – « The Prison of Volks ? », Acta Universitatis Sapientiae, *European Regional Sudies*, 2012, année 2, nrs. 1-2, pp. 5-16.

105 John Komlos, « Stature and Nutrition in the Habsburg Monarchy : The Standard of Living and Economic Development in the Eighteenth Century », *The American Historical Review*, 1985, année 90, nr. 5, pp. 1149-1161 ; John Komlos, *The Habsburg Monarchy as a Customs Union. Economic Development in Austria-Hungary in the Nineteenth Century*, Princeton University Press, 2014. Les écrits de Komlós suggèrent que, contrairement à la conviction générale, la réunification et la réorganisation économique du pays après la fin des guerres turques n'ont été possibles qu'avec la « coopération » des Habsbourg.

106 Dans les cercles historiques de droite, il est communément admis que l'idée de la réduction continue à un statut colonial du Royaume de Hongrie même après le Compromis était le produit de l'idéologie communiste de l'après-guerre.

Un trait caractéristique de ce dualisme de près d'un demi-siècle est qu'« aujourd'hui [en 1914] en Hongrie, l'État détient les plus grands pouvoirs sur la vie économique et exerce la plus grande influence sur les relations concurrentielles ».[107] L'instrument le plus efficace du soutien de l'État à l'industrie était la fourniture obligatoire de livraisons d'intérêt public (achats par l'État, d'autres autorités, des entreprises contrôlées par l'État : chemins de fer, transport maritime, et les entreprises industrielles bénéficiaires elles-mêmes) à l'industrie nationale. La valeur de ces livraisons s'élevait à 50-60 millions de couronnes au début des années 1890 et à 404,2 millions en 1913. Les achats industriels nationaux des entreprises de transport se sont élevés à 308,3 millions de couronnes, les achats industriels de l'État et des autres autorités à 64,9 millions, et le quota hongrois pour les achats industriels de l'armée et de la marine communes à 31,0 millions de couronnes. « Dans aucun pays d'Europe occidentale, la consommation de l'État par rapport au volume de la production industrielle ne revêt une telle importance que dans le nôtre. »[108]

Mais il existe des évaluations plus nuancées de la politique économique fondée sur l'intervention de l'État. Lajos Leopold appelle la forme de transformation capitaliste qui a émergé dans la Hongrie monarchique une forme de capitalisme de façade. Le capitalisme, affirme-t-il, « existe là où la production est commercialisée dans les usines les plus concentrées possible, avec la division du travail la plus stratifiée possible. Les moyens de production sont entre les mains des capitalistes, qui mettent leur confiance dans la production à réaliser en avançant le stock nécessaire. La confiance est basée sur la spéculation et le calcul. Les éléments du véritable ordre capitaliste sont la concentration, la division du travail et la production marchande. »[109] Selon Leopold, en Hongrie, le seul système capitaliste qui existe est le système juridique, qui, s'il facilite l'émergence du véritable capitalisme, ne le rend pas pleinement possible, mais en maintient simplement l'apparence dans une coquille politiquement protégée qui masque les véritables problèmes internes. « Le caractère tendu du développement capitaliste hongrois est mis en évidence par la condensation des dates », écrit Endre Nagy,[110] qui affirme que « le développement industriel ne s'est pas étalé proportionnellement sur toute la période d'existence de la monarchie, mais s'est concentré principalement dans

[107] *A magyar közgazdaság és az Országos Magyar Kereskedelmi Egyesület tevékenysége* (L'économie nationale hongroise et l'activité de l'Association commerciale nationale de Hongrie), dir. Pál Szende, Budapest, 1914, p. 95.

[108] Association nationale des industriels hongrois, Bulletin du 30 mars 1908.

[109] Lajos Leopold, *Elmélet nélkül. Gazdaságpolitikai tanulmányok* (Sans théorie. Études de politique économique), Budapest, 1917, p. 104.

[110] Endre Nagy, « Állami beavatkozás a monarchiabeli Magyarországon » (Intervention de l'État dans la Hongrie de la Monarchie), in *Gazdaság és jogtudomány* (Économie et droit), Bulletins du IXe Département de l'Académie hongroise des sciences, XI, 1977, p. 86.

la période allant de la seconde moitié des années 1890 jusqu'au déclenchement de la guerre mondiale ».[111]

Iván T. Berend, György Ránki[112] et Miklós Szuhay font également référence au faible niveau de performance de l'industrie hongroise par rapport aux pays d'Europe occidentale et centrale, et à sa modeste capacité à répondre à la demande intérieure.[113] Ils soulignent qu'en Hongrie « ... le nombre de fuseaux de filature de coton au début du siècle était de 110 000, alors qu'en Autriche il était de plus de 4,5 millions et en Allemagne de près de 10 millions [...] l'industrie textile ne couvrait que 30 % des besoins intérieurs ». Il s'ensuit donc que la politique économique visant à stimuler la production agricole a également souffert d'un certain nombre d'anomalies qui ont affecté les activités d'autres secteurs, tels que le secteur bancaire. « C'est précisément parce que l'agriculture était techniquement plutôt sous-développée et ne disposait pas de ressources propres suffisantes pour progresser qu'elle a stimulé l'activité bancaire »,[114] c'est-à-dire que les affectations des banques étaient centrées sur l'agriculture. En outre, le secteur industriel lui-même s'est adapté au rôle dominant de l'agriculture dans la structure économique, alors que « la production industrielle à grande échelle, par exemple, représentait près des trois quarts de la production industrielle totale au cours des années 1910, et des industries entières ont conservé leur caractère artisanal ».[115]

Comme les positions clés dans l'administration publique étaient occupées par de grands propriétaires fonciers, c'étaient les intérêts de cette classe qui déterminaient l'évolution de la vie économique. Pendant les décennies de la Monarchie austro-hongroise, la Hongrie devenait un pays en voie de développement caractérisé par la prédominance des intérêts de base agro-féodaux, où le développement de l'industrie servait en premier lieu les intérêts de l'agriculture et de l'aristocratie terrienne. Cela, bien entendu, ne met pas en cause le rôle bénéfique de la politique économique de l'époque du dualisme, seule capable d'assurer des progrès dans les conditions données.[116] Les interventions de l'État dans le domaine des constructions ferroviaires, les subventions déboursées à l'industrie, les commandes de l'État, le rôle de médiateur de l'État dans l'afflux de capitaux étrangers, le soutien des

111 *Ibidem.*

112 Iván Berend T. – György Ránki, « Magyarország ipari fejlettsége az európai összehasonlítás tükrében a XX. század elején » (Le développement industriel de la Hongrie comparé à celui des pays européens au début du 20e siècle), in *Gazdaság és társadalom* (Économie et société), Budapest, 1974, pp. 20-23.

113 Iván Berend T. – Miklós Szuhay, *A tőkés gazdaság története Magyarországon, 1848-1944* (L'histoire de l'économie capitaliste en Hongrie de 1848 à 1944), Budapest, 1975, pp. 102-103.

114 Iván Berend T. – Miklós Szuhay, *op. cit.* Les auteurs décrivent qu'après 1867, les prêts bancaires aux entreprises commerciales et industrielles étaient constamment faibles par rapport aux prêts hypothécaires agricoles, et pourtant (même) en 1913, un tiers de toutes les terres, près de 60% de toutes les terres de plus de 200 jugars, étaient des terres restreintes. Voir *ibidem*, p. 72.

115 Endre Nagy, *op. cit.*, p. 90.

116 Sans l'intervention de l'État, le développement organique aurait été un processus très lent et laborieux à partir de la seconde moitié du 19e siècle.

investissements des entreprises privées et des usines d'État ont déterminé l'évolution économique de la période en question.[117]

L'affermissement de l'économie nationale avait pour corollaire une meilleure organisation de l'administration publique et l'accroissement des fonds dans le domaine du régime fiscal, des subventions et de la gestion.[118] C'était cette époque qui a vu la mise en place des fondements pratiques et théoriques[119] du système des finances publiques.[120] Grâce à la coordination assurée par l'État, la vie commerciale devenait de plus en plus dynamique, ce qui a entraîné aussi la croissance du degré d'organisation et de réglementation des finances publiques.

2.2.4 Politique monétaire, politique des crédits et la question de la banque centrale

« Au terme de longues négociations, la question de la banque centrale fut enfin résolue. Réorganisée sur une base dualiste, la Banque austro-hongroise, quoiqu'elle ne pût pas consentir des crédits aux deux gouvernements, créa cependant une intégration monétaire stable entre les marchés financiers de la monarchie à deux têtes. »[121]

117 Sur le rôle des subventions d'État dans la « construction du capitalisme hongrois », voir Endre Nagy, *op. cit.*, pp. 91-98 ; Péter Hanák, « Magyarország az Osztrák-Magyar Monarchiában. Túlsúly vagy függőség » (La Hongrie dans la Monarchie austro-hongroise. Prédominance ou dépendance), in *Magyarország a Monarchiában* (La Hongrie dans la Monarchie), Gondolat, Budapest, 1975, pp. 289-340.

118 Sur une des spécificités du développement des cadres de l'administration publique, voir István Sipta, « The Process Order of the Court of Financial Administrative Jurisdiction in Hungary (1844-1896) », *European Integration Studies*, 2011, année 9, nr. 1, pp. 121-135 ; István Sipta, « A magyar pénzügyi közigazgatási bíróság eljárási rendje (1884-1896) » (L'ordre de procédure de la juridiction financière administrative en Hongrie, 1884-1896), *Miskolci Jogi Szemle*, 2011, année 6, bulletin spécial, pp. 168-182 ; Sándor Benedek, « A pénzügyi közigazgatási bíráskodás szervezeti kérdései » (Question de structure de la juridiction financière administrative), *Adó- és illetékügyi szemle*, 1912, année 1, nr. 1, pp. 10-14.

119 Voir entre autres Sándor Matlekovits, *Nemzetgazdaságtan. Jogtanulók igényeihez alkalmazva* (Science de l'économie nationale, adaptée aux besoin d'étudiants en droit), deuxième édition entièrement remaniée, Budapest, Eggenberger, 1874 ; Sándor Matlekovics, *Pénzügytan* (Science des finances), deuxième édition entièrement remaniée, Budapest, Franklin Társulat, 1876 ; Sándor Matlekovits, *Magyarország államháztartásának története 1867–1893* (L'histoire de l'administration des finances publiques en Hongrie, 1867-1893), année 1 : jusqu'en 1875 ; année 2 jusqu'en 1893, Budapest, Magyar Királyi Államnyomda, 1894 ; Béla Máriássy, *Pénzügyeinkről* (Sur nos finances), Budapest, édition de l'auteur, 1874 ; Tivadar Surányi-Unger : *Magyar Nemzetgazdaság és pénzügy* (Économie nationale et finances hongroises), Budapest, Gergely R. Könyvkereskedése, 1936 ; *Lónyay Menyhért nevezetesebb országgyűlési beszédei* ((Les interventions les plus notables de Menyhért Lónyai au parlement), Pest, Édition de Mór Ráth, 1870 ; Gusztáv Beksics (Atticus), *Uj korszak és politikai programja* (La nouvelle époque et son programme politique), Budapest, Athenaeum R. Társulat, 1889 ; Vilmos Mariska, *Az államgazdaságtan (pénzügytan) kézikönyve* (Manuel d'économie et de finances publiques), 1885 (2e et 3e éditions : 1895; 4e édition remaniée : 1899).

120 Pour un panorama de l'administration et des finances publiques à l'époque du dualisme et entre les deux guerres, et en particulier pour l'œuvre politique de Sándor Wekerle et de Zoltán Magyary, voir Csaba Lentner, « Szemelvények a magyar állampénzügyi rendszer fejlődéstörténetéből » (Chapitres de l'évolution du système des finances publiques en Hongrie), *Pro Publico Bono*, 2017, nr. 2, pp. 84-97.

121 György Kövér, « A magyar állampénzügyek történetéből » (Contribution à l'histoire des finances publiques de Hongrie), *Pénzügyi Szemle*, 1992, nrs. 10-11, p. 750.

La Hongrie aurait eu la possibilité d'introduire son propre système monétaire et sa propre base monétaire au cours des négociations du Compromis, mais elle n'en a pas profité.[122] On pensait que l'économie hongroise sous-développée ne pouvait pas se permettre un système monétaire indépendant et stable. La partie autrichienne a ainsi réussi à maintenir l'union monétaire. Il y avait de l'argent hongrois en circulation, produit à un taux de 30 % de la masse monétaire impériale. Le système monétaire commun facilitait l'afflux de capitaux autrichiens, et les décaissements de crédit de la Banque nationale d'Autriche favorisaient également les capitalistes autrichiens.[123]

À la suite de la victoire écrasante du Parti libéral en 1875, la question bancaire était au centre des négociations économiques austro-hongroises. En 1877, un accord a été conclu sur la création d'une Banque austro-hongroise, et une loi y relative a été promulguée en 1878. Au lieu d'établir une banque centrale indépendante, le gouvernement hongrois a d'abord envisagé une banque cartel, puis une banque centrale basée sur la parité. En conséquence, un conseil d'administration indépendant a été mis en place aussi à Budapest, sur un pied d'égalité avec celui de Vienne, le nombre de succursales en Hongrie a été augmenté et les prêts ont été stimulés, ce qui reposait sur l'apport d'un capital de 50 millions de forints à l'établissement de Budapest. La participation à la gestion de la banque a également été définie sur une base paritaire.

La réforme monétaire de la Monarchie austro-hongroise en 1892 a été initiée par Sándor Wekerle. L'introduction de la monnaie-or était économiquement indispensable pour éviter que la monarchie ne soit isolée sur le plan commercial et économique et pour conclure des traités avec des États étrangers à des conditions plus favorables. Le système de la monnaie d'or de la Monarchie visait à promouvoir le développement économique, à compenser la défaite de la guerre d'Italie, la perte d'espace politique et d'influence internationale qui en a résulté, et à atténuer le climat politique instable en Hongrie, suscité par le régime autoritaire mis en place après l'écrasement de a guerre d'indépendance de 1848-1849.

Cependant, l'abandon de l'idée de la création d'une banque centrale hongroise indépendante a suscité de nombreux débats par la suite, en raison de l'impact modeste de la banque commune sur l'économie hongroise, même si des progrès ont été réalisés en 1877. József Csetényi écrivait en 1909 : « … il est impossible d'imaginer un succès économique qui n'aurait pas de retombées

122 D'après l'accord secret signé à ce sujet le 12 septembre 1867 à Vöslau, l'État avait conclu un accord avec la Banque nationale d'Autriche sur l'émission de billets de banque jusqu'en 1877, et la partie autrichienne ne souhaitait pas discuter de la question d'une banque centrale hongroise distincte, tandis que la partie hongroise n'a même pas insisté. Voir à ce sujet György Kövér, « Az Osztrák Nemzeti Bank működése és az Osztrák-Magyar Bank alapításának előzményei, 1851-1878 » (L'opération de la Banque nationale d'Autriche et les antécédents de la fondation de la Banque austro-hongroise), in Tamás Bácskai (dir.), *A Magyar Nemzeti Bank története* (Histoire de la Banque Nationale de Hongrie), I, KJK, Budapest, 1993, pp. 198-211.

123 Pour la situation monétaire et de crédit à cette époque, voir Károly Becherer, *Magyarország pénzei és papírpénzei 1867-1892* (Les monnaies et les papiers-monnaies de la Hongrie, 1867-1892), Baja, 1990.

politiques. Considérée ainsi, la question bancaire n'est pas un problème purement économique ou politique, mais un problème d'indépendance nationale, et de ce point de vue, sa plus grande importance réside dans le fait que, sans une banque indépendante, la Hongrie est privée de la possibilité de s'organiser sur une base nationale unifiée, qui permettrait à toutes les forces économiques de la nation de prévaloir. »[124] Csetényi considère la monnaie comme la création d'un système juridique, « étant donné que tout système juridique national indépendant présuppose nécessairement un système monétaire indépendant, de sorte qu'une nation indépendante ne peut avoir un système monétaire commun avec une autre puissance, car cela signifierait l'adoption d'un système juridique étranger. Du fait que nous avons un système monétaire commun avec l'Autriche [...] la banque commune incorpore notre puissance matérielle dans une organisation autrichienne [...] La banque indépendante ouvre la voie aux forces et aux possibilités du développement indépendant, et en résolvant cette question, nos autres problèmes difficiles se résoudront d'eux-mêmes ... »[125]

Malgré la question bancaire relativement non résolue, le Compromis de 1867 a déclenché le développement de la vie économique hongroise, dans laquelle l'activation du système bancaire[126] a joué un rôle important. « Les banques ont adopté une approche plus libérale en matière de prêts. De 1866 à 1873, le nombre des établissements de crédit passe de 85 à 637, et le taux de création des nouveaux établissements, qui avait perdu son élan après 1869, atteint son plus haut niveau en 1872, avec 165 nouveaux établissements. L'évolution du capital social des institutions financières a été moins marquée. De 6,7 millions de couronnes en 1866, il passe à 21,4 millions en 1867, à 53,1 millions en 1869, à 63,3 millions en 1870, à 70,2 millions en 1871, à 161,9 millions en 1872 et enfin à 183,4 millions en 1873. »[127] La Banque de commerce de Hongrie, basée à Pest, joue un rôle dominant dans la vie bancaire, mais en 1867, elle n'est plus la seule banque de la capitale et « doit faire face à une concurrence de plus en plus forte ».[128] En outre, il est significatif, et c'est un signe de la faible position internationale de la Monarchie, que « la part des banques de la Monarchie austro-hongroise ne représentait qu'une infime

124 Le cahier de József Csetényi. *Budapesti Hírlap*, 24 janvier 1909, p. 37.

125 *Ibidem.*

126 La plus grande partie des établissements financiers de l'époque du dualisme a été créée sous le gouvernement Tisza. Voir pour cette période Friedrich Gottas, *Ungarn im Zeitalter des Hochliberalismus. Studieren zur Tisza-Area (1875-1890)*, Vienne, 1976 ; sur l'administration financière, voir Mónika Kozári, *A dualista rendszer* (Le système dualiste), Pannonica, 2005, pp. 274-276.

127 József Kelemen, *A magyar hitelügy története a legújabb időkig. A főbb kérdések elméleti összefüggéseinek tárgyalásával* (L'histoire du crédit hongrois jusqu'aux temps les plus récents, et les aspects théoriques des principales questions y relatives), Budapest, 1938, pp. 24, 26.

128 Ernő Makai, *Huszonöt év a magyar közgazdaság terén. Lánczy Leó munkássága, beszédei és dolgozatai* (Vingt-cinq ans de l'économie hongroise. L'œuvre, les discours et les études de Leó Lánczy), Budapest, Grafikai Intézet Részvénytársaság, 1907, p. 7 ; sur la vie bancaire de l'époque, voir p. 263.

partie des affaires multinationales ou internationales *Zollbühlische* tout au long de la période dualiste ».[129]

Le développement économique a été quelque peu entravé par la dépréciation de l'argent, mais surtout par la dépréciation et la fluctuation de la valeur de la monnaie hongroise. Dans les années 1880 et 1890, la valeur de la monnaie a fluctué de 2 à 3, parfois 7 ou même 8 % en un an.[130] La fluctuation de la monnaie[131] a rendu difficile la planification des transactions commerciales internationales, ce qui a eu un impact négatif sur la compétitivité du pays et les investissements de capitaux étrangers. Un accord entre les gouvernements autrichien et hongrois a été conclu en 1892,[132] qui a abouti au remplacement de l'étalon argent par l'étalon or, et en 1896, les gouvernements ont convenu d'une réforme de la banque centrale. Du côté hongrois, l'élément le plus important dans le règlement de la question de la banque centrale était d'accroître l'influence du gouvernement dans la gestion des banques. « Un nombre égal de ressortissants hongrois et autrichiens devaient siéger au Conseil général de la banque, qui devaient être membres des conseils d'administration de Budapest et de Vienne respectivement, en fonction de leur nationalité. »[133] Une autre réalisation de la banque centrale a été le passage de l'étalon de change-argent à l'étalon de change-or.

L'optimalisation de l'activité de la banque centrale, de même que l'essor de l'économie mondiale (en particulier celui de l'économie allemande ayant des liens très serrés avec la nôtre) avait des conséquences favorables pour les entreprises hongroises. « Le nombre des établissements de crédit a augmenté de 1398 dans les années 1890 et de 1960 dans la première décennie du 20e siècle, totalisant 5483 en 1910. Ils comprenaient 363 banques, caisses d'épargne et d'établissements de crédit agricole à la fin de la première période, 645 à la fin de la seconde. La croissance était la plus sensible parmi les coopératives, dont le nombre a augmenté d'abord de 1035, puis, de 1315. L'accroissement du capital social des institutions est illustré par l'augmentation de leurs fonds

129 György Kövér, « Az Osztrák-Magyar Monarchia bankjai a nemzetközi pénzügyi kapcsolatok rendszerében » (Les banques de la Monarchie austro-hongroise dans le système des relations financières internationales), in *Iparosodás és modernizáció. Tanulmányok Ránki György emlékének* (Industrialisation et modernisation. Mélanges offerts à la mémoire de György Ránki), KLTE, Debrecen, 1991, dir. János Mazsu, pp. 59-61 ; sur les prêts consentis et obtenus des banques de la Monarchie, voir pp. 43-61.

130 Sur la fluctuation et la stabilisation du change, voir Frigyes Fellner, *A valuta rendezése Magyarországon. Különös tekintettel a készpénzfizetések megkezdésére* (La stabilisation du change en Hongrie, en ce qui concerne en particulier le début des paiements en comptant), Budapest, Grill Károly Könyvkiadóvállalat, 1911, p. 287.

131 Sur l'étalon de change-d'argent de l'époque, les causes de la baisse du prix de l'argent, la nécessité de la réforme et les impacts sociaux du bimétallisme, voir Elemér Almási Balogh, *A valuta szerepe a gazdasági válságban* (Le rôle du change dans la crise économique), édition de l'auteur, Budapest, 1896.

132 Le premier brevet de la Banque austro-hongroise (banque centrale) a expiré en 1887, le second en 1897, et a été prolongé deux fois. L'Article XXVIII de la loi 1899 a prolongé la patente jusqu'à la fin de 1910, mais a également stipulé que si la communauté du territoire douanier n'était pas prolongée après le 31 décembre 1907, la patente bancaire expirerait à la même date. Cf. József Kelemen, *op. cit.*, p. 94.

133 *Ibidem*, p. 94.

propres de 348 millions à 842 millions, et de 1015 millions à 1857 millions, et par l'augmentation du stock de dépôts de revenus divers de 1119 millions à 2071 millions en 1900, et à 4380 millions en 1910. L'augmentation du stock d'actualisation, qui reflète l'évolution de la durée de vie des crédits, a également dépassé les taux précédents. En 1890, 1900 et 1910, le stock de lettres de change s'élevait respectivement à 663, 1313 et 3053 millions de couronnes. »[134] Les taux d'intérêt se sont améliorés lentement après 1876, puis plus rapidement à partir de 1879, avec une baisse du taux d'intérêt des institutions et une réduction de la marge d'intérêt. Selon les données de Gyula Vargha,[135] les banques ont réduit le taux d'intérêt de 4,53 % en 1875 à 3,98 % en 1878 et à 3,05 % en 1883. Dans le même contexte, l'évolution a été de 4,51 %-3,76 %-3,19 % pour les avances et de 3,93 %-2,62 %-2,72 % pour les prêts hypothécaires.

En résumé, l'environnement politique plus calme qui a suivi le Compromis a favorisé la vie économique. Hormis l'opposition de la ligne agraire, l'élite politique et économique était favorable à la libre concurrence, dans laquelle elle bénéficiait du soutien de l'État. « Immédiatement après le Compromis, l'État a joué un rôle direct dans la construction d'infrastructures modernes. Les compagnies ferroviaires privées étaient subventionnées par une garantie d'intérêt de l'État, les compagnies maritimes par une subvention annuelle. »[136] Des emprunts d'État ont été émis pour la construction de chemins de fer et de canaux (Article 13 de la loi 1867).

D'après les études citées plus haut de László Katus et de John Komlós, le pourcentage des capitaux et des actions étrangers est resté au-dessous du niveau critique de 40 %, ce qui permet d'affirmer que la Hongrie d'alors possédait une économie souveraine. La gestion économique hongroise des années suivant le Compromis a adopté une stratégie de rattrapage protectionniste avec le rôle croissant de l'État, des usines gigantesques et l'apparition rapide du capital financier, tandis que dans l'agriculture c'étaient les industries transformatrices qui constituaient le secteur de pointe.[137] La survie des latifundia (de plusieurs millions de jugars cadastraux) des deux côtés de la Leitha témoignait d'un atavisme féodal : elle empêchait la transformation de vastes espaces en propriétés de type capitaliste et condamnait des masses paysannes à la misère, ce qui a entraîné l'émigration de millions et des mécontentements sociaux, en particulier parmi les minorités nationales de Hongrie. Selon les principaux idéologues bâtisseurs de nations, les propriétaires hongrois « opprimaient » les paysans appartenant aux minorités ethniques ; du moins c'est ce qu'ils prétendaient pour justifier leur projet de détacher ces nationalités de la

134 *Ibidem*, p. 34.

135 Référence donnée par József Kelemen, *op. cit.*, p. 29.

136 László Katus, *op. cit.*, p. 152.

137 En substance, ce modèle de rattrapage suit le modèle allemand. Il est intéressant de comparer les caractéristiques de la deuxième révolution industrielle avec le développement économique allemand.

Hongrie. En réalité, la discrimination ethnique n'existait pas dans la Monarchie austro-hongroise.[138]

Au cours des cinq décennies de la Monarchie, la Hongrie a vu la mise en place d'un système économique essentiellement dirigé par l'État. À la suite de la première loi sur l'industrie, « 280 nouvelles usines sont nées, dont 227 distilleries agricoles. Quatre usines se sont pourvues de nouvelles branches de production. 195 usines anciennes bénéficiaient de soutien, dont 75 distilleries agricoles. Le nombre total des usines recevant des primes était ainsi 479 ; cependant que 302 étaient des distilleries agricoles (63 %). »[139]

Grâce au soutien accordé par l'État à l'industrie, « le total des capitaux s'est sextuplé entre 1867 et 1873 [...]. 170 nouvelles compagnies par action et 552 établissements financiers ont été fondés, plus de 4000 kilomètres de lignes de chemin de fer ont été construites (essentiellement par des entrepreneurs privés bénéficiant de garanties d'intérêts offertes par le gouvernement) ».[140] De 1881 à 1914, 959 nouvelles usines ont été crées grâce à des soutiens à l'industrie, dont 432 distilleries agricoles. L'État contribuait à l'élargissement de 234 usines, accordait des avantages fiscaux et autres à 865 usines anciennes, dont 267 distilleries agricoles. Au total, 2 058 unités de production ont reçu des primes ou des aides, dont 699 distilleries agricoles. En outre, 1359 entreprises industrielles ont obtenu des primes destinées au développement de leur machinerie.

L'instrument le plus efficace de l'aide publique à l'industrie était la fourniture obligatoire de livraisons d'intérêt public (achats par l'État, d'autres autorités publiques, des entreprises contrôlées par l'État : chemins de fer, transport maritime, et les industries bénéficiaires elles-mêmes) à l'industrie nationale. La valeur de ces livraisons s'élevait à 50-60 millions de couronnes au début des années 1890 et à 404,2 millions en 1913. Les achats industriels intérieurs des entreprises de transport se sont élevés à 308,3 millions de couronnes, ceux de l'État et des autres autorités publiques à 64,9 millions, et le quota hongrois pour les achats industriels de l'armée et de la marine communes à 31,0 millions. « Dans aucun pays d'Europe occidentale, la consommation de l'État par rapport au volume de la production industrielle n'est aussi importante que chez nous. »[141] La société d'ordres s'est rapidement transformée en une économie de marché contrôlée par l'État, ce qui a créé une valeur de production croissante et un renforcement des finances publiques, dont les résultats ont malheureusement été largement perdus lors de la première guerre mondiale.

138 Sur la question des nationalités, voir Béla Makkai, « Kétarcú birodalom. A kettős Monarchia mint "keleti Svájc" – avagy a népek börtöne » (L'empire à deux visages. La monarchie dualiste comme « la Suisse de l'Est » – ou la prison des peuples), *Polgári Szemle*, 2018, année 14, nrs. 4-6.

139 *Mémoire sur le développement de l'artisanat et de l'industrie hongrois*, publié par le ministère royal du Commerce, Budapest, 1909, pp. 36-37.

140 István Schlett, *op. cit.*, p. 144. Cf. Endre Nagy, *op. cit.*, p. 86. De l'avis de Nagy, le développement économique n'est devenu dynamique que dans la seconde moitié de l'époque dualiste.

141 Association nationale des industriels hongrois, Bulletin du 30 mai 1908.

CHAPITRE 3
L'administration économique de l'entre-deux-guerres. La consolidation sous le gouvernement Bethlen

Les réformes et les réalisations de la période du dualisme et des décennies qui l'ont précédée ont été perdues dans la première guerre mondiale ou à la suite du traité de paix de Trianon de 1920. L'administration économique de l'entre-deux-guerres, avec une base territoriale et des ressources réduites, ne pouvait donc guère entreprendre plus qu'une modeste consolidation du pays. Après la guerre mondiale et l'éphémère République des Conseils, la reconstruction de l'économie de marché contrôlée par l'État de l'ère dualiste a commencé, avec pour objectif ultime la préparation économique de la révision territoriale. Ce chapitre ne cherche cependant pas à aller au-delà d'une analyse des finances publiques du programme d'armement annoncé dans la ville de Győr en 1938, étant donné qu'à partir du milieu des années 1930, les finances publiques hongroises, comme celles de nombreux pays européens, sont dominées par des préparatifs de guerre, accompagnés d'idées politiques extrêmes. Cependant, les leçons de ces deux décennies de politique économique ont une valeur historique due à la méthodologie et aux résultats de la consolidation menée par l'État.

3.1 LA GRANDE GUERRE, LA RÉPUBLIQUE DES CONSEILS ET LA CONSOLIDATION POLITIQUE

La situation économique de la Hongrie a été fondamentalement marquée par le traité de Trianon, qui a mis fin à la guerre mondiale. 67,1 % des 282 870 kilomètres carrés de la Hongrie historique ont été transférés aux pays voisins ou limitrophes, ainsi que 10 millions 649 000 anciens citoyens hongrois vivant dans les territoires annexés, dont un tiers (30,2 %) était de langue hongroise, et dont environ la moitié vivait dans des zones contiguës habitées par des Hongrois. La Hongrie de Trianon, « entassée » sur 92 963 kilomètres carrés, comptait 7 615 000 citoyens. « La Hongrie n'avait pas subi une telle perte depuis le 16e siècle [...] Il n'y avait aucune classe, strate ou groupe social qui eût accepté les frontières de Trianon, et aucun parti politique qui n'eût exigé une révision [...] Le mouvement ouvrier lui-même considérait le traité de paix comme injuste : le parti communiste exigeait l'annulation du traité de Trianon dans une révolution prolétarienne, et le parti social-démocrate réclamait également la réparation des griefs nationaux. »[1]

Une consolidation suivait les années tourmentées de la révolution démocratique avortée conduite par le comte Károlyi, les 133 jours de la République des Conseils, le départ des armées d'occupation des pays voisins, et la dissolution des détachements militaires qui ont accompli par la force la liquidation des vestiges du régime communiste éphémère.[2] La réorganisation de l'État devait s'accompagner de la satisfaction du moins partielle des revendications paysannes et ouvrières, devenues plus vocales pendant la guerre et sous le régime communiste, et de la remise en marche de l'économie. Sous la Monarchie, l'économie hongroise avait subi des transformations notables, ce qui a aussi créé des facteurs troublant les progrès ultérieurs. « De nouvelles tendances politiques ont vu le jour, faisant le procès des structures sociales et économiques du pays. L'état affectif des serfs affranchis s'est modifié sensiblement à la suite du changement de leur statut et de leurs conditions de vie. Accablées de dettes, des masses paysannes migraient vers les villes ou l'étranger. La haine des mouvements paysans apparus en 1891 se dirigeait contre les grandes propriétés terriennes, tout comme celle des organisations ouvrières nées au même moment. Les paysans étaient mus par leur faim séculaire de la terre, tandis que les ouvriers estimaient que c'étaient les grands propriétaires détenteurs du pouvoir qui les empêchaient de faire valoir leurs intérêts politiques. »[3] Dans ces conditions, les dirigeants du pays ont compris que la réforme agraire était inéluctable. Cependant, au lieu de la réforme radicale proposée par István Nagyatádi Szabó, seule une réforme très limitée a été introduite, qui n'a apporté que des apaisements provisoires (Article XXXVI de la loi 1920). D'abord les personnes le plus sensiblement touchées par la guerre obtenaient des terres (orphelins, veuves, mutilés de guerre). Ceux qui ne possédaient ni terre ni maison recevaient 600 toises carrées, et pouvaient acheter 30 jugars cadastraux s'ils étaient agriculteurs et voulaient vivre du travail de la terre à l'avenir aussi. Les ouvriers agricoles ne rentrant pas dans cette catégorie pouvaient aussi acheter 30 jugars cadastraux par famille. Les petits propriétaires étaient autorisés à acquérir 15 jugars pour avoir des propriétés familiales plus solides. Les exploitants brevetés avaient le droit d'acheter des superficies permettant la mise en place d'exploitations

1 Ignác Romsics, *A Horthy-korszak. Válogatott tanulmányok* (L'ère Horthy. Études choisies), Helikon, 2017, p. 68.

2 Il est évident que la consolidation ne pouvait pas être pleinement efficace en raison du retard de développement, des conditions arriérées et des ressources réduites. Pour la Hongrie, qui était devenue l'un des plus petits États d'Europe, les options étaient assez limitées. Pour un contexte plus large, voir György Ránki, « Mozgástér és kényszerpálya. A Duna-völgyi kis országok a nemzetközi gazdaság és politika rendszerében (1919-1945) » (Espace de mouvement et contraintes. Les petits pays de la vallée du Danube dans le système économique et politique international, 1919-1945), in *A két világháború közötti Magyarországról* (Sur la Hongrie de l'entre-deux-guerres), Kossuth, 1984, pp. 11-46.

3 József Kelemen, *A magyar hitelügy története a legújabb időkig. A főbb kérdések elméleti összefüggéseinek tárgyalásával* (L'histoire du crédit hongrois jusqu'aux temps les plus récents, et les aspects théoriques des principales questions y relatives), Budapest, 1938, p. 33.

modèles. Ceux qui avaient exercé des fonctions sous la République des conseils se trouvaient exclus de la redistribution des terres. L'État recourait à l'expropriation pour assurer la quantité nécessaire de terres à distribuer. La réforme était coordonné par un Tribunal national du partage des terres, et un fonds financier a été créé à cet effet. Les hommes chargés de famille bénéficiaient de subventions jusqu'à 50 % du prix d'achat, les célibataires jusqu'à 30 %. Ceux qui s'étaient illustrés dans la guerre et dans la stabilisation du régime de Horthy bénéficiaient d'avantages exceptionnels. À la suite de la création de l'Ordre des Vaillants (*Vitézi Rend*), les officiers de l'Ordre avaient droit à 50 jugars cadastraux, les hommes de troupe à 12 jugars. « De la superficie de 16,16 millions de jugars du pays, la réforme agraire [...] concernait 1,12 millions de jugars, dont 170,5 mille ont été acquis par achat, 948,5 mille par prélèvement sur les biens ou par rachat de propriété. 67 % de cette dernière catégorie provenaient de grandes propriétés foncières par voie de prélèvement sur les biens (432 mille jugars) ou contre dédommagement (210 mille jugars). La plus grande partie des terres ainsi acquises (près de 700 mille jugars) ont été distribuées parmi 411 516 demandeurs, sous forme de propriétés de 1,7 jugars en moyenne. [...] Les cinq quarts de millions de jugars concernés par la réforme correspondaient à 8,5 % des superficies arables du pays. »[4] Les espaces de dimensions réduites ne pouvaient accueillir que des exploitations peu viables, ce qui a fait naître des tensions sociales dans les décennies suivantes. Le problème agricole restait donc au premier plan des préoccupations des gouvernements. Il faut souligner cependant que l'attribution de terres à la paysannerie, qui était au sens strict un acte économique, était une condition indispensable de la consolidation politique. Promulguée en 1848, la loi sur l'affranchissement des serfs ne mettait fin qu'à l'attachement à la glèbe et la réforme agraire de l'entre-deux-guerres était marquée par les survivances du deuxième servage[5] : l'aristocratie terrienne

4 Ignác Romsics, *op. cit.*, p. 81. Romsics explique également que près de 27 % des terres agricoles en Roumanie et 16 % en Tchécoslovaquie ont été utilisées pour régler la question foncière, bien qu'en grande partie en expropriant les terres de Hongrois et d'Allemands. La réforme agraire en Hongrie ne pouvait donc être que d'une ampleur plus modeste.

5 Il s'agit d'une forme particulière de société féodale en Europe centrale et orientale à partir du 16e siècle. Après l'émergence du marché mondial, les différences entre l'Europe occidentale et l'Europe orientale sont devenues encore plus évidentes. L'Ouest s'est engagé sur la voie du développement industriel et social, tandis qu'à l'est de l'Elbe, l'économie agraire et le rôle de la classe terrienne avec les moyens de production sont restés prédominants, et les relations sociales sont demeurées inchangées. La main-d'œuvre était constituée de serfs attachés à la glèbe, et la loi adoptée après la rébellion des paysans de 1514 a atteint sa pleine « efficacité » au début du 18e siècle, après les guerres turques et la guerre d'indépendance de Rákóczi. Après l'affranchissement des serfs de 1848 la plupart des serfs devenus paysans sans terre ont eu de minuscules lopins de terre, et leur situation n'a guère changé jusqu'au milieu du 20e siècle. Leur faible capacité à faire valoir leurs intérêts et leur état opprimé se reflètent dans la répartition des terres sous l'ère Horthy. L'influence de la classe des propriétaires terriens s'est maintenue jusqu'à la mise en place du système d'économie planifiée. Voir à ce sujet István Szabó, *Tanulmányok a magyar parasztság történetéből* (Études sur l'histoire de la paysannerie hongroise), Budapest, Teleki Pál Tudományos Intézet, 1948 ; János Varga, *A jobbágyrendszer a magyarországi feudalizmus kései századaiban 1556-1767* (Le servage dans les derniers siècles du féodalisme hongrois, 1556-1767), Akadémiai Kiadó, 1969.

restait puissante, tandis que la situation des anciens serfs devenus agriculteurs ne s'est améliorée que très peu. Le néo-absolutisme des années suivant 1848-1849, les décennies du dualisme, les épreuves de la Grande Guerre et de la révolution communiste ne faisaient qu'aiguiser dans la paysannerie la volonté d'obtenir des terres. La consolidation politique de la Hongrie était inconcevable sans redistribution des terres.[6] Cependant les disproportions de la redistribution et les modestes moyens de subsistance restaient générateurs de problèmes sociaux. L'adoption de la réforme proposée par István Nagyatádi Szabó était entravée par la survie de l'agrarisme[7] qui voulait appuyer le développement économique du pays sur des bases agricoles. L'agrarisme subordonnait les intérêts de l'industrie et du commerce au secteur agraire et aux intérêts des grands propriétaires terriens. Il espérait maintenir son rôle d'influence au moyen de subventions d'État à l'agriculture, à l'industrie et au commerce alimentaires développés en un système vertical basé sur elle à l'époque du dualisme, et en redéveloppant les secteurs industriels devenus dépourvus de matières premières. La consolidation intérieure a été accomplie, après la chute des gouvernements Simonyi-Semadam et Teleki, par le gouvernement Bethlen, qui a conclu un « pacte » avec le Parti social-démocrate de Károly Peyer. La classe ouvrière a été ainsi intégrée pour des décennies dans la politique nationale de révision,[8] en échange de l'amélioration de la sécurité sociale des ouvriers. « On entend par puissance souveraine un État possédant la plus complète autonomie », écrit Béla Teöke.[9] L'œuvre de la réorganisation a été amorcée lors de la formation du gouvernement Bethlen, mais cette réorganisation s'appuyait sur des ressources économiques restreintes, avec toutefois la volonté de récupérer les facteurs perdus de la production (territoires, population, matières premières, capitaux, gestion économique globale).

6 Le caractère partiel de la distribution des terres était (aussi) dû au fait que, face à la jeune élite urbaine aux penchants gauchistes compromis lors de la République des Conseils de 1919, la réorganisation du pays mutilé devait être l'œuvre de la noblesse terrienne. Après quelques détours, la continuité a été rétablie avec le système politique de l'époque dualiste, qui incarnait en effet les intérêts de l'élite politique traditionnelle.

7 Péter Láng, *Az agrárizmus és viszonya az iparfejlődéshez. Gazdaság- és hadtörténeti adalékok a dualizmus korához* (L'agrarisme et son rapport avec le développement industriel. Supplément d'histoire économique et militaire à l'ère du dualisme), ZMNE, 2000.

8 Après le dictat de Trianon, le mouvement ouvrier dans son ensemble revendiquait la restauration des frontières. Le pacte Bethlen-Peyer a plutôt renforcé cette attitude, et le parti social-démocrate a même renoncé à certains éléments de la représentation de ses intérêts. De cette façon, il a permis aux dirigeants du pays préparant la revanche de concentrer sur « une seule cause ».

9 Béla Teöke, *Korhadás. Politikai tanulmány Magyarország közjogi viszonyairól és nemzetgazdászati válságának okairól* (Pourriture. Étude politique sur les rapports de droit public en Hongrie et les causes de la crise de son économie nationale), Grill Károly, 1903, p. 7.

3.2 LA CONSOLIDATION ÉCONOMIQUE

Le point de départ obligé de la consolidation d'après-guerre était que « la Hongrie était condamnée à mort sous le signe de la rationalité économique, coupée de toutes les ressources économiquement vitales ».[10] Les mines d'or, d'argent, de manganèse, de zinc et de cuivre de Körmöcbánya (Kremnica), de Selmecbánya (Banská Štiavnica), de Besztercebánya (Banská Bystrica) et de Nagybánya (Baia Mare), les puits de pétrole et de gaz de Nyitra (Nitrianska stolica), de Transylvanie et de Muraköz (Međimurska županija) ont désormais appartenu aux pays voisins. Il restait à la Hongrie un dixième des mines de minerai et moins d'un tiers des mines de fer. Le pays est passé du statut d'exportateur de bois à celui d'importateur de bois. « L'industrie hongroise des machines avant la guerre couvrait entièrement les besoins du pays en matière de moyens de transport [...] Les entreprises industrielles fabriquant du matériel ferroviaire étaient situées de telle sorte qu'elles restaient presque entièrement en Hongrie. En revanche, seulement 38 % du réseau ferroviaire tombait à l'intérieur des nouvelles frontières [...] En 1920, notre industrie meunière avait une capacité de broyage de 65 millions de quintaux, alors que les terres arables du pays tronqué ne pouvaient au mieux fournir que 20 à 28 millions de quintaux de céréales par an [...]. Il restait 31 % de nos fonderies de fer, 11 % de notre production de minerai de fer [...] La production agricole en 1919 ne représentait guère plus d'un tiers du niveau d'avant-guerre, en 1920 50-60 %, et la production des usines se situait autour de 35-40 % du niveau d'avant 1914 en 1920 et de 50 % en 1921. »[11] La faiblesse de la base économique s'accompagnait de la dépréciation de la couronne et de la perte de revenus des travailleurs agricoles et industriels. Selon le comte István Bethlen, c'était la classe moyenne qui avait le plus perdu, devant renoncer à quatre cinquièmes de ses revenus antérieurs. S'appuyant sur des sources contemporaines et des légendes familiales, Bethlen décrit également que « la situation apparemment désespérée était encore aggravée par les plus de 300 000 réfugiés contraints de quitter leur foyer par le nouveau pouvoir ».[12] Les Articles XV et XXVI de la loi 1920 (promulgués respectivement sous les gouvernements Simonyi-Semadam et Teleki) étaient conçus pour normaliser la situation chaotique, protéger les indigents et sanctionner les spéculateurs. La Hongrie était isolée en termes de politique étrangère, comme puissance

[10] Cité d'après István Bethlen (1946-2018), rejeton tardif en ligne collatérale de la famille aristocratique transylvaine du comte István Bethlen, Premier ministre entre les deux guerres. Voir István Bethlen, « A bethleni gazdaság- és pénzügypolitika – tények és tanulságok » (La politiquie économique et financière bethlenienne – fait et leçons), in *Gazdasági fejlődés és határon átnyúló kapcsolatok – célkeresztben a nagykanizsai régió* (Développement économique et relations transcendant les frontières – avec la région de Nagykanizsa au centre), dir. Péter Cseresnyés – Comte István Bethlen, Pharma Press, 2014, p. 11.

[11] Ignác Romsics, *op. cit.*, pp. 84-85.

[12] István Bethlen, *op. cit.*, p. 11.

perdante,[13] et la situation restait donc inchangée ; la consolidation économique se faisait attendre, bien qu'une première tentative ait déjà eu lieu sous le gouvernement Teleki. Sans disposer d'un plan économique complet, Lóránt Hegedüs a tenté de juguler l'inflation. Il a supprimé l'émission de monnaie sans garantie, héritée de la période de guerre, et a commencé à payer des intérêts sur la dette publique, ce qui a amélioré le pouvoir d'achat de la monnaie nationale. « Un dollar valait 572,5 couronnes en décembre 1920, 240 en mai 1921. »[14] Cependant, l'obligation de verser des réparations, et la nécessité de régler globalement les finances publiques exigeaient davantage que les mesures de Hegedüs (prélèvement unique sur les biens et le début déjà hésitant de sa mise en œuvre). De plus, la tentative de restauration du roi Charles IV et les complications de politique intérieure qui en découlaient n'ont pas contribué à améliorer l'image du pays et à remédier à son isolement sur la scène internationale. La première tentative de consolidation économique après la défaite de la République des Conseils a été résumée ainsi par Béla Beregi : « La situation économique de la Hongrie en 1921 était celle d'un chaos total. Nous ne disposions pas d'un système monétaire stable, nous n'avions pas de banque nationale, la valeur de la couronne hongroise s'est effondrée et les tentatives héroïques de Lóránt Hegedűs pour assurer la stabilité de la couronne hongroise ont échoué ... " Si desunt vires tamen est laudanda voluntas " (Même si les forces font défaut, la volonté doit être louée). Lóránt Hegedüs avait sans doute la bonne volonté, mais il lui manquait la force. »[15] Hegedüs était bien conscient que des sacrifices généreux étaient nécessaires pour restaurer la valeur de la monnaie nationale, mais dès qu'on a commencé à effectuer les prélèvements sur les biens, les plus riches ont cherché à s'en exempter. On a réédité soixante-treize ans plus tard l'appel de Kossuth à des donations publiques, mais cette mesure fiscale s'est montrée de nouveau inopérante.

Cependant la consolidation économique consécutive à la consolidation politique exigeait la mise en ordre des finances publiques, une politique économique susceptible de remettre en marche l'économie – nécessitant des crédits étrangers en l'absence de capitaux intérieurs suffisants – et la création d'une banque centrale autonome. Le gouvernement Bethlen s'efforçait avec plus ou moins de succès de ne pas tenir compte des intérêts des grands propriétaires fonciers et a décidé de soutenir de manière conséquente le secteur industriel. Les grands propriétaires favorisaient une protection douanière très faible, car l'afflux de produits industriels étrangers n'aurait eu quasiment aucun effet négatif sur leurs exportations. Cependant, à

[13] La volonté de remédier au moins partiellement à l'isolement s'accompagnait de la quête de nouveaux alliés. Sur l'ambition de développer les relations avec l'Italie, voir Mária Ormos, *A két világháború közötti Magyarországról* (Sur la Hongrie de l'entre-deux-guerres), Kossuth Kiadó, 1984, pp. 99-149.

[14] Ignác Romsics, *op. cit.*, p. 87.

[15] Béla Beregi, *Gróf Bethlen istván és a magyar közgazdaság* (Le comte István Betlen et l'économie nationale hongroise), édition de l'auteur, 1930, p. 23.

l'instar d'autres gouvernements européens des années suivant la Grande Guerre, le gouvernement Bethlen mettait tout en œuvre pour protéger le marché intérieur. Il interdisait l'importation de certains produits, et dans la deuxième année de son mandat, il a fait disparaître à l'inflation pour mettre fin à la situation paradoxale en vertu de laquelle les industriels et les grands propriétaires endettés avant la guerre remboursaient les crédits en billets de banque dévalorisés. L'inflation accablait en premier lieu les ouvriers industriels et agricoles : « De 1914 à 1924, les prix se sont multipliés par huit mille, les salaires seulement par 3,5 mille. »[16] Cette situation intolérable a été sensiblement atténuée par les mesures de politique économique prises par le gouvernement Bethlen entre 1921 et 1931.

En dehors des mesures fiscales restrictives introduites en 1920-1922, un des éléments de la politique d'assainissement a été l'introduction d'une nouvelle politique douanière. À partir de 1925, l'interdiction initiale des importations a été remplacée par une politique visant à faciliter l'importation de matières premières manquantes et le développement d'industries basées sur celles-ci. La création d'une banque centrale indépendante, suivie de l'introduction du *pengő* en 1927, a donné une nouvelle base à l'économie hongroise. Évidemment, le développement le plus spectaculaire a été celui des industries basées sur des matières premières nationales (alimentation, produits chimiques, textiles). Les dérivés d'hydrocarbures et les gisements de bauxite découverts dans les années 1930 ont donné un nouvel élan à l'économie hongroise, tandis que les effets sur la construction d'infrastructures du milliard de *pengő*s dépensés pour le programme d'armement de Győr lancé en 1938 ont été pour la plupart positifs à long terme, tandis que les ressources consacrées à l'armement direct – notamment en raison de la défaite subie dans la seconde guerre mondiale – peuvent être considérées comme des sacrifices budgétaires et sociaux irrécupérables. En dehors de la fragmentation de la structure foncière et de la politique commerciale des grands propriétaires fonciers, qui était initialement basée sur les cycles inflationnistes et l'inflation de leurs prêts, aucun autre développement systémique significatif n'a été mis en œuvre, et le secteur a été caractérisé par la stagnation. En conséquence, la part de l'agriculture dans l'économie nationale a légèrement diminué alors que la production industrielle augmentait, de sorte qu'elle n'a pu atteindre que la moitié du niveau de production moyen européen en termes de rendement des cultures du secteur. Par rapport à 1913, le revenu national de l'économie hongroise dans son ensemble a augmenté de 48 % en 1938, et de 26 % par habitant. « Cela signifie qu'en 1938, le PIB par habitant de la Hongrie représentait 43 % de celui des États-Unis et 57 % de celui des 12 pays européens les plus avancés. »[17] Ce statut et cette dynamique témoignent du retard du pays et de la position de semi-périphérie inchangée qu'il avait occupée au cours des siècles précédents.

16 Ignác Romsics, *op. cit.*, p. 118.

17 *Ibidem*, p. 388.

D'après les données du recensement de 1930,[18] une part disproportionnée de la population (51,8 %, c'est-à-dire près de 4,5 millions de personnes) vivait encore de la vente de ses propres produits agricoles. Le pourcentage des propriétaires de terres inférieures à 5 jugars cadastraux était 72,5 % dans la population agricole comptant 1 million 634 mille âmes. Les exploitants de ces terres minuscules, permettant au mieux l'approvisionnement d'une seule famille, ne possédait que 10,2 % des espaces cultivés, cependant que les propriétaires d'exploitations supérieures à 100 jugars ne constituaient que 0,66 % de la population agricole et possédaient 48 % des terres arables. Dans les secteurs non agricoles de l'économie, le recensement a fait état de 224772 entreprises, dont 60,4 % sans employés, et si on y ajoute les entreprises employant 5 personnes ou moins, il appert que 60,8 % de toutes les entreprises hongroises se prêtaient mal à la reproduction élargie. L'état arriéré des structures économiques de la Hongrie et le manque de compétitivité de son secteur agricole étaient à l'origine de nombreuses tensions sociales. Le gouvernement Bethlen s'employait à remédier à cette situation en affectant des sommes importantes aux sphères sociale et culturelle. « 14,4 % du budget étaient destinés à l'éducation publique »,[19] ce qui a sensiblement amélioré la situation et le niveau culturel des masses travailleuses.[20] L'extension de l'assurance sociale avait déjà été amorcée par le gouvernement Friedrich en automne de 1919. En dehors des travailleurs de l'industrie, du commerce et des transports, elle avait été étendue au personnel domestique, ce qui a été confirmé par l'Article XXI de la loi 1927. Les employés des cabinets d'avocat, de notaire et de médecin, et ceux des bureaux de rédaction partageaient les mêmes avantages. « À partir de la fin des années 1920, environ 80 à 90 % des ouvriers des villes bénéficiaient de cette importante protection sociale. [...] Avant la guerre, les travailleurs malades avaient doit à des traitements médicaux gratuits et à des prestations-maladies pendant 20 semaines. Maintenant la durée a été étendue à un an, tandis que le montant des prestations-maladies a été élevé de 50 à 60-75 % des salaires. En cas de perte totale de la capacité de travail, les allocations ont été élevées de 60 % à 66,6 % des salaires. [...] Un an plus tard, en 1928, le gouvernement Bethlen a introduit l'assurance obligatoire de vieillesse, d'invalidité, de veuvage et la pension d'orphelin, vieilles revendications du mouvement ouvrier. »[21] Malgré ces réformes de politique sociale et d'éducation, les conditions sociales de la Hongrie restaient toutefois en arrière par rapport à celles de la plupart des pays européens.

Le descendant de la famille Bethlen décrit ainsi la politique économique du gouvernement : « Le comte István Bethlen a abandonné la conception

18 *Magyar Statisztikai Közlemények* (Bulletins statistiques hongrois), année 86 : le recensement de 1930, Office central des statistiques, Stephaneum Nyomda, 1934.

19 István Bethlen, *op. cit.*, p. 17.

20 Il convient de mentionner ici l'importance du programme de développement organique à long terme du ministre des Cultes et de l'Éducation nationale Kuno Klebelsberg, et sa phrase célèbre soulignant l'importance du secteur : « Le portefeuille de l'éducation est un portefeuille de défense nationale. »

21 Ignác Romsics, *op. cit.*, pp. 160-161.

économique du libéralisme et des grands hommes politique de l'Ère des réformes (le baron Miklós Wesselényi, le comte István Széchenyi, Lajos Kossuth, Ferenc Deák et le baron József Eötvös), suivis par les libéraux Kálmán et István Tisza. Dans la situation désespérée consécutive à la paix de Trianon, il a reconnu l'importance capitale du rôle de l'État dans la réanimation de l'économie. »[22] L'attitude patriotique du gouvernement Bethlen se manifestait par le refus des conditions désavantageuses formulées par certains établissements de crédit étrangers, qui exigeaient que les cinq cent mille jugars de terres provenant des prélèvements sur les biens servent de garantie aux prêts consentis, ou soient vendus à des étrangers. « Le comte Bethlen a rejeté immédiatement cette idée, d'une part parce que ces terres devaient être utilisées dans l'étape suivante de la réforme agraire, d'autre part parce qu'il voulait empêcher à tout prix l'acquisition de terres hongroises par des étrangers en invoquant les " privatisations " de propriétés hongroises effectuées par les Habsbourg après le refoulement définitif des Turcs, l'échec de la guerre d'indépendance nationale conduite par Rákóczi au début du 18e siècle et de celle poursuivie par les révolutionnaires de 1848-1849. »[23]

L'opposition libérale protestait contre le rôle croissant de l'État. « Elle réclamait le renforcement des positions des classes moyennes et de la petite bourgeoisie dans la vie économique et sociale. Elle luttait contre l'omnipotence de l'État dans la vie économique et demandait une politique économique instaurant la libre concurrence. Les libéraux voyaient dans les interventions de l'État dans la vie économique des limitations néfastes à la liberté. Sous le gouvernement Bethlen, ils réclamaient avec insistance la liquidation du dirigisme économique légué par la guerre et le soutien des initiatives et entreprises privées au détriment de l'État et des coopératives de commercialisation et de consommation appuyées par l'extrême-droite. Ils savaient cependant que l'intervention de l'État allait demeurer un facteur constant, et ils demandaient par la suite que cette intervention serve les intérêts de la bourgeoisie moyenne et petite.[24]

Le secteur agricole, dont la part dans l'économie nationale s'est stabilisée autour de 40 % à la fin des années 1930, devait faire face à de gros problèmes intrinsèques. L'analyse des diverses branches de ce secteur[25] met en lumière les carences de l'époque, y compris certaines erreurs de la politique de consolidation de Bethlen. En élevant la politique inflationniste au rang de la politique financière officielle, le gouvernement Bethlen favorisait les grands propriétaires fonciers, dont le principal souci était, au lieu de la modernisation

[22] István Bethlen, « A bethleni konszolidáció gazdasági teljesítménye. Sikerek és máig ható tanulságok » (La performance économique de la consolidation bethlenienne. Réussites et leçons valables encore aujourd'hui), *Polgári Szemle*, 2018, année XIV, nrs. 1-3, p. 146.

[23] István Bethlen, *op. cit.*, p. 147.

[24] Zsuzsa L. Nagy, « A Horthy-rendszer liberális ellenzéke » (L'opposition libérale du régime de Horthy), in *Vélemények a két világháború közötti Magyarországról* (Opinions sur la Hongrie de l'entre-eux-guerres), *op. cit.*, p. 251.

[25] Béla Beregi, *op. cit.*, pp. 93-103.

de leur production, l'exploitation des possibilités d'exportation agricole et la diminution de la valeur de leurs dettes. « En été 1921, seulement 17,3 milliards de couronnes étaient en circulation ; l'été suivant ce chiffre a triplé ; un an plus tard 400 milliards circulaient avant de s'élever au chiffre record de 2500 milliards au printemps de 1924. […] En juin 1921 une couronne d'or valait 50,7 couronnes en billets ; en mai 1924, 18 400. »[26] À côté de la baisse rapide de la valeur d'achat de l'argent, les prêts non valorisés versés à cette époque et leur concentration dans le secteur agraire étaient avantageux pour les grands propriétaires fonciers en raison de leur remboursabilité facile, étant donné que « la dévalorisation de la couronne était surtout défavorable pour les créanciers ».[27] « L'avantage des grands propriétaires consistait en ce qu'ils remboursaient en argent inflationniste leur dette de 1,3 milliards de couronnes »[28], ce qui leur apportait un profit considérable sans qu'ils aient eu à effectuer des dépenses.

Au moment de la crise mondiale, la politique économique du gouvernement Bethlen était déjà d'une efficacité très faible et était incapable d'assurer la protection nécessaire. Les effets de l'effondrement de la bourse de New York touchaient le plus rudement l'agriculture, ce qui se manifestait en particulier dans l'évolution du prix du froment à la bourse de Budapest. Au tournant de juin et de juillet 1930, son prix a baissé de 24 à 14 *pengős*. En 1928-1929, le service de la dette ne demandait que 79 % des rentrées d'argent de l'agriculture, tandis qu'en 1930-1931 les remboursements auraient exigé près de deux ans de revenus du secteur.[29] Dans la première moitié du mandat du gouvernement Bethlen, la montée de l'inflation était bénéfique pour les propriétaires fonciers, mais ce n'était pas le cas dans les années de la crise de l'économie mondiale. La chute des prix de vente des produits de l'agriculture, secteur dominant de l'économie hongroise, entraînait l'élargissement de l'écart des prix des produits agricoles et industriels, augmentant les pertes éprouvées dans ce secteur. « L'écart de 6 % de l'année 1928 a atteint 47 % en 1930, puis 70 % en 1933. »[30] Les pratiques de jurisprudence dans le domaine du droit privé,[31] destinées à remédier à la crise du crédit, n'ont fait qu'alléger dans une certaine mesure la situation des créanciers, sans apporter une solution d'ensemble.

« Afin d'empêcher la ruine complète de la population agricole, ce qui aurait entraîné des risques politiques très graves, le gouvernement Bethlen a fait

[26] Károly Bognár, « A Magyar Nemzeti Bank történetéből » (Un chapitre de l'histoire de la Banque Nationale de Hongrie), *Pénzügyi Szemle*, 1994, nr. 9, p. 721.

[27] Áron Czugler P., « Hitelválságok kezelése egykor és most. A bethleni konszolidáció magánjogi és válságjogának tanulságai a jelenkor számára » (La gestion des crises de crédit hier et aujourd'hui. Leçons de droit privé et de droit de crise de la consolidation bethlenienne pour le présent), *Jogtudományi Közlöny*, 2015, nr. 1, p. 37

[28] Károly Bognár, *op. cit.*, p. 722.

[29] Cf. János Botos, *A Magyar Nemzeti Bank története II. Az önálló jegybank 1924-1948* (L'histoire de la Banque Nationale de Hongrie II. La banque centrale autonome, 1924-1948), Presscon Kiadó, 1999. Sur les conséquences de la crise, voir pp. 90-91.

[30] János Botos, *op. cit.*, 9. 114.

[31] Voir Áron Czugler P., *op. cit.*, pp. 37-48.

adopter au parlement la loi sur les bons de céréales,[32] en vertu de laquelle pendant quatre années économiques les producteurs bénéficiaient d'une subvention pour chaque quintal de céréale vendu, dont le montant variait d'année en année (3, 6, 4, puis de nouveau 3 *pengős*). Cependant cette mesure a été incapable empêcher le lourd endettement des petits propriétaires.[33] La crise monétaire et de crédit prenait des dimensions vraiment catastrophiques en 1931, à la suite de l'ébranlement des banques allemandes et autrichiennes, qui avait des effets néfastes, quoique différenciés, aussi pour l'industrie. Elle se faisait sentir surtout dans le domaine de l'industrie du fer et des métaux, de l'industrie mécanique et de l'industrie des matériaux de construction, tandis que la transformation agro-alimentaire en souffrait beaucoup moins, et l'industrie légère très peu. La marge de manœuvre sur le plan budgétaire s'est élargie après que le contrôle international de la Hongrie prescrit par le traité de paix de Trianon a été supprimé en 1930, mais la situation du pays entraîné dans la crise n'en a pas été allégée pour autant, et le gouvernement a dû faire appel à de nouveaux prêts internationaux.[34]

Les acquis de la consolidation ne permettaient pas de freiner la crise. Bethlen a eu constamment des dissentiments avec Sándor Popovics,[35] président de la banque centrale, et a fini par démissionner. Sur le plan de la politique étrangère, la Hongrie s'est rapprochée de l'Allemagne nazie, et le programme de réarmement annoncé en 1983 dans la ville de Győr était le signe évident de la préparation du pays à la guerre.

La consolidation favorisée par la conjoncture mondiale favorable (surtout dans le domaine des produits agricoles) après la Grande Guerre et les crédits étrangers a été arrêtée par la crise de 1929-1933. Les exportations hongroises comprenaient pour 70 % des produits agricoles, dont les débouchés se sont considérablement rétrécis, tandis que la production industrielle a baissé de 20 %. Les finances publiques sont redevenues déficitaires après 1929, tandis que la contraction de crédits étrangers était de plus en plus difficile. Bien que la Hongrie ait pu accéder finalement à des prêts, ceux-ci n'ont pas été investis dans la production, mais ont été affectés au redressement du budget, en violation de l'accord conclu à Genève, ce qui a conduit au rétablissement du contrôle de la Société des nations jusqu'au printemps de 1938. En été

[32] Article XXII de la loi 1930 sur les mesures nécessaires dans l'intérêt de la commercialisation de certaines céréales.

[33] Kálmán Kovács, « Kísérletek a gazdasági válság jogszabályi eszközökkel történő megfékezésére a Bethlen-kormány utolsó éveiben » (Tentatives de contrôle de la crise économique par voie législative dans les dernières années du gouvernement Bethlen), in *Jogtörténeti tanulmányok, Emlékkönyv Csizmadia Andor hetvenedik születésnapjára* (Études d'histoire du droit. Mélanges offerts au soixante-dixième anniversaire d'Andor Csizmadia), dirs. Antal Ádám, Ferenc Benedek, János Szita, Studia Juridica Auctoritatis Pécs Publicata, 1980, p. 213.

[34] L'un de ces prêts a été l'emprunt de 87 millions de couronnes signé à Londres en novembre 1930, mais avec le temps, les prêteurs n'ont pas non plus vu la possibilité de consentir de pareils emprunts accordés sur traite à court terme.

[35] Popovics a affirmé que la véritable base de la consolidation bethlenienne était le crédit étranger. Voir János Botos, *op. cit.*, p. 92.

1931, les banques commerciales générales étaient aussi en prises avec des difficultés, auxquelles on essayait de remédier par des clôtures provisoires de banques et de bourse, et par la limitation des dépôts après la levée des clôtures. Promulguée le 16 août 1931, l'ordonnance dite du « pengő d'or » cherchait à rassurer les déposants en promettant la stabilité de la valeur des dépôts. Le 17 juillet 1931, la Hongrie est passée du système d'étalon or à un régime de change fixe, bien que nominalement son économie ait été attachée à l'étalon or. Instauré pour la première fois dans le monde entier, le régime de change fixe a contribué dans une large mesure à la stabilisation ultérieure. C'est que la plupart des pays étrangers acceptaient presque immédiatement les billets de *pengő* comme monnaie à part entière, bien qu'officiellement le *pengő* ne fût pas alors convertible. Le gouvernement a annoncé un moratoire sur les transferts, mettant ainsi fin au paiement des dettes à long terme. En 1932, des accords de gel prévoyaient la suspension du paiement des dettes à court terme.[36] Ces mesures ont conduit à une longue crise, à laquelle la nouvelle politique financière et surtout le programme de réarmement ont mis fin en 1938. Il est vrai que le taux de change stable établi alors a créé une monnaie surévaluée, ayant des effets défavorables sur les exportations, mais les relations économiques très serrées et les arrêtés de compte avec l'Allemagne en « ont fait oublier » les conséquences négatives.

L'évaluation de la période de consolidation bethlenienne dans la littérature contemporaine est plutôt unilatérale. Il est difficile de contester le fait que Bethlen a reconnu que « la politique économique et sociale du pays ne peut être poursuivie sur la voie qu'elle a empruntée jusqu'à présent. L'avenir d'une région à forte densité de population ne doit pas reposer sur la seule agriculture, et il faut mettre fin au sentiment anti-industriel issu de l'antisémitisme, car les masses prolétaires, qui se multiplient dans l'agriculture, ne peuvent être logées que dans l'industrie. »[37] Le programme de politique économique formulé au début de son administration contenait un plan d'action bien défini.[38] Bethlen visait à compléter les lois fiscales promulguées jusqu'alors, à compléter les lois sur le rachat des biens immobiliers et autres et sur le rachat des biens acquis en temps de guerre, y compris l'imposition des livraisons de matériels de guerre. Il a appelé à la mise en application méticuleuse des lois fiscales qui ont été promulguées précédemment, et au recrutement du personnel nécessaire pour les faire appliquer. Le paiement d'avances adéquates sur les impôts sur le revenu et les impôts fonciers a également été inclus dans les mesures gouvernementales. Il a jugé opportun d'augmenter l'impôt sur les valeurs mobilières, de réviser les droits de douane, notamment sur les importations de luxe, et d'améliorer les droits d'exportation, afin de permettre à l'État de participer aux bénéfices des exportations et de réguler les prix sur le marché intérieur. Dans le but de réduire le déficit du commerce extérieur

36 Sur les mesures de consolidation et le régime de change fixe, voir *ibidem*, pp. 115-125.

37 Bethlen István programja (Le programme d'István Bethlen), *Országút*, 1936, nr. 2, p. 13.

38 Voir *A Magyar Gyáripar* (L'industrie manufacturière hongroise), 1922, nrs. 1-2, p. 16.

et d'augmenter la production intérieure, il favorisait les exportations qui étaient compatibles avec les intérêts du marché intérieur (exportation des vins et de bétail, développement de la culture et de l'exportation du tabac). Il attachait un souci particulier à l'implantation de nouvelles industries, surtout dans les domaines où les matières premières étaient disponibles et où le pays dépendait dans une large mesure des importations. Il espérait que la réglementation minutieuse des exportations et des importations permettrait d'éviter des hausses de prix supplémentaires.

Ce « descendant d'une famille de haute noblesse comptant parmi ses ancêtres un prince de Hongrie »[39] ignorait les intérêts de sa classe de grands propriétaires « en prouvant avec des documents à l'appui, que les surfaces disponibles sont insuffisantes pour donner des exploitations à la population agricole sans terre ; de plus, il faut trouver le moyen de rendre viables par l'adjonction de nouvelles terres les petites exploitations dont les propriétaires sont maintenant obligés de trouver du travail sur les propriétés grandes et moyennes »[40]. Mais Bethlen était d'avis que « le manque de terres ne permet pas de remédier aux problèmes de la population rurale par voie d'une redistribution mécanique des terres ; il faut employer des cultures plus intensives, parallèlement au développement industriel »[41].

En effet, la politique économique de Bethlen favorisait en premier lieu le développement de l'industrie, notamment avec la restructuration des entreprises d'État, dont la Compagnie nationale des chemins de fer, les Postes hongroises ou l'Usine métallurgique nationale. On a rendu de nouveau opérationnelles les lignes ferroviaires devenues inutilisables sous la guerre ou à cause des dispositions du traité de Trianon, ce qui a donné un nouvel essor aux échanges intérieurs et extérieurs. Plusieurs lignes de chemin de fer ont été électrifiées. Debrecen, Szeged et Pécs sont devenus des villes universitaires. Les progrès étaient notables dans certaines sciences, et des savants hongrois comme Albert Szent-Györgyi, Kálmán Tihanyi, Leó Szilárd et Dénes Mihály se sont taillé une renommée internationale. « Cependant les capitaux disponibles et le revenu national étaient insuffisants pour soutenir cet effort de relever le pays, de transformer la société et d'apaiser les âmes. »[42] Les véritables réussites des efforts de consolidation de Bethlen se manifestaient sur le plan de la consolidation politique intérieure. « Avant de s'atteler à cette tâche, fort de la confiance qui émanait de partout, il a dû créer les conditions de la réduction des tensions intérieures et de la pacification des âmes. »[43] Il faut reconnaître que cette consolidation des « âmes » a été accomplie en majeure partie. Mais si l'on se demande comment se serait réalisée la consolidation économique

39 Le programme d'István Bethlen, *op. cit.*, p. 14.

40 *Ibidem*, p. 13.

41 *Ibidem*.

42 Baron Móric Kornfeld, « Bethlen István gazdaságpolitikája » (La politique économique d'István Bethlen), *Magyar Szemle*, 1934, année 22, nr. 2 (86), p. 169.

43 *Ibidem*, pp. 167-168.

suivant – ou plutôt parallèle à – la consolidation des « âmes » sans les trois milliards de capitaux étrangers arrivés au pays, le tableau devient plus nuancé. Si l'on cherche à savoir si les mesures fiscales auraient suffi à améliorer la situation économique, la réponse serait un non univoque. Si l'on examine si les prêts ont été utilisés opportunément, on ne saurait pas répondre par un oui catégorique. La consolidation était due au trois milliards de capitaux étrangers, dont l'arrivée avait pour condition, il est vrai, une certaine consolidation des rapports politiques et sociaux et l'institution d'une banque centrale indépendante, mais près de mille deux cent millions en ont été utilisés par l'État et le secteur public (y compris l'emprunt à la Société des nations et le prêt de 1931). Plus de la moitié de ces sommes devait être remboursée non par l'État, mais par des établissements, en particulier par ceux des municipalités.[44] Kornfeld était d'avis que « c'était en réalité un endettement assez modique en l'espace de dix ans ».[45] Il faut souligner cependant que la plus grande partie des prêts obtenus sous Bethlen n'était pas affectée au développement industriel ou à l'élargissement des infrastructures, donc les crédits n'étaient pas employés de la même manière qu'à l'époque de la Monarchie, quand l'endettement excessif était contrebalancé par la croissance des capacités de production. « Finalement seul un quart environ des prêts destinés à la stabilisation a été affecté à la couverture du déficit budgétaire. La plus grande partie en était consacrée au remboursement des dettes anciennes, au développement de l'appareil de l'État et à des constructions »,[46] écrivait Károly Bognár soixante ans plus tard. Ce qui signifie que la circonspection était absente lors de la contraction des crédits et surtout lors de leur utilisation, et leurs effets dans les progrès de l'économie et de la société étaient moins sensibles qu'à l'époque de la Monarchie. Suivant de près l'action du gouvernement Bethlen, Kornfeld reconnaît que « se répandant partout [...], ces environ mille huit cent millions de *pengős* ont fécondé tant la capacité de production que la capacité de consommation [...] évidemment, ces prêts étrangers comprenaient aussi d'importantes sommes de prêts à la consommation [...] du point de vue de l'économie privée, ces derniers dépassaient parfois la mesure souhaitable ».[47] Ignác Romsics lui fait écho et se demande pourquoi le gouvernement hongrois a sollicité, puis accepté des crédits aussi considérables. « Un quart des crédits contractés aurait été suffisant pour éliminer le déficit budgétaire. »[48] Il estime que les emprunts gigantesques étaient destinés à servir la légitimation du régime de Horthy en renforçant les positions du gouvernement. Il ajoute qu'« à la suite de l'insuccès du rachat des fortunes les classes dominantes refusaient de consentir à d'autres sacrifices »,[49] ce qui a fait que les crédits

44 *Ibidem*, p. 170.

45 *Ibidem*.

46 Károly Bognár, « A Magyar Nemzeti Bank történetéből » (Un chapitre de l'histoire de la Banque Nationale de Hongrie), *Pénzügyi Szemle*, 1994, nr. 9, p. 730.

47 Baron Móric Kornfeld, *op. cit.*, p. 170.

48 Ignác Romsics, *op. cit.*, p. 121.

49 *Ibidem*.

servaient aussi à assurer des compensations indirectes au bénéfice des grands propriétaires fonciers.[50]

De toute manière, il faut attribuer au gouvernement Bethlen le mérite d'avoir accompli une consolidation politique intérieure (quoique limitée), une – modeste – réforme agraire, et d'avoir poursuivi une politique économique reléguant l'agrarisme à l'arrière-plan et favorisant le développement industriel. Dans le but d'une meilleure image internationale du régime, force était d'ajuster les réalités de politique intérieure et l'économie à « l'esprit du temps », ce qui nécessitait des prêts, et – condition posée par la Société des nations pour leur obtention – l'institution d'une banque centrale indépendante. Certains contemporains exagèrent cependant quand ils prétendent que « la postérité verra dans l'œuvre de Bethlen une nouvelle fondation du pays »,[51] ou qu'« il a relevé le pays du chaos révolutionnaire et l'a élevé à une position tellement haute que le gouverneur de la Bank of England, organe économique le plus puissant de toute l'Europe, voyait dans la Hongrie un État modèle ».[52] La consolidation économique n'a pas pu être réalisée avec des prêts étrangers privés, et sans l'intervention de la Banque d'Angleterre, il n'y aurait guère eu de consolidation économique significative. En d'autres termes, les fonds étrangers ont consolidé la Hongrie après la première guerre mondiale. Avec le concours du régent Miklós Horthy et du Premier ministre István Bethlen, une pratique fiscale et monétaire interne réduite (à peine suffisante) a été mise en œuvre, principalement par l'utilisation de prêts et de mécanismes construits autour d'eux pour consolider l'économie, ce qui s'est accompagné d'un certain nombre de contradictions et a entravé l'accomplissement de la modernisation. Ainsi Bethlen n'a pas été en mesure de freiner le glissement progressif du pays vers la droite. Il disposait de la force politique et économique nécessaire et d'une « crédibilité morale » suffisante pour procéder à une consolidation économique partielle, grâce à l'emprunt étranger approuvé par la Société des Nations et au fonctionnement actif de la banque centrale, créée en contrepartie de l'emprunt.

[50] Il convient toutefois de noter que ces prêts de consolidation ont dû être utilisés (en partie) pour assurer la subsistance de 425 000 Hongrois qui avaient fui de l'autre côté de la frontière, ainsi que pour construire le réseau scolaire de la Grande Plaine et des petits villages, auparavant négligé, et pour bâtir l'infrastructure universitaire et de recherche qui a jeté les bases des secteurs scientifiques prospères. Ainsi, le recours disproportionné aux emprunts étrangers s'explique à la fois par la consolidation de la situation socio-économique héritée, la volonté d'élever la classe moyenne en souffrance, à savoir par des considérations socio-politiques et (aussi) une nouvelle conception de la nation, c'est-à-dire que Bethlen devait faire face à une situation de nécessité, pour laquelle il était difficile de trouver des solutions totalement optimales.

[51] Baron Móric Kornfeld, *op. cit.*, p. 167.

[52] Béla Beregi, *op. cit.*, p. 15.

3.3 LE RÔLE DE LA BANQUE CENTRALE AUTONOME ET LE DÉVELOPPEMENT DU SECTEUR FINANCIER

Après la fin de la guerre mondiale, la scène internationale s'est caractérisée par la rigidité des politiques financières et l'aversion au risque, qui allaient de pair avec l'adhésion au système international de l'étalon-or. En Hongrie, en période de chaos économique, comme ailleurs dans ces situations, les recettes publiques étaient bien inférieures aux dépenses. L'inflation était donc largement due aux déficits budgétaires et à la spéculation. Les banques centrales étaient essentiellement responsables de la gestion de l'inflation, mais après la fin de la Monarchie, le « bras hongrois » de la Banque nationale austro-hongroise a cessé d'exister. En 1921, l'Office national du registre a été créé. La part des effets de commerce dans le portefeuille de cette institution, qui avait des fonctions limitées de banque centrale, a augmenté, « la moitié de l'offre de crédit était déjà générée par l'escompte d'effets en 1923 ».[53] Il s'agissait d'un changement significatif, car les institutions ayant des fonctions de banque centrale ont tendance à prêter à l'État en cas de conjoncture défavorable, et non principalement à l'économie privée. En Hongrie, l'encours des prêts sous forme de lettres de change à l'économie privée ne représentait que 3 millièmes[54] du montant total des prêts à l'État en 1921. Et la principale mission du Centre des changes, créé en 1916, était de gérer les opérations de change en veillant à ce que les transactions d'importation soient compensées par des devises, ce qui n'a été que partiellement réalisé en raison de la spéculation et de l'instabilité de la monnaie internationale. Constatant l'échec des programmes de consolidation de Korányi et de Hegedüs, le gouvernement Bethlen a estimé que le seul moyen d'assurer le démarrage de la consolidation était de s'appuyer sur des ressources extérieures. Compte tenu de la situation en matière de politique étrangère, les dirigeants du pays ont essayé d'éviter le prêt de la Société des nations, c'est-à-dire qu'ils ont voulu contracter des prêts privés, et ils ont également voulu minimiser, voire supprimer, les paiements de réparation de guerre, mais l'absurdité de ce rêve a fait que la seule alternative était le prêt de la Société des nations. La position de négociation de la Hongrie a été fortement influencée par le fait que l'environnement international n'était pas très favorable, même après les réformes politiques internes qui avaient été engagées, et le prêt n'a donc été obtenu qu'avec l'aide de la banque centrale britannique. Une circonstance non négligeable dans ces négociations pour la politique financière hongroise ultérieure a été que la Banque Nationale de Hongrie nouvellement créée a reçu une avance de 4 millions de livres de la

[53] Ágnes Pogány, « Párhuzamos történetek. Az osztrák és magyar pénzügyi politika a két világháború között » (Histoires parallèles. La politique financière autrichienne et hongroise entre les deux guerres mondiales), in *50 éves a Budapesti Közgazdaságtudományi Egyetem. Jubileumi tudományos ülésszak, 1998 október 1-3* (L'Université d'économie de Budapest a 50 ans. Session scientifique commémorative, 1-3 octobre 1998), tome 2, 1998, pp. 1215-1216.

[54] Archives nationales hongroises. Ministère des Finances, Documents Kállai.

Banque d'Angleterre au cours de l'été 1924, ce qui l'a amenée à entreprendre de stabiliser la couronne à un taux fixe lié à la livre. Cela a cependant induit des mesures restrictives de politique monétaire.

À la suite de l'insuccès de la tentative de Hegedüs[55] de baser la consolidation sur des ressources nationales, force était de recourir à des crédits étrangers, mais les grandes banques internationales faisaient la sourde oreille, malgré le souvenir de la prise de pouvoir communiste de 1919, dont la répétition, provoquée par la croissance éventuelle des tensions sociales, serait allée à l'encontre des intérêts des pays occidentaux. Dès 1923, le gouvernement Bethlen a commencé des négociations de crédit. « Les milieux financiers anglais ne se dérobaient pas à la demande hongroise, mais ils voulaient que le versement des crédits – auxquels ils contribueraient pour une large part – s'effectue sous le contrôle de la Société des nations, et posaient pour condition la suspension des droits de gage saisis pour assurer le versement des réparations, prescrites par le traité de Trianon. »[56] Une autre condition a été l'institution d'une banque centrale indépendante avant même la mise en œuvre du plan d'assainissement. Un prêt à courte échéance de 40 millions de couronnes d'or et un prêt à longue échéance de 550 millions de couronnes ont été versés.

L'article V de la loi 1924 sur la création et les brevets de la Banque Nationale de Hongrie a joué un rôle fondamental dans la réalisation de la consolidation économique. En 1924 également, en vertu du chapitre XIII, point 4, du Protocole de Genève n° II, la gestion de toutes les dépenses et recettes publiques a été progressivement confiée à la Banque Nationale de Hongrie. Celle-ci s'est essentiellement concentrée sur l'escompte des effets commerciaux. Elle a été capable de fixer le taux d'intérêt directeur au moyen du taux d'escompte et du taux débiteur. En août 1925, le professeur d'économie américain Allyn A. Young a décrit la Banque Nationale de Hongrie comme une banque centrale gérée avec « habileté et prudence ». Il a estimé que la relation entre la banque centrale et le marché monétaire était saine, mais a critiqué l'incapacité de la banque à prendre les mesures attendues pour réduire l'écart entre le taux d'escompte et le taux privé. Toutefois, il a conclu, en accord avec le financier belge Maurice Frére, que « l'économie hongroise a atteint une position équilibrée, le déficit budgétaire a été éliminé, le taux de change de la couronne (rattachée à la livre sterling) est stable et la banque centrale a accumulé un stock substantiel d'or et de devises étrangères. Comme son collègue belge, il ne voyait aucune menace pour la balance hongroise

55 Pour des raisons de précision historique, il convient de mentionner qu'une tentative de consolidation avait déjà eu lieu à l'automne 1919, à l'époque où Frigyes Korányi était ministre des Finances, mais les résultats de cette consolidation étaient encore plus faibles que ceux de Hegedüs. Pour plus de détails, voir « Magyarország pénzügyei. A Magyar Közgazdasági Társaság ankétja » (Les finances de la Hongrie. Conférence de la Société économique hongroise), *Közgazdasági Szemle*, 1920, pp. 247-493.

56 Károly Bognár, *op. cit.*, p. 722.

des paiements ».[57] Il est clair qu'il était dans l'intérêt des Britanniques - après l'investissement des prêts – de présenter une image positive du pays, bien que l'amélioration économique ait été obtenue grâce à l'octroi de crédits.

La Banque Nationale de Hongrie a repris la fonction du Centre des changes au début de son fonctionnement sur la base du décret n° 4661/1924. Une centralisation et une gestion stricte des devises ont été mises en place. Le département des changes a également décaissé des prêts en devises, ce qui a contribué à la réduction du commerce illicite de devises. À l'automne 1925, les paiements en devises étrangères ont été complètement libéralisés, et le *pengő* a été introduit comme monnaie légale à la place de la couronne en vertu de l'Article XXXV de la loi 1925.

La poursuite réussie de la consolidation économique et financière a permis à la banque centrale d'obtenir un prêt de 10 millions de dollars américains du consortium composé de la Banque d'Angleterre, de la Réserve fédérale de New York, de la Banque de France, de la Banque Nationale de Belgique et de la Nederlandske Bank pour rembourser ses dettes en devises en 1929. « Le prêt était garanti par des lettres de change nationales, conformément aux statuts de la Banque centrale hongroise. Le taux d'intérêt était supérieur de 2 % au taux d'escompte des banques centrales prêteuses, mais au minimum 7,5 % par an, à quoi s'ajoutait une prime trimestrielle de 0,25 %. »[58] Les emprunts se sont poursuivis au cours des années suivantes. En 1931, 49,6 % de la somme totale due sont venus s'ajouter à la charge de l'État et des services publics. Les prêts à long terme représentaient 57,3 % des emprunts étrangers, dont la moitié provenait de la période de pré-stabilisation. Ainsi, de manière assez défavorable, les deux tiers des prêts contractés étaient des prêts à court et moyen terme pour des articles de commerce, tandis qu'à peine un tiers étaient des prêts d'investissement. Ainsi, le modeste niveau d'investissement productif n'a pas permis d'assurer le service de l'ensemble des prêts, et de nouveaux emprunts ont même été nécessaires pour assurer le service de la dette à son échéance.

Des exigences classiques ont été formulées en relation avec le fonctionnement de la banque centrale hongroise nouvellement établie, qui ont été définies dans le rapport du Conseil de la Société des nations, qui a accepté le versement du prêt.[59] Les exigences formulées comprenaient le droit exclusif d'émettre des billets de banque, le fonctionnement de la Banque Nationale de Hongrie comme banque centrale, la gestion de la politique monétaire, l'escompte des effets commerciaux, son fonctionnement comme trésor public, son indépendance vis-à-vis du gouvernement et l'établissement d'un conseil d'administration basé sur une large représentation économique étaient des exigences claires. De plus, la délégation temporaire d'un conseiller étranger a été jugée appropriée. La Société des Nations s'attendait à ce que le déficit

57 János Botos, *op. cit.*, pp. 48-49. (Source originale : *Bethlen István titkos iratai* [Les écrits secrets d'István Bethlen], Kossuth, 1972, pp. 176-190.)

58 *Ibidem*, p. 57.

59 Károly Bognár, *op. cit.*, pp. 723-727 ; János Botos, *op. cit.*, pp. 41-82.

budgétaire soit réduit, ce qui permettrait de maîtriser l'inflation et de stabiliser la couronne. La suppression des droits de gage pour assurer la solvabilité de la Hongrie (paiement de 20 millions de couronnes d'or de réparations sur 20 ans) et le décaissement du prêt ont fourni à la Hongrie une bonne base pour s'engager sur la voie de la stabilisation. Le plan de stabilisation a été promulgué par l'Article 4 de la loi 1924 et la création de la Banque Nationale de Hongrie par l'Article 5 de la même loi. Cela a été suivi par le versement d'un prêt de 250 millions de couronnes d'or (68,7 millions de dollars) de la Société des Nations, dont la moitié était assurée par la Grande-Bretagne et le reste par les États-Unis d'Amérique, l'Italie, la Suisse, les Pays-Bas et la Suède, à des conditions par ailleurs peu favorables. « En raison du taux d'émission/emprunt de 80 à 88 %, un huitième à un cinquième de son montant nominal n'a pas été déboursé. Malgré cela, le montant nominal total était soumis à un taux d'intérêt de 7,5 %, soit plusieurs fois le taux du marché mondial. »[60] L'effet du prêt de la Société des nations a été de ralentir progressivement le décaissement des prêts non validés, de réduire l'inflation et stabiliser la couronne, qui était rattachée à la livre sterling.

En raison de l'insuffisance de l'accumulation interne de capital, la croissance économique et la demande de capital par le secteur public ne pouvaient être satisfaites que par les crédits fournis par des banques commerciales à développement moyen[61] et ayant des difficultés d'accès aux marchés internationaux. La position excessive de la demande de crédit a maintenu le taux de prêt à un niveau élevé. La motivation pour lever des fonds était forte, mais il y a eu aussi des problèmes de liquidités pendant presque toute cette période. « Entre 1927 et 1929, le ratio de liquidité des institutions financières provinciales était d'à peine 7 %. »[62] Cette situation défavorable se reflétait également dans l'adéquation du capital des banques. « Les fonds propres des établissements de crédit s'élevaient à environ 2,8 milliards de *pengős* avant la première guerre mondiale, alors que dans la période de stabilisation monétaire, ils s'élevaient à peine à 0,4 milliard de *pengős*, et le montant des capitaux empruntés est tombé de 4,5 milliards à 0,3 milliard. »[63] Dans la période d'après-guerre, le secteur bancaire[64] se caractérise par la

60 Károly Bognár, *op. cit.*, p. 729.

61 À propos du système bancaire après l'effondrement de la Monarchie, György Kövér note avec justesse : « Pour les banques de la Monarchie austro-hongroise, la part internationale ne représentait qu'une infime partie des affaires multinationales ou nationales *Zollböldern* pendant toute la période du dualisme. Mais celles-ci sont devenus véritablement internationales après la dislocation de la Monarchie. » György Kövér, *op. cit.*, p. 45.

62 Sándor Jirkovsky, « Pénzintézeteink a huszas évek felledülése idején » (Nos établissements financiers au temps de l'essor des années vingt), *Közgazdasági Szemle*, 1940, pp. 363-364.

63 Katalin Botos, « A bankfelügyelet helye és szerepe a magyar kormányzati struktúrában » (La place et le rôle de la supervision bancaire dans les structures gouvernementales hongroises), *Bankszemle*, 1994, nrs. 1-2, p. 25.

64 Pour une étude d'ensemble, voir Incze Miklós (dir.), *Az 1929-1933. évi világgazdasági válság hatása Magyarországon* (Les incidences en Hongrie de la crise économique mondiale de 1929-1933), Akadémiai Kiadó, 1955, p. 277.

fragmentation, la surexpansion et la Budapest-centricité.[65] « L'encours des dépôts d'épargne et des comptes courants après la première guerre mondiale ne représentait encore que 16 % de son niveau d'avant-guerre à la fin de 1924, et n'atteignait que 74 % à la fin de 1929. La maturité des lignes de crédit mises à la disposition des institutions financières a également changé : en 1915, 65 % de la ligne de crédit totale était à long terme, à la fin de 1924, seulement 5 %, et en 1929, toujours seulement 30 %. »[66] Les révolutions et le chaos économique et politique qui ont suivi ont ébranlé les fondements du système bancaire, aussi bien que la confiance du public. Il était donc nécessaire d'approfondir la surveillance. En 1916, un Centre des institutions financières a été créé, dont la fonction de surveillance a été privilégiée. « Le nombre d'enquêtes effectuées par le Centre des institutions financières a presque quintuplé entre 1918 et 1929, passant de 189 à 912 »,[67] ce qui a favorisé l'exercice d'une activité bancaire responsable, encore renforcée par le fait que « pour élargir encore le champ des institutions soumises au contrôle, à partir du 1er janvier 1921, seuls les établissements membres du Centre des institutions financières ont été autorisés à accepter des dépôts ou à manipuler des fonds publics, eux-mêmes soumis au contrôle obligatoire du Centre des institutions financières ».[68] Pendant la Grande Dépression de 1929-1933, les fonctions du Centre ont été étendues, par exemple, aux opérations de crédits sur gage et de garantie, et le Centre a également joué un rôle technique actif dans le processus d'assainissement des finances publiques, l'Article XIII de la loi 1926 ayant étendu la gamme des institutions soumises à son contrôle.[69] Toutefois, il ne fait aucun doute qu'entre-temps « il s'était quelque peu éloigné de l'idée initiale »[70] et que la nécessité de revenir à l'esprit de l'Article XIV de la loi 1916, qui a créé le Centre, se faisait de plus en plus sentir. Pendant la crise, les tâches du Centre des institutions financières, créé à l'origine à des fins de surveillance, se sont naturellement multipliées dans le domaine des assainissements et des liquidations, puisque, par exemple, « près de 30 % des institutions financières fonctionnant comme des sociétés par actions

65 István Varga, « A legjelentősebb budapesti pénzintézetek helyzete az 1927. évi mérlegek tükrében » (La situation des plus importants établissements financiers de Budapest à la lumière des bilans de 1927), *Közgazdasági Szemle*, 1928, année LII, pp. 444-485.

66 *Ibidem*, p. 279.

67 Oszkár Jakab – Lajos Reményi-Schneller – Iván Szabó, *A Pénzintézeti Központ első huszonöt éve (1916-1941)* (Les premiers vingt-cinq ans du Centre des institutions financières, 1916-1941), Pénzintézeti Központ, Budapest, 1997, p. 117. (1re édition : Imprimerie universitaire royale hongroise, Budapest, 1941.)

68 Béla Tomka, *A magyarországi pénzintézetek rövid története, 1836-1947* (Courte histoire des établissements financiers de Hongrie, 1836-1947), Aula Kiadó, 2000, p. 94.

69 Il pouvait effectuer des inspections dans les établissements actifs dans le domaine du change et du commerce des valeurs mobilières, et il a été invitée à effectuer des inspections non seulement en cas de faillite.

70 Gyula Rassay, « A bankok szerepe az európai hitelválságban » (Le rôle des banques dans la crise européenne de crédit), *Közgazdasági Szemle*, 1933, année LVII, p. 421.

et 10 % des coopératives de crédit ont été liquidées ».[71] Le marché bancaire hongrois se caractérisait par une très forte concentration entre les deux guerres mondiales. En 1929, 40 % de l'ensemble du capital-actions du pays était dans la possession de la Banque générale hongroise de crédit et de la Banque hongroise de commerce de Pest.[72] Il est également significatif qu'une conséquence non négligeable du Pacte Bethlen-Peyer a été l'extension des droits sociaux. L'Article XI de la loi 1928 a créé l'assurance obligatoire de la vieillesse, de l'invalidité, du veuvage et de l'orphelinat, et les fonds de pension privés en Hongrie. La forte concentration des banques, l'irrégularité du processus de consolidation, les effets de la Grande Dépression de 1929-1933 et la gestion de l'épargne sociale ont conduit à un rôle accru du Centre. Katalin Botos[73] écrit que le Centre publiait chaque année un règlement sur les bilans. Il a fourni des informations régulières à la Banque nationale sur les activités des banques commerciales et est devenu une autorité d'agrément pour les opérations de change.

Le déclin du gouvernement Bethlen tenait aux mêmes causes que ses réussites – à savoir aux crédits. La consolidation était basée sur des ressources extérieures, des prêts contractés dans des conditions défavorables et utilisés souvent avec manque de circonspection. Après les premiers résultats, la politique économique cherchait les solutions du moindre effort. La modernisation de la production agricole n'a pas eu lieu, la réforme agraire est restée en deçà des attentes, tandis que le secteur industriel était incapable de réaliser une concentration efficace des ressources en raison de la carence des matières premières dans le pays et les intérêts contraires des grands propriétaires fonciers. La croissance annuelle du crédit étranger ne cessait de s'accélérer, si bien qu'« en 1931 seul le service de dette se chiffrait par 300 millions de *pengős* »[74]. L'accroissement du déficit commercial, les nouveaux prêts, la vente continue des réserves d'or de la banque centrale et la chute des prix agricoles ont affaibli l'économie hongroise et les positions du gouvernement orchestrant la consolidation. Au lieu de suivre l'exemple de la Grande-Bretagne (dévaluation de la livre sterling et maintien de la convertibilité), le gouvernement hongrois a imité l'Allemagne qui maintenait une économie basée sur le contrôle des changes[75] et gardant la parité or.[76] On a opté donc

71 Károly Schandl (dir.), *A magyar szövetkezés negyven éve* (Quarante ans des coopératives hongroises), Pátria Nyomda, 1938, p. 75.

72 Aladár Holbesz, *A magyar hitelszervezet története* (Histoire de l'organisation de crédit en Hongrie), May János Műintézet, 1933, p. 338.

73 Katalin Botos, *op. cit.*, p. 44.

74 Ágnes Pogány, *op. cit.*, p. 1224.

75 Dans l'esprit de l'économie dirigée, même les dettes supérieures à 5 000 et plus tard à 200 *pengős* étaient soumises à l'obligation de déclaration. Voir les ordonnances 4610/1931 et 4950/1931.

76 Pour une étude plus ample, voir C.-L. Holtfrerich, « U.S. Economic (Policy) Development and World Trade During the Interwar Period Compared to the Last Twenty Years », in *The Impact of the Depression of the 1930's and Its Relevance for the Contemporary World. Comparative Studies Prepared for the A/5 Session of the 9th Economic History Congress, Bern*, dir. Iván Berend T. – Knut Borchardt, Budapest, MKKE – Academic Research Center of East-Central Europe, 1986, p. 69.

pour l'attachement à un change fixe et « à l'étalon or international perdant sa fonction »[77]. Un aperçu des opérations de la banque centrale hongroise basé sur ses bilans[78] montre qu'en période de faible inflation, les réserves d'or de la banque centrale ont augmenté et que celle-ci a également créé de la monnaie de banque centrale en achetant des devises, ce qui a eu un effet positif sur la masse monétaire, réduisant ainsi la nécessité d'escompter des effets. Dans le même temps, la banque centrale ne disposait pas des outils nécessaires pour prévenir l'endettement, ni peut-être de l'influence politique pour y parvenir. Du 24 juin 1924 au 23 avril 1929, les taux d'intérêt fixés par la banque centrale sont passés de 10,5 % à 7,5 % (mais il y a eu aussi un taux de 6,5 % pendant cette période), tandis qu'à partir de la fin de la conjoncture favorable, le taux d'intérêt a commencé à augmenter modestement, variant entre 8,5 % et 6 %, jusqu'au 23 juillet 1931. « L'économie hongroise de l'entre-deux-guerres s'est caractérisée par des déséquilibres extérieurs chroniques. Les raisons les plus importantes de cette situation sont peut-être le rétrécissement constant des marchés d'exportation hongrois, la détérioration substantielle du ratio de change et le poids toujours croissant du service de la dette. »[79]

Avec les préparatifs de guerre, la tâche principale de la Banque nationale consistait à en trouver les moyens de financement. Les progrès de l'économie de guerre ont accélérée la perte de valeur de la monnaie, à quoi s'ajoutait encore le volume croissant des exportations sans contrepartie à l'Allemagne hitlérienne. La Banque nationale perdait de plus en plus son indépendance.

3.4 LES ASPECTS ÉCONOMIQUES DU PROGRAMME DE RÉARMEMENT ANNONCÉ DANS LA VILLE DE GYŐR EN 1938

Dans les années du gouvernement Bethlen comme sous la Monarchie austro-hongroise, la politique économique hongroise était déterminée dans une large mesure par les intérêts des grands propriétaires fonciers, au détriment de ceux des milieux du commerce désireux de promouvoir le développement industriel. Cela avait nécessairement des incidences négatives sur la modernisation des forces armées. « Sous prétexte de défendre la cause agrarienne et derrière des slogans en réalité trompeurs, les milieux agrariens mènent un travail de sape contre l'industrie et le commerce nationaux », lit-on dans une source contemporaine.[80] La mentalité et l'influence considérable des milieux agrariens avaient déjà freiné la préparation de l'armée hongroise à la Grande Guerre ; or maintenant, les ressources économiques rétrécies et la lutte constante des

[77] Dieter Stiefel, *Die grosse Krise in einem kleinen Land. Österreichische Finanz- und Wirtschaftspolitik 1929–1938*, Verlag, Vienne, 1988, pp. 211-216.

[78] János Botos, *op. cit.*, pp. 104-112.

[79] Ágnes Pogány, *op. cit.*, p. 1223.

[80] *Kereskedelmünk és iparunk az 1899. évben* (Notre commerce et industrie de l'an 1899), Pesti Könyvnyomda, 1890, p. 8.

agrariens contre la politique de modernisation industrielle contrariaient évidemment le développement de l'armée. « L'Autriche, puis à partir des années 1880 la Hongrie réussissaient à maintenir le budget en équilibre, ce qui était dû en grande partie à la réduction des dépenses militaires »[81] ; après la défaite dans la première guerre mondiale, l'influence dominante des agrariens, l'étroitesse des sources budgétaires, et surtout les dispositions du traité de paix limitant sévèrement les forces armées a eu les mêmes conséquences.

Dans l'atmosphère de guerre croissante des années 1930 le développement de l'armée et les mesures de politique industrielle y relatives passaient au premier plan : en raison du retard économique du pays et le rôle réduit réservé à l'industrie, l'armée hongroise était loin d'être prête au combat pour la reconquête des territoires perdus. Aussi devait-on prévoir de larges sommes pour assurer l'arrière-fond financier du programme de réarmement annoncé à Győr en 1938. De nombreux pays avaient déjà recouru au développement de leurs armées pour sortir de la crise de 1929-1933. Le président américain Roosevelt avait proclamé le *New Deal* ; J. M. Keynes et le gouverneur de la banque centrale allemande avaient jeté les bases théoriques de l'intervention de l'État dans la vie économique, donnant une place de premier plan au développement de l'industrie de guerre. La Hongrie se rapprochait de l'Allemagne qui lui faisait miroiter l'espoir de récupérer les territoires perdus avec le traité de Trianon, ce qui a donné libre cours aux idéologies revanchardes. L'annonce du programme de réarmement par le Premier ministre Kálmán Darányi le 5 mars 1938[82] a été suivie le 2 juin par la promulgation d'une loi sur le développement des forces armées et les mesures économiques nécessaires à cette fin. En automne de 1938 le premier Arbitrage de Vienne a rendu à la Hongrie les régions de population hongroise de la Slovaquie du Sud ; au printemps de l'année suivante, l'armée hongroise a occupé la Subcarpathie, puis le deuxième Arbitrage de Vienne (30 août 1940) a rattaché au pays le Nord de la Transylvanie.[83] Le paragraphe 87 de l'Article II de la loi 1939 sur la défense nationale ordonnait que « toute personne sans distinction de sexe entre 14 et 70 ans peut être obligée de travailler dans l'intérêt de la défense nationale ». Les paragraphes 95-117 du texte ont créé de larges possibilités pour les interventions du gouvernement dans l'activité des entreprises privées. Avec l'accord de Bled signé en août 1938 les État de la Petite Entente reconnaissaient à la Hongrie un droit égal dans le

[81] Péter Láng, *op. cit.*, p. 67.

[82] Malgré l'interdiction prescrite par le traité de Trianon, le processus d'augmentation de la taille et de la formation de l'armée était continu, bien qu'à une échelle réduite, souvent cachée. Une loi sur la défense aérienne (Article XII) a été adoptée en 1935 ; voir pour plus de détail Iván Pataky, « A magyar légoltalom 1917 és 1945 között » (La défense aérienne hongroise entre 1917 et 1945), *Honvédelmi* Szemle, 1993, nr. 9, pp. 8-17. En outre, le 22 décembre 1927, le Conseil de la Couronne ordonne le développement de l'armée à petite échelle, et en 1932, le Conseil suprême de la défense décide du développement continu des forces armées. En 1932, la conscription est introduite.

[83] Voir à ce sujet Ignác Romsics, *Erdély elvesztése 1918-1947* (La perte de la Transylvanie, 1918-1947), Helikon, 2018, 452 p.

domaine de l'armement. La préparation à la guerre et le développement des infrastructures qui l'accompagnait se sont donc effectués avec le concours actif de l'État.

Au dire d'un commentateur contemporain, « le plan de construction de la nation du gouvernement repose sur deux piliers : la défense du peuple et la défense de la nation. Ces deux piliers sont d'importance égale. La défense du peuple fournit le fondement de la défense de la nation, créant l'indispensable sécurité sociale et économique. La défense du peuple signifie aussi la défense de la nation, elle en est l'arrière-fond. Les aspects de défense nationale du programme de Győr ont une importance toute particulière dans la mesure où jusqu'ici aucune disposition n'a été prise à cet égard. Le plan de Kálmán Darányi marque le premier pas sur ce chemin, et à la dernière heure. »[84] L'Article XX de la loi 1938 a aussi défini les sources et la structure de financement du développement de la défense nationale, de l'économie et du bien-être social. Le paragraphe 1 de la loi a autorisé le ministère à « affecter, au-delà des sommes prévues par le budget national, mille millions de *pengő*s aux besoins de l'armée et de la défense aérienne, à la construction de routes et de ponts, à la modernisation des équipements des chemins de fer nationaux, de la navigation, des postes et des télécommunications, de l'accès aux terrains à bâtir, à l'encouragement de la production et du commerce agricoles, à l'accomplissement des travaux prévus par l'Article XX de la loi 1937 pour le développement de la culture par irrigation et du régime des eaux, à la construction et l'équipement d'écoles et d'établissements d'enseignement au service de la formation professionnelle agricole et de l'instruction populaire, le développement de structures médicales servant l'amélioration des conditions sanitaires et sociales des villages, à leur approvisionnement en eau potable saine, à la prospection de mines et de matières premières, et à une meilleure utilisation des matières premières ». Ces investissements étaient pleinement justifiés dans la mesure où en raison de l'état arriéré de l'économie et des infrastructures, l'armée hongroise aurait été incapable d'assurer même la défense du territoire national.[85] Ainsi, en dehors du programme de Győr ayant acquis force de loi, les sources d'exécution comprenaient aussi des crédits budgétaires annuels et des crédits fournis par la Banque nationale pour le développement de l'armée.

D'après les recherches de János Botos, au-delà de la somme d'un milliard de *pengő*s affectée au programme prioritaire d'investissement défini par l'Article XX de la loi 1938, « 1 378 800 000 *pengő*s ont été affectés dans le cadre des dépenses budgétaires courantes aux investissements civils et industriels,

[84] A Darányi-program nemzetvédelmi szempontjai (Les aspects de défense nationale du programme de Darányi), écrit par Sándor Vitéz tinódi Varga, *Magyar Közgazdaság*, année VIII, nr. 12, 17 mars 1938, p. 1.

[85] Lors de la planification du programme en 1937, on a également envisagé une variante de 1,7 milliard de *pengő*s, qui était la limite supérieure, alors que selon les calculs de Béla Imrédy, sans le programme de Győr, le pays aurait pu dépenser à peine 100 millions de *pengő*s du budget pour le développement de l'armée.

et 1 687 200 000 *pengős* à l'armée. À cela s'ajoutaient encore 3 000 000 000 *pengős* destinés exprès à des investissements militaires. »[86] En même temps, la Banque Nationale de Hongrie versait d'importants crédits liés au programme quinquennal de Győr. « Parmi ceux-ci, 42 600 000 *pengős* ont été accordés à la SA Ganz et Co., 13 500 000 à la SA Gamma, 8 000 000 à la SA Manufacture de matériel roulant ferroviaire, et 7 000 000 à la SA Manufacture d'avions et d'engins " Weiss Manfréd ". »[87]

En réalité, le programme de Győr était un plan économique global - conçu, il est vrai, sous le signe de la préparation à la guerre[88] – , qui servait pour 60 % les besoins de l'armée hongroise, tandis que 40 % ont été affectés à des investissements infrastructurels, scolaires, sanitaires, de même qu'à certains secteurs de l'économie civile (mais indirectement au service de l'économie de guerre). À l'origine, une durée de cinq ans était prévue pour l'exécution du plan, mais bientôt le terme a dû être fixé à deux ans à la suite de l'accélération des événements. Les un milliard de *pengős* alloués pour cinq ans « était un moyen extrêmement puissant, étant donné que dans les années 1930 l'accumulation annuelle de capitaux de toute l'économie hongroise ne dépassait pas 180 millions de *pengős* (au-delà des renouvellements), alors que maintenant on se proposait d'investir 200 millions par les seuls moyens financiers de l'État. »[89] Les ressources nécessaires aux développements étaient définies par le paragraphe 2 de l'Article XX de la loi 1938, qui entendait les assurer au moyen d'émission d'obligations et de prêts à longue échéance, tandis que le paragraphe 3 disposait de l'impôt sur la fortune. 60 % de la somme d'un milliard devaient être fournis par l'impôt sur le revenu, 40 % par des prêts. En cas des impôts frappant les fortunes nettes dépassant 50 mille *pengős*, mais surtout en cas de celles dépassant largement ce chiffre, les propriétaires s'acquittaient de leur obligation fiscale en contractant des crédits, qu'en l'absence d'un stock suffisant de dépôts, les banques assuraient généralement à la charge des ressources de réescompte de la Banque nationale. Finalement sur la somme escomptée de 600 millions provenant de l'impôt sur la fortune, 350 millions ont été versés par les sociétés anonymes intéressées dans les investissements d'industrie militaire, qui bénéficiaient d'un financement courant grâce aux commandes d'industrie de guerre qu'ils recevaient, et pouvaient ainsi produire les sommes nécessaires grâce à leurs chiffres d'affaires accrus. Les contributions versées par les grands propriétaires fonciers étaient de 80 millions de *pengős*, correspondant à 8,9 % des 902 millions provenant des impôts sur la fortune versés entre le 1er juillet 1938 et le 31 décembre 1940.[90] À partir du 1er octobre

86 János Botos, *op. cit.*, p. 212.

87 *Ibidem*, p. 213.

88 Il convient de remarquer que la Roumanie, qui avait obtenu la plus grande part des territoires détachés de la Hongrie historique, a déjà mis en œuvre son programme d'armement en 1935.

89 Sándor Ausch, « A háború finanszírozása és az 1938-1944. évi infláció » (Le financement de la guerre et l'inflation de 1938-1944), in *A Magyar Tudományos Akadémia Közgazdasági Intézetének évkönyve I* (Annales de l'Institut d'économie politique de l'Académie hongroise des sciences), MTA, 1957, p. 324.

90 Cf. Sándor Ausch, *op. cit.*, qui parle de 12 %.

1938, les propriétaires terriens bénéficiaient de modalités de paiement très avantageuses : ils pouvaient s'acquitter de leurs charges par vingt fractions trimestrielles égales, tandis que les grands propriétaires pouvaient effectuer les paiements en vingt-cinq fractions.

Le prêt d'investissement de 400 milliards de *pengős*, correspondant à 40 % de la somme définie dans le programme de Győr et porté à l'actif de l'État se répartissait parmi des sociétés économiques, dont la plupart bénéficiaient de crédits fournis par les banques, qui en assuraient la couverture – comme c'était le cas avec les sources de l'impôt sur la fortune – grâce aux ressources de réescompte de la Banque nationale. Le concours de la Banque nationale[91] avait pour conséquence l'augmentation de la quantité d'argent en circulation, la montée de l'inflation et l'intensification des activités de crédit des banques de commerce, étant donné que celles-ci offraient aussi des crédits réguliers pour préfinancer les commandes d'industrie de guerre, bien que leurs stocks de dépôts et de couvertures ne pût guère parvenir de contribuables imposés pendant cette période. Les commandes militaires – conformément à la recette keynesienne – ont sensiblement augmenté l'emploi et la valeur de production, de même que les taxes versées en fonction. « Les recettes fiscales et autres recettes administratives, aux prix courants, ont été multipliées par 5,3 entre 1938 et 1943, mais la part des dépenses administratives publiques totales couvertes par les recettes fiscales et autres recettes administratives est passée de 80 % en 1938-39 à 78,6 % en 1942 et à 6,9 % en 1943. De 1937 à 1938, les recettes fiscales directes ont augmenté de 377 % [...] L'augmentation des impôts indirects a été de 586 %, mais l'augmentation du total des salaires versés n'a été qu'environ trois fois plus importante au cours de la même période. »[92] Il s'ensuit que la charge réelle du financement, tant en termes de contributions uniques à l'investissement qu'en termes d'apport de la part de financement du marché des capitaux, a été supportée non pas par des sociétés et des banques riches en capital, ni par des propriétaires fonciers disposant d'un fort pouvoir de lobbying, mais par des personnes à faibles revenus ayant une influence minimale sur les processus. « La circulation monétaire par habitant [...] a augmenté de 73 % entre 1937 et 1939, c'est-à-dire en deux ans, alors que la valeur de la production industrielle, par exemple, en prix courants, a augmenté de 23,7 % en 1939 par rapport à 1937 [...]. »[93] Le développement de l'industrie de guerre et son financement, qui était essentiellement non couvert en termes d'économie réelle, ont généré de l'inflation, et l'État et la banque centrale, en tant qu'institutions distribuant des revenus supplémentaires « par le biais de l'inflation », n'ont pas transféré l'essentiel de la charge des préparatifs de guerre sur les industriels et les propriétaires fonciers. Et la principale perte est que les développements militaires et militaro-techniques annoncés dans

91 Le financement des préparatifs de guerre et le rôle y relatif de la banque centrale sont décrits par János Botos, *op. cit.*, pp. 205-215.

92 Sándor Ausch, *op. cit.*, p. 332

93 *Ibidem*, p. 327.

le programme d'armement de Győr et réalisés au moyen de dépenses directes du budget de l'État et des prêts des banques commerciales, ainsi que les investissements supplémentaires dans les infrastructures, ont été largement anéantis à la suite d'une autre guerre perdue.

CHAPITRE 4
Les traits principaux des finances publiques et de la gestion économique du système d'économie planifié

Sortie vaincue de la deuxième guerre mondiale, la Hongrie avait perdu des réalisations économiques séculaires en 1945. La consolidation accomplie sur un territoire tronqué et avec des ressources réduites entre les deux guerres, de même que les systèmes de gestion économique établis sur ces bases avaient disparu. En raison de l'influence soviétique due à la situation géopolitique et de l'acuité de la question agraire, un fort soutien interne a été créé pour l'instauration d'un système d'économie planifiée de type soviétique, qui se proposait de reconstruire l'économie en ruine, de développer - malheureusement d'une manière trop forcée - l'industrie et l'agriculture afin que la Hongrie puisse rattraper aussi rapidement que possible son retard séculaire sur les pays avancés.

4.1 LA GESTION ÉCONOMIQUE HONGROISE DES ANNÉES SUIVANT LA GUERRE (1944-1947)

« Dans la deuxième guerre mondiale, la Hongrie avait perdu 40 % de sa richesse nationale, autrement dit le quintuple de son revenu national de 1938. »[1] À la perte de près d'un million d'âmes s'ajoutait, aux termes de l'accord d'armistice du 20 janvier 1945, l'obligation de réparations de guerre d'une valeur de 300 millions de dollars aux puissances victorieuses. La Hongrie devait satisfaire à cette obligation par le versement de sommes d'argent et des transferts de biens matériels pendant une période de six ans. En 1946, ce délai a été prolongé de deux ans par l'Union soviétique.

Une Assemblée nationale provisoire constituée les 21-22 décembre 1944 sur la partie libérée du territoire a instauré un gouvernement provisoire,[2]

[1] János Honvári, « Magyarország gazdaságfejlődése a II. világháború után 1945-1955 », (Le développement de l'économie hongroise après la deuxième guerre mondiale, 1945-1955) *Magyarország gazdaságtörténete a honfoglalástól a XX. század közepéig* (Histoire économique de la Hongrie depuis la conquête du pays jusqu'au milieu du 20e siècle), dir. János Honvári, Aula Kiadó, 1996, p. 461.

[2] Sur les réalités politiques et de droit public de l'époque, de même que sur le gouvernement par ordonnances, voir Gábor Máthé, « Felhatalmazás és rendeleti kormányzás 1944-1949 » (Autorisation et gouvernement par ordonnances), in *Jogalkotás és jogalkalmazás egyes kérdései Magyarországon a 19-20. században* (Questions de législation et de jurisprudence en Hongrie aux 19e-20e siècles), ELTE, Traités d'histoire du droit, dir. Kálmán Kovács, 1986, pp. 161-171.

dont le programme se basait essentiellement sur les revendications du Front hongrois d'indépendance nationale, né dans la clandestinité pendant les années de guerre. Ce programme prévoyait une réforme agraire radicale et des nationalisations relativement modestes, la réorganisation de la vie économique et de l'administration publique, et la liquidation de l'inflation. Contrairement à celui d'inspiration soviétique, introduit deux ans plus tard, ce programme ne se proposait pas d'abolir la propriété privée, et voulait d'encourager les entreprises orientées vers le marché et l'esprit d'entreprise en général. Le développement de la vie et de la gestion économiques commençait sur des bases capitalistes en 1944-1945, mais deux ans plus tard la montée en force des partis de gauche appuyés par l'URSS est devenue irréversible, et un mode de production de type soviétique basé sur la propriété nationale a été mis en place.[3]

Indépendamment du rapport des forces politiques, le problème qui se posait avec le plus d'acuité était celui de la réforme agraire. L'ordonnance nr. 600 de 1945 du Premier ministre a disposé de l'abolition des grandes propriétés foncières et de l'accès à des terres du peuple des campagnes.[4] 5,6 millions de jugars cadastraux étaient ainsi redistribués dans le cadre de la réforme agraire,[5] qui provenaient essentiellement de la nationalisation des grandes propriétés supérieures à 100 jugars. Cela correspondait à 34,6 % des terres arables du pays, et a été beaucoup plus généreux que la redistribution des terres suivant la première guerre mondiale, qui se limitait à 546 mille hectares (7,3 %) sur les 7,5 millions d'hectares de terres labourables. La redistribution des terres devait être effectuée de manière que les bénéficiaires et leurs familles soient capables de les mettre en culture. Or 57,8 % des bénéficiaires étaient des valets de ferme ou des ouvriers agricoles, qui n'avaient jamais été des exploitants indépendants et manquaient d'équipements nécessaires. Ainsi 67 % des terres échouaient à des paysans qui, en raison des dimensions de leurs propriétés, de leur manque de compétence et d'équipement, étaient incapables de les mettre en valeur. Dans l'ensemble des propriétés, la proportion des exploitations supérieures à 50 jugars (c'est-à-dire capables de fournir des surplus négociables) n'atteignait pas 1 %, et ne représentait que 7,5 % des terres arables.[6] La réforme agraire a créé une agriculture accablée de régulateurs gouvernementaux et de diverses charges directes et indirectes, qui était incapable de ravitailler en nourriture la population, voire d'assurer la subsistance de la grande majorité des agriculteurs

3 Cependant les violations de droit se sont multipliées à partir de 1944. Voir entre autres Mária Palasik, *A jogállamiság megteremtésének kísérlete és kudarca Magyarországon 1944-1949* (La tentative et l'échec de la création de l'État de droit en Hongrie, 1944-1949), Napvilág Kiadó, 2000.

4 L'Article IX de la loi marquait la fin de la réforme agraire et de l'interdiction des actions en revendication.

5 Sur la redistribution des terres, voir Ágota Kozma, « A magyar földtörvények történeti áttekintése » (Aperçu historique des lois agraires hongroises), *Jogelméleti Szemle*, 2011, nr. 4, 17 p., http://jesz.ajk.elte.hu/kozma48.html, téléchargé le 1er décembre 2018 ; József Takács, *A magyar parasztság sorsfordulói 1514-2003 között* (Les péripéties de la paysannerie hongroise entre 1514 et 2002), Agroinfor, 2005 ;Teréz Kovács, *A paraszti gazdálkodás és társadalom átalakulása* (La transformation de l'économie et de la société paysannes), L'Harmattan, 2010.

6 Cf. *Documentation agraire I*, Office central des statistiques, 1966, pp. 44-49.

eux-mêmes. Cette situation a créé des conditions favorables pour le processus de collectivisation des années suivantes.

L'origine de l'inflation de l'après-guerre remonte au programme de réarmement de Győr. La modification en 1938 de la loi sur la Banque nationale a permis à celle-ci de verser au gouvernement des prêts sans couverture. Les quantités de liquidités de banque sans couverture, le déficit budgétaire gonflé sous la guerre, de même que le stock de marchandises diminué et l'amplification de la spéculation ont déclenché une inflation sans parallèle dans le monde entier. Le dernier jour de la période étudiée (fin juillet 1946), l'augmentation journalière moyenne des prix – selon les calculs d'Iván Pető et de Sándor Szakács[7] – a atteint 158 486 % de la donnée de base du 1er juillet 1945. « En proie à la fièvre de reconstruction, l'économie hongroise ne pouvait pas se soustraire aux conséquences de la montée considérable des prix au marché mondial et dans les pays capitalistes les plus avancés »[8], écrit Ernő Huszti, ce qui revient à dire que l'inflation entraînée par la guerre dans le monde entier avait des conséquences néfastes pour l'économie hongroise.[9] L'effondrement de la production et de l'offre de crédit nécessitait l'intervention imminente de l'État. Une nouvelle monnaie nationale, le forint a été introduit en août 1946, après la rentrée des blés. La monnaie nouvellement émise était couverte d'un petit stock de marchandises disponibles, mais le principal appui résidait dans l'économie en voie de stabilisation. Cette stabilisation était dirigée par le Parti communiste hongrois qui, grâce à ses liens étroits avec l'URSS, commençait à jouer un rôle important sur la scène politique nationale. La stabilisation exigeait un assentiment international, qui dépendait pratiquement de la seule URSS en raison du nouvel environnement géopolitique du pays. Le prolongement de l'échéance des obligations de réparation, le retour des stocks d'or dérobés par les Allemands à la fin de la guerre, l'offre de crédits de marchandises par l'Union soviétique sous-tendaient le programme de stabilisation lancé en 1946 et créaient les bases nécessaires pour la mise en œuvre, le 1er août 1947, d'un plan triennal[10] élaboré sous le signe d'un système d'économie planifiée. La poussée du Parti communiste aux élections législatives de 1947[11] préfigurait la mise en place

[7] Iván Pető – Sándor Szakács, *A hazai gazdaság négy évtizedének története 1945-1985 I* (Histoire de quatre décennies de l'économie hongroise, 1945-1985), Közgazdasági és Jogi Kiadó, 1985, pp. 58-61.

[8] Ernő Huszti, *Antiinflációs útkeresés – monetáris politika és gyakorlat Magyarországon* (Recherche d'une voie anti-inflationniste – politique et pratique monétaires en Hongrie), Közgazdasági és Jogi Könyvkiadó, 1987, p. 138.

[9] Les recherches d'Ernő Huszti démontrent que les tendances internationales (qu'elles soient bonnes ou non) ne laissent pas intact le système d'économie planifiée. Voir plus loin sur l'inflation dans les années 1970. Ernő Huszti, *op. cit.*, pp. 125-190.

[10] George Kemény, *Economic Planning in Hungary 1947-9*, Royal Institute of International Affairs, London–New York, 1952. « Un système ambitieux visant à augmenter la production industrielle avec des résultats spectaculaires, et avec des déséquilibres dans l'exécution », p. 125 ; voir aussi les passages relatifs au renforcement des positions internationales et à l'organisation d'une agriculture autarcique, p. 124.

[11] Ces élections ont eu lieu le 31 août 1947, avec de multiples fraudes électorales commises par les communistes.

d'un régime de type soviétique. La stabilisation, due à de fortes interventions de l'État, a permis la remise en ordre des finances, du crédit, et des sphères de production agricole et industrielle. Le système des prix introduit en 1946 partait des données des années 1938-1939, ce qui signifie qu'il se séparait radicalement des prix du marché international. On espérait pouvoir définir par voie gouvernementale les conditions de vente des produits agricoles, étant donné que la production des agriculteurs obéissait presque exclusivement aux directives du pouvoir (dimensions de la terre concédée, impôts, cession obligatoire de la plus grande part des produits aux autorités, inexistence d'importations et d'exportations). De plus, « comparés à l'état des choses avant la guerre, les prix agricoles souffrait d'un écart de 40 à 50 % d'avec les prix industriels, ce qui revient à dire qu'au lendemain de la stabilisation le peuple des campagnes devait accomplir le double du travail de l'avant-guerre pour obtenir les mêmes produits industriels ».[12] En outre la Banque nationale étroitement contrôlée par le pouvoir n'accordait qu'une infime part de ses prêts à l'agriculture, conformément aux intentions du gouvernement qui voulait que les charges de la réorganisation de l'économie accablent la paysannerie. La réglementation centrale était destinée à promouvoir le développement de l'industrie, parfois avec l'augmentation des prix industriels, alors qu'au marché mondial les prix agricoles s'élevaient plus rapidement que les prix industriels en raison de la carence des produits alimentaires dans les anciens pays belligérants. La stabilisation de la monnaie, la politique des crédits qui l'accompagnait, la création de disparités dans l'agriculture, le refoulement à l'arrière-plan des relations de marché, puis les nationalisations mettaient le pays sur une nouvelle orbite économique. Ce système se caractérisait par le monopole de l'État tant dans la gestion économique que dans les conditions du crédit déterminées exclusivement par la Banque nationale.[13] Certes, les interventions de l'État étaient justifiées dans la situation après la guerre,[14] mais leurs modalités – en particulier les charges disproportionnées pesant sur les agriculteurs – étaient plus que contestables. L'économie dirigée par l'État depuis l'époque du dualisme austro-hongrois s'est transformée en une économie planifiée de type soviétique : la pression de l'État devenait irrésistible et culminait dans les nationalisations. La nationalisation des mines de charbon a été décrétée par l'Article XIII de la loi 1946 ; celle des banques par l'Article XXX de la loi 1947 ; celle des usines employant plus de 100 ouvriers par l'Article XXV de la loi 1948 ; celle des usines employant

12 Cf. Iván Pető – Sándor Szakács, *op. cit.*, pp. 67-76.

13 Sur la transformation du système des prêts, voir János Botos, *A Magyar Nemzeti Bank története II* (Histoire de la Banque Nationale de Hongrie II), Presscon Kiadó, 1999, pp. 299-381.

14 En écrivant ce livre, j'ai également dû réévaluer certains stéréotypes. De même que la consolidation après l'expulsion des Turcs n'a pu être menée à bien qu'avec l'aide de la force militaire et administrative de l'Empire des Habsbourg, de même la reconstruction du pays en ruines après sa défaite lors de la seconde guerre mondiale ne pouvait se faire qu'en suivant la ligne soviétique. L'armée soviétique « déjà en place », l'idéologie et l'administration qui l'accompagnaient et, surtout, la décision des grandes puissances d'incorporer la Hongrie dans la zone d'influence soviétique vont dans ce sens.

plus de 10 ouvriers par l'ordonnance nr. 20 de 1949. La bourse de Budapest a été fermée en 1948. La production basée sur le marché et le marché des capitaux ont été progressivement éliminés, surtout dans les secteurs industriel et bancaire, tandis que dans l'agriculture une régulation indirecte a prévalu jusqu'au début de la collectivisation massive. La transformation des réalités économiques reposait sur les principes définis dans l'Article XX de la loi 1949, auxquels la constitution stalinienne de 1936 avait servi de modèle. La Cour nationale des comptes était supprimée, le budget échappait au contrôle de l'Assemblée nationale, le recours à des décrets-lois basés sur les résolutions du PC devenait une pratique quotidienne, et le Parti communiste était désormais « la force dirigeante du pays ». La Constitution a créé la possibilité de la mise en pratique de programmes politiques qui – par le truchement de mesures gouvernementales – avaient force obligatoire pour la vie économique. Le paragraphe 1 de l'Article 4 de la Constitution déclarait que « dans la République populaire hongroise l'essentiel des moyens de production est la propriété de l'État, de la société ou des coopératives ». Le paragraphe 2 ajoutait que « dans la République populaire hongroise le pouvoir du peuple est la force dirigeante de l'économie populaire. Le peuple travailleur refoule progressivement les éléments capitalistes et construit de pied ferme l'ordre socialiste de l'économie. » Barna Mezey remarque pertinemment que « l'implantation en Hongrie du régime de type soviétique ne résultait pas de l'imitation volontaire d'un modèle, mais de son imposition forcée au pays ».[15]

La transformation radicale du champ des forces politiques était accompagnée de la modification des dispositions concernant les finances publiques. Avec la formation de l'Assemblée nationale provisoire « les habilitations concernant les finances publiques ont créé un système relationnel particulier de l'appropriation et de l'indemnité ».[16] Avant l'adoption de la Constitution de 1949, l'Article XIV de la loi 1947, l'Article XIX de la loi 1948, et l'Article V de la loi 1949 ont fixé les dispositions relatives au budget. Peu après l'adoption de la loi budgétaire de 1947 une loi a été promulguée sur la mise en œuvre du premier plan triennal destiné à réparer les dommages et destructions de la guerre, et à remettre sur pied l'économie hongroise.

[15] Barna Mezey, *Magyar alkotmánytörténet* (Histoire des constitutions hongroises), Osiris, 2003. (Voir en particulier le chapitre sur l'installation du régime de type soviétique), https://www.tankonyvtar.hu/hu/tartalom/tamop425/2011_0001_520_mezey_magyar_alkotmanytort/ch06s03.html, téléchargé le 3 octobre 2018.

[16] Gábor, Máthé, *op. cit.*, p. 166.

4.2 LA STRUCTURE ET LES MOYENS DE RÉGULATION DU SYSTÈME D'ÉCONOMIE PLANIFIÉE

4.2.1 La politique industrielle socialiste avant le Nouveau Mécanisme économique[17]

Après la prise du pouvoir par les communistes, le cadre institutionnel de l'ordre social et politique était l'État socialiste, dirigé par le Parti régnant[18] et poursuivant une gestion sous le signe de l'économie planifiée. Sa raison d'être reposait sur l'idée selon laquelle « une économie conçue d'après un plan social global était impensable dans une société capitaliste en raison de la dispersion des entreprises privées ou regroupées en monopoles ».[19] Il en découlait que « dans la société socialiste la propriété sociale permet le développement planifié de l'économie, [...] ce qui consiste essentiellement dans de justes proportions consciemment et durablement maintenues entre les secteurs de la vie économique ».[20]

L'institutionnalisation des interventions de l'État, la vie économique sous le contrôle étroit du Parti et régie par les dispositions de la Constitution témoignaient clairement de la mise en place d'un système d'économie planifiée socialiste. « Le plan publié par l'Office national du plan était en réalité un programme budgétaire d'investissement de plusieurs ans. »[21] Avec les nationalisations et la mise en place du régime central de la gestion économique, le Conseil général économique,[22] fondé en 1945 et muni du pouvoir de publier

[17] Ce sous-chapitre embrasse les périodes d'économie planifiée de 1947-1949, 1950-1954, 1958-1960, 1961-1965 et 1966-1970. Il étudie donc la période allant du début du développement industriel au déclin du Nouveau Mécanisme économique.

[18] Sur le rôle directeur du parti, voir József Vonyó, « A pártirányítás az államszocialista rendszerben Magyarországon 1949-1989 » (Le rôle directeur du Parti dans le socialisme d'État de Hongrie, 1949-1989), in *Tanulmánykötet A. Sajti Enikő születésnapjára* (Mélanges offerts à l'anniversaire d'Enikő A. Sajti), Szegedi Tudományegyetem, 2009, pp. 135-155.

[19] Tibor Körmendi, *Az új gazdasági mechanizmus bevezetésével kapcsolatos GB határozatok. A vállalati feladatok tükrében* (Les décisions du Comité économique liées à l'introduction du Nouveau Mécanisme économique. Les tâches des entreprises), KGM MTTI, 1967, p. 5.

[20] Tibor Körmendi, *op. cit.*, pp. 5-6. Cf. « A Szovjetunió tervgazdasági kísérletei » (Les tentatives d'économie planifiée de l'Union soviétique), *Külügyi Szemle*, 1935, année XII, nr. 1, pp. 92-93. Ce dernier article fait état des résultats inégaux et incertains de l'économie soviétique, et considère que son plus grand défaut est de ne pas tenir compte des réserves et des constructions futures. La population a été contrainte à subir les plus grandes privations pour développer l'industrie.

[21] Iván Pető – Sándor Szakács, *op. cit.*, p. 86. Les Avis économiques du plan, qui étaient publiés dans le Journal officiel de l'Office national du plan, jouaient un rôle décisif dans la gestion de l'économie jusque dans les moindres détails, et étaient essentiellement des instructions couvrant tous les domaines (opérationnels) de la vie économique. Voir par exemple les Avis de 1949-1950. Bibliothèque de l'Assemblée, B1/1.128. Pour une analyse détaillée, voir *A népgazdasági tervezés negyven éve* (Quarante ans d'économie planifiée), Institut d'économie planifiée, 1987.

[22] Sur le rôle du Conseil général économique, voir Gábor Máthé, « Gazdasági Főtanács (1945-1949) » (Le Conseil général économique, 1945-1949), in Gábor Erdődy – István Feitl – Balázs Sipor – Zsuzsanna Varga (dirs.), *Rendszerváltások kortársa és kutatója. Tanulmánykötet Izsák Lajos 70. születésnapjára* (Contemporain et chercheur des changements de régime. Mélanges offerts au 70e anniversaire de Lajos Izsák), ELTE Eötvös Kiadó, 2013, pp. 244-251 ; Gyula Kisfaludy, *A Gazdasági Főtanács megalakulása*

des ordonnances concernant les domaines de la production des matières premières, de la gestion monétaire, de la réglementation des importations et des exportations, de l'approvisionnement énergétique et du ravitaillement alimentaire, a cédé progressivement ses fonctions à l'Office national du plan, qui n'a été supprimé qu'au moment du changement de régime. « Déterminant tout le système institutionnel hiérarchique de la gouvernance économique, le plan non seulement traduisait dans la pratique les visées de politique économique, mais était aussi porteur de directives détaillées. [...] La norme juridique se trouvait réduite au service de décisions purement politiques ; mais en tant qu'instrument elle ne pouvait pas convenir aux objectifs qu'il était incapable d'atteindre de par sa nature. »[23]

« L'âge d'or » des efforts de reconstruction de l'après-guerre créait d'excellentes bases – non seulement dans le pays même, mais aussi dans le contexte international[24] – pour la politique industrielle hongroise en gestation. Le premier plan triennal prévoyait la croissance de 74,4 % du revenu national (augmentation de 89,1 % de la production industrielle, de 58,7 % de la production agricole) entre 1946-1947 et 1949-1950. La production agricole devait atteindre celle de la dernière année de paix (1938) ; la production industrielle devait réaliser une croissance de 27,2 % par rapport au niveau de 1938[25] – ce qui a été accompli en deux ans et demi. Les entreprises nationalisées avaient à leur tête des dirigeants choisis selon des critères politiques, intéressés dans l'industrialisation forcée et la réalisation du plan.[26]

L'inflation galopante de l'immédiat après-guerre retardait la reconstruction de l'économie hongroise, cependant que l'introduction du forint n'a pas allégé les problèmes, étant donné qu'au moment de son introduction en août 1946 le ratio des prix était très irréel. La libération des prix agricoles a entraîné la surévaluation des produits agricoles, ce qui a fait naître une âpre concurrence des prix dans le secteur industriel. Le départ de l'économie planifiée a eu lieu le jour du premier anniversaire de l'introduction de la nouvelle monnaie.

(La création du Conseil général économique), in *Vissza a történelemhez ... Emlékkönyv Balogh Sándor 70. születésnapjára* (Retour à l'histoire. Mélanges offerts au 70ᵉ anniversaire de Sándor Balogh), dirs. Lajos Izsák et Gyula Stemler, Napvilág Kiadó, 1996, pp. 205-216.

23 Gábor Máthé, *op. cit.*, pp. 168-169 ; Kálmán Kulcsár, *A jogfejlődés sajátosságai. A jog mint eszköz* (Les particularités de l'évolution du droit. Le droit comme instrument), Akadémiai Kiadó, 1983 (Conférence inaugurale à l'Académie), p. 35.

24 Nicolas Crafts – Gianni Toniolo, « Aggregate Growth, 1950-2005 », in *The Cambridge Economic History of Modern Europe*, Année 2, *1870 to the Present*, dirs. Stephen Broadberry – Kevin O'Rourke, Cambridge University Press, 2010, pp. 296-332. Sur la transition économique de l'après-guerre dans un contexte international, voir E. Seymour Harris, *Economic Reconstruction*, McGraw-Hill Book Company, New York–London, 1946, p. 424. Les conditions et la réglementation de la reconstruction hongroise n'étaient guère différentes de celles des autres pays du bloc soviétique. Voir par exemple Josef Goldmann – Josef Flek, *Planned Economy in Czechoslovakia*, Orbis-Prague, 1949, p. 149.

25 Cf. Antal Stark, *Népgazdaságunk 30 éve* (30 ans de notre économie nationale), Kossuth Kiadó, 1975, p. 16.

26 Voir pour plus de détail L. Bianca Adair, « Interest Articulation in Communist Regimes : The New Economic Mechanism in Hungary, 1962-1980 », *East European Quaterly*, année XXXVII, nr. 1, mars 2003, pp. 107-108.

Pourtant le forint a perdu près de 50 % de sa valeur originelle à la fin de 1949, et sa dépréciation ne s'est pas arrêtée après cette date. Comme l'inflation érodait les bases de la croissance économique, l'intervention de l'État était inévitable. « L'ajustement des prix et des salaires du 2 décembre 1951, qui concernait essentiellement les articles de subsistance, a une fois de plus diminué considérablement le pouvoir d'achat de l'unité monétaire avec l'augmentation de 40 % des prix de détail. Comme les salaires n'ont été augmentés que d'un peu moins de 20 %, les revenus de la population ont considérablement baissé. »[27] Ces mesures ont augmenté les tensions dans la vie économique, puisque l'« intervention » de l'État entraînait la limitation notable de la demande. Cela était dû essentiellement à une préparation intensive à une guerre éventuelle contre l'Occident (et la Yougoslavie) : le « transfert des revenus » servait le développement de l'industrie de guerre et de l'industrie lourde. Le développement de l'économie en général et des capacités industrielles en particulier était parfois soutenu au moyen de l'inflation ; cet instrument a été employé régulièrement – pour des motifs et avec des degrés variés – pendant toute l'histoire du régime d'économie planifiée.[28]

Le premier plan quinquennal (1950-1954)[29] visait à l'industrialisation socialiste du pays avec l'implantation d'une grande industrie moderne,[30] où priorité était donnée au développement de l'industrie lourde.[31] « La direction de la production industrielle est étroitement liée aux rapports de production »[32] : elle est par conséquent socialiste, et relève du Parti communiste, « force dirigeante et unité de choc de la société ». On estimait que le pays avait besoin de davantage de machines, de charbon et d'énergie

27 Ernő Huszti, *op. cit.*, pp. 138-139.

28 Pour le suivi et l'application des processus inflationnistes, ou l'« importation de l'inflation occidentale », voir *ibidem*, pp. 125-155. Ce qui revient à dire que l'inflation accompagnait aussi bien l'économie planifiée que l'économie capitaliste – d'un autre côté, il est vrai. De plus, certains facteurs inflationnistes, comme la hausse du prix du pétrole, avaient des conséquences identiques – quoique avec un certain retard dans les pays du Comecon en raison du principe des prix établi à Bucarest.

29 Article II de la loi 1951 portant amendement de la l'Article XXV de la loi 1949 sur le plan quinquennal. Ses principes directeurs ont été définis à la séance des 18-21 juillet 1956, quand Rákosi a été remplacé par Gerő à la tête du parti.

30 Pour une analyse globale des conditions initiales, voir Iván Berend T., *Gazdaságpolitika az első ötéves terv megindításakor 1948-1950* (Politique économique au début du premier plan quinquennel, 1948-1950), Közgazdasági és Jogi Könyvkiadó, 1964. L'auteur, s'écartant de la ligne politique officielle, a été le premier à mettre en évidence les distorsions du développement industriel à partir de 1948 et les liens avec les préparatifs de guerre.

31 Les principes généraux, les méthodes et les délais des projets de plan concernant les ministères peuvent être retrouvés dans les sources originales gardées à la Bibliothèque de l'Assemblée (323.242), avec compartimentage très net de la production, du développement technique, de l'approvisionnement, de la commercialisation, de l'emploi et du calcul du prix de revient. Ce système est une copie fidèle, quarante ans plus tard, du modèle soviétique, sur les principes, la méthodologie et l'esprit duquel voir A. J. Gladkov, *A szovjet tervgazdaság építése 1917-18-ban* (La construction de l'économie planifiée soviétique, 1917-1918), Tervgazdasági Könyvkiadó, 1951.

32 Principes de base de la gestion de l'industrie socialiste. Comité central d'arbitrage, 62/185. Manuscrit gardé à la Bibliothèque de l'Assemblée. Ce document historique sans date traite également de la structure des entreprises industrielles et de l'organisation des processus de production. Il date probablement du début des années 1950.

électrique pour faire progresser toutes les branches de l'économie, pour augmenter la production et pour alléger le travail des ouvriers. En même temps, les sources datant de cette époque[33] ne soulignent pas suffisamment l'importance de l'industrie militaire qui occupait une place de premier plan dans le développement industriel, alors qu'à l'époque de la guerre froide une grande partie de l'industrie lourde était mise au service des programmes d'armement. Dans le contexte du face-à-face des deux puissances mondiales, l'économie planifiée a été élaborée en fonction des objectifs de guerre, bien que les données statistiques de l'époque ne reflètent pas cette orientation. Les dirigeants étaient d'avis que l'industrialisation socialiste devait s'appuyer sur les ressources intérieures du pays, sans tenir compte du fait que la Hongrie ne disposait pas de matières premières (minerais de fer, charbon) en quantités suffisantes pour les établissements d'industrie lourde et pour les aciéries en particulier. Cela a conduit à une dépendance persistante du secteur principal vis-à-vis des inputs externes. L'argument qu'on répétait néanmoins sans cesse était que tandis que la principale source de l'industrialisation capitaliste était la sujétion du peuple des colonies, l'industrialisation socialiste était basée sur l'exploitation des ressources intérieures. De plus, on proclamait que la supériorité de l'industrialisation socialiste[34] sur l'industrialisation capitaliste s'expliquait par ce que celle-là tenait amplement compte des intérêts des travailleurs, tandis que l'unique objectif du développement industriel capitaliste était l'accroissement des profits des capitalistes.[35] Déjà avant 1955-1956, les dirigeants du Parti ont ouvertement admis l'erreur grave d'avoir perdu de vue un des objectifs primordiaux de l'industrialisation, à savoir l'augmentation du niveau de vie des travailleurs. Ils reconnaissaient que « la force leur manquait pour augmenter la production agricole et la production des articles de consommation, que des disproportions se manifestaient entre le développement de l'industrie et de l'agriculture, entre celui de l'industrie lourde et de l'industrie légère, auxquelles s'ajoutaient encore les problèmes intrinsèques de l'industrie lourde, en particulier le retard de la production des matières de base (fer, charbon, énergie) sur la construction de machines ».[36] Cependant, malgré les erreurs et les échecs, l'attitude volontariste continuait à prévaloir, alors que la production de ces ressources ne pouvait être augmentée qu'au prix de l'extraction excessive des matières premières, sans que les quantités nécessaires aient pu être assurées. Ce déficit des matières de base

33 Voir par exemple László Kahulits, *Szocialista iparosítás és termelékenység* (Industrialisation socialiste et productivité), Kossuth Könyvkiadó, 1962. Voir aussi les publications indiqués dans les références.

34 Sur la croissance de type soviétique, voir Stefano, Battilossi – James Foreman-Peck– Gerhard Kling, « Business Cycles and Economic Policy, 1945–2007 », in *The Cambridge Economic History of Modern Europe*, 2010, *op. cit.*, pp. 360–389, 383–385. (Voir en particulier les fortes variations dans les pays socialistes.)

35 Voir *A szocializmus építésének kérdései hazánkban. Útmutató a Politikai Iskolák II. évfolyama propagandistái részére* (Les questions de la construction du socialisme dans notre pays. Guide pour les propagandistes de 2e année des Écoles politiques), Comité central du Parti des travailleurs hongrois, Département d'agit-prop, 1953-1954, pp. 9-10.

36 *Ibidem*, p. 15.

était à l'origine de la vulnérabilité de tout le système d'économie planifiée appuyé sur le développement de l'industrie lourde, qui allait entraîner dans sa chute les autres secteurs de la vie économique.

Deux ans avant la révolution de 1956, Tivadar Matusek[37] écrit que le Parti et le gouvernement se proposent d'augmenter considérablement les investissements agricoles afin d'effacer les disproportions entre le développement de l'industrie et celui de l'agriculture ; il s'agit avant tout d'élever le rendement de l'agriculture par l'amélioration de la productivité du sol, la mécanisation et la propagation des procédés agro-techniques, et de rendre l'ensemble de la paysannerie matériellement plus intéressée dans l'augmentation de la production. L'article de Matusek a été écrit après l'échec de la première tentative de collectivisation. L'auteur constate que la diminution du nombre des membres du Parti parmi les paysans a influé d'une manière malsaine sur la composition des effectifs des organisations rurales du Parti, et invite à combattre la tendance erronée qui, lors de la restructuration socialiste de l'agriculture, néglige le rôle du travail politique à accomplir parmi les agriculteurs indépendants.

Les conceptions de l'administration économique de l'époque s'appuyaient sur les idées de Lénine et de Staline sur le développement socialiste de l'industrie. Leur argument majeur était que « sous la direction du PCUS, les Soviétiques ont réussi à créer l'industrie la plus moderne du monde entier, qui a supplanté l'industrie faible et obsolète léguée par la Russie des Tsars »[38]. Or les conditions arriérées de la Russie d'avant la révolution semblaient correspondre à celles de l'économie encore essentiellement agraire de la Hongrie. Un autre avantage de l'adoption de l'économie planifiée résidait, croyait-on, dans l'absence des crises de surproduction,[39] et la montée spectaculaire des indices de production du modèle soviétique. « En 1940, l'Union soviétique a produit 15 millions de tonnes de fonte brute, c'est-à-dire quatre fois autant qu'en 1913. […] Les 31 millions de tonnes d'huile minérale dépassaient trois fois et demie la quantité produite en 1913, cependant qu'aujourd'hui [en 1952] le peuple soviétique déploie toute sa force pour produire 60 millions de tonnes par an. »[40] Le mode d'opération de la direction de l'économie planifiée hongroise était identique. Sans tirer la leçon des erreurs de l'industrialisation excessive d'avant 1956, le deuxième plan triennal[41] a aussi assigné pour but la poursuite de l'industrialisation socialiste en général et le développement de l'industrie lourde en particulier, ajoutant, il est vrai, qu'« il faut tenir compte

37 Tivadar Matusek, « Falusi pártmunkánk néhány kérdése » (L'action politique du Parti dans les villages), in *A szocializmus építésének kérdései hazánkban* (Les questions de la construction du socialisme dans notre pays), *op. cit.*, pp. 23-24, 26, 33.

38 *A szocialista iparosítás kérdései. Népgazdaságunk ötéves terve* (Les questions de l'industrialisation socialiste. Le plan quinquennal de notre économie nationale), Szikra, 1953, p. 5.

39 *Ibidem*, p. 9.

40 *Szocialista iparosítás* (Industrialisation socialiste), Syndicat libre national des artisans, manuscrit, 1952, p. 11.

41 1958-1960. Le plan provisoire de consolidation après la révolution. Article II de la loi 1958 sur les principes directeurs du plan triennal de développement de l'économie de 1958-1961.

des expériences des années précédentes »[42]. György Varga remarque qu'« en 1958-1960 la production industrielle a augmenté de 41 % dans l'industrie socialiste, [...] tandis que la production des entreprises s'est accrue de 40 % au lieu des 22 % prévus initialement »[43]. Cela n'a guère changé dans les années suivantes non plus. Le troisième plan quinquennal (1966-1970) « prescrit la croissance annuelle de 6 % de la production industrielle et la baisse de 1 % des coûts de production »,[44] cependant qu'on mettait un accent croissant sur la correction structurelle des industries et l'amélioration de la productivité du travail. « Dans l'industrie, 80 % de la croissance de la production doivent être assurés par l'augmentation de la productivité. Cela signifie que la productivité du travail industriel doit s'élever de 24 à 27 % à la suite du développement du niveau technologique et de la réorganisation des processus de travail. »[45] Les données officielles soulèvent quelques réserves ; il n'est pas certain, par exemple, que le niveau de productivité de la production de fonte brute ait correspondu à 14 % de la production soviétique ou à 39 % de la production tchécoslovaque.[46] Il n'en reste pas moins que la question de la productivité était une des principales préoccupations de l'administration économique. Bien que sur ce plan la Hongrie ait soutenu difficilement la comparaison avec les pays les plus avancés, entre 1955 et 1960, on a fait état d'une augmentation de 21 % de la production par ouvrier individuel dans l'industrie nationale et de 28 % dans l'industrie lourde. Cet élan était dû à la forte concentration de capitaux qui caractérisait à cette époque les pays de l'Est européen. « Dans les années 1960-1970, les investissements augmentaient plus rapidement dans les pays socialistes d'Europe centrale et orientale que dans les pays occidentaux, avec de fortes différences, il est vrai, dans les revenus par tête. »[47]

La littérature économique de l'époque attribuait ces progrès à l'amélioration des conditions matérielles et technologiques, de la formation des ouvriers et de l'organisation du travail, aussi bien qu'à l'apparition d'une « productivité naturelle », c'est-à-dire à des rapports économiques et sociaux de moins en moins dépendant des conditions naturelles.[48] Cependant dès les débuts de

[42] György Varga, *Iparunk fejlődése a hároméves és ötéves terv időszakában (1958-1965)* (Le développement de notre industrie au temps du plan tiennal et du plan quinquennal, 1958-1965), Kossuth, 1962, p. 7.

[43] György Varga, *op. cit.*

[44] *A szocializmus gazdasági kérdései* (Les questions économiques du socialisme), Ifjúsági Lapkiadó Vállalat, 1966, p. 49.

[45] *Ibidem.*

[46] Zoltán Román, A munkatermelékenység alakulása a magyar iparban (L'évolution de la productivité du travail dans l'industrie hongroise), *Statisztikai Szemle*, 1960, nr. 12, p. 1198. Cf. Béla Tomka, *Gazdasági növekedés, fogyasztás és életminőség* (Croissance économique, consommation et qualité de vie), Akadémiai Kiadó, 2011, p. 2019. Tomka compare les chiffres de la productivité tchécoslovaque à ceux de la Grande-Bretagne : entre les deux guerres mondiales, la production tchèque représentait les deux tiers de la production britannique, atteignant les trois quarts à la fin des années 1960, avant de retomber à un tiers à la fin des années 1980.

[47] Péter Földvári – Leuwen van Bas, « Capital Accumulation and Growth in Hungary, 1924-2006 », *Acta Oeconomica*, 2001, nr. 2, pp. 143-164.

[48] Voir László Kahulits, *A szocialista iparosítás és termelékenység* (Industrialisation socialiste et productivité), Kossuth, 1962, pp. 7-40, en particulier pp. 13-15.

l'économique planifiée, plusieurs facteurs entravaient l'augmentation de la productivité du côté des travailleurs. Pál Germuska[49] remarque que les établissements industriels grandioses du premier plan quinquennal étaient suivis de bien d'autres, autour desquels on a créé des villes dites « socialistes », sans que des projets de développement du territoire ou d'optimalisation de ressources aient été élaborés.[50] Dans ces conditions la main-d'œuvre qualifiée se faisait rare, et les effectifs nécessaires devaient être assurés de manière extensive, par ce qu'on appelait alors la « prolétarisation »[51], c'est-à-dire par l'embauchage de paysans arrachés à leurs terres et de femmes nouvellement apparues au marché du travail. Ainsi les effectifs des ouvriers industriels comprenaient un grand nombre d'éléments sans formation appropriée.[52] D'autres facteurs exerçant une influence négative sur la productivité du travail sont évoqués par Réka Várkonyi-Nickel.[53] Elle souligne les carences de la discipline de travail, le niveau très bas de la culture entrepreneuriale, les problèmes relatifs à l'accès des lieux de travail. Elle parle aussi des campagnes d'intimidation, du favoritisme exercé par les organes dirigeants du Parti, qui créaient un climat défavorable pour la production. Elle étudie les corollaires des nationalisations, la mise à pied des anciens cadres, la nomination de dirigeants sans formation appropriée, la promotion à des postes de cadres moyens d'ouvriers affiliés au PC. Elle met en lumière la baisse du niveau de vie des ouvriers, la transformation de l'ordre des valeurs (discrimination des croyants, des sociaux-démocrates, etc.), l'embauchage de masses de travailleurs sans formation, des centres d'habitation mal tenus, et l'énergique propagande communiste destinée à cacher les réalités. « La confiance illimitée dans le dilettantisme professionnel est un trait aussi marquant de l'époque que l'atmosphère de suspicion aux usines », écrit Ferenc Jánossy.[54] Les aspects

49 Pál Germuska, « A szocialista iparosítás Magyarországon 1947 és 1953 között » (L'industrialisation socialiste en Hongrie entre 1947 et 1953), in *Évkönyv 2001 – IX. Magyarország története a jelenkorban* (Annales 2001 – IX. L'histoire de la Hongrie à l'époque contemporaine), Institut de 1956, 2001, pp. 147-172.

50 Voir pour plus de détail György Enyedi, « Gazdaságpolitika és területi fejlődés » (Politique économique et développement territorial), *Valóság*, 1978, nr. 5, p. 36. « […] à chaque étape de politique économique correspond une étape de développement territorial, qu'une politique consciente de développement territorial ait été formulée ou non ».

51 Tibor Valuch, « A proletárdiktatúra a munkásosztály " önuralma " » (La dictature du prolétariat est le contrôle de soi de la classe ouvrière), in *Évkönyv 2001, op. cit.*, pp. 227-230.

52 Sur les ouvriers industriels, voir *Munkások Magyarországon 1948-1956. Dokumentumok* (Ouvriers en Hongrie 1948-1956. Documents), introduction par Gyula Belényi et Lajos Sz. Varga, Napvilág Kiadó, 2000.

53 Réka Várkonyi-Nickel, « A szocialista " modenizáció " traumája a salgótarjáni acélgyári kolónia társadalmában » (Le trauma de la « modernisation » socialiste dans la société de la colonie de l'aciérie de Salgótarján), in *Vakvágány. A « szocializmus alapjainak lerakása » vidéken a hosszú ötvenes években I* (Impasse. La déposition des bases du socialisme dans les campagnes durant les longues années 1950), dir. Gergely Krisztián Horváth, Académie hongroise des sciences, Comité de la mémoire nationale, 2018, pp. 207-222.

54 Ferenc Jánosy, « Gazdaságunk mai ellentmondásainak eredete és felszámolásuk útja » (L'origine des contradictions d'aujourdhui de notre économie et les moyens de les éliminer), *Közgazdasági Szemle*, 1968, nr. 7, pp. 807-829.

idéologiques et sociaux négatifs freinaient l'amélioration de la productivité du travail, exigée par les dirigeants du pays à partir des années 1960,[55] ce qui préfigurait l'effondrement du système d'économie planifiée. Les organes du PC et des syndicats étaient incapables de remédier à cet état de choses, cependant qu'on insistait sans cesse sur la continuité de l'approvisionnement en matières premières, cet autre « avantage de l'industrialisation socialiste », ce qui était en réalité destiné à promouvoir l'intégration dans l'industrie manufacturière les quelques artisans qui restaient encore indépendants. « Quand on entre dans une usine, on constate des cadences de travail très intensives [...]. Quand on demande à un artisan s'il a du travail, il dit qu'il en a beaucoup [...], mais il doit courir tout le temps pour trouver les matières nécessaires. »[56] Si l'on compare ce rapport rédigé par un cadre moyen avec l'article de 1953 de Béla Csikós-Nagy, on voit que celui-là déforme exprès la vérité. Csikós-Nagy remarque qu'« au lieu du développement concerté de l'industrie, on pratiquait des développements isolés d'industries relevant de conseils municipaux et d'industries coopératives, parallèlement à des efforts inconsidérés pour la liquidation de l'artisanat privé ».[57]

Selon Pál Germuska,[58] outre la mauvaise attitude de la main-d'œuvre, la stagnation des programmes de développement industriel, la concentration du développement dans des secteurs nécessitant de faibles niveaux de compétences, ainsi que la « dissimulation » et la « cosmétisation » des développements militaires sont autant de facteurs qui ont nui à l'efficacité. La mise en œuvre de capacités techniques spectaculaires avait pour prix le niveau de vie médiocre de la population, puis le gonflement de l'inflation. Pál Germuska ne fait même pas la distinction entre les politiques industrielles de Rákosi et de Kádár. Dans les deux cas l'objectif était le même, avec des différences mineures. Et malgré un taux de croissance économique de 5,3 % entre 1950 et 1975, l'économie socialiste n'a répondu aux attentes ni en termes d'efficacité ni en termes d'amélioration du niveau de vie, et s'est même éloignée de plus en plus des normes convoitées de l'Europe occidentale qu'elle était censée dépasser. La faible efficacité a également eu un impact sur le solde extérieur. « Aux prix courants, la balance commerciale extérieure de la Hongrie a affiché un déficit chaque année de 1950 à 1967, atteignant en moyenne 4,7 % du revenu national [...] Le budget fournissait un soutien aux exportations par le biais d'un système de compensation des prix extérieurs [...] Entre 1950 et 1967, une moyenne de 11 % des dépenses budgétaires a dû être consacrée à la compensation des prix, ce qui dépassait la moyenne de

55 Cf. les réalités agraires étudiées ci-dessous.

56 *Szocialista iparosítás* (Industrialisation socialiste), Syndicat libre national des artisans, 1952, p. 1.

57 Béla Csikós-Nagy, « A helyi ipar feladatai az új kormányprogram tükrében » (Les tâches des industries locales sous le signe du nouveau programme gouvernemental), *Állam és igazgatás* (État et administration), 1953, année V, nrs. 10-11, p. 497.

58 Pál Germuska, « Szocialista csoda? Magyar iparfejlesztési politika és gazdasági növekedés, 1950-1975 » (Miracle socialiste ? La politique hongroise de développement industriel et la croissance industrielle), *Századok*, 2012, année 146, nr. 1, pp, 48, 66-67.

10 % des dépenses militaires au cours de cette période. »[59] Ainsi, les données défavorables sur la productivité du travail hongrois sont en partie confirmées, même si le commerce extérieur était principalement réalisé dans le cadre du Comecon[60] établi en 1949.

Le système ne pouvait guère changer les relations d'intérêt et l'éthique du travail de la main-d'œuvre, mais certaines mesures de rationalisation technique ont été lancées dans l'industrie. Outre les industries lourdes traditionnelles, le troisième plan quinquennal a donné un nouvel élan à la production d'aluminium, d'engrais, de produits pharmaceutiques et de matières plastiques, et a promis une mécanisation accrue de l'agriculture à grande échelle.[61] Des analyses subtiles mais de plus en plus critiques de l'échec de l'industrialisation apparaissent même dans la presse du parti. « Bien sûr, c'était aussi une erreur que six des 75 entreprises soient équipées de technologies anciennes et que près d'un tiers des nouvelles usines ne soient que partiellement modernes », écrit László Kahulits[62] en évaluant les résultats du premier plan quinquennal.

4.2.2 Agriculture : de la première vague de collectivisation forcée à la révolution de 1956

« La réorganisation socialiste de l'agriculture et le développement général de la production agricole sont des tâches extrêmement complexes […]. Pour y parvenir, nous devons connaître à fond les enseignements de la politique paysanne léninienne et stalinienne, aussi bien que les riches expériences de l'agriculture socialiste de l'Union soviétique […]. Bien entendu, nous devons aussi connaître les conditions spécifiques du développement de notre propre agriculture. »[63] Si l'on tient compte de l'intervention oppressive des pouvoirs publics dans la vie agricole soviétique[64] et des mesures analogues

59 Pál Germuska, *op. cit.*, p. 66.

60 Le Comecon visait la coopération entre les économies planifiées, ce qui, pour les pays de la sphère d'intérêt soviétique, signifiait non seulement une dépendance politique et militaire, mais aussi une dépendance économique et une interdépendance simultanée. Il était également destiné à faire contrepoids au Marché commun européen. Des règlements bilatéraux ont été effectués, mais les pays membres n'étaient pas intéressés par l'obtention d'un actif (livraisons excédentaires) car les compensations étaient toujours incertaines. Les règlements étaient effectués en roubles transférables au lieu de véritables monnaies convertibles. Voir Gyula Hajdú, *Diplomáciai és nemzetközi jogi lexikon* (Encyclopédie de la diplomatie et du droit international), Akadémiai Kiadó, 1967, p. 918.

61 Quant aux objectifs, voir *A szocializmus gazdasági kérdései* (Questions économiques du socialisme), *op. cit.*, pp. 46-55.

62 László Kahulits, *op. cit.*, p. 131.

63 *A szocializmus építésének kérdései hazánkban* (Les questions de la construction du socialisme dans notre pays), IIIe partie. Matière d'enseignement pour les écoles politiques du Parti des travailleurs hongrois et de l'Association démocratique de la jeunesse. Ve chapitre : Les questions du développement de l'agriculture et de sa transformation socialiste. Szikra, 1953-1954, p. 5.

64 Stephen Kotkin, *Magnetic Mountain. Stalinism as a Civilization*, Berkeley University of California Press, 1995 ; Lynne Viola, « Collectivization in the Soviet Union: Specificities and Modalities », in *The Collectivization of Agriculture in Communist Eastern Europe. Comparison and Entaglements*, dirs. Constantin Lorachi – Arnd Bauerkamper, CEU Press, 2014, pp. 49–78.

prises par les dirigeants des pays d'Europe centrale et orientale,[65] y compris la famine générée en Ukraine par les autorités soviétiques qui a fait des millions de morts,[66] pour ne pas parler des millions déportés au Goulag, on doit évidemment formuler de sérieuses réserves au sujet de la politique agraire soviétique et de sa réédition dans d'autres pays de l'Est européen. Les idéologues du PC hongrois faisaient des déclarations pragmatiques concernant le développement de l'agriculture. « L'élévation du niveau de vie de la population exige la production de plus de pain, de farine, de pâtes, de viande, de saindoux, de beurre, de sucre, de légumes, de fruits. Or tout cela est produit par l'agriculture. C'est l'agriculture qui produit la totalité des aliments et des articles de première nécessité qui constituent la plus grande partie de la consommation individuelle de nos citoyens – ou du moins les matières premières nécessaires à leur production. »[67] L'argumentation souligne donc la forte dépendance sur l'agriculture : la classe ouvrière n'obtiendra plus d'aliments que si l'agriculture en produit davantage. Cela implique évidemment que le niveau de vie de la paysannerie ne pourra s'améliorer que si elle augmente ses moyennes de récolte. Avant la révolution de 1956, la politique économique se montrait relativement indulgent vis-à-vis des exploitations paysannes indépendantes, tout en formulant sans ambages ses objectifs stratégiques : « Les sommes devenues disponibles à la suite de la diminution des investissements dans l'industrie lourde seront destinées à l'agriculture de manière que beaucoup plus d'argent sera attribué au développement des exploitations individuelles, mais – évidemment – encore beaucoup plus à la consolidation des coopératives. »[68] Malgré le caractère un peu trompeur de cette phrase, on peut en déduire une volonté de poursuivre avec acharnement la collectivisation, en dehors du fait que la direction politique cherchait alors à rétablir les justes proportions entre les secteurs industriel et agricole, notamment dans le domaine des investissements. Cependant on ne pouvait plus dévier de la voie empruntée. Pour convaincre et mettre en garde la paysannerie, on recourait à l'argument suivant : « le fait qu'une partie notable de nos petits paysans se montre capables de développer leurs exploitations ne doit pas éclipser la perspective de nos progrès socialistes. C'est qu'en raison de l'étroitesse des petites parcelles ces petites exploitations ne peuvent développer leur production que jusqu'à une certaine limite [...]. Dans le secteur socialiste cependant – c'est-à-dire dans les fermes d'État et les coopératives agricoles – ces limites n'existent pas. Dans les coopératives, le développement continu de la production, dépassant de loin celle des petites exploitations, est dû non seulement au soutien plus fort de l'État, mais aussi et

[65] Voir par exemple les articles de Dariusz Lausz (pp. 113-146), de Jan Rychlik (pp. 181-210) ou de Mihail Gurev (pp. 329-368) in *The Collectivization of Agriculture in Communist Eastern Europe*.

[66] Alexandre Soljenitsyne, *L'Archipel du Goulag*, 1974.

[67] *A szocializmus építésének kérdései hazánkban* (Les questions de la construction du socialisme dans notre pays), *op. cit.*, p. 10.

[68] *Ibidem*, p. 11.

surtout à la grande culture agricole poursuivie dans les coopératives. »[69] Force est de rappeler cependant que la redistribution des terres en 1945-1947 a donné naissance à un ensemble de petites exploitations incapables de production systémique durable, qui ne pouvaient pas assurer l'approvisionnement régulier de la population en raison de la pression politique des communistes et la réglementation centrale discriminative.[70]

Pour saisir le contenu de vérité des déclarations emphatiques contemporaines, il faut revisiter la source originelle léninienne, qui avait formulé la méthodologie de la collectivisation. « Après la victoire sur la bourgeoisie, la dictature du prolétariat doit s'atteler à sa deuxième grande tâche, à savoir celle de la collectivisation. Pour y réussir, le prolétariat doit […] dans sa politique concernant la paysannerie […] séparer le paysan travailleur du paysan propriétaire – le paysan laboureur du paysan maquignon –, le paysan vivant du travail de ses deux mains du paysan spéculateur. »[71] Après des élections truquées gagnées par les communistes,[72] Mátyás Rákosi a annoncé le programme de collectivisation dans un discours tenu à Kecskemét le 20 août 1948, affirmant que ce programme servait les intérêts de la paysannerie pauvre, et déclarant la guerre aux « koulaks » possesseurs de terres supérieures à 25 jugars cadastraux qu'il entendait priver de leurs moyens de production et d'exclure de la vie de la société.[73] Les décennies suivantes étaient celles du progrès de la collectivisation et de la persécution de la paysannerie aisée par les organes locaux du PC, qui ont ainsi apporté une contribution active à l'élimination progressive des propriétaires agricoles produisant pour le marché.[74] « En dehors de la liquidation de la propriété privée paysanne, le Parti-État […] s'appliquait à s'approprier le revenu des exploitations privées

69 *Ibidem*, p. 24.

70 Voir József Nagy, « A szántóföldi művelés állami irányítása és a paraszti gazdálkodás feltételei az 1950-es években (1949-1956) » (La direction étatique des cultures de pleins champs et les conditions de l'agriculture paysanne dans les années 1950, 1949-1956), *Századok*, 2001, nr. 5, pp. 1075-1124 ; József Ö. Kovács, « A paraszti társadalom felszámolása a kommunista diktatúrában » (La liquidation de la société paysanne sous la dictature communiste), *Századok*, 2015, nr. 6, pp. 1545-1551.

71 Vladimir I. Lénine, *Marx, Engels, marxizmus*, Szikra Kiadó, 1949, p. 423. Une calque hongroise : András Hegedüs, « Pártunk parasztpolitikájában uralkodó elhajlások és ferdítések a mezőgazdaság szocialista átszervezésének szakaszában és annak gyökerei » (Les partis pris et les distorsions qui prévalent dans la politique paysanne de notre Parti pendant la phase de réorganisation socialiste de l'agriculture et ses racines), manuscrit, s. d., Bibliothèque de l'Assemblée, B8/30060. Voir entre autres les principes et les méthodes des rétorsions des autorités contre les koulaks.

72 Margit Földesi – Károly Szerencsés, *Halványkék választás. Magyarország – 1947. Tanulmány és válogatott dokumentumok* (Élections d'un bleu pâle. La Hongrie, 1947. Étude et documents choisis), Kairosz, 2001.

73 Sur la propagande organisée par l'État contre les koulaks, voir entre autres Judit Tóth, « Kulákellenes propaganda a Pest Megyei Népújságban » (Propagane anti-koulak dans le quotidien *Népújság* du département de Pest), in *Vakvágány* (Impasse), *op. cit.*, pp. 383-410.

74 Voir à ce sujet Gergely Kunt, « A kollektivizálás első hullámának mikroszintű tapasztalatai » (Les expériences au niveau micro de la première vague de la collectivisation), in *Vakvágány* (Impasse), *op. cit.*, pp. 483-514.

et à priver de leurs droits des milliers de paysans. »[75] Selon Netta Nagy,[76] la paysannerie hongroise constituait un puissant groupe social cohérent qui, en tant que propriétaire et assurant le ravitaillement du pays et sa propre consommation, dépendait très peu de l'État. La survie de cette couche sociale était inacceptable pour l'idéologie du Parti communiste. À côté des organes locaux du PC, les syndicats[77] étroitement contrôlés par le Parti mettaient aussi tout en œuvre pour promouvoir la collectivisation.[78] La pression politique continue a fait naître parmi les travailleurs agricoles des réflexes qui allaient avoir la vie dure. Citons un intervenant du XXe Congrès des syndicats : « Suivant l'exemple des ouvriers industriels, nous avons organisé dans notre coopérative une compétition pour le titre de " brigade socialiste ". 7 brigades ont été créées avec au total 147 membres. De plus, répondant à l'appel des Jeunesses communistes, du Syndicat des travailleurs agricoles et du ministère de l'Agriculture, nos travailleurs ont joint la compétition nationale de production de maïs, de volaille, de viande et d'œufs. »[79]

4.3 LE NOUVEAU MÉCANISME ÉCONOMIQUE DE 1968 ET SON PRÉCURSEUR, LA RÉFORME DE RÉGLEMENTATION DE 1955-1956

4.3.1 Un antécédent de la réforme de 1968 : les mesures d'ordre économique de 1955-1956

L'élimination presque totale des vestiges de l'économie de marché, l'industrialisation poursuivie dans un esprit volontariste et la collectivisation forcée des producteurs agricoles mettaient en désordre toute l'économie : les problèmes de ravitaillement ne cessaient de croître, la société se montrait de plus en plus mécontente du régime socialiste, ce qui a affaibli l'autorité politique du Parti communiste. L'adoucissement de la dictature soviétique après la mort de Staline[80] a été suivi de l'introduction d'un certain nombre de réformes en Hongrie à partir de 1955. Il était de plus en plus évident que

[75] Netta Nagy, « Leplezés, leleplezés, alkalmazkodás és konfrontálódás a homokhátsági falvakban a Rákosi-rendszer éveiben » (Dissimulation, dévoilement, adaptation et confrontation dans les villages de Homokhátság dans les années du régime de Rákosi), in *Vakvágány* (Impasse), *op. cit.*, p. 341.

[76] Netta Nagy, *op. cit.* Voir en particulier la description de la « méthodologie » de la liquidation de la paysannerie aisée.

[77] Les dirigeants des syndicats ont joué un rôle capital dans le blocage de la réforme économique de 1968.

[78] Leur XXe congrès des 9-12 mai 1963 a accordé une attention particulière à la transformation socialiste de l'agriculture et à l'évaluation des résultats. Voir *A magyar szakszervezetek XX. kongresszusa* (Le XXe congrès des syndicats hongrois), Táncsics Könyvkiadó, 1963.

[79] Allocution de János Lovas, secrétaire du syndicat de la ferme d'État de Felsőnyomás au XXe congrès, in *A magyar szakszervezetek XX. kongresszusa* (Le XXe congrès des syndicats hongrois), *op. cit.*, pp. 220-221

[80] Il est cependant à noter que les dirigeants soviétiques continuaient à poursuivre aussi dans le domaine économique une politique agressive contre les pays occidentaux Voir entre autres A. P. Christopher Binns, « The Development of the Soviet Policy Response to the EEC », *Coexistence*, 1977, année 14, nr. 2, pp. 240-265.

« le système de planification autoritaire était incapable d'augmenter l'efficacité économique qui aurait créé des ressources suffisantes et pour le développement de l'industrie de guerre et pour la production des articles de première nécessité. De manière générale, les ressources n'étaient affectées à cette seconde fin que lorsque l'accumulation des tensions sociales rendait inévitable une certaine amélioration du niveau de vie. Il n'est pas difficile de démontrer que les décisions volontaristes de politique économique reflétaient les évolutions tant de la scène politique intérieure que de la situation internationale.[81] Née en 1953, « la politique de la nouvelle étape » n'a vécu que deux ans, et comprenait trois domaines économiques. Un des volets de ce programme consistait en la réduction des sommes allouées au développement de l'industrie lourde, encore que cela mettait en cause la supériorité hautement déclarée de l'économie planifiée socialiste sur l'économie capitaliste, étant donné qu'on pensait que c'était par l'augmentation spectaculaire de la performance de l'industrie lourde qu'on pouvait devancer l'économie capitaliste. Un deuxième volet concernait l'économie agricole. Les collectivisations forcées ont été arrêtées, ceux qui le voulaient ont été autorisés à quitter les coopératives, les terres en jachère ont été louées à des exploitants, le quota des prélèvements sur les produits agricoles a été baissé, parallèlement aux tentatives d'une politique de développement agricole qui tenait compte des réalités du pays. Le troisième volet comprenait des mesures prises dans l'intérêt de l'amélioration du niveau de vie, en particulier la réduction des prélèvements jusque-là dépassant la capacité d'endurance de la population. On cherchait à remédier à la situation par des baisses de prix, des augmentations de salaires, la consolidation des normes de travail et la réduction des dépenses irraisonnables du pouvoir. « On a aussi mis fin aux emprunts publics obligatoires, et on a augmenté le salaire de 170 mille travailleurs. »[82] Cependant les efforts de « restauration » de certains milieux soviétiques et hongrois mettaient des entraves à la mise en œuvre de toutes ces mesures.[83]

En réalité, les dirigeants du Parti ne cherchaient par ces moyens qu'à adoucir l'atmosphère politique devenue de plus en plus hostile dans le pays. La situation économique continuait à se détériorer, provoquant une vague de mécontentement général qui a culminé dans la révolution d'octobre 1956.[84]

[81] Katalin Botos, « Kiút a szolgaságból – A farkasok dala. In Memoriam 1956 » (Sortir de la servitude – Le chant des loups. In Memoriam 1956), *Magyar Szemle*, 2007, année XVI, nrs. 1-2, http://www.magyarszemle.hu/cikk/20070309_1956gazdasagi_okok_es_kovetkezmenyek, téléchargé le 3 octobre 2018.

[82] János Honvári, *Huszadik századi gazdaságtörténet* (Une histoire économique du vingtième siècle), Aula Kiadó, 2006, p. 298.

[83] Sur 1956 et ses conséquences dans les détails, voir F. K. Civic, « Hungary's Reforming Road. The World Today », Chatham House, *The Royal Institute of International Affairs*, 1981, année 37, nr. 10, pp. 380–387. Cf. Béla Csikós-Nagy, « Liquiditatsprobleme und die Konsolidation der Ungarischen Wirtschaft », *Europaische Rund Schau*, 1983, 11. Jg., 3, pp. 59–70.

[84] Cf. Katalin Botos, *op. cit.* Botos ne voit pas la cause principale de l'éclatement de la révolution dans le mécontentement avec les réalités économiques. Voir aussi son analyse du contexte international inspirant le changement à la veille de la révolution.

Des conseils ouvriers prenaient la direction des coopératives et des usines pour y introduire l'autogestion des travailleurs.

Le système d'économie planifiée avait de multiples effets négatifs sur l'agriculture hongroise. Dans le vide politique entraîné par la mort de Staline, les paysans revendiquaient partout l'arrêt du remembrement des terres ; les coopératives créées par la force commençaient à se désagréger, et après le 23 octobre 1956, des conseils révolutionnaires prenaient en main la direction des villages. Le nombre des coopératives agricoles a baissé de 3265 à 1777 entre octobre et fin décembre 1956. Parmi la population agricole de 2 millions d'âmes, 153 mille sont restés dans les coopératives (la plupart de ceux-ci avaient été des paysans pauvres ou des journaliers avant la redistribution des terres). Les prélèvements ont été supprimés le 25 octobre, et plus tard le gouvernement de Kádár a promis de reconnaître les exploitations paysannes indépendantes. On disait alors qu'avant 1956 c'était la lutte pour le pouvoir qui avait déterminé la politique agraire du Parti, et le gouvernement de Kádár cherchait à gagner à sa cause la paysannerie en faisant entrevoir le « redressements des erreurs commises dans la politique agraire ».[85] Une « re-paysannisation » massive a été amorcée dès 1957. Cette année, 71 % de la production agricole étaient dus à des exploitations privées, contre 4,8 % fournis par les coopératives. Trois quarts des surfaces arables étaient cultivés par des exploitants indépendants. Cependant le régime de Kádár, une fois stabilisé, s'est mis à reprendre à son compte la collectivisation forcée qui était accompagnée de représailles parfois sanglantes. Pendant les quatre années suivant 1958, un nouveau mouvement de « coopérativisation » a été lancé, avec des méthodes souvent monstrueuses.[86] « Les organisateurs disaient qu'ils ne faisaient que ce dont ils étaient chargés. Nous avons dû subir des coups, des crachats ; ils nous faisaient déshabiller nus, braquaient des armes sur nous, et nous menaçaient de nous pendre. Des vieillards aux cheveux gris sanglotaient à fendre l'âme devant ces humiliations. Des enfants pleuraient leur père, qui ne rentrait pas le soir, et qu'ils revoyaient le lendemain couvert d'hématomes. […]. Dans ces conditions, la coopérative ne saurait être viable. »[87] La nature du pouvoir communiste n'avait point changé. Mais ce pouvoir a été affaibli dans une certaine mesure, à la suite de l'ébranlement de la vie économique

85 Le 27 novembre 1956.

86 Nous connaissons bien des villages où la collectivisation s'accompagnait d'atrocités, mais ce n'était pas le cas partout dans le pays. Voir entre autres « Szovjet zászlók alatt » (Sous des drapeaux soviétiques), in *Tanulmányok és források Takácsi község történetéhez* (Études et sources relatives à l'histoire de la commune de Takácsi), dir. József Hudi, 2017, édition de l'auteur, pp. 398-453. Les exploitants individuels y étaient soumis à des pressions politiques et psychologiques, mais sans violence physique.

87 « A kollektivizálás második hulláma – a társadalmi tapasztalat » (La deuxième vague de la collectivisation – l'expérience sociale), in *Sorsfordítás. A paraszti társadalom felszámolása* (Revirement de fortune. La liquidation de la société paysanne), dir. Anna Dévényi, NEB, s. d. Source originale : Le rapport du rédacteur en chef de *Szabad Nép* adressé au Département agraire du Comité central du Parti socialiste ouvrier hongrois au sujet des environs cinq mille lettres de lecteurs arrivées entre le 1er janvier et le 4 février 1960. Cité à la page 38.

de type soviétique du pays. Seule l'aide militaire et économique[88] étrangère a permis de la remettre en marche.

Les tentatives de réforme économique et politique d'avant 1956 et l'insurrection hongroise ont lancé, avec l'expression de Zsuzsanna Varga,[89] « un défi majeur » au système d'économie planifiée et à la politique sociale des pays de la zone d'influence soviétique. De ce fait, la Hongrie allait bénéficier de « privilèges », d'un « traitement spécial » et d'un « niveau plus élevé de tolérance » consentis par les dirigeants du Kremlin. Le changement s'est manifesté de manière spectaculaire dans l'amélioration des conditions du marché agricole et du niveau de vie de la population.[90] Les leçons tirées des événements de 1956 ont inspiré le Nouveau Mécanisme économique entré en vigueur en 1968, en particulier le rôle croissant de certains éléments d'une économie du marché, acceptés au terme de maintes hésitations par les dirigeants du pays. Dans ces conditions, l'économie et la société hongroises pouvaient amorcer des progrès plus rapides que les autres pays du bloc soviétique. Une résolution du Comité central du Parti socialiste ouvrier hongrois, adoptée le 5 décembre 1956, insistait[91] sur la nécessité de l'élaboration d'une politique économique appuyée sur les réalités spécifiques du pays, de la transformation du mécanisme de planification, d'une plus grande tolérance à l'égard du secteur privé, de l'amélioration du niveau de vie des travailleurs, et – *last but not least* – sur la création d'un Comité économique élaborant des réformes sous la direction d'István Varga.[92]

88 Les pays du camp socialiste ont contribué à la reconstruction par des aides économiques. « Le bruit des armes s'est tu, mais le pays est en grave difficulté : l'urgence de la prise en charge de la vie quotidienne est d'initier et de relancer une vie économique paisible [...] Les chevaliers de la restauration capitaliste se réjouissaient de voir les entrepôts vides, les usines silencieuses, la circulation immobilisée, et attendaient l'effondrement économique total [...]. Les dons qui nous sont apportés par le biais de l'aide gratuite des pays frères [...] contribuent à soulager les besoins des nécessiteux et à soutenir notre lutte contre l'inflation [...] Mais quelle que soit l'importance de l'aide, l'essor de notre pays ne peut être réalisé que par nous, Hongrois. » *Baráti segítség* (Secours amical), Zrínyi Kiadó, 1957, dir. Ottó Malek. On y trouve la liste détaillée des aides fournies jusqu'à la fin de décembre 1956 par les 13 pays « frères » et la Croix rouge internationale.

89 Zsuzsanna Varga, « The Appropriation and Modification of the "Soviet Model" of Collectivization: The Case of Hungary », in *The Collectivization of Agriculture in Communist Eastern Europe, op. cit.*, 2014, pp. 458–460. Voir pour plus de détails encore János Rainer M., « The Sixties in Hungary – Some Historical and Political Approaches », in György Péteri (dir.), *Muddling Through in the Long 1960s. Ideas and Everyday Life in High Polities and Lower Classes of Communist Hungary*, Trondheim, Norwegian University of Sciences and Technology, 2005, pp. 2–26.

90 Cf. Zsuzsanna Varga, *op. cit.*, p. 458.

91 Katalin Botos, *op. cit.*, p. 13. La phrase suivante exprime pertinemment l'essence de la politique kádárienne : « Prends la tête de ce à quoi tu ne peux pas résister. »

92 Ádám Schmidt – Ernő Kemenes (dirs.), *Változások, váltások és válságok a gazdaságban. Tanulmányok Varga István emlékezetére* (Changements, transformations et crises dans l'économie. Hommage à la mémoire d'István Varga), KJK, 1982, pp. 21-25.

4.3.2 Le Nouveau Mécanisme économique

La décision politique de 1966[93] conduisant à la mise en place du Nouveau Mécanisme économique (1er janvier 1968) et reprenant à son compte les tentatives de réforme de 1955-1956, reflétait une nouvelle conception de la gestion économique. « Tandis que dans l'ancien système de gestion le pouvoir central avait déterminé l'activité des organisations économiques et des acteurs individuels de la vie économique de manière directe, quasi « personnalisée », sous le signe d'une planification autoritaire [...], dans le nouveau système le pouvoir central allait concentrer ses efforts sur la création d'un environnement économique harmonisant avec les objectifs de la politique économique »,[94], ce qui « comportait aussi l'élargissement du terrain de jeu des fonctions monétaires ».[95] Dans la structure ancienne, le « centre » s'efforçait aussi de fournir les moyens nécessaires à la réalisation des objectifs, et entendait assurer l'intéressement des acteurs économiques en prévoyant des avantages matériels aux travailleurs et aux entreprises satisfaisant aux exigences du plan. Cependant ce système circonscrivait entre d'étroites limites la responsabilité et des entreprises et des individus, vu que leur tâche se réduisait à l'accomplissement – et éventuellement au dépassement[96] – du plan. Par contre, avec le Nouveau Mécanisme, c'était l'environnement économique réglementé par les organes centraux qui donnait des impulsions aux acteurs économiques, ce qui permettait aux entreprises de mettre mieux en valeur leurs intérêts propres (y compris la réalisation de profits répartissables jusqu'à une certaine limite parmi les travailleurs). On est donc arrivé à une revalorisation de la responsabilité, de l'intéressement et de la liberté de décision des travailleurs, estimaient les hommes politiques responsables du domaine économique.

Le Nouveau Mécanisme apportait un changement net dans le système de planification, sans mettre pour autant en question la primauté du plan. Pour ce qui est de ses conséquences et aboutissements, on peut dire qu'il s'agissait non d'une réforme économique globale, mais d'une réforme – par ailleurs non négligeable – de la planification. La littérature économique contemporaine[97] estimait cependant que le Nouveau Mécanisme modifierait

93 La décision a été prise à la séance de 1966 du Comité central du PSOH, et a été conformée pas le IXe Congrès du Parti.

94 József Bognár, *Neuer Wirtschaftsmechanismus und Ost-West Handel*, Center for Afro-Asian Research of the Hungarian Academy of Sciences, Budapest, 1967, pp. 3–4.

95 István Hagelmayer, « Az új gazdasági mechanizmus és a pénzelmélet (Le Nouveau Mécanisme économique et la théorie monétaire), *Pénzügyi Szemle*, 1968, année XII, nr. 4, p. 295.

96 Le dépassement du plan était souvent mentionnée dans les média de l'époque, mais dans de nombreux cas, il s'agissait d'une sous-planification, qui pouvait facilement être dépassée, et d'autre part, le dépassement devenait le plan de base à l'avenir, déclenchant ainsi un relèvement des normes.

97 István Földes, *Az Új Gazdasági Mechanizmus működésébek fontosabb szabályai* (Les règles les plus importantes du fonctionnement du Nouveau Mécanisme économique), Kossuth, 1967, pp. 5-11. Le livre fournit également une explication détaillée de la législation relative à la planification et à la gestion, et du système de gestion, qui est contrôlé opérationnellement par des décisions et des décrets

fondamentalement la planification de l'économie nationale par la combinaison des rôles respectifs de la gestion centrale, du stock de marchandises fabriquées et des mécanismes du marché. Ce qui revient à dire que les objectifs et les régulateurs seraient déterminés par le « centre », tandis que les mécanismes de marché auraient un jeu très-très libre. On y voit aujourd'hui plutôt une tentative économique contrôlée par l'État, pareille à celle poursuivie jadis par l'administration économique de la Monarchie austro-hongroise ; cependant, un siècle plus tard, à l'époque du système économique « adopté » par les pays du bloc soviétique, la vie économique hongroise était dirigée par le Parti socialiste ouvrier hongrois qui essayait de réaliser ses objectifs de politique économique par le truchement de plans triennaux et quinquennaux. En outre, contrairement à l'époque de la Monarchie, seule la propriété collective existait maintenant en Hongrie.

La résolution 22/1967 (7 juillet) du Comité économique du Parti était destinée à réglementer le nouvel ordre de la planification dans le cadre du Nouveau Mécanisme économique.[98] L'objectif majeur de la réforme était le développement plus concerté et plus efficace de l'économie nationale,[99] dont le principal moyen était le plan, basé cette fois sur le système de régulation au lieu de celui du compartimentage des tâches. Les entreprises pouvaient désormais établir leur plan de manière autonome en l'ajustant au plan national et aux régulateurs en vigueur. Afin que les choses se déroulent sans à-coups, des prescriptions détaillées pour tous les secteurs économiques et des règles de droit entraient en vigueur, qui ont déterminé les cadres de l'activité économique et ont accordé un rôle croissant aux impulsions du marché, en autorisant la création d'exploitations personnelles des coopérateurs[100] et des activités complémentaires des unités de production.

Dix ans après l'instauration de l'économie planifiée socialiste, la résolution du Comité de politique économique a défini la notion du plan d'économie nationale. « Le plan d'économie nationale est un plan d'État, qui exprime et concrétise la politique économique, détermine la direction contraignante,

---

gouvernementaux. Cf. *Az új gazdasági mechanizmus jogszabályainak gyűjteménye I*, (Les règlements du Nouveau Mécanisme économique I), KJK, 1968.

98 Résolution 22/1967 (7 juillet) sur le nouvel ordre de la planification économique. Voir *Az új gazdasági mechanizmus jogszabályainak gyűjteménye I*, (Les règlements du Nouveau Mécanisme économique I), *op. cit.*, pp. 3-12.

99 Dans le contexte de ces antécédents, il est important de se référer aux travaux de l'économiste István Varga, déjà mentionné, qui a non seulement joué un rôle important dans la consolidation de la monnaie nationale après la seconde guerre mondiale, mais qui a également esquissé les bases d'un système d'économie planifiée plus efficace et plus « humain » dans la seconde moitié des années 1950. Son projet a été rejeté à son époque, mais il peut être considéré comme l'un des fondements intellectuels du Nouveau Mécanisme. Voir Róbert Török, *A pragmatikus ember. Dr. Varga István közgazdász élete* (Un homme pragmatique. La vie de l'économiste István Varga), Valutacsoda Alapítvány, 2018.

100 Ordonnance 6/1967 du ministère de l'Agriculture sur l'application de l'Article III de la loi 1967 sur les coopératives agricoles, et sur l'exécution de l'ordonnance gouvernementale 35/1967, Chapitre IX, § 69-72 ; ordonnance gouvernementale 18/1967 (29 juillet) sur l'élargissement de l'activité économique des grandes exploitations agricoles ; ordonnance 5/1967 (3 août) du ministère de l'Agriculture sur les activités complémentaires des grandes exploitations agricoles.

unique et harmonisée de l'action du Gouvernement, des ministères, des organes administratifs nationaux et du système bancaire, les objectifs et les moyens servant de base à la gestion économique, et la manière de mise en œuvre de ces moyens. »[101] On peut donc dire que le Nouveau Mécanisme économique était « seulement » un moyen de réaliser les objectifs en « autorisant » la prise en compte de facteurs de marché dans l'intérêt du maintien de l'économie planifiée socialiste.

La résolution du Comité économique soulignait que le plan d'économie nationale devait indiquer le rythme du progrès, les tâches sociales, technologiques et économiques y relatives, les moyens appropriés pour atteindre les objectifs et les principes de leur emploi. Elle affirmait aussi la nécessité de la réunion d'informations plus amples sur les rapports internes du plan d'économie nationale qui devaient servir de base aux décisions relatives à l'exécution du plan. Elle exigeait que les processus de décision s'appuient sur des propositions scientifiquement fondées. On prévoyait en général des plans à long terme de 15 ans, des plans à moyen terme de 5 ans, et des plans à court terme de 1 an, estimant que l'élaboration et l'exécution de ces plans à termes différents devaient constituer un système cohérent, où les plans à long terme définissent des directives et des tâches concrètes pour le plans à court terme. La planification était centrée essentiellement sur les différents secteurs économiques, les relations internationales, l'emploi, le niveau de vie et les objectifs sociaux, aussi bien que sur le développement régional des forces de production, les grands investissements spéciaux, la politique et la réglementation des prix, les directives de la réglementation du commerce extérieur et la politique financière, en ce qui concernait notamment les allocations de sommes figurant dans le plan budgétaire. Un des traits particuliers majeurs de ce système était que par l'intermédiaire des plans d'économie nationale, la politique économique déterminée par la direction politique commençait à relever du gouvernement lui-même, tandis que les organes centraux du budget et de l'administration publique étaient réduits à un rôle technique intermédiaire, voire subalterne. Des ordonnances spéciales ont été promulguées dans l'intérêt de la réalisation des objectifs prioritaires (investissements,[102] entreprises d'État,[103] agriculture,[104] crédit et circulation

[101] 22/1967 (7 juin), in *Az új gazdasági mechanizmus jogszabályainak gyűjteménye I*, (Les règlements du Nouveau Mécanisme économique), *op. cit.*, p. 3.

[102] Ordonnance gouvernementale 38/1967 (12 octobre) sur l'ordre des investissements, *ibidem*, pp. 13-124.

[103] Ordonnance gouvernementale 11/1967 (13 mai) sur les entreprises d'État, *ibidem*, pp. 125-150

[104] Ordonnance gouvernementale 1007/1967 (14 mai) sur les organisations sociales des coopératives agricoles, *ibidem*, pp. 151-340. Elle a été complétée par des ordonnances sur la réglementation des salaires, comme par exemple celle 16/1967 (novembre 25) du ministère des Finances sur l'exécution de l'ordonnance gouvernementale 30/1967 (13 septembre) sur la levée de l'impôt sur le revenu des coopératives.

monétaire,[105] réglementation des prix,[106] réglementation des revenus,[107] contrôle[108]). Cela signifie que l'exécution des plans d'économie nationale devait se dérouler dans un cadre d'ordonnances et de règles juridiques très détaillées,[109] sous le contrôle continu des organes du Parti présents dans chaque entreprise. Dans le nouveau contexte, le rôle du marché s'est accru considérablement après être sous-estimé dans les deux décennies précédentes. Selon l'académicien József Bognár, le marché joue quatre fonctions fondamentales du point de vue de la gestion économique : il sert de théâtre à la confrontation des intérêts particuliers ; c'est au marché que les événements prévus ou non par les plans ont lieu ; le marché fournit des informations pour les gestionnaires de l'économie nationale et des entreprises, remplissant pour ainsi dire la fonction d'un système de signalisation ; et surtout, c'est le marché qui permet de mesurer le degré de rationalité et d'efficacité économique.[110]

L'entrée en vigueur d'innombrables règles juridiques révèle la survie d'une réglementation excessive en suggérant pour ainsi dire la planifiabilité du marché, cependant que la prévisibilité garantie par elles faisait progresser la gestion des entreprises en assurant l'autonomie de celles-ci et l'intéressement des salariés dans l'augmentation de la production. Ajoutons aussi les nouveaux aspects de la vie juridique. « Toute une série de règles juridiques est apparue, ce qui devait être accompagné d'importants changements d'attitude. »[111] La nouvelle gestion économique concernait surtout les questions théoriques du droit de propriété de l'État, la théorie générale des personnes morales, l'entravement des tendances monopolisatrices antisociales des organismes monopoleurs de la vie économique, et certaines questions de l'élaboration, de la mise en vigueur et de l'application des règles de droit. Toutefois, dans cette nouvelle vie économique inaugurée par la réforme de 1968, « la définition de la politique économique, l'élaboration des normes juridiques obligatoires des décisions concernant les moyens de réalisation de la politique économique […] obéissaient toujours aux conceptions du pouvoir politique »,[112] et non à

105 Résolution 12/1967 (13 avril) du Comité économique sur le système des prêts et de la circulation monétaire ; résolution 11/1967 (13 avril) du Comité économique sur le système des fonds de roulement des entreprises d'État ; ordonnance gouvernemental 37/1967 (12 octobre) sur la circulation monétaire et des crédits bancaires ; ordonnance 16/1967 (6 mai) du Comité économique sur le système de la gestion des changes et des attributions du service des changes. Voir *ibidem*, pp. 375-483.

106 Résolution gouvernementale 2053/1967 (13 octobre) sur les compétences de l'administration tarifaire. Voir aussi les règles concernant d'autres questions de réglementation des prix, *ibidem*, pp. 415-483.

107 Ordonnance 10/1967 (13 avril) du Comité économique sur les principes du système des prélèvements sur les revenus, l'impôt sur les bénéfices et de l'intéressement des entreprises, et sur d'autres règles détaillées de la gestion. Voir *ibidem*, pp. 485-540.

108 Décret-loi 27/1967 sur la réglementation du contrôle économique et financier. Voir aussi les règles concernant les opérations de taxation de la Direction générale du ministère des Finances, *ibidem*, pp. 541-558.

109 Auxquelles s'ajoutaient encore d'autres directives très détaillées.

110 József Bognár, *op. cit.*, pp. 4-5.

111 Imre Bárándi, *Az Új Gazdasági Mechanizmus néhány jogi problémája* (Quelques problèmes juridiques du Nouveau Mécanisme économique), TIT Jogi Kiskönyvtára, 1967, p. 3.

112 Imre Bárándi, *op. cit.*, p. 5

celles des entreprises elles-mêmes. Jenő Szilbereky a opté pour une formule encore plus nette : « la réalisation des visées de politique économique du Nouveau Mécanisme économique exige le plus souvent une réglementation juridique [...] qui doit refléter [...] les objectifs fondamentaux de la politique économique. »[113] La position de Mihály Samu semblait être plus constructive : « La réforme du mécanisme économique exige que notre législation définisse les normes non pas en fonction de décisions adoptées à l'avance, mais sur la base de nouvelles enquêtes et de soigneuses analyses de données. »[114]

Le troisième plan quinquennal (1966-1970) prévoyait déjà une croissance de 13 à 15 % de la production agricole (une croissance annuelle de 2,6 à 3 %). Par rapport à la période planifiée précédente, on voulait augmenter considérablement le volume des investissements agricoles en y affectant 16 à 18 % de la totalité des investissements de l'économie nationale. 38-40 mille tracteurs, 35-36 mille remorques et 6-7 mille moissonneuses-batteuses devaient être fournis aux usines collectives. On prévoyait la construction de 300 mille nouveaux logements, tandis que les progrès de l'industrie devaient provenir en premier lieu de l'amélioration de la qualité des produits.[115]

En outre, le Nouveau Mécanisme économique a créé un nouveau système de relations entre l'État et les entreprises d'une part, et entre les entreprises elles-mêmes de l'autre. On reconnaissait[116] que le système basé sur des directives trop strictes générait tantôt des excès d'offre, tantôt des excès de demande, cependant que la gestion des ressources entre les entreprises était très déséquilibrée. Par contre, dans le nouveau système de direction indirecte, les entreprises devaient décider beaucoup plus librement des questions de reproduction élargie. Les décisions du « centre » n'étaient pas forcément impératives, les moyens devaient être décentralisés, et la gestion des entreprises devait être déterminée par leurs propres plans. La réalité était quand même un peu différente. On ne peut pas dire que des moyens économiques indirects aient dominé dans la réglementation centrale, rendant les entreprises plus intéressées dans la maximalisation de leur profit. Le nouveau mécanisme des crédits, la souplesse du système des prix, les accords individuels entre producteur et acheteur étaient loin de se réaliser pleinement dans la pratique. Aux vœux des dirigeants politiques, la réforme devait entraîner la croissance de l'économie et l'amélioration du niveau de vie de la population en rendant les travailleurs intéressés dans des surcroîts de rendement pour obtenir des revenus supérieurs.

113 Jenő Szilbereky, *Az új gazdasági mechanizmus jogi szabályozásával összefüggő kérdések* (Questions liées à la réglementation juridique du Nouveau Mécanisme économique), TIT, p. 1.

114 Mihály Samu, *Az Új Gazdasági Mechanizmus állam- és jogelméleti vonatkozásai* (Les aspects de théorie juridique du Nouveau Mécanisme économique), TIT, 1967, p. 13.

115 *A szocializmus gazdasági kérdései* (Les questions économiques du socialisme), Ifjúsági Lapkiadó Vállalat, 1966, pp. 49-52, 53-55.

116 Cf. Tibor Körmendi, *Az új gazdasági mechanizmus bevezetésével kapcsolatos GB határozatok. A vállalati feladatok tükrében* (Les résolutions du Comité économique concernant l'introduction du Nouveau Mécanisme économique), Ministère de l'Industrie métallurgique et mécanique, MTTI, 1967, pp. 7-9.

Les ouvrages théoriques publiés à la suite de l'introduction du Nouveau Mécanisme économique parlaient de changements positifs et de résultats durables dans le domaine de l'activité des entreprises,[117] de l'agriculture,[118] du commerce extérieur,[119] de l'intéressement matériel des travailleurs et de la gestion des ressources humaines,[120] cependant que les contradictions internes et l'hostilité de certains milieu du Parti en raison du caractère jugé « peu orthodoxe » des réformes économiques ont conduit à l'essoufflement du système. Certains de ses éléments ont survécu jusqu'au changement de régime (comme par exemple les exploitations particulières des coopérateurs soutenues de l'extérieur, les équipes de travail organisées à l'intérieur des usines, la location par des particuliers de moyens de production d'État, etc.), mais la performance de l'économie et le niveau de vie de la population ne cessaient de baisser. D'après les recherches d'Anthony R. Boote et János Somogyi,[121] le rythme de la croissance de l'industrie a baissé de 7,3 % en 1971-1975 à 4,1, puis à 2,4 % durant les deux plans quinquennaux suivants, pour tomber au-dessous de zéro en 1986 et en 1989, avant de produire une baisse nouvelle de 10,3 % en 1990. Pour la production agricole, les indices relatifs à la même période ont été 3,9 %, 2,2 %, 3 %, 3,4 %, -2,3 %, 8 %, 0,1 %, puis -8,1 %. Le volume de la consommation individuelle et collective diminuait plus lentement, mais cette évolution augurait déjà de la dislocation du système (4,8 % 2,9 %, 1,5 %, 2,4 %, 3,3 %, -2,8 %, – 0,3 %, -5,4 %). En comparant la consommation des collectivités et des ménages, on constate que celle des derniers a diminué beaucoup plus sensiblement. Les données macroéconomiques citées plus haut ont été les conséquences de réformes non

117 Jenő Wilcsek, *Vállalati tervezés a gazdaságirányítás új rendszerében* (Planification des entreprises dans le nouveau système de la direction de l'économie), Közgazdasági és Jogi Könyvkiadó, 1967.

118 János Keserű, *A mezőgazdaság és az új gazdasági mechanizmus* (L'agriculture et le Nouveau Mécanisme économique), Kossuth Könyvkiadó, 1967 ; István Simka – Béla Tóth, *A gazdaságirányítás új rendszere a mezőgazdaságban* (Le nouveau système de la direction économique dans l'agriculture), Közgazdasági és Jogi Könyvkiadó, 1967 ; László Csete, *Jövedelem, költség, ár a termelőszövetkezetekben* (Revenus, coûts et prix dans les coopératives agricoles), Közgazdasági és Jogi Könyvkiadó, 1967 ; Miklós Villányi, *Pénz- és hitelgazdálkodás a mezőgazdaságban* (Économie monétaire et de crédit dans l'agriculture), Közgazdasági és Jogi Könyvkiadó, 1968 ; Imre Molnár, *A termelőszövetkezetek vezetése és társadalmi szervezetei* (La direction et les organisations sociales des coopératives), Közgazdasági és Jogi Könyvkiadó, 1967 ; Károly Garamvölgyi, « A termelőszövetkezetek pénzügyi rendszerének néhány kérdése és az új gazdasági mechanizmus » (Quelques questions du système financier des coopératives et le Nouveau Mécanisme économique), *Pénzügyi Szemle*, 1966, année X, nr. 9, pp. 720–737. ; László Nagy, « Az új gazdasági mechanizmus és a szövetkezeti jog továbbfejlődésének elvi, kodifikációs és gyakorlati kérdései (Le Nouveau Mécanisme économique et les questions de principe, de codification et de pratique de l'évolution progressive du droit coopératif), *Magyar Jog és Külföldi Jogi Szemle*, 1969, année XVI, nrs. 6-7, pp. 391–406.

119 Sándor Czeitler, *Az új gazdasági mechanizmus bevezetésének tapasztalatai a külkereskedelemben* (Les expériences de l'introduction du Nouveau Mécanisme économique dans le commerce extérieur), Kossuth Könyvkiadó, 1969.

120 István Buda – László Pongrácz, *Személyi jövedelmek, anyagi érdekeltség, munkaerőgazdálkodás* (Revenus individuels, intéressement matériel, gestion des ressources humaines), Közgazdasági és Jogi Könyvkiadó, 1968, 190 p.

121 R. Anthony Boote – János Somogyi, « Economic Reform in Hungary Since 1968 », International Monetary Found, Washington DC, July 1991, p. 32.

exécutées ou non exécutables. János Somogyi et ses collaborateurs voyaient nettement en quoi résidait le problème fondamental. Ils affirmaient que dès les années 1960 la Hongrie avait accompli un tournant favorable – unique dans le « camp socialiste » – vers une économie de marché, mais malgré cela elle se trouvait en 1990 dans une situation pire que celle de la plupart des « pays amis ». Selon les chercheurs, la cause en était que « les réformes n'avaient pas passé ».

La réussite du Nouveau mécanisme économique était aussi entravée par le fait que les pays du bloc socialiste refusaient de rompre avec le dirigisme économique. L'académicien Bognár était d'avis que la Hongrie devait s'efforcer de rendre plus efficace la division internationale du travail, d'augmenter les exigences de qualité, de promouvoir le développement de la concurrence du marché parmi les entreprises industrielles étrangères, la décentralisation des attributions et les accords multilatéraux[122] basés sur la convertibilité de la monnaie.[123] L'essoufflement de la réforme hongroise était surtout dû au fait que l'idée de la « généralisation » du Nouveau Mécanisme économique dans les autres pays socialistes n'était pas favorablement reçue par les dirigeants de ces derniers, et les réserves formulées dans le bloc socialiste, en particulier au Kremlin – auxquelles s'ajoutaient encore les efforts de « restauration » économique de certains milieux du Parti hongrois – ont conduit à l'anémie de la réforme dans les années 1970. Le Nouveau Mécanisme économique était complètement étranger au système figé basé sur la primauté des plans d'économie nationale et de la propriété d'État, et peu enclin à mettre en valeur des relations de prix et de valeur. Cette politique économique visant à atteindre l'optimum économique est entrée en conflit avec le système de l'économie planifiée socialiste. Plus la réforme gagnait du terrain, plus la résistance croissait. Son application aurait pu assurer des surplus de revenus pour les entreprises et les salariés, et aurait conduit à une forte accumulation de capitaux qui, au moment du changement de régime, aurait permis une transition basée sur des facteurs endogènes à l'économie de marché, et non sur des ressources extérieures.

Dès avant l'introduction du Nouveau Mécanisme un certain embarras idéologique se faisait sentir au sujet des méthodes et des objectifs.[124] Les écrits contemporains voyaient dans le nouveau modèle le moyen d'élever à un niveau supérieur la construction du socialisme. Les auteurs affirmaient – se référant surtout au troisième plan quinquennal – que l'augmentation de la productivité exigeait la mise en place de technologies plus modernes, que le nouveau modèle était censé assurer.[125] On cherchait aussi à créer des

[122] Cf. József Bognár, *op. cit.*, p. 15.

[123] Il s'agit du rouble transférable.

[124] Cette constatation est sans contenu péjoratif. D'une manière ou d'une autre, on a dû « faire passer » les nouvelles structures dans les réalités de l'époque, en tenant compte de la socialisation de type soviétique de la population.

[125] *A gazdaságpolitika fő célkitűzései és az új mechanizmus* (Les principaux objectifs de la politique économique et le Nouveau Mécanisme), SZOT, 1967, pp. 3-10.

relations plus directes entre la production et le marché. Or cela impliquait inévitablement que la gestion des deux décennies précédentes laissait à désirer. En même temps, on continuait à affirmer que « nous avons accompli la mise en place des fondements du socialisme » ;[126] or si ses bases étaient mal posées, l'œuvre qui devait être construite dessus, tout en étant différente, ne pouvait pas être durable. Un manuel contemporain soulignait que « la base matérielle et technologique de notre économie est beaucoup plus développée aujourd'hui qu'elle ne l'était dans les premières années de l'économie planifiée, cependant que les caractères essentiels du système actuel de notre gestion économique ont été formés pendant ces mêmes années ».[127] Les conséquences positives du Nouveau Mécanisme devaient se manifester à l'accomplissement du troisième plan quinquennal, en ce qui concerne surtout le développement de l'économie et l'amélioration du niveau de vie. Quelques observateurs étrangers insistaient aussi sur le caractère progressiste de la réforme. Selon l'expression de Mark A. Gregory[128], le Nouveau Mécanisme économique hongrois était, dans le système d'économie planifiée du bloc soviétique, une « anomalie » en raison de la modification radicale du contrôle des entreprises et une plus grande ouverture vers le marché, et son adoption était un « test de tournesol » effectué sur le système soviétique. Citant un discours de 1978 de János Kádár,[129] Gregory dit que le dirigeant hongrois voulait que les prix de Hongrie soient proches des prix réels, mais refusait de lier le pays aux « fictions du marché mondial ».

Il paraît, plus d'un demi-siècle après l'introduction de la réforme, que la question clé était le libre jeu – ou plutôt l'entravement du libre jeu – des rapports de marché et de prix. À cela s'ajoutaient les survivances de l'industrialisation volontariste, l'application du principe des prix de Bucarest,[130] aussi bien que l'attachement obstiné au pouvoir des dirigeants politiques, qui s'efforçaient de le garder au moyen de crédits étrangers destinés à financer le plein emploi et une production de plus en plus désuète. De toute manière, le Nouveau Mécanisme économique a marqué un pas en avant dans le cadre du système de planification économique de type soviétique, et a apporté des résultats incontestables, quoique souvent partiellement accomplis. Sa poursuite aurait permis, quelques décennies plus tard, une transition relativement souple vers une économie de marché organique construite de l'intérieur. La responsabilité pour son échec incombe aux dirigeants politiques méconnaissant la rationalité économique.[131]

126 *Ibidem*, p. 11.

127 *Ibidem*. (Il s'agit ici des années suivant la guerre.)

128 Mark A. Gregory, « Hungarian Consumers and the New Economic Mechanism », *East European Quarterly*, 1982, année XVI, nr. 1, mars, pp. 87–88, 98–99, 97–100.

129 Mark A. Gregory, *op. cit.*, p. 98.

130 Le prix des dérivés d'hydrocarbures était basé sur le prix moyen du marché mondial des cinq années précédentes, qui était inférieur au prix du marché mondial, de sorte que l'économie hongroise a ressenti plus lentement les augmentations soudaines.

131 Cf. le jugement de Mark A. Gregory, *op. cit.*, pp. 99-100.

Il ne faut pas oublier que nous étions alors quinze ans après la mort de Staline, dix ans après l'écrasement de la guerre d'indépendance hongroise : des armées soviétiques étaient installées dans le pays, et le pouvoir du parti communiste était absolu. On remarque des différences dans les techniques d'argumentation des économistes élaborant la réforme d'une part et des cadres moyens les reprenant à leur compte dans leurs domaines de l'autre, surtout en ce qui concerne les slogans politiques sonores.[132] Il n'en reste pas moins que le crédit professionnel des principaux promoteurs de la réforme (Rezső Nyers, Lajos Fehér, Mátyás Tímár, András Hegedűs, Béla Csikós-Nagy, etc.) ne saurait être remis en cause – contrairement à celui des cadres chargés de son application. L'opinion hongroise[133] avait une forte confiance dans le succès de la réforme, qui a aussi trouvé des échos favorables à l'étranger.[134]

4.3.3 Les effets bénéfiques du Nouveau Mécanisme économique : les progrès de l'agriculture[135]

Au terme du processus de collectivisation, 4500 coopératives ont été créées jusqu'en 1961, et 94 % des travailleurs agricoles actifs étaient déjà employés dans le secteur socialiste. Contre 140 000 membres de coopératives en 1958, on en comptait déjà 1,2 millions en 1961, et au total le nombre des coopérateurs s'était accru à 2 millions. Une déclaration du 19 février 1961 du Comité central affirmait que les rapports de production socialistes étaient dominants dans l'agriculture hongroise. Le VIIIe Congrès du Parti socialiste ouvrier hongrois

[132] Évidemment, ceux qui donnaient des conférences dans les campagnes ou s'adressaient aux étudiants dans les écoles du Parti argumentaient parfois différemment ou mettaient l'accent ailleurs, car l'attitude ou les réactions de la dictature étaient difficiles à calculer. Les idées de la réforme ont parfois été « complétées » par les cadres moyens avec des phrases d'accroche.

[133] Zoltán Pál, « Magyarázni a mechanizmust. Az 1968-as magyarországi reform propagandája » (Expliquer le Mécanisme. La propagande de la réforme de 1968 en Hongrie), in *Nézőpontok. Tanulmányok.* ELTE BTK, 2016, pp. 213–226. (Le 1er janvier 1968, les gens se souhaitaient non seulement « Heureuse nouvelle année », mais aussi « Heureux Nouveau Mécanisme économique » ; voir Sándor Szóradi, *op. cit.*, note 4.) ; Erzsébet Szalai, *Gazdasági mechanizmus, reformtörekvések és nagyvállalati érdekek* (Mécanisme économique, tentatives de réforme et intérêts des grandes entreprises), Közgazdasági és Jogi Könyvkiadó, 1989.

[134] Voir par exemple L. Bianca Adair, « Interest Articulation in Communist Regimes: The New Economic Mechanism in Hungary, 1962–1980 », *East European Quarterly*, 2003, XXXVII, nr. 1, mars, pp. 101–126 ; Peter Rutland, *The Myth of the Plan: Lessons of Soviet Planning Experience*, London, Hutchinson and Co. Ltd, 1985 ; Mark A. Gregory, *op. cit.*, pp. 87–104.

[135] Je tourne la discussion de la réglementation agricole vers les coopératives, car la gestion des terres de l'État (dans les fermes d'État) par les employés n'était pas très différente de celle des travailleurs industriels. Je circonscris le sujet même davantage, puisque dans ma thèse de doctorat sur « Les dilemmes de la privatisation et du financement du secteur agricole hongrois dans l'optique des faits, des perspectives et des modèles à suivre », soutenue en 1991 à l'Université d'économie et de commerce de Budapest et en 1995 à l'Académie hongroise des sciences, j'ai étudié en détail les mécanismes financiers et de privatisation et le contexte historique de l'agriculture « changeante » depuis le début du changement de régime.

(MSZMP)[136] constatait que la réorganisation socialiste de l'agriculture venait de s'accomplir, et que les bases du système socialiste étaient en place.

Les effets bénéfiques majeurs du Nouveau Mécanisme économique se manifestaient surtout dans l'agriculture. Pendant les préparatifs mêmes de la mise en œuvre de la réforme (et du 3e plan quinquennal), on déclarait que « force était de donner priorité, dans la politique économique, au principe du développement multisectoriel, à l'élargissement de l'autonomie des coopératives, à la mise en place d'une direction plus efficace et plus différenciée par des moyens politico-économiques, et à la limitation radicale des interventions administratives ».[137] On cherchait à promouvoir ainsi l'autonomie des coopératives, la responsabilité individuelle des travailleurs, le sentiment d'exercer des droits de propriétaires et une meilleure connaissance des affaires publiques parmi les travailleurs.[138] Entre 1962 et 1966, le budget national a alloué chaque année 8 milliards de forints au secteur agricole, dont seulement 2 à 3 milliards n'étaient pas remboursables. On estimait cependant que la part non remboursable aurait pu être encore plus petite si les prix agricoles hongrois n'avaient pas été trop inférieurs à ceux du marché.[139] « Les prix en vigueur jusqu'à présent étaient trop favorables à la production industrielle et défavorables à l'agriculture, car les prix industriels tenaient compte de coûts de production réels plus élevés et incluaient un revenu net de 40 à 50 % en plus, tandis que les prix agricoles étaient fixés au niveau des coûts de production ou en dessous, avec des coûts de main-d'œuvre inférieurs. »[140] On s'efforçait d'améliorer les conditions d'achat des stocks, d'étendre les activités des grandes exploitations agricoles, et de créer des unités ayant autonomie financière de gestion à l'intérieur des coopératives.[141] La diminution des prélèvements de revenus au profit de l'industrie et de l'armée ressort du fait que la nouvelle régulation des revenus prescrivait « le procurement de ressources propres pour les développements et les investissements prévus dans les plans à un an ou à moyen terme ».[142] La nouvelle régulation des revenus devait aussi assurer que les revenus réalisés dans les coopératives soient employés de façon appropriée à augmenter les fonds d'accumulation et les salaires individuels. Une libération très sensible des contraintes économiques de type soviétique a été réalisée grâce au système d'intéressement institué dans les coopératives hongroises, dans la mesure où celui-ci était lié à la propriété collective des coopératives, et par conséquent au statut double

136 Sur quelques thèmes évoqués au Congrès, voir Ágnes Ságvári – Henrik Vass, *A Magyar Szocialista Munkáspárt határozatai és dokumentumai 1956-1962* (Résolutions et documents du Parti socialiste ouvrier hongrois, 1956-1962), Kossuth Könyvkiadó, 1964, pp. 269-274.

137 *A szocializmus gazdasági kérdései (mezőgazdasági tagozat)* (Les questions économiques du socialisme [secteur agricole]), Ifjúsági Lapkiadó Vállalat, 1966, p. 33.

138 *Ibidem*, p. 36.

139 István Simka – Béla Tóth, *op. cit.*, p. 25.

140 János Keserű, *op. cit.*, p. 14.

141 István Simka – Béla Tóth, *op. cit.*, pp. 98-102, 103-111.

142 Miklós Villányi, *op. cit.*, p. 22.

des travailleurs, ce qui signifiait que la fonction double de propriétaire et de salarié des membres comportait des avantages notables du point de vue de l'augmentation des revenus. « Le statut de propriétaire des membres implique leur intéressement et leur responsabilité pour l'évolution de la gestion et des fonds de la coopérative, et pour leurs revenus individuels. […] Ils exercent leurs droits et s'acquittent de leurs obligations dans les assemblées générales, dans l'administration et dans les divers comités élus, et les résolutions prises à ces forums définissent l'intéressement collectif et décident des questions fondamentales concernant leurs revenus collectifs. »[143] En même temps, le statut de travailleur implique sa motivation d'obtenir des revenus aussi élevés que possible. Le « caractère socialiste » des coopératives se manifestait ainsi dans le type de la propriété, dans l'organisation du travail en commun, dans les modalités de la répartition des revenus, et dans la structure et le fonctionnement du système d'organisation. C'était là une différence essentielle par rapport à la pratique des établissements industriels appartenant à l'État et des fermes d'État. « Et comme du point de vue politique et économique les coopératives agricoles sont de caractère socialiste, la fonction de pouvoir public et d'organisateur de l'économie de l'État s'étend aussi à elles. »[144] Dans le modèle économique hongrois d'après 1968, les coopératives agricoles de propriété collective constituaient une exception unique dans le système socialiste ; elles ont réalisé des progrès spectaculaires, et ont augmenté considérablement les revenus de la population des campagnes. Les membres des coopératives étaient physiquement aussi plus proches des moyens de production qui leur avaient été retirés en partie par le pouvoir que les ouvriers des villes des moyens de production des usines industrielles socialistes. Pour cette raison, les membres des coopératives étaient davantage attachés à l'exploitation collective (où se concentrait leur propriété privée d'antan), tandis que leur participation dans les prises de décisions relatives à la gestion et aux salaires, aussi bien que la possibilité de cultiver des terrains particuliers avec le soutien de la coopérative elle-même leur permettaient de faire fructifier leurs efforts et leurs énergies.

Après les collectivisations forcées de la décennie précédente, les débuts de la consolidation dans les années 1960 ont vu l'accession à des postes de direction des coopératives d'un personnel de plus en plus qualifié,[145] et la « culture d'organisation du travail »[146], aussi bien que l'intéressement collectif des travailleurs ont apporté des performances économiques spectaculaires dans les décennies suivantes. Il est aussi vrai cependant qu'entre 1949 et 1965 – en raison de l'amélioration des conditions techniques et de l'organisation du

143 Cf. László Csete, *op. cit.*, pp. 2-21.

144 Imre Molnár, *op. cit.*, p. 162. Voir aussi le mécanisme d'opération des organisations sociales des coopératives, *ibidem*, pp. 105-160.

145 Voir pour les détails Béla Fazekas, *A mezőgazdasági termelőszövetkezeti mozgalom* (Le mouvement coopératif agricole), Kossuth, 1976, pp. 174-175.

146 Eszter Lengyel, *Termelőszövetkezetek új megközelítésben* (Les coopératives agricoles dans une nouvelle optique), École doctorale du Département d'histoire de l'Université Eötvös Loránd, 2016, pp. 183-191.

travail – la proportion des travailleurs agricoles actifs a baissé de 54,5 % à 30 % par rapport à l'ensemble des travailleurs actifs.[147]

Dès 1967, une régulation plus adaptée aux besoins et tenant mieux compte des intérêts matériels et de marché assurait le renouveau de l'agriculture hongroise. La loi sur les organisations sociales des coopératives (1007/1967) réglait les questions liées à l'autogestion démocratique, à l'organisation collective du travail, à l'exploitation des terrains particuliers et au contrôle étatique.[148] Des décisions gouvernementales et des ordonnances très détaillées disposaient de l'impôt foncier, de l'impôt sur le revenu de la population agricole, de l'extension des activités économiques et des éventuelles activités complémentaires des grandes exploitations, aussi bien que des règles sur la commercialisation et l'achat des produits agricoles.[149]

La réorganisation des bases de la production agricole, puis le système d'encouragement et son encadrement juridique mis en place en 1967-1968 ont créé des conditions favorables pour l'introduction de nouvelles mesures gestionnelles et organisationnelles destinées à promouvoir la concentration des terrains et la centralisation des ressources. À l'âge d'or du coopérativisme, c'est-à-dire de 1970 à 1980, le nombre des coopératives agricoles s'est réduit de 2241 à 1339 (une baisse de 45,2 %). Cependant au cours de la même décennie la superficie des terrains mis en valeur par les exploitations collectives a augmenté de 93 %, tandis que l'ensemble des immobilisations s'est multiplié par 5,5 par exploitation collective, et la valeur brute de la production par coopérative s'est multipliée par 7,5. En dehors des progrès de la mécanisation, la croissance de la productivité tenait surtout à l'optimalisation de la gestion des ressources humaines. La multiplication des grandes exploitations agricoles était due aux pressions des organes directeurs du Parti, ce qui comportait aussi un certain nombre de désavantages, bien que les milieux politiques aient affirmé que « le développement doit viser non à l'augmentation des surfaces cultivées, mais à la concentration des moyens de production, à une culture et à un élevage plus intensifs, à l'augmentation de la productivité, et à une meilleure exploitation des donnés naturels et des ressources intérieures ».[150] Cependant les impératifs de la productivité et de l'intéressement des travailleurs auraient dû être mieux pris en compte lors de la fusion des coopératives. « C'est que l'agrandissement des coopératives au-delà d'une certaine limite diminue pour les membres d'horizon intellectuel moyen la possibilité de comprendre entièrement les affaires de la coopérative et d'intervenir sérieusement dans les prises de décision. L'autogestion se trouve alors affaiblie, toute une bureaucratie se met en place, et le travailleur « s'aliène » dans une certaine mesure de sa propre coopérative », écrivait Rezső Nyers dès 1968, ajoutant, qu'« il aurait

147 Voir *Munkaerőhelyzet* (L'emploi), Publications de l'Office central des statistiques, 1965.

148 Pour le texte de la loi en question, voir *Az új gazdasági mechanizmus jogszabályainak gyűjteménye I*, (Les règlements du Nouveau Mécanisme économique), KJK, 1968, pp. 151-294.

149 *Ibidem*, pp. 294-340. Sur les détails de la régulation des revenus, voir pp. 483-540.

150 Résolution du IIe Congrès des coopératives agricoles, mars 1972, p. 159.

été plus utile d'opérer des fusions graduelles à un niveau de maturité plus avancé au lieu de procéder de manière intermittente, voire en l'absence des bases et des conditions requises. Et la même chose vaut aussi pour la hâte avec laquelle on a privé la production des moyens, des équipements et des bâtiments des petites entreprises. »[151]

Les coopératives agricoles hongroises des années 1970 offraient une image assez différenciée. « Sur la base de la taille croissante de la valeur de la production, on remarque une très forte concentration de coopératives dans des groupes ayant 10 % de la valeur de la production. En 1977, le premier groupe (celui des plus faibles) comprenait 30 % des coopératives, et le dixième (celui des plus forts) 1,5 %, ce qui signifie que 427 coopératives produisaient ensemble autant que les meilleures 21. La superficie des grandes coopératives dépassait 1,6 fois, le nombre de leurs travailleurs 5,1 fois, leur production 6,8 fois, et leurs profits 8 fois la moyenne. La " grandeur " croissante témoigne non seulement de la concentration elle-même, mais aussi d'une productivité nettement supérieure. »[152]

Ces données favorables sont aussi dues à la production des terrains particuliers et des exploitations auxiliaires, autrement dit à la valeur de production fournie par un million et demi de petits producteurs, dont la commercialisation était assurée de façon très efficace – dans le cadre d'une intégration singulière – par une coopération avec les grandes exploitations.[153] À côté du labourage et de l'élevage, les activités commerciales et industrielles représentaient une part toujours croissante dans la production des coopératives agricoles, ce qui revient à dire que celles-ci vivaient moins de l'agriculture proprement dite que de leurs activités industrielles. En 1968, le chiffre d'affaires net des coopératives provenait pour 20,3 % des activités non agricoles, tandis que cette proportion s'est élevée à 52,7 % en 1980. Ces proportions internes témoignent clairement de la dévalorisation du monde agraire.[154] D'après les calculs de Mme Ferenc Nyitrai, l'indice moyen de la productivité complexe de la production agricole proprement dite des coopératives est tombé de 5,6 par an en 1973-1975 en 2,3 par an en 1976-1978 et en 1979-1981. La performance des actifs s'est modifiée de -4,1 à -5,1, ou à +0,3, alors que celle

[151] Rezső Nyers, *Gazdaságpolitikánk és a gazdasági mechanizmus reformja* (Notre politique économique et la réforme du mécanisme économique), Kossuth Kiadó, 1968, pp. 381-395.

[152] *Mezőgazdasági szövetkezetek Magyarországon* (Coopératives agricoles en Hongrie), Statisztikai Kiadó Vállalat, 1985, p. 135.

[153] Ajoutons que le nombre des exploitations personnelles des coopérateurs a baissé de 782 mille à 674 mille entre 1972 et 1981.

[154] Cependant, il est nécessaire de souligner que le niveau technique des activités industrielles des coopératives était loin derrière celui des pays avancés, et était même considéré comme faible sur les marchés du Comecon. Le chiffre d'affaires et les parts de bénéfices élevés des entreprises filiales ont été rendus possibles par des prix industriels faussés par rapport aux prix du marché, ce qui était une caractéristique systémique. L'acceptation, c'est-à-dire la réalisation, de ces produits de qualité largement inférieure par d'autres entreprises et par le public était assurée par le système d'économie planifiée et la pénurie constante de produits.

des immobilisations est montée de -7,8 à 4,7, ou à +0,8.[155] La baisse de la productivité du travail vivant, qui signalait la diminution des motivations dans les processus de production, était compensée dans une certaine mesure par l'amélioration de la performance des actifs.[156] Les effets de la dégradation générale de la production des produits de base pouvaient être allégés par l'extension des activités industrielles et commerciales des coopératives. Cependant, malgré cette régulation apparemment favorable, le problème de la politique des prix concernant le secteur agraire restait irrésolu. Comme disait Sándor K. Nagy, « tant que la disparité persiste entre le prix des produits agricoles et celui des produits industriels, voire qu'elle continue de croître au détriment de l'agriculture, une amélioration significative de la productivité agricole demeure inconcevable ».[157] Cela revient à dire que la persistance de l'écart tantôt grand tantôt moins grand entre le prix des produits industriels et celui des produits agricoles allait à l'encontre de l'intéressement des coopérateurs pendant les décennies en question, en raison de quoi la production des produits de base apportait des revenus sans cesse décroissants. Cette évolution a conduit au déclin du secteur agraire.

4.4 LE SYSTÈME BANCAIRE DE L'ÉCONOMIE PLANIFIÉE SOCIALISTE

Après la deuxième guerre mondiale, le système bancaire hongrois a été transformé d'après le modèle soviétique. « Les banques possédées par l'État socialiste sont solides ; elles ne sont pas menacées des crises financières et de crédit qui ébranlent les banques capitalistes et entraînent l'effondrement de plusieurs d'entre eux. Le principe et la structure du système bancaire socialiste ont été développés en Union soviétique sur la base d'expériences de longues années. »[158] Le fonctionnement des banques s'inscrivait dans

155 D'après les calculs de Ferencné Nyitrai, *Népgazdasági hatékonyság és tartalékai* (Efficience de l'économie nationale et ses réserves), Kossuth, 1983, p. 205.

156 Notons que dans les fermes d'État, où l'attachement des travailleurs à la terre et aux moyens de production était encore plus faible, l'efficacité complexe a chuté encore plus fortement entre 1973-1975 et 1979-1981, passant de 6,2 à 0,4.

157 Sándor K. Nagy, *A mezőgazdasági szövetkezeti mozgalom történeti útja II* (La voie historique du mouvement coopérant agricole II), Ministère de l'Agriculture et de l'Industrie alimentaire, 1989, p. 217.

158 La source de cette référence : manuscrit nr. 323.726 de la Bibliothèque de l'Assemblée, sous le titre « Sur le système bancaire socialiste en général », sans nom d'auteur. Sur les fondements du système monétaire socialiste, voir György Tauszk, *Pénzforgalom és szocialista hitelrendszer* (Circulation monétaire et système de crédit socialiste), Tankönyvkiadó, 1952. (sur les bases socialistes du système bancaire, la planification des prêts, le plan relatif à la circulation monétaire parmi la population, la circulation monétaire à l'échelle nationale). Voir asussi István Antos, « A pénzügyi rendszer szerepe a szocializmusban » (Le rôle du système financier dans le socialisme), Bibliothèque de l'Assemblée, manuscrit nr. 305.473 sur la nécessité de la monnaie dans le socialisme, les relations entre les finances socialistes et le plan d'économie nationale, le système de balance financière, l'imposition des entreprises et des coopératives socialistes, le financement de l'éducation populaire et de la santé nationale.

l'économie planifiée ; elles étaient les médiatrices financières de l'échange des marchandises et des services et en assuraient provisoirement les ressources ; en outre, comme disait Géza Kővári,[159] « la direction de la circulation monétaire relevait aussi de la banque centrale ». « L'organisation bancaire effectue la répartition et le regroupement des moyens sur la base des plans nationaux conformes aux objectifs de l'économie populaire définis par le Parti. »[160] « La direction du Parti se manifestait aussi dans le système bancaire devenu un système à un niveau ; elle a été exercée par les organes centraux et régionaux du Parti des travailleurs hongrois après juin 1948, puis par ceux du Parti socialiste ouvrier hongrois après novembre 1956. »[161] Les banques avaient aussi droit de contrôle[162] sur les activités des entreprises en vertu du § 5 de l'Article XX de la loi 1949 (qui n'était autre que la Constitution). « Le pouvoir public s'appuie sur les entreprises en propriété sociale, sur le système bancaire national et sur les stations de machines agricoles pour diriger et contrôler l'économie populaire dans l'intérêt du développement des moyens de production, de l'accroissement des biens publics, de l'élévation constante du niveau matériel et culturel des travailleurs et du renforcement des forces armées du pays. » Dans l'optique de l'époque, non seulement la vie bancaire et les conditions de crédit étaient interprétées d'une manière assez singulière, mais aussi l'équivalent universel : « Dans le socialisme, stade inférieur du communisme, les échanges persistent, ce qui fait que la plus grande partie du produit social devient marchandise ayant un prix », écrivaient Mátyás Tímár et Miklós Riesz.[163] De plus, selon la position d'alors de Lajos Ács, la tâche de la science économique socialiste était d'« accomplir le détrônement de l'or, puisque la monnaie d'or n'est compatible qu'avec les rapports de marché anarchiques du capitalisme, et que la formation réfléchie des prix et la production planifiée

159 Géza Kővári, « A Magyar Nemzeti Bank szerepe és feladata » (Le rôle et la tâche de la Banque Nationale de Hongrie), Bibliothèque de l'Assemblée, manuscrit (incomplet) nr. 318.238. Cette étude mérite l'attention pour la présentation des aspects techniques de la circulation monétaire.

160 *Rövidlejáratú hitel operatív kérdései* (Questions opératives du crédit à court terme), Felsőoktatási jegyzetellátó, 1953, p. 3.

161 János Botos, « Pártpolitikai döntések a magyar bankrendszer működéséről, a pártpolitika és a jegybanki tevékenység kapcsolata 1948–1989 » (Décisions du Parti sur le fonctionnement du système bancaire hongrois, les relations entre la politique du Parti et l'activité de la banque centrale), in *Pénz, gazdaság és politika a 19–21. században. Válságos idők tegnap és ma* (Argent, économie et politique aux 19e-21e siècles – Temps critiques hier et aujourd'hui), dir. Virág Rab, Pannónia Könyvek, Pécs, 2009, pp. 81–96. Le 4 octobre 1984, c'était encore le Comité économique du PSOH qui décidait de la réintroduction du « crédit commercial » (voir *ibidem*, p. 82).

162 « La Banque devrait intensifier son contrôle de l'exécution des obligations des entreprises dans le cadre des contrats de prêt, en accordant une attention particulière aux prêts destinés à l'expansion des fonds d'exportation de produits de base convertibles [...] Le contrôle devrait porter non seulement sur la réalisation des investissements et l'obtention des résultats et des rendements, mais aussi sur l'évolution du pouvoir d'achat global de développement. » Rezső Palkovits – Róbert Rózsa G., « Hitelpolitika '78 » (Politique de crédit '78), *Pénzügyi Szemle*, 1978, année XXII, nr. 3, p. 165.

163 Mátyás Tímár – Miklós Riesz, *A szocialista pénzügyi és hitelrendszer* (Le système financier et de crédit socialiste), Université d'Économie Karl Marx, 1961, pp. 4-5.

socialiste d'un côté et le fonctionnement de l'or comme monnaie de l'autre s'excluent mutuellement ».[164]

Les banques commerciales de Hongrie ont été nationalisées en 1947-1948,[165], tandis que la banque nationale a été placée en un champ de forces centralisées[166] à l'instar du modèle soviétique.[167] « À cette époque, la tâche principale du système bancaire était d'assurer la stabilité de la nouvelle monnaie. »[168] Les bases du système bancaire hongrois ont été définies par l'Article XXX de la loi 1947, en vertu duquel les actions de la Banque Nationale de Hongrie et des quatre plus grandes banques commerciales ont été nationalisées, ensuite les filières de ces dernières ont été incorporées dans la Banque nationale. Comme dans la plupart des pays socialistes,[169] on voyait aussi en Hongrie la formation d'un système bancaire centralisé et à un seul niveau, où la banque centrale avait pour fonction l'émission des billets de banque et était en même temps une banque de crédit.[170] Cela signifiait que

164 Lajos Ács, *A szocialista pénz ma és holnap. Pénzelméleti problémák a szocializmusban* (La monnaie socialiste aujourd'hui et demain. Problèmes de théorie monétaire dans le socialisme), Études de la Banque Nationale de Hongrie, 1963, nr. 12, p. 51. Cf. les avantages du système étalon-or qui a très bien fonctionné jusqu'au début des années 1970.

165 Sur la nationalisation du système bancaire et la réglementation juridique initiale, voir Iván Meznerics, « A szocialista bankok tevékenysége a jogi szabályozás tükrében » (L'activité des banques socialistes à la lumière de la réglementation juridique), Bulletins de la Banque Nationale de Hongrie, nr. 41, 1972, pp. 30–35. ; Iván Meznerics, « A bankok jogállása és a hitelpolitikai irányítás » (Le statut juridique des banques et la direction de la poitique des crédits), in *Vállalatirányítás és a vállalatok jogi helyzete I* (La direction des entreprises et le statut juridique des entreprises I), KJK, 1974, pp. 293–332.

166 Voir pour plus de détails Csaba Lentner, « Szemelvények a magyar jegybanki szabályozás II. világháború utáni történetéből – a kétszintű bankrendszer megszüntetésétől a kétszintű bankrendszer visszaállításáig » (Chapitres de l'histoire après la deuxième guerre mondiale de la réglementation de la banque centrale – suppression puis rétablissement du système bancaire à deux niveaux) *Jogtörténeti Szemle,* 2018, nr. 4 ; Csaba Lentner, « Convergence in Central Banking Regulation – What EU Candidates in South East Europe can Learn from Hungarian Experience », *Jahrbuch für Ostrecht,* Band 59, 2, Halbband, 2018, pp. 383-401.

167 Cf. « Je suis favorable à la plus grande autonomie possible pour les organisations soviétiques locales, mais en même temps je crois que pour que notre travail de transformation consciente du pays soit productif, nous avons besoin d'une politique financière unifiée et strictement définie … ». Lénine, *Œuvres complètes.*

168 Tamás Bácskai – Ernő Huszti, « Huszonöt éves a szocialista magyar bankrendszer » (Le système bancaire socialiste hongrois a vingt-cinq ans), *Pénzügyi Szemle*, 1972, année XVI, nr. 12, pp. 980.

169 Il y avait des différences, par exemple, en Bulgarie, en 1967, où le système bancaire à deux niveaux a été transformé en un système à un seul niveau, tandis qu'en RDA, une banque centrale et des banques de crédit séparées ont été organisées. Voir à ce sujet Ernő Huszti, « A szocialista bankrendszerek és szervezeti fejlődésük főbb vonásai » (Les systèmes bancaires socialistes et les principâux traits de leur développement structurel), *Gazdaság*, 1980, année XIV, nr. 2, pp. 57-77. Ernő Huszti considère le rôle et les fonctions de la banque centrale comme une question clé dans le développement organisationnel du système bancaire (*ibidem*, p. 62).

170 On a créé en outre quelques banques spéciales, dont la Banque hongroise de commerce extérieur, la Banque d'investissement, la Banque nationale de développement et la Caisse nationale d'épargne (OTP). Sur le système bancaire ainsi créé, voir Mátyás Tímár – Miklós Riesz, *op. cit.* Cf. L. M. Kogan, « A gazdasági reform és az állami bank és a vállalatok közötti hitelviszonyok » (La réforme économique et les relations de crédit entre la banque d'État et les entreprises), second tirage, *Külföldi jogi cikkgyűjtemény*, 1966, année VI, nr. 4, pp. 578-586. Kogan, se référant au XXIIIe Congrès du Parti communiste de l'URSS, considère que le développement du crédit bancaire est nécessaire à la réalisation des objectifs de l'économie planifiée. Selon l'article, en URSS « le crédit aux entreprises

c'était la banque centrale qui fournissait des crédits aux entreprises, tenait leur compte de dépôt de compensation, contrôlait leur mouvements financiers et de devises étrangères, possédant ainsi le monopole de toutes les transactions bancaires.[171] Dans le système bancaire socialiste à un niveau, les sommes d'argent sont acquises au moyen de crédits bancaires directs, dans la mesure où l'ultime fournisseur du crédit est la banque centrale. Dans ce système bancaire à un niveau, la direction directe, aussi bien que l'ajustement de la politique de crédit à la politique économique se réalise sans intermédiaires. Au vrai, ce système n'accomplissait pas de tâches bancaires proprement dites, « d'autant que les activités bancaires, et en premier lieu l'octroi des crédits étaient pour ainsi dire obligées de suivre les prescriptions légales formulées dans l'intérêt des objectifs de l'économie planifiée ».[172] Iván Szentiványi est ainsi arrivé à la conclusion que « les banques d'alors n'avaient pas de rôle déterminant et leurs activités n'avaient pas d'incidence sociale profonde, tandis que les relations juridiques relatives au fonctionnement des banques ne pouvaient favoriser même dans la moindre mesure la « réorganisation » ou la modification du système interne des relations sociales ».[173] Dans ces conditions, « l'idée même d'une étude à part des normes et relations juridiques relatives aux banques ou de la création d'une branche de droit bancaire ne pouvait pas se faire jour ».[174]

L'ordonnance 36 de l'an 1967 déclarait que la Banque Nationale de Hongrie était la banque centrale de la République populaire hongroise, la banque de l'économie populaire ayant pour fonction l'émission des billets de banque, l'octroi des crédits, etc., et était en même temps une autorité des changes à compétences très étendues. L'octroi des crédits à l'économie planifiée socialiste s'effectuait sous le Nouveau Mécanisme économique aussi selon des normes définies par le Comité économique.[175] « La tâche privilégiée de la Banque Nationale de Hongrie est d'assurer la mise en œuvre d'une politique de crédits et de changes conforme aux objectifs indiqués par le Gouvernement dans le cadre du nouveau système de gestion économique, notamment dans l'émission des billets de banque, et en faisant bon usage de son monopole de

---

industrielles a été introduit en 1939 en liaison avec le concept de leurs actifs matériels » (*ibidem*, p. 581).

171 Pour cette pratique « préclassique » de l'octroi de crédits, voir Sándor Ligeti, *Hitelezésünk rendszere 1957-1967* (Le système hongrois de l'octroi de crédit, 1957-1967), Bulletin nr. 6 de la Banque Nationale de Hongrie, 1970, p. 97.

172 Iván Szentiványi, *Bankjog* (Droit bancaire), Közgazdasági és Jogi Könyvkiadó, 1988a, p. 28.

173 Iván Szentiványi, *op. cit.*, p. 28. En même temps, Szentiványi, déjà dans ses ouvrages publiés en 1972 et 1976, fait une référence nuancée à la nécessité de revaloriser le système bancaire dans le contexte de l'économie planifiée et de traiter le droit bancaire financier comme une discipline juridique distincte. Iván Szentiványi, *A bankrendszer pénzügyi jogviszonyainak főbb elméleti kérdései* (Les principales questions théoriques des aspects de droit financier du système bancaire), thèse de doctorat, Académie hongroise des sciences, 1972. ; Iván Szentiványi, *A banktevékenység pénzügyi jogi szabályozásának alapkérdései* (Les questions fondamentales de la réglementation de droit financier des activités bancaires), Közgazdasági és Jogi Könyvkiadó, 1976.

174 Iván Szentiványi, *op. cit.* (1988a), p. 28.

175 Résolution 12/1967 (13 avril) du Comité économique sur le système de crédit et de circulation monétaire.

crédits, de changes et de tenue des comptes. »[176] L'octroi des crédits était réglé par des directives de politique de crédit, approuvées par le gouvernement et s'inscrivant dans le plan d'économie nationale.[177] Ces directives déterminaient les principes de l'octroi des crédits à long, à moyen et à court terme au financement des investissements, des services de production et de la consommation. La Banque Nationale de Hongrie pouvait exercer son droit de proposition lors de l'élaboration de la politique des crédits ; sa proposition a été ensuite étudiée par le Conseil de politique des crédits, puis présentée au gouvernement conjointement par le ministre des Finances et le président de l'Office national du plan.[178] L'accomplissement des tâches concrètes définies par les directives était du ressort du Conseil de politique des crédits, où siégeaient aussi les représentants des organisations intéressées. Au cours de la préparation du plan d'économie nationale, la Banque nationale établissait une balance nationale des crédits, dont les données étaient prises en compte lors des décisions. La résolution du Comité économique disposait aussi des détails techniques du versement des crédits à divers termes, définissait la politique des taux d'intérêt, et évaluait les analyses présentées par la Banque nationale. L'ordonnance 37 de l'an 1967 du gouvernement formulait des prescriptions relatives à la circulation monétaire, aux crédits bancaires, et même à l'appréciation de la solvabilité.

« Les devises nécessaires aux importations doivent être mises à la disposition des entreprises importatrices par l'intermédiaire de la Banque nationale, à conditions que celles-là disposent de la licence d'importation requise et d'une couverture égale en forints. »[179] Pour ce qui est des exportations, l'équivalent en devises des gains devait être remis à la Banque nationale.[180] Les règles relatives aux crédits en devises et à la gestion du coût des devises étaient également définies par cette même résolution, de manière que les fonctions de l'autorité des changes incombaient au ministère des Finances, tandis que la Banque nationale exerçait les mêmes fonctions vis-à-vis des entreprises. L'octroi des crédits et la gestion des devises devaient se régler sur les prévisions du plan d'économie nationale, ce qui signifie que – malgré un certain nombre de petites libertés – le dirigisme continuait à prévaloir aussi dans le secteur financier. Le fournissement des crédits et des devises nécessaires à la réalisation des plans d'un an incombait à la Banque nationale.

176 Iván Meznerics, « A Magyar Nemzeti Bank a gazdaságirányítás új rendszerében » (La Banque Nationale de Hongrie dans le nouveau système de gestion économique), *Pénzügyi Szemle*, 1968, année XII, nr. 5. pp. 433-434.

177 Pour une description détaillée de la réglementation juridique du fonctionnement des banques, voir Iván Szentiványi, *op. cit.*, 1988a, p. 511. Cf. Iván Szentiványi, *A bankéletbe való állami beavatkozás határai, különös tekintettel a monetáris (bank) törvényre* (Les limites de l'intervention de l'État dans la vie bancaire, en ce qui concerne notamment la loi monétaire [sur les banques]), Académie hongroise des sciences, 1988b, p. 141 (« notre législation bancaire nationale – malgré le fait que la création de la loi sur les finances publiques a constitué une avancée significative à cet égard – n'est pas uniforme »).

178 Parallèlement à des concertations avec les organes compétents du PSOH.

179 Résolution 12/1967 (6 mai) du Comité économique, Point 1.

180 *Ibidem*, Point 3.

Dans l'ensemble, les crédits et les devises requises pour la réalisation des plans des entreprises ajustés au plan national étaient fournis par le Centre. Le fonctionnement de la Banque nationale ne tenait pas compte des règles de l'économie du marché. Malgré l'extension considérable du principe de l'intéressement des unités économiques, la plupart des prix continuaient à être établis par le Centre, ce qui influait aussi sur les activités bancaires. La résolution 2053 de l'an 1967 du gouvernement a muni l'Office national des matériaux et des prix du droit de régulation des prix et de prendre les mesures nécessaires pour la réalisation des objectifs du plan d'économie nationale, ce qui n'était pas sans influer sur le niveau de vie de la population. Une avancée vers l'économie du marché a été marquée par le fait que la résolution 10.126 de l'an 1966 du Comité économique prescrivait que lors de la réforme des prix industriels la direction centrale planifiée et les conditions du marché devaient être harmonisées. Les prix industriels devaient avoir pour fonction fondamentale d'orienter et d'encourager les producteurs et les consommateurs dans leurs décisions économiques. On voulait promouvoir par ce moyen l'exploitation raisonnable des ressources économiques et l'ajustement de la production à la demande monétaire, tandis que les coûts de production, les jugements de valeur du marché et les préférences de l'État devaient déterminer ensemble les prix. Le système de comptabilité destiné au suivi des processus économiques[181] – avec les règles relatives aux diverses branches – se limitait à la planification économique et à la réunion des informations nécessaires à l'exécution du plan.

La tâche de la banque centrale responsable de la politique monétaire était la définition, la régulation et l'influencement de la quantité de la monnaie au niveau de l'économie nationale, cependant qu'avec des mesures susceptibles de renforcer les relations internationales (dont des crédits d'investissements[182]) elle contribuait aussi à la réalisation de la politique économique. Ainsi la politique monétaire était partie intégrante de la politique économique ; ses objectifs coïncidaient avec ceux de la politique économique – et notamment de la politique fiscale – tant sur le plan de la croissance économique que sur ceux de l'emploi, du jugulement de l'inflation et de la balance des paiements. En dehors de ces objectifs communs, la politique monétaire avait aussi des visées intermédiaires, par exemple sur le plan de l'offre monétaire, du cours des changes et de la diminution de la dette publique. Le développement planifié de l'économie exigeait que les crédits destinés aux développements fussent prélevés sur les réserves monétaires, et il fallait s'adresser aux détenteurs d'argent afin qu'ils consentent à des économies raisonnables et à l'ouverture de comptes bancaires. Dès le début des années 1980, on a vu la naissance

181 Résolution 33/1967 (20 août) du Comité économique sur la réglementation du système uniforme sur la fourniture des données et la comptabilité relatives aux processus économiques.

182 En 1972 la banque centrale assurait 54 % des financements d'investissements. Voir György Tallós, « A bankhitelezés néhány időszerű kérdése » (Quelques questions d'actualité des crédits bancaires), *Közgazdasági Szemle*, 1971, année XVIII, nr. 9, p. 1026, tableau 1.

d'un grand nombre de sociétés et d'organisations d'innovation accordant des dotations en capital, dont les crédits servaient surtout les investissements. En 1984, les sommes versées par ces sociétés correspondaient déjà à plus d'un tiers des crédits déboursés par la Banque nationale, ce qui signifie que les entreprises investisseuses pouvaient désormais choisir entre plusieurs possibilités de financement.[183] Cependant en raison d'investissements antérieurs avérés peu rentables et les nouvelles demandes d'investissement il était de plus en plus difficile de satisfaire les demandes de crédits par des ressources nationales. Il n'en reste pas moins que le Nouveau Mécanisme économique de 1968 a diminué les fonctions de distribution de crédits du système bancaire, cependant qu'un déboursement de crédits tenant compte de la solvabilité des débiteurs était encore loin de se généraliser.[184]

Dans les années 1980, il y a eu une prise de conscience croissante[185] que « notre développement économique ne peut ne pas tenir compte des relations entre marchandises et argent, ce qui conduit à repenser et à réviser plusieurs catégories du marché des produits, de l'argent et des capitaux ».[186] Cela a soulevé la question de la forme institutionnelle et des règles de fonctionnement du système des institutions financières, qui est apparue de plus en plus dans le projet de développement futur du système de gouvernance économique.[187] En 1987, le système bancaire à deux niveaux a été reconstitué, les directions sectorielles étant séparées de la banque centrale[188] et continuant à fonctionner comme des banques commerciales indépendantes, appartenant à l'État, tandis que la Banque nationale remplissait son rôle classique de banque centrale et ses fonctions de refinancement. Dans le contexte de l'évolution du système, il a été affirmé que « le fonctionnement correct et souhaitable du système bancaire est impensable si l'intervention de l'État est illimitée, si la réglementation est indifférenciée et si les autorités font donc aux banques ce qu'elles considèrent comme approprié dans les circonstances ».[189] En même temps, il était également

183 Cf. *Bankrendszer Magyarországon* (Le système bancaire en Hongrie), Reflektor Kiadó, 1985, p. 13.

184 Cf. Iván Szentiványi, *op. cit.* (1988a), p. 29. L'auteur fait valoir qu'après 1968, l'activité des entreprises n'était pas déterminée par des indicateurs de planification « désagrégés », mais principalement par les conditions du marché, de sorte que la politique de crédit et le crédit sont devenus d'une importance capitale.

185 Tandis qu'en 1971 Tamás Bácskai (malgré le retour en arrière) estimait que le système bancaire devait être ajusté à l'autonomie de 1968 des entreprises (« A bankrendszer fejlesztésének kérdései hazánkban » [Les questions du développement du système bancaire dans notre pays], *Pénzügyi Szemle*, année XV, nr. 11, pp. 892-896), József Felvidéki (« A hitelrendszer tovább fejlesztésének főbb kérdései » [Les questions principales du développement permanent du système de crédit], *Pénzügyi Szemle*, 1971, année XV, nr. 2, pp. 98-106) formulait des propositions concernant la modernisation des crédits d'investissement et de fonds de roulement.

186 *Bankrendszer Magyarországon* (Le système bancaire en Hongrie), *op. cit.*, p. 3.

187 Rezső Palkovits, « A bankrendszer fejlesztése » (Le développement du système bancaire), in *Gazdaságirányítás* (Gouvernance économique), KJK, 1985, pp. 131-136.

188 Sur les nouvelles banques commerciales d'État organisées sur des bases sectorielles, voir Rezső Nyers fils, « Egyéves a bankreform – eredmények és gondok » (Le premier anniversaire de la réforme bancaire – résultats et problèmes), *Gazdaság*, 1988, année XXII, nr. 2, pp. 67-75.

189 Iván Szentiványi, *op. cit.* (1988b), p. 1.

exigé que l'intervention de l'État dans le fonctionnement des banques soit garantie jusqu'à la limite de l'opportunité, et Szentiványi a même considéré que l'intervention de l'État dans la réglementation du système monétaire et du système bancaire était inévitable.[190]

Les transformations du système bancaire au milieu de l'élargissement des libertés à la fin des années 1980 étaient influencées défavorablement par une des conséquences secondaires pour le secteur financier de la réforme de 1968, à savoir que « dans l'année du début de la réforme la dégradation de la morale de paiement commençait à entraîner des conséquences néfastes ».[191] Cela tenait à ce que les demandes de crédits étaient présentées non par les établissements financiers mal fonctionnant, mais par des entreprises faisant preuve de gestion correcte qui attendaient en vain les remboursements de leurs clients. Déjà deux décennies avant l'instauration du système bancaire à deux niveaux, la gouvernance économique à dû se rendre compte qu'une plus grande liberté de gestion conduit souvent à l'indiscipline et au laxisme financier. C'est que le Nouveau Mécanisme reconnaissait aux unités économiques le droit de disposer librement de leur compte bancaire, ce qui a stimulé la gestion financière autonome des entreprises, tout en ayant des corollaires défavorables. « Les unités économiques ne remplissent pas leurs obligations de paiement, ou s'en acquittent avec des retards. »[192] On a pu cependant faire état d'un changement positif : grâce à la réforme, la proportion de la « consommation matérielle » et de l'« accumulation nette »[193] s'est modifiée entre 1967 et 1969 d'une manière favorable : la consommation matérielle a augmenté, témoignant de la croissance des revenus de la population. « Le revenu réel par personne s'est élevé de 6 % en 1968, et de 7 % en 1969. [...] Le volume des investissements s'est accru seulement de 2 % en 1968 par rapport au niveau record de 1967, mais de 7 à 8 % en 1969 (par rapport à l'année précédente) »,[194] ce qui était dû aussi à une plus grande intensité des activités d'investissement, de crédit et de comblements de fonds de roulement accomplies par la banque centrale.[195]

190 *Ibidem.* Szentiványi a également exprimé son point de vue sur les questions législatives et même sur les questions fondamentales et détaillées de l'intervention de l'État. Il a énoncé les grands principes du droit monétaire. *Ibidem*, pp. 147-370.

191 Lajos Tutzer, *A fizetési morál alakulása az utolsó két évben* (L'évolution du moral des paiements dans les deux dernières années), Bulletin nr. 7 de la Banque Nationale de Hongrie, p. 8.

192 Lajos Tutzer, *op. cit.*, p. 11. Sur les causes et les techniques des manquements de paiement, *ibidem*, pp. 11-27 ; sur ses proportions, pp. 50-51. Cf. László Ujlaki, « Adósmorál – hitelezői morál a gazdasági döntőbizottsági gyakorlatban » (Moral de débiteur et moral de créancier dans la pratique de la commission d'arbitrage économique), *Pénzügyi Szemle*, année XIV, nr. 9, pp. 765-771. Les litiges en matière de recouvrement de créances se sont multipliés, ce qui, outre le non-paiement, a entraîné des pertes croissantes.

193 La consommation matérielle s'est élevée de 75,5 % à 76,5 %, puis à 77 %. Cf. István Szabó – Lajos Tutzer, *A népgazdaság fejlődése és a bank működése az 1968-1969 években* (Le développement de l'économie populaire en 1968-1969), Bulletin nr. 12 de la Banque Nationale de Hongrie, p. 10.

194 István Szabó – Lajos Tutzer, *op. cit.*, pp. 10-11.

195 *Ibidem*, pp. 41-56.

Les dispositions de la réforme de 1968 ont créé – aussi dans le domaine de la politique monétaire – des bases favorables pour la nouvelle politique bancaire de la fin des années 1980 et pour une transition plus intensive vers une économie du marché. À côté du système de planification et du budget central, la politique monétaire est devenue aussi un moyen puissant de la réalisation de la politique économique. L'autonomie de la gestion des entreprises a été progressivement élargie à partir de 1967-1968, de même que leurs droits de décision en matière de production et d'investissements, et l'intéressement des travailleurs aux bénéfices de l'entreprise. Détentrice du monopole des crédits commerciaux, la banque centrale était à même de promouvoir de manière plus directe l'accélération de la vitesse de circulation de l'argent par le truchement de sa politique de financement. Elle contribuait surtout au développement de l'autonomie des entreprises par des mouvements de fonds de développement, de bénéfices et de roulement à travers l'appréciation de l'approvisionnement en fonds de roulement et de la solvabilité des unités de production. C'est par le fonctionnement de la banque centrale que le mécanisme de décision centralisé et basé sur le système de planification a réduit le caractère centralisé de l'économie. À côté du budget national comme instrument de centralisation des revenus et de redistribution, la banque centrale exerçait des fonctions de transformation au service des mesures fiscales. Cependant la politique monétaire n'était pas encore à son maximum. Selon László Lengyel et ses collaborateurs,[196] « la répartition centrée sur l'accumulation des revenus nationaux amenait la banque centrale à des émissions de billets au bénéfice du budget national et des entreprises, ce qui n'a pas manqué de diminuer l'efficacité de la politique monétaire visant à satisfaire les demandes urgentes d'investissements, et a fait échouer – du moins en partie – les efforts monétaires destinés à stimuler la volonté d'épargne des acteurs économiques, cependant que les demandes de crédit étaient aussi constamment nourries – en dehors de l'élargissement de la production – par la répartition des excédents ». En outre, « la politique de crédit était dominée par des contraintes destinées à réduire le pouvoir d'achat, en contrebalançant les dépenses dépassant les ressources d'alors du budget national et des entreprises ».

La multiplication, à partir de la seconde moitié des années 1980, des entreprises organisées en fonction des réalités du marché exigeait de plus en plus l'institution d'un système bancaire à deux niveaux. La planification et les décisions politiques individuelles ne pouvaient pas adapter aux réalités du marché la politique et la pratique de crédit de la banque nationale fonctionnant sous le signe de la centralisation propre au système bancaire à un niveau. Malgré les changements favorables, l'effet dynamisant des crédits ne se faisait sentir que de manière restreinte, tandis que les activités des entreprises dépendaient toujours essentiellement des autorités administratives. Les possibilités d'acquérir des capitaux sur des bases de marché faisaient défaut, et

196 László Lengyel (dir.), *A monetáris politika az 1968-71 és években* (La politique monétaire en 1968-1971), Bulletin nr. 42 de la Banque Nationale de Hongrie, 1972, p. 4.

l'intéressement des entreprises aux bénéfices n'était pas suffisamment encouragé et demeurait à un niveau très bas. Si Chapitre V de l'Article II de la loi 1979 sur les finances d'État et l'ordonnance gouvernementale 23 de 1979 servant son exécution plaçaient entre des cadres nettement définis le fonctionnement du système des établissements financiers, le système bancaire à un niveau était de moins en moins capable de satisfaire les besoins des entreprises appuyées sur des bases de marché et fortes de la valeur des capitaux étrangers. Tandis qu'« en 1968 la réorganisation des banques n'était pas à l'ordre du jour »,[197] la question est devenue brûlante dans la seconde moitié des années 1980.[198] De plus, une résolution de juin 1982 du Comité central admettait la nécessité d'intensifier l'arrivée de capitaux étrangers susceptibles de promouvoir l'orientation à l'exportation et la profitabilité des entreprises hongroises, ce qui mettait en cause la raison d'être du système bancaire à un niveau. Bien que la résolution du Comité central ait aussi soutenu le développement du système bancaire, selon Mária Zita Petschnig[199] l'idée de la nécessité de la réforme bancaire était née en réalité dans le secteur bancaire lui-même, et non au niveau de la direction politique. Petschnig estimait que la transformation du système bancaire était inévitable, arguant que le système à deux niveaux pouvait mieux faire valoir la nécessité du changement tant devant les dirigeants de la vie économique que devant les entreprises. Cependant la question d'un système bancaire à deux niveaux a suscité un grand débat théorique parmi les économistes.[200] Miklós Riesz[201] en a contesté les avantages en disant que contrôler la masse monétaire par les mécanismes d'un système bancaire à deux niveaux ne produirait pas les résultats attendus. Selon lui, l'affirmation

197 Tamás Bácskai, *op. cit.*

198 Le changement dans le système de prêt de 1965-67 a été la limitation de la production « pour son propre compte » au moyen du crédit. Voir à ce sujet Mme István Baka – Margit Bognár, « Bankviták, bankreformok, hitelezési elvek Magyarországon » (Débat et réformes bancaires, principes de crédit en Hongrie), thèse de doctorat, *Pénzügykutatási Intézet Tanulmányai*, 1986, nr. 8, pp. 18-37. Par la correction de 1971, priorité a été donnée à l'idée que « l'unité de l'activité courante et du développement du financement nécessite un appareil bancaire qui traite tous les aspects des activités de l'entreprise ». Tamás Bácskai, *op. cit.* Cité dans Mme István Baka – Margit Bognár, *op. cit.*, p. 51.

199 Mária Zita Petschnig, « A bankrendszer jegybanki kérdésköréről » (Sur les problèmes connexes relatifs à la banque centrale du système bancaire), *Közgazdasági Szemle*, 1984, nr. 6 ; Mária Zita Petschnig, « A horizontális pénzmozgások szükségessége » (La nécessité des mouvements de fonds horizontaux), *Bankszemle*, 1985, nr. 6.

200 Les arguments pour et contre du débat sont étudiés dans Mme István Baka – Margit Bognár, « Bankviták, bankreformok hitelezési elvek Magyarországon » (Débat et réformes bancaires, principes de crédit en Hongrie), thèse de doctorat, *Pénzügykutatási Intézet Tanulmányai*, 1986, nr. 8, p. 189.

201 Miklós Riesz, *A szocialista gazdaság pénzügyei* (Les finances de l'économie socialiste), Tankönyvkiadó, 1982, pp. 240–255 ; Miklós Riesz, « Észrevételek a pénzügyi intézményrendszerről folyó vitához » (À propos du débat sur le système des institutions financières), *Társadalmi Szemle*, 1983, nr. 7. Cf. Sándor Ligeti, « A központi bankok önállósága a tőkésországokban » (L'autonomie des banques centrales dans les pays capitalistes), *Közgazdasági Szemle*, 1981, nr. 4 ; Sándor Ligeti, « A bankrendszer átszervezése » (La réorganisation du système bancaire), *Külgazdaság*, 1987, année XXXI, nr. 1, pp. 13–20 ; Ernő Huszti, « A szocialista bankrendszer fejlődésének főbb vonásai » (Les principaux traits du développement du système bancaire socialiste), *Bankszemle*, 1979, nr. 12 ; Tamás Bácskai, « A bankok szabadsága egyenesen arányos a vállalatokéval » (La liberté des banques est en proportion directe avec celle des entreprises), *Magyar Nemzet*, 15 janvier 1985.

selon laquelle ce mécanisme régule simplement, efficacement et strictement la création de monnaie par les banques commerciales, et la masse monétaire de l'économie en général, ne peut être acceptée à la lumière du fonctionnement de la boîte à outils de la politique monétaire. Il contestait la restriction de l'offre des crédits, de la création de l'argent et de la masse monétaire, et le bien-fondé des prévisions y relatives. Il considérait comme discutable la limitation quantitative du crédit, de la création monétaire, et plus encore de la masse monétaire, ainsi que la fixation d'un crédit quantitatif préalable pour ceux-ci. En ce qui concerne le fonctionnement des banques commerciales, il ne pensait pas que la concurrence interbancaire loyale, la prise en charge et la gestion des risques liés aux prêts pussent être garanties, et mettait en garde contre le conflit entre l'intéressement aux bénéfices des banques et les objectifs sociaux. Selon Miklós Riesz, les bénéfices supposés attendus de la restructuration du système financier étaient incertains et basés sur des hypothèses qui devaient être prouvées, alors que les coûts supplémentaires étaient évidents. Cependant Lajos Bokros et György Surányi[202] ont plaidé en faveur d'un renforcement du système de marché monétaire et des capitaux et d'un système bancaire à deux niveaux. Ils ont préconisé une plus grande indépendance de la politique de la banque centrale vis-à-vis du gouvernement, qu'ils voulaient garantir par la législation. Sur la base de l'expérience opérationnelle de la Banque d'Angleterre, ils ont jugé possible de s'appuyer sur des instruments de marché pour gérer efficacement les banques commerciales et parvenir à une régulation monétaire adéquate. D'après leur expérience, le modèle de banque de capitaux, fondé sur la concurrence, la prise de risques et la recherche de profits, se justifie également dans le contexte hongrois. Alors que la mise en place du système bancaire socialiste après la seconde guerre mondiale n'était pas le résultat d'un développement organique, le système à deux niveaux « restauré » en 1987 était le résultat de longues discussions théoriques, au cours desquelles la banque centrale fonctionnait comme un gestionnaire monétaire vis-à-vis des banques commerciales, sans opérations bancaires actives et passives avec les entités économiques, c'est-à-dire que ses fonctions de banque centrale et de banque de crédit étaient séparées. Un organisme de supervision bancaire a été créé sous l'égide du ministère des Finances pour « assurer la sécurité des opérations bancaires »[203] . La banque centrale a continué à jouer un rôle de refinancement, tandis que le secteur des entreprises a pu choisir librement ses banques parmi les établissements financiers d'État. Au-delà du changement de forme organisationnelle, le système bancaire est devenu l'un des principaux instruments de la modernisation de l'économie,[204] mais

[202] Lajos Bokros – György Surányi, « Verseny a valóságban » (Concurrence dans le monde réel), *Közgazdasági Szemle*, 1983, nr. 10.

[203] Sándor Ligeti, *op. cit.*, p. 19.

[204] Pour une description des principes de l'environnement régulateur initial des banques commerciales et de la banque centrale, voir Zoltán Spéder, *Bank – Verseny – Reforme* (Banque – concurrence – réforme), Bulletin nr. 114 de la Banque Nationale de Hongrie, 1987, pp. 114-137. Cf. les étapes de la restauration du système bancaire à deux niveaux, qui étaient plutôt de caractère technique et non

il convient d'ajouter que, malgré les débats professionnels qui ont émergé de la « base », la création du mécanisme à deux niveaux, en termes de fonctionnement, reflétait également une situation non organique, puisque les banques commerciales d'État prêtaient aux entreprises d'État et aux start-ups favorisées par la direction politique, que le gouvernement encourageait à travers ses instruments directs et indirects. En outre, la politique monétaire de la banque centrale a également été influencée dans ce sens en raison de sa dépendance spécifique.

4.5 LE DÉCLIN DU SYSTÈME D'ÉCONOMIE PLANIFIÉE

4.5.1 La période après la réforme de 1968

L'affaiblissement de la réforme de 1968 a joué un rôle déterminant dans le déclin continu de l'économie planifiée. Les réserves de ressources intérieures du système n'accordant qu'une place limitée aux rapports de prix et de valeur s'épuisaient progressivement, à quoi s'ajoutait la hausse – aux effets adoucis, mais constante – du prix de l'importation des dérivés d'hydrocarbure et d'autres matières premières à partir de 1973. Le système basé sur la planification centrale commençait à être dominé par l'implanifiabilité, la détérioration constante de la productivité liée à la hausse des prix de revient, le gaspillage des ressources, l'insuffisance de l'intéressement matériel et leurs conséquences directes, à savoir le manque de produits et le déficit budgétaire. « Le manque, qu'il soit effet ou conséquence d'autres phénomènes, est lié par d'innombrables fils aux autres éléments du système économique : aux prix, aux salaires, à la planification, au marché, à la politique financière et de crédits, à l'incitation matérielle et morale. »[205] Selon la définition de János Kornai, l'économie socialiste est devenue une économie de pénurie le « marché des vendeurs », où la production était caractérisée par « la hâte » et les débouchés par « la résorption », puisque la structure générant une étroitesse constante a conduit à ce que la demande reste pour ainsi dire systémiquement insatisfaite. De par sa nature, le système de planification était incapable d'organiser un approvisionnement optimal. Le marché du logement, celui des biens de consommation, les approvisionnements par l'État, les achats de voiture, le marché des investissements et des crédits, bref tous les domaines de la vie étaient caractérisés par des demandes soit insatisfaites soit satisfaites au terme de longues attentes. La définition de Kornai met en lumière le problème systémique fondamental de l'économie planifiée socialiste, et constitue un démenti radical de l'idée de la supériorité

les étapes d'une construction organique : il s'agissait en réalité d'une série de mesures dictées par des nécessités économiques. Voir à ce sujet János Fekete, *A magyar bankrendszer, International Herald Tribune Conference*, 1985, Budapest, pp. 46-48.

205 János Kornai, *A hiány* (Le manque), Kalligram, 2011, p. 18. (Prmière édition. 1980, KJK.)

de celle-ci sur l'économie capitaliste. La multiplication des phénomènes de manque a commencé à la suite de la « révision » des mesures prises en 1968 dans un esprit de marché, et a entraîné le dépérissement progressif du système.[206] L'insatisfaction constante de la demande monétaire a conduit à la hausse du prix des produits et des services, ce qui a eu pour conséquence la montée de l'inflation et l'altération des conditions d'existence.[207] Ce système caractérisé par la carence des ressources, l'intéressement insuffisant des travailleurs, le gaspillage et le niveau souvent reprochable de l'offre a généré des pertes pour les entreprises, puis un déficit budgétaire constant dû à la prise en charge par l'État de ces pertes, et a conduit finalement à l'affaiblissement financier, voire à l'endettement de l'État, dont les charges d'intérêt incombaient à la société.[208]

À mesure que la situation économique s'aggravait, des changements se faisaient sentir dans la société. Disparue pendant les quatre décennies d'économie planifiée, la pauvreté classique a cédé la place à une pauvreté de type nouveau. Cependant, selon Ágnes Bokor, l'essence de la pauvreté n'avait pas changé : dans une société donnée, ceux dont la situation matérielle est la pire sont toujours pauvres, et c'est le niveau de développement de la société donnée qui décide qui sont les pauvres. « L'inadéquation des structures de travail et d'habitat était la conséquence de l'industrialisation poussée des années 1950 et de la concentration des forces productrices dans les années 1960,[209] dont les effets néfastes se sont singulièrement aggravés dans les années 1980. C'était l'époque des ouvriers faisant la navette entre la ville et le village où ils habitaient et où travaillaient aussi dans leur petite exploitation, de « l'intelligentsia assoupie des cités-dortoirs », et d'« une qualité de vie de petite ville ».[210] À la suite de la dégradation des performances économiques, de

[206] Ajoutons à cela que depuis les années 1960, les besoins de consommation ont également augmenté de manière significative.

[207] À l'ouvrage cité de Kornai, il convient de juxtaposer les calculs d'Ernő Huszti, qui ont démontré qu'entre 1985 et 1995 le pouvoir d'achat du forint est tombé de 58,1 %. Voir Ernő Huszti, *Egy valuta története. A forint forgalma a stabilizációtól az euro előszobájáig* (L'histoire d'une monnaie. La circulation du forint depuis la stabilisation jusqu'à l'antichambre de l'euro), L'Harmattan, 2011, pp. 157-160. Kornai estime d'ailleurs que les problèmes du système d'économie planifiée, notamment le phénomène de la contrainte budgétaire molle, ont été transmis à l'économie de marché, ce qui n'a fait qu'accroître la profondeur de la crise de transformation. Sur cette « transmission », voir János Kornai, *A szocialista rendszer* (Le système socialiste), Kalligram, 2012, pp. V-XXXII.

[208] János Kornai a utilisé le concept de contrainte budgétaire souple dans le contexte des entreprises déficitaires qui étaient sans cesse renflouées par l'État. Voir János Kornai, *A puha költségvetési korlát* (La contrainte budgétaire molle), Kalligram, 2014. Selon Kornai, le phénomène de « l'économie de pénurie », qui est le plus souvent pauvre en ressources et de plus en plus difficile à planifier, et la contrainte budgétaire molle sont corrélés comme cause et effet. En d'autres termes, le phénomène de « l'économie de pénurie » a d'abord entraîné des pertes pour les entreprises, que l'État a dû – inévitablement – éponger et reprendre, illustrant ainsi le concept de la contrainte budgétaire souple.

[209] Ágnes Bokor, *Szegénység a mai Magyarországon* (Pauvreté dans la Hongrie d'aujourd'hui), Magvető, 1987, p. 263.

[210] Pour une analyse détaillée, voir Csaba Varga, *Magyarország eresz alatt* (La Hongrie sous l'auvent), Magvető, 1989, 360 p. Sur l'époque de transition et l'atmosphère politique du déclin, voir Zoltán Ripp, *Rendszerváltás Magyarországon* (Changement de régime en Hongrie), Napvilág, 2006.

longs marchandages avec l'Union soviétique[211] et de la contraction de crédits occidentaux, la Hongrie a été admise en 1981 parmi les pays membres du FMI et de la Banque mondiale.[212] La contraction massive de crédits étrangers et la détérioration progressive de la situation économique ont conduit au déclin du système. L'endettement avec ses charges d'intérêt croissantes, l'élévation plus lente que prévue, puis la stagnation, et enfin la baisse du niveau de vie a causé un véritable trauma psychologique parmi les adeptes de l'économie planifiée socialiste.[213] Le déclin de l'économie planifiée a commencé avec le « coup de frein » donné à la réforme de 1968, avec le développement insuffisant des relations monétaires et de prix, et le manque d'attention accordée aux impératifs du marché. Le signe le plus éclatant, perceptible pour tous du déclin était d'abord le ralentissement du rythme de la croissance des revenus, ensuite la baisse de la valeur réelle des revenus, et finalement le chômage frappant particulièrement certaines régions.

Dès le début des années 1960 un plan de développement de l'économie et du territoire a fait jour, envisageant, en raison du manque de main-d'œuvre, un développement sélectif des industries de la capitale, comprenant aussi un programme d'industrialisation pour la Grande Plaine hongroise et le Sud de la Transdanubie, et incluant un projet de rationalisation de l'exploitation des mines de charbon.[214] Or la réalisation incomplète de ce plan a créé de graves problèmes d'emploi, étant donné que les industries basées sur le travail de masses d'ouvriers non qualifiés de ces régions étaient les premières à péricliter. En même temps, la faillite des branches industrielles des coopératives agricoles,[215] prétendument en essor dès les années 1970 et employant une

211 Partons de la thèse de László Lengyel selon laquelle « ni l'Union soviétique gorbatchévienne ni l'Union soviétique anti-Gorbatchev n'ont détourné un seul instant leurs yeux de la Hongrie, rien ne s'est passé à leur insu et sans leur consentement jusqu'à l'automne 1989 ». László Lengyel, *Illeszkedés vagy kiválás* (Adaptation ou séparation), Osiris, 2006, p. 113.

212 János Honvári, « Az IMF-csatlakozás előtörténetéhez » (Sur la « protohistoire » de l'adhésion au FMI), in *A Páneurópa mozgalomtól az euróig* (Du mouvement pan-europeen à l'euro), Győr, 2005, Tudományos Füzetek nr. 9, pp. 44-89.

213 Cf. l'affirmation de « la supériorité de l'économie planifiée sur l'économie capitaliste anarchique », basée sur l'ouvrage intitulé *La Construction de l'économie planifiée soviétique en 1917-1918* d'A. J. Gladkov, qui a inspiré les premiers plans hongrois d'économie nationale. Voir aussi Antal Szász, *Tervgazdasági Igazgatás I–II* (Direction de l'économie planifiée), ELTE ÁJK, 1951, p. 39 ; Tamás Dániel, *Bevezetés a népgazdasági tervezésbe* (Introduction à la planification d'économie nationale), Académie économique et technique, 1952, p. 9 ; *Főhatósági tervjavaslatok kidolgozásának általános irányelvei és módszerei* (Directives et méthodes de l'élaboration de projets de plan de l'autorité suprême), s. d., Bibliothèque de l'Assemblée, nr. 323.242: (6) ; Sándor Kelemen, *Út a szabad versenytől a tervgazdaságig* (De la libre concurrence à l'économie planifiée), s. é. (comment briser la bourgeoisie) ; *Ötéves tervünk: Béketerv* (Notre plan quinquennal : Plan de paix), 2e édition, Ministère de la Culture populaire, 1953 (y compris le plan quinquennal de la production littéraire) ; *Tervgazdasági jogszabálygyűjtemény* (La législation concernant l'économie planifiée), Tervgazdasági Könyvkiadó, 1953.

214 Györgyi Barta, « Az ipar szerepe a szocialista gazdaság- és területfejlesztési politikában » (Le rôle de l'industrie dans la politique socialiste du développement de l'économie et du territoire), *Tér és Társadalom*, 1991, nr. 4, pp. 37-50.

215 Et surtout le fait qu'à la fin des années 1980 les branches secondaires des coopératives agricoles produisaient plus de la moitié de leur chiffre d'affaires net total.

main-d'œuvre pratiquement sans formation, a réduit au chômage des masses de travailleurs « industriels » et agricoles dans les villages et les petites villes, ce qui avait des conséquences catastrophiques pour la situation économique, sociale et morale de régions entières.

4.5.2 Le déclin de l'économie et du niveau de vie

L'évolution de la valeur d'achat des revenus des entreprises et de la population témoigne en elle-même de la qualité d'un système économique et, le cas échéant, de son déclin. Comme nous l'avons vu plus haut, l'inflation a marqué les quatre décennies de la planification économique, et la baisse de la valeur d'achat de la monnaie nationale était un signe évident de la profondeur de la crise. Cette montée de l'inflation résultait d'une part de « la poursuite des orientations de l'économie mondiale » (comme c'était le cas de l'inflation suivant la deuxième guerre mondiale ou de celle provoquée par la hausse du prix du pétrole), d'autre part des transferts artificiels de revenus effectués dans le cadre du système d'économie planifiée. Ernő Huszti distingue cinq périodes d'inflation entre l'introduction du forint en 1946 et l'année 1985, et fait état des taux de dépréciation suivants : de 1946 à 1952, la valeur du forint tombe à 42 % de sa valeur initiale ; de 1953 à 1960, on observe une dépréciation relativement modique, qui s'arrête à 33,5 % ; la période entre le début de 1961 et la fin de 1967 se caractérise par la stabilité monétaire, le forint gardant 32,9 % de sa valeur originelle ; de 1968 à 1978, l'inflation s'accélère, et la valeur du forint se réduit à 23,3 % de sa valeur en 1946. Ce taux tombera encore à 14,9 % à la fin de 1985.

La hausse du prix des dérivés d'hydrocarbure à partir des années 1970 a causé – malgré ses effets artificiellement « adoucis » par le gouvernement – de considérables pertes des termes d'échange pour la Hongrie, affectant en particulier la balance du commerce extérieur. Le désir de maintenir le pouvoir politique à tout prix, et le désir subordonné de maintenir la production, ont à leur tour généré de plus en plus d'emprunts à l'étranger, et l'incapacité à rembourser a conduit à une dette publique croissante. Dans les cadres d'une économie nationale basée sur des matières premières surtout importées, l'industrie et l'agriculture hongroise appuyées sur des ressources extensives étaient incapables d'intégrer dans les prix de vente les coûts de production accrus, et même les produits de qualité moyenne des branches de production de masse demeuraient invendables. Le système de planification économique réagissait avec lenteur et sans vigueur aux défis de l'économie mondiale. Les dirigeants de la vie économique hongroise étaient incapables d'éviter l'endettement catastrophique du pays, alors que jusqu'en 1973 l'économie hongroise avait progressé en exploitant presque uniquement ses propres ressources. Selon une étude préparée par l'Office national du plan et le ministère des Finances sur les appels faits à des ressources étrangères,[216] entre 1976 et 1980, la situation financière internationale de la Hongrie était sur la voie de la stabilisation grâce à l'élargissement dynamique des exportations, aux profits réalisés aux échanges et à la transformation structurelle de la dette publique. Malgré des doutes concernant l'efficacité des investissements dus aux crédits, l'avis général était que la contraction des crédits devait être continuée. On proposait la « croissance planifiée » de l'endettement en dollars, tandis qu'on ne voyait aucun risque de dépréciation relativement aux prix convenus dans le cadre du Comecon. Par contre, entre 1974 et 1989, les pertes en termes d'échange subies par le commerce extérieur[217] sont montées à 9664 millions de dollars (calculées sur les prix de 1973) et à 12 678 millions de roubles,[218] ce qui témoignait du déclin irréversible du système d'économie planifiée. Tout comme dans les autres pays socialistes,[219] on croyait aussi en Hongrie à la possibilité d'une croissance durable en publiant des données sur les résultats du développement économique, et on prévoyait une augmentation du niveau de vie malgré les problèmes liés à l'endettement du pays.

En dernière analyse, les crédits étrangers servaient à financer des structures de production désuètes, c'est-à-dire le maintien d'une production déficitaire. On cherchait à tout prix à démontrer la capacité du socialisme à éviter les crises et à garder le plein emploi. Il ressort cependant des statistiques relatives aux revenus de la population qu'à partir du début de la crise pétrolière en 1974 la croissance des indices de niveau de vie s'est ralentie avant d'amorcer une baisse nette.[220]

Le déclin a eu lieu en quatre phases nettement dissociables. Le prix très modique pendant des décennies d'une tonne de pétrole s'est rapidement élevé de 18 à 20 dollars en 1973 à 95 à 100 dollars, ce qui a créé un véritable choc dans les pays importateurs, tandis que les exportateurs ont bénéficié d'une liquidité abondante. De 1973 à 1978, le taux d'endettement brut de la

[216] Cette étude est analysée et évaluée par György Földes, *Az eladósodás politikatörténete* (L'histoire politique de l'endettement), Maecenas, 1995, pp. 78-79.

[217] *Külső eladósodás és adósságkezelés Magyarországon* (Endettement externe et gestion de l'endettement en Hongrie), Banque Nationale de Hongrie, Étude d'atelier, 1993, p. 30.

[218] Considérons également les matières premières stratégiques importées par l'économie hongroise, qui, une fois transformées, étaient exportées vers l'Union soviétique. Il s'agissait de biens libellés en dollars auxquels l'Union soviétique n'aurait eu que peu ou pas accès.

[219] András Szabó, *Az európai szocialista országok gazdasági helyzete 1971-ben és fejlődési előirányzataik 1972-re* (La situation économique des pays socialistes européens en 1971 et leurs prévisions de développement pour 1972), Banque Nationale de Hongrie, p. 87. (Les pays européens exposés à la hausse du prix du pétrole ont enregistré des gains de revenu national compris entre 4,5 % et 12,5 % pour 1971 – *ibidem*, p. 5 – et le même groupe de pays a réalisé des gains de revenu national compris entre 155 % et 235 % entre 1955 et 1970, à des prix comparés à ceux de 1960. Cf. Andrea Gonda – Erzsébet Kertész, *Néhány szocialista és kapitalista ország gazdasági életének fejlődését jellemző főbb mutató alakulása az elmúlt 10 évben* (L'évolution dans les derniers dix ans des indices principaux caractérisant le développement de la vie économique de quelques pays socialistes et capitalistes), Bulletin nr. 20 de la Banque Nationale de Hongrie, 1971, p. 11.

[220] Sur le ralentissement du progrès du niveau de vie puis de sa régression, voir *Jövedelemelosztás a népgazdaságban 1965-1971* (Répartition des revenus dans l'économie populaire, 1965-1971), Office central des statistiques. Des études sous le même titre existent pour les années suivantes, jusqu'en 1982.

Hongrie s'est élevé à 447 %, le taux d'endettement net à 445,7 %, le service de la dette à 274 %, tandis que l'état de la balance des paiements s'est dégradé jusqu'à présenter un solde de –1 480 millions de dollars. Cependant, malgré le caractère dramatique du déclin, les années 1974-1978 étaient caractérisées par une croissance dynamique (quoique financée par des ressources étrangères) de la consommation intérieure. Le volume de la thésaurisation a augmenté de près de 80 % en cinq ans, cependant que la croissance de 20 % de la consommation de la population dépassait la moyenne ouest-européenne.[221]

Tableau 1

Évolution et quelques indices principaux de l'endettement extérieur entre 1973 et 1991

Données	**1973**	**1978**	**1985**	**1990**	**1991**
Dette étrangère brute (millions de USD)	2118	9468	13 955	21 270	22 658
Total net des dettes (millions de USD)	805	6141	8046	15 938	14 554
Balance courante des paiements (millions de USD, cumulée)	+53	-3963	-7229	–11 714	-11 147
Pertes en termes d'échange à comptabilisation non en rouble (millions de USD, cumulées)	–	-2381	-5999	–10341	-12175
Pertes en termes d'échange à comptabilisation en rouble (en millions de roubles, cumulées)	–	–1490	–8 471	–13 150	–
Service de dettes/export de produits et de services (taux)	27,6	34,8	70,1	45,5	32,0
Intérêts nets/export de produits (taux)	5,8	7,9	19,9	22,3	14,4
Croissance annuelle du PIB (taux)	6,9	4,6	–0,3	–3,3	–10,2
Croissance annuelle des affectations intérieures du PIB (taux)	2,7	8,8	),4	–4,0	–10,0

Source : Rezső Nyers fils (dir.), « Külső eladósodás és adósságkezelés Magyarországon I-IV » (Endettement extérieur et gestion de la dette en Hongrie), *Bankszemle*, nrs. 1-5, 1993 ; *Külső eladósodás* (Endettement extérieur), Banque Nationale de Hongrie, 1993, p. 27 et tableau 3.

De 1979 à 1984, l'accent a été mis sur la réalisation de l'équilibre extérieur,[222] dont le principal instrument devait être la réduction de la consommation intérieure. La restriction s'est principalement concentrée sur l'accumulation, même si, malgré cela, la valeur nette des immobilisations a augmenté plus rapidement que la production. En substance, le ratio de l'accumulation au

[221] Toutefois, il est important de noter que les pays d'Europe occidentale ont procédé à des changements structurels en réponse à la crise pétrolière, tandis que la Hongrie a fait moins.

[222] Sur la nature des mesures de gestion de crise, voir György Földes, *op. cit.* ; János Kádár, *Szövetségi politika – nemzeti egység* (Politique d'alliance – unité nationale), Kossuth, 1981, pp. 93-94.

PIB a été progressivement réduit et a fini par tomber nettement en dessous du niveau moyen d'avant le précédent boom. Pour la consommation des ménages, seule la dynamique de croissance s'est ralentie, avec une augmentation de près de 9 % des prix comparables en six ans, bien supérieure à la hausse de 3,6 % de la production du PIB. La méthode fondamentale de mise en œuvre consistait à transformer les pressions inflationnistes déjà objectivement croissantes en un processus ouvert, retirant ainsi des revenus par le biais des prix. Entre 1979 et 1984, des mesures de restriction ont été prises et la croissance de la dette brute et de la dette nette s'est arrêtée,[223] mais la charge d'intérêt payée est passée de 460 millions de dollars en 1979 à 815 millions de dollars en 1984 en raison de l'augmentation du coût des emprunts extérieurs.

La perte de pouvoir d'achat effectif due à la baisse de la valeur réelle des principaux revenus de la population (essentiellement des salaires) a été compensée par diverses activités complémentaires, dont les possibilités ont été considérablement élargies après 1982 avec la création de nouvelles formes d'entrepreneuriat.[224] Au cours de cette période, le revenu réel moyen par habitant n'avait pas encore chuté, mais comme les salaires réels baissaient presque chaque année et que la croissance inférieure à 2 % de la consommation était généralement perçue par la population comme stagnante ou en baisse, le fléchissement du niveau de vie était un processus continu depuis bien plus d'une décennie à la fin de l'époque de l'économie planifiée.

Après des succès relatifs, le XIIIe congrès du PSOH en 1985 a de nouveau donné priorité au maintien de la croissance économique. En conséquence, l'ajustement structurel, la modernisation et la flexibilisation de la politique économique, dont les responsables n'avaient pas évalué correctement la situation d'équilibre, ne se sont pas concrétisés et le niveau de la dette a de nouveau augmenté. De 1985 à 1987, la dette brute a augmenté de 40,3 % et la dette nette de 70 %, et la balance des paiements est redevenue négative, oscillant entre des pertes de 847 millions et de 1 495 millions de dollars par an, avec une charge d'intérêt nette d'environ 1 milliard de dollars.

En 1985-1987, la consommation intérieure a continué à augmenter (de 7 %), ainsi que l'accumulation brute et la consommation des ménages, qui ont été de plus en plus soutenues par des emprunts extérieurs. La nouvelle détérioration de la situation macroéconomique a entraîné une restriction de la consommation intérieure à partir de 1987. L'introduction d'un impôt sur le revenu des personnes physiques et la persistance d'un niveau d'inflation élevé sont au cœur de cette nouvelle politique restrictive, que la population n'a pas pu compenser, ou seulement dans une mesure très limitée, même avec les possibilités croissantes de gagner des revenus supplémentaires.

223 La dette brute s'élevait à 10 507 millions de dollars en 1979 et à 10 983 millions en 1984, tandis que la dette nette passait de 7 123 millions de dollars à 6 549 millions et que le déficit de la balance courante devenait légèrement positif. (Voir *Külső eladósodás* ... (Endettement externe ...), *op. cit.*, p. 44.

224 Location de propriétés d'État, gestion d'unités d'hôtellerie en entrepreneuriat, etc.

En 1988-1989, une nouvelle tentative ratée de rétablir l'équilibre externe et interne a eu lieu, mais la dette brute et la dette nette ont continué à augmenter (respectivement de 4 et 6,7 %), alors que le PIB était déjà en baisse et que la charge d'intérêt avait augmenté de 28,8 % en trois ans. L'instabilité de l'économie hongroise peut être mesurée non seulement dans les positions extérieures, mais aussi dans le solde budgétaire. Par exemple, la différence entre le déficit public et le déficit réel ex post du budget de l'État était supérieure à 40 % (négatif) en 1977, 1978 et 1980.[225] Malgré la détérioration des performances du pays, « la situation financière de la population ne s'est pas aggravée, et le revenu réel a augmenté de 0,9 % [...] la consommation s'est élevée de plus de 5 %. En fait, grâce à la facilitation des voyages à l'étranger et aux mesures douanières, la population a commencé à effectuer des achats à grande échelle à l'étranger »[226] à partir du milieu des années 1980. Ces importations privées ont amélioré le moral des consommateurs, mais les réserves de change du pays étaient proches des niveaux critiques.

Le déclin et l'appauvrissement des couches moyennes de la société socialiste ont été le dernier traumatisme psychologique qui a transformé l'économie planifiée socialiste en une idée et un système qui avaient été dépassés au niveau social, et qui avaient perdu la confiance de la population. Pendant des décennies, la population a bénéficié d'une demande solvable croissante, et la consommation a augmenté dans le domaine de l'alimentation, du logement, des voitures, etc. L'amélioration était particulièrement forte par rapport aux niveaux d'avant la seconde guerre mondiale.[227] Le filet de sécurité sociale était paternaliste, même en pleine récession.[228] Par exemple, Berényi a signalé une augmentation de 35 % de l'indice des salaires réels en 1972, et une augmentation de 72 % de l'indice des revenus réels par rapport à 1960.[229] Cependant, selon les recherches de Katalin Farkas et Judit Pataki, « depuis 1975, le climat économique s'est détérioré [...] la population, habituée à des prix stables pendant des décennies, ne s'est toujours pas adaptée à des changements de prix constants [...] certaines des idées de développement socio-économique socialiste qui étaient proclamées comme la norme ont perdu toute crédibilité ».[230]

Le niveau de vie des grandes masses a été élevé par des sources internes jusqu'au début des années 1970, puis par le crédit, et à la fin des années 1980,

225 Voir *Külső eladósodás* … (Endettement externe …), *op. cit.*, p. 59. Pour toute la période 1974-1991, voir *ibidem*.

226 *Életszínvonal 1988-1997* (Niveau de vie, 1988-1997), Office central des statistiques, 1998, p. 16.

227 « Életszínvonalunk a felszabadulástól napjainkig » (Notre niveau de vie depuis la Libération jusqu'à nos jours), Office central des statistiques, novembre 1981, 61 p. ; *Életszínvonal és gazdasági háttere* (Le niveau de vie et son arrière-plan économique), Office central des statistiques, octobre 1982, 75 p.

228 *A lakosság jövedelme, társadalombiztosítás, családpolitika* (Les revenus de la population, l'assurance sociale, la politique familiale), Office central des statistiques, mai 1983 ; József Berényi, *Életszínvonal és családpolitika* (Niveau de vie et politique familiale), Kossuth, 1974.

229 József Berényi, *op. cit.*, pp. 109-110.

230 Katalin Farkas – Judit Pataki, *Az életszínvonal tényei és tükröződése a közvéleményben* (Niveau de vie : faits et leurs reflet dans l'opinion publique), Tömegkommunikációs Kutatóközpont, 1983, pp. 6-7.

un déclin « absolu » a commencé. À partir des années 1980, un nouvel aspect est apparu : « les politiques de l'emploi, des salaires et des revenus dans leur ensemble doivent être appliquées dans un souci d'efficacité [...] la politique sociale et la garantie du plein emploi ne sont pas des tâches d'entreprise, mais une tâche sociale [...] les salaires nominaux et leur différenciation sont indispensables, les salaires nominaux ne sont pas le prix de la présence des travailleurs, mais une récompense pour l'accomplissement d'un certain travail ».[231] Dans les années 1970, l'identité de revenu entre la classe ouvrière et la paysannerie a été démontrée, mais « à niveau de revenu égal, la part du revenu du travail est plus élevée pour la paysannerie par rapport à la classe ouvrière, tandis que la part des prestations sociales y est plus faible ».[232] Dans les années 1980, cette identité de revenu est devenue de plus en plus différenciée,[233] érodant ainsi les fondements et la capacité du système d'économie planifiée socialiste à garantir l'égalité des revenus et une « vie décente ». Alors que trois décennies plus tôt, par exemple en 1958,[234] les statistiques faisaient état d'une amélioration des conditions de vie mais d'un écart important entre les revenus des ouvriers et ceux des paysans, deux décennies plus tard, elles faisaient état d'un niveau identique, mais cela était dû à des sources extérieures. Depuis la fin des années 1980, le niveau de vie a baissé (stagné) et la différenciation des revenus est devenue la norme. En Hongrie (aussi), « la politique du niveau de vie a assuré le soutien social au système »,[235] de sorte que lorsque les indicateurs de bien-être se sont constamment détériorés, le soutien au système a également diminué.

D'après les données de l'Office central des statistiques,[236] la baisse du niveau de vie en 1988-1989 frappait surtout ceux qui disposaient encore d'une certaine capacité de charge, ce qui a conduit à la multiplication du nombre des ménages frôlant la pauvreté. L'appauvrissement était le plus visible chez

[231] Mihály Zafír, *Életszínvonal- politika a 80-as években. A gazdasági növekedés lassulásának, az egyensúlyi követelmények előtérbe kerülésének életszínvonal-politikai következményei* (La politique du niveau de vie dans les années 1980. Les conséquences du ralentissement de la croissance économique et de la priorité donnée au souci d'équilibre pour la politique du niveau de vie), Institut de recherche théorique des syndicats, 1980, pp. 91-92.

[232] *A munkásosztály és a parasztság életszínvonalának és életkörülményeinek alakulása* (L'évolution du niveau de vie et des conditions de vie de la classe ouvrière et de la paysannerie), Office central des statistiques, 1973, pp. 18-19.

[233] *Vélemények az életszínvonalról* (Opinions concernant le niveau de vie), Office central des statistiques, 1986.

[234] « Par rapport à 1955, le revenu réel des ouvriers et des employés provenant du travail a augmenté de 33 % et le revenu réel de la paysannerie provenant de la production agricole de 4 % jusqu'en 1958. » L'explication donnée était que la valeur de la production industrielle nette par individu a augmenté de 10 %, tandis que la valeur de la production agricole nette par individu, de 4 %. *A nemzeti jövedelem és a lakosság jövedelme 1958-ban* (Le revenu national et le revenu de la population en 1958), Office central des statistiques, 1959/9, p. 44.

[235] Eszter Bartha, *A jóléti diktatúrák felemelkedése és bukása. Társadalomtörténeti szempontok a Kádár-korszak kutatásához* (L'ascension et la chute des dictatures de bien-être. Des points de vue d'histoire sociale pour l'étude de l'époque de Kádár), Historia Critica, ELTE Kiadó, 2014, p. 399.

[236] *Az 1988-1989. évi életszínvonal-csökkenés réteghatásai* (Les effets de la baisse du niveau de vie en 1988-1989 sur les différentes couches sociales), Office central des statistiques, 1989, p. 10.

les classes moyennes. Les dirigeants politiques pensaient que les plus riches seraient capables de garder leurs positions. Les changements dans les revenus ne touchaient pas tous les groupes sociaux de la même manière. Après le nivellement des revenus entre 1972 et 1982, les années suivantes ont vu une très forte différenciation des revenus et l'apparition d'écarts considérables, et cela jusqu'à la fin des années du changement de régime. Selon Tamás Kolosi,[237] « les années 1980 étaient celles d'une crise politique de plus en plus profonde, d'une politique économique restrictive légitimée par la crise de la dette, d'une inflation galopante, de la stagnation des revenus, et de l'intensification des activités du secteur d'économie privée.[238] Beaucoup cherchaient des compensations à l'aggravation de la situation économique au niveau de l'économie des ménages. Kolosi fait état de la diminution des heures de travail consacrées à l'activité principale et de la croissance de celles consacrées à l'activité secondaire. Dans l'ensemble de la zone soviétique, ces changements économiques et sociaux « témoignaient de l'abandon du vieux système et marquaient le début de la transition vers l'économie du marché et la démocratie »,[239] accompagnée de privatisations et le rétablissement des relations avec le monde occidental.

237 Tamás Kolosi, *Egyenlőtlenségek a nyolcvanas években* (Inégalités dans les années 1980), Gyorsjelentések 2, pp. 5-6.

238 Voir l'admission que « certains des besoins réalistes et différenciés qui vont de pair avec l'augmentation du niveau de vie ne peuvent être satisfaits par l'économie socialiste à grande échelle ou avec une efficacité suffisante ». Pál Germuska, « " De hát eszerint a szocializmus bedobhatja a törülközőt? " Második gazdaság a Kádár-korszakban » (Alors le socialisme doit-il jeter l'éponge ? L'économie secondaire à l'époque de Kádár), in *Közelítések a kádárizmushoz* (Approches du kádárisme), dir. Pál Germuska – János Rainer M., Institut de 1956, 2008, p. 66.

239 Jan Stankovsky, « Problems of Economic Transformation in Central and Eastern Europe », *Perspectives*, Prague, 1993, nr. 1, p. 15.

CHAPITRE 5
Les conditions économiques de la transition vers une économie du marché

Les réformes avortées de l'économie socialiste, leur impact progressivement affaibli, et la croissance simultanée de la dette extérieure ont sapé les fondements du socialisme du marché. La « véritable » économie du marché, implantée dès la fin des années 1980, était essentiellement une économie basée sur la propriété privée, le capital actif étranger (et dans une moindre mesure sur les ressources intérieures), et la revalorisation du rôle du secteur bancaire. Cela s'accompagnait de la contraction d'amples crédits étrangers accélérant la dégradation de la stabilité financière du pays, parallèlement d'ailleurs à un processus d'intégration européenne couronnée de succès. Les éléments d'économie du marché de l'économie planifiée ont été relégués à l'arrière-plan au cours de la transition d'inspiration néolibérale vers une économie du marché proprement dite ; le modèle à suivre était importé des pays anglo-saxons, avec quelques éléments du capitalisme hongrois de l'avant-guerre.

5.1 LES CONDITIONS, LA LÉGISLATION ET LES « POSSIBILITÉS » DU CHANGEMENT DE RÉGIME

5.1.1 Le retour de l'économie du marché[1]

En raison de la domination inébranlable de la propriété publique et des contre-pressions internes et externes, la Hongrie a été incapable de mettre en place les structures de l'économie marchande, ce qui a étroitement limité la marge de manœuvre de la nouvelle administration économique après l'effondrement de l'économie planifiée. La dette colossale accumulée à la fin des années 1980 était la conséquence de la volonté obsédée de sauvegarder à tout prix l'économie

[1] Dans l'histoire de l'administration économique, je ne suis pas favorable aux limites rigides des étapes et aux définitions des points tournants par année. Je situerais la reprise de l'économie de marché à la fin des années 1980, c'est-à-dire les dernières années, certes de crise, du « socialisme », avec la mise en place du système bancaire à deux niveaux et l'ouverture de la possibilité de créer des entreprises. Mais, par extension, je rattacherais l'émergence d'éléments de marché plus organiques au Nouveau Mécanisme économique, tandis que je rattacherais le début de l'application d'éléments de marché plus grossiers, leur coercition, à l'endettement des années 1970, lorsque les créanciers exerçaient une influence de plus en plus forte sur la formation de nos relations en matière de prix, de salaires et de coûts, puis, à partir des années 1980, à la privatisation et à une déréglementation plus prononcée.

planifiée. En 1990, le total des dettes brutes (en devises convertibles pour la plupart) du pays montait à 21 270 milliards de dollars. Le total des dettes nettes (après soustraction des créances étrangères) s'élevait à 15 938 milliards de dollars, ce qui avait pour conséquence que l'amortissement des crédits et le paiement des intérêts correspondaient annuellement à 45 % des exportations de marchandises et de services, tandis que la « croissance » annuelle du PIB était négative depuis 1985. L'endettement extérieur a pour ainsi dire étouffé l'économie hongroise. Certains[2] proposaient d'obtenir la remise des dettes à la manière de la Pologne.[3] En 1991, le PIB polonais était inférieur de 18,5 % à celui de 1989 – le point le plus bas que la Hongrie allait atteindre en 1993. Cependant, à la suite de la remise des dettes, le PIB polonais a dépassé de 10,2 % celui de 1989, tandis que le PIB de la Hongrie qui accomplissait rigoureusement le service des dettes, était inférieur de 9 % à celui de 1989.[4] Selon les calculs et les conceptions théoriques singulières de Pongrác Nagy[5], jusqu'en 1995 la Hongrie a effectué le remboursement des capitaux au moyen de prêts nouvellement contractés, ce qui ne représentait pas de charges directes pour l'économie active. Provisoirement, le paiement des intérêts ne touchait pas non plus l'économie, cependant que l'influx des capitaux actifs n'avait aucun effet stimulant, puisqu'ils étaient affectés au paiement des intérêts, alors que la politique de restrictions de ces années était centrée sur la production d'un surplus dans le commerce extérieur destiné principalement aussi au paiement des intérêts. La stratégie de gestion de la dette du gouvernement s'est toutefois concentrée sur le respect des délais, car un rééchelonnement aurait encore détérioré la note de crédit de la Hongrie et un défaut unilatéral aurait provoqué l'effondrement de l'économie. La continuité des prêts et du service de la dette a permis de poursuivre pacifiquement le changement de régime sans perturbations majeures.

La « préparation intellectuelle » et les « tâtonnements » pour les nouvelles réformes du marché, qui ne pouvaient plus être inversés, avaient déjà commencé dans la première moitié des années 1980, tant au niveau des relations bancaires que de la propriété.[6] Il est devenu évident que le gaspillage des ressources entraînerait une augmentation de la dette publique et une baisse du niveau de vie, accélérant ainsi l'éloignement des centres économiques

2 Voir par exemple Erzsébet Gidai, *Gazdasági túlélésünk esélyei és az adósság ára* (Les chances de notre survie économique et le prix de la dette), Püski, 1996 ; Pongrác Nagy, *A rendszerváltás gazdaságpolitikája* (La politique économique du changement de régime), Akadémiai Kiadó, 2004.

3 Entre 1991 et 1994, la Pologne, qui n'avait pas assuré le service de sa dette depuis 1981, a vu ses créanciers réduire sa dette de 13,5 milliards de dollars.

4 Cf. Pongrác Nagy, *op. cit.*, p. 225.

5 *Ibidem.*

6 On a même remis en question l'applicabilité de la théorie de la propriété de Hegel et de Marx. Voir Csaba Kovács, *Hegel és Marx tulajdonelmélete I-IV* (La théorie de la propriété de Hegel et de Marx I-IV), OT Tervgazdasági Intézet, 1985, 539 p. ; Péter Ákos Bod, « Állami tulajdon, állami intervenció a mai tőkés gazdaságban. Viták és kísérletek Nyugat-Európában » (Propriété d'État. Interventions de l'État dans l'économie capitaliste d'aujourd'hui. Débats et expériments en Europe de l'Ouest), *Tervgazdasági Közlemények*, 1986, nr. 5, 291 p.

mondiaux. Le « mythe » du marché sûr du Comecon, de son système de coopération et de ses matières premières bon marché a été dissipé. « En moyenne, dans la première moitié des années 1980, l'économie hongroise, pauvre en matières premières et en capital, a utilisé 40 % d'énergie et 50 % de capital en plus par unité de PIB que les pays de l'OCDE de l'époque ».[7] Les tensions économiques n'étaient pas le résultat de circonstances spécifiques temporaires mais de « difficultés temporaires qui devenaient permanentes », et le principal problème de l'économie n'était pas la détérioration des conditions extérieures mais la mauvaise qualité de la structure économique et du système de l'intéressement matériel.[8] Le passage à l'économie de marché devait se limiter à la résolution des problèmes qui avaient « échappé » à l'économie planifiée, créant ainsi un « état de nécessité » dans la gouvernance économique. Dans les décisions relatives à la politique budgétaire, à la politique bancaire et même aux privatisations, la capacité à assurer le service de la dette des emprunts précédents devait être prise en compte.

Le soutien systémique, voire la direction par le gouvernement de la transformation économique après 1990 était accompagnée de l'adoption de la philosophie du Consensus de Washington, en vertu de laquelle la stabilisation de la vie économique devait s'accomplir par la réduction du rôle de l'État, la privatisation et la déréglementation. Les principes de Washington étaient en corrélation étroite avec les quatre libertés de l'Union européenne[9] et les critères de Copenhague,[10] et déterminaient la réorganisation de l'économie en vue de l'adhésion européenne. Le nouvel espace économique en gestation était le théâtre de la décroissance dramatique des subventions budgétaires, de la production, de l'emploi et de la demande monétaire, parallèlement à la privatisation (surtout au bénéfice d'étrangers) des propriétés de l'État, à la diminution du rôle de régulation et de contrôle de l'État, dont le déroulement rapide avait des incidences budgétaires génératrice de difficultés fiscales. Les charges fiscales étaient inférieures à la capacité fiscale des entreprises devenues propriétés étrangères et supérieures à celle des entreprises demeurées hongroises ; en même temps, les hésitations du gouvernement[11] conduisaient à des carences potentielles[12] et effectives[13] dans les recettes budgétaires, tandis que les exigences de soutien de la population aux conditions matérielles altérées et des entreprises pauvres en liquidités et en capitaux ont entraîné

7 Béla Kádár, « Magyar gazdaság a rendszerváltás küszöbén » (L'économie hongroise au seuil du changement de régime), *Rubicon. Történelmi magazin*, 2016, nr. 2, p. 78.

8 Sur la nécessité du changement, voir László Antal – Lajos Bokros – István Csillag – György Matolcsy, « Fordulat és reform » (Tournant et réforme), *Közgazdasági Szemle*, juin 1987, année XXXIV, pp. 642-663.

9 La libre circulation des biens, des capitaux, des services et des personnes.

10 En bref : une économie du marché viable et des rapports sociaux démocratiques.

11 Csaba Lentner, *Rendszerváltás és pénzügypolitika. Tények és tévhitek* (Changement de régime et politique financière. Faits et illusions), Akadémiai Kiadó, 2016, pp. 234-244.

12 Le niveau d'imposition projeté était plus bas dès le début.

13 Dans de nombreux cas, les entreprises nationales n'étaient pas en mesure de payer la taxe en raison de leurs opérations commerciales « embrouillées ».

un déficit budgétaire durable qui de par sa nature allait générer de la dette publique. La restructuration encouragée par la direction politique s'est déroulée, en utilisant la terminologie de János Kornai,[14] au milieu d'une « crise transformationnelle ». Par rapport à 1989, le PIB a baissé de 11 % en 1991 et de 20 % en 1993, à quoi s'ajoutait encore une inflation de 35 %[15] en 1991.[16] Les mesures adoptées dans le but de la création d'une économie du marché néolibérale consistaient essentiellement en la mise en place des fondements juridiques et institutionnels de l'économie du marché, le démantèlement des propriétés de l'État et des coopératives, et le repositionnement[17] de l'économie extérieure. En vertu de l'amendement de la Constitution en 1989, la propriété publique et la propriété privée bénéficiaient d'une protection égale, et l'économie hongroise était définie comme économie sociale du marché.[18] La protection constitutionnelle contre d'éventuelles expropriations était une garantie solide pour les acteurs économiques hongrois et étrangers. L'œuvre de la mise en place d'une économie sociale du marché devait faire face à l'endettement du pays, à des structures de production désuètes et générant des difficultés budgétaires, et par conséquent à une dépendance étroite vis-à-vis des fournisseurs des ressources et des capitaux étrangers. Les fondements de l'économie et de la société hongroises habituée au paternalisme du régime aboli ont été transformés par la mise en pratique du système d'idées de Milton Friedman et de ses disciples (l'École de Chicago), selon lequel il existe dans l'économie des acteurs du marché qui se stabilisent d'eux-mêmes et sont capables d'assurer l'équilibre dans tous les segments du

14 János Kornai, « A transzformációs visszaesés. Egy általános jelenség vizsgálata a magyar fejlődési példán » (La rechute transformationnelle. L'étude d'un phénomène général sur l'exemple de l'évolution de Hongrie), *Közgazdasági Szemle*, 1993, année XL, nrs. 7-8, pp. 569-599

15 Les années suivantes, elle s'est atténuée. En 1992, la détérioration de la monnaie était de 23 %, en 1993 de 22,5 %, en 1994 de 18,8 %, en 1995 de 28,2 %, puis elle a commencé à se modérer.

16 Les anciens pays socialistes ont subi des effets similaires, avec une baisse de la production économique de 4 à 5 % en 1990 et de 13 à 14 % en 1991. Voir Jan Stankovsky, « Problems of Economic Transformation in Central and Eastern Europe », *Perspect*, nr. 1, p. 15.

17 Ce livre n'entre pas trop dans le détail des affaires économiques extérieures en raison des limites de l'espace disponible, mais il est important de noter que la Hongrie a été le pays du Comecon qui a demandé le plus fermement l'abolition de l'organisation. Si la plupart des produits hongrois expédiés étaient « mous » et pouvaient difficilement être placés ailleurs, les produits énergétiques reçus en retour étaient des produits « durs », c'est-à-dire qu'ils pouvaient être vendus n'importe où pour des dollars. En conséquence, la disparition des marchés de l'Est a affecté l'économie hongroise non seulement temporairement, mais aussi pendant des décennies, par le biais de sa structure industrielle déformée et gaspilleuse.

18 Quant à mes doutes concernant la mise en place de l'économie de marché, voir Csaba Lentner, « Szociális piacgazdaságról és gazdasági függetlenségről. Nekrológ Csengey Dénesért » (Sur l'économie sociale de marché et l'indépendance économique. Nécrologie pour Dénes Csengey), *Hitel*, 2015, année 28, nr. 2, pp. 101-109. Voir également l'exposition dans le même article de l'idée que le passage à une économie sociale de marché (type) aurait été plus facile si le système d'économie planifiée socialiste avec ses éléments de marché avait été globalement réussi. Cf. Tibor Valuch, « A piaci szocializmus. Közelítések, értelmezések, értékelések » (Le socialisme de marché. Approches, interprétations, évaluations), in *Közelítések a kádárizmushoz* (Approches du kádárisme), *op. cit.*, pp. 85-108. Selon Valuch, « la problématique du socialisme de marché n'apparaît que très rarement dans les organes de l'intelligentsia conservatrice ou de centre-droite » (p. 86), ce qui doit tout de même être nuancé.

marché, c'est-à-dire que la stabilité peut être atteinte sans intervention de l'État. Cependant l'application relativement rapide et sans transition aucune de ces principes libéraux dans une économie en ruine avait des effets destructeurs considérables. La solution adéquate aurait été une mise en place plus circonspecte, plus réfléchie du nouveau modèle économique basé sur le marché – et non, bien, entendu, le maintien des interventions de l'État. L'Article VI de la loi 1988 sur les sociétés économiques, l'Article XIII de la loi 1989 sur la transformation de l'économie, l'Article VIII de la loi 1990 sur la protection des biens confiés aux entreprises d'État, l'Article VII de la loi 1990 sur l'Agence des actifs de l'État et sur le maniement et la valorisation des biens lui appartenant, et l'Article LIII de la loi 1992 sur le traitement et la valorisation des biens d'entreprise restant durablement propriété d'État constituaient le fondement de la transition vers l'économie du marché.[19] La propriété publique a été progressivement remplacée par la propriété privée. Un nombre important d'entreprises d'État ont été restructurées ou liquidées en raison de leur incapacité à fonctionner, cependant que l'accumulation insuffisante des capitaux nationaux et la surreprésentation de capitaux étrangers bénéficiant d'avantages offerts par l'État n'a pas permis d'atteindre un ratio optimal de propriété nationale/étrangère. Au début de la transition vers l'économie du marché, László György Asztalos a constaté que « la formation de capital des ménages a diminué en raison de l'évolution vers des conditions de prix et de coûts plus réalistes, mais l'expansion rapide de la deuxième économie (exploitations personnelles des coopérateurs, exploitations annexes privées) a non seulement compensé cet effet mais l'a même dépassé [...] cependant que la plupart des ressources internes indispensables au renouvellement de l'économie ne sont pas fournies par le marché organisé des capitaux ».[20] Le niveau très inférieur des épargnes des entreprises ne pouvait représenter qu'une très petite fraction d'un marché potentiel des capitaux. György Matolcsy voyait de la même manière l'état des choses. « La reculade pudique de l'âme hongroise et la prudence dictée par les expériences historiques amères ont relégué jusqu'à présent à l'arrière-plan l'analyse de l'accumulation des fortunes en Hongrie. [...] Pendant le demi-siècle ou presque du virage historique, celui qui a acquis une fortune grâce à ses revenus élevés s'est exposé à des risques considérables. »[21] Reconnaissant le rôle bénéfique du

19 Une autre difficulté a été la promulgation décalée des lois sur le changement de régime. Voir à ce sujet Tamás Sárközy, « A magyar gazdasági jog ötéves fejlődéséről » (Cinq ans d'évolution du droit économique hongrois), *Jogtudományi Közlöny*, mars 1986, pp. 163-164 ; Miklós Imre, « A közigazgatás kapcsolata a gazdasággal, az államszocializmus és rendszerváltoztatás gazdasági-gazdaságirányítási átalakulásai Lőrincz Lajos munkásságának tükrében » (Les relations de l'administration publique avec l'économie, les transformations économique et de la gestion économique du socialisme d'État et du changement de régime à la lumière de l'œuvre de Lajos Lőrincz), *Pro Publico Bono*, 2016, nr. 3, pp. 166-167.

20 László György Asztalos, « Tőkepiac és bankrendszer » (Marché de capitaux et système bancaire), *Külgazdaság*, 1988, année XXXII, nr. 6, pp. 21, 25.

21 György Matolcsy, « A magyar tőkefelhalmozás » (L'accumulation des capitaux en Hongrie), *Valóság*, 1991, nr. 1, p. 1.

progrès de l'esprit marchand à partir de la réforme de 1968, Matolcsy ajoute[22] que l'accès à des moyens de production agricole et surtout à un système de relations commerciales étendu mais déguisé du peuple des campagnes marquait la première phase de la guérison ».[23] Matolcsy espérait que la naissance d'un grand nombre d'entreprises hongroises conduirait à l'accélération de la formation des capitaux et à « l'avènement d'un bien-être moyen ». Cependant au début de la transition le niveau de l'accumulation des capitaux nationaux ne permettait pas à la grosse majorité des entrepreneurs hongrois de participer effectivement aux privatisations, pendant que leurs capacités de liquidité et de formation de capitaux se voyaient restreintes en raison de l'environnement économique et les fréquents changements non coordonnés du système régulateur. Ainsi la dynamisation rapide de l'économie – et partant, du niveau de vie – n'était possible que par l'appel fait à des entreprises étrangères dans les privatisations, ce qui avait dans l'ensemble des effet positifs, tout en générant divers problèmes budgétaires et sociaux, qui allaient entraver plus tard le processus de rattrapage. La « crise transformationnelle » (Kornai) doit être de courte durée pour être « optimale ». Aussi faut-il raccourcir la durée de la phase où les contrôles de l'économie planifiée ont déjà disparu avant que les « instincts marchands » ne se soient pas encore institutionnalisés, vu « la menace aiguë de la débâcle économique ».[24] La réforme rapide cause à court terme une régression économique profonde, mais « l'essor économique sera par la suite plus rapide ».[25] Le caractère atypique de la transition hongroise à l'économie du marché était dû à la longueur du processus, aux problèmes budgétaires constants et à la croissance de la dette publique, ce qui a fait que la transition est devenue un processus sans fin. Le manque de consensus politique, et surtout la politique économique se bornant au « rafistolage » des structures improductives héritées, et – malgré tout cela – la volonté d'inspiration politique de créer à tout prix un niveau de vie plus élevé ont par leurs incidences budgétaires réduit l'économie hongroise à un « état d'amortissement ».[26] Maintenir un régime social post-paternaliste alimenté par à-coups par des ressources budgétaires, bâtir les éléments sociaux d'un pré-État-providence pareil au modèle scandinave sur les nouvelles bases d'une économie du marché en gestation et pauvre en capitaux, ou bien

22 György Matolcsy, *op. cit.*, pp. 1-13.

23 Matolcsy se réfère ici non seulement aux travailleurs des grandes fermes agricoles, mais aussi aux ouvriers vivant à la campagne, qui « diligentaient » autour de leur maison.

24 R. Dornbusch, *Priorities of Economic Reform in Eastern Europe and Soviet Union*, CEPR Occassional Paper, 1991, nr. 5 (Fed Library, Washington DC – Study).

25 R. A. Debs – H. Shapiro – C. Taylor, *Financing Eastern Europe. Group of Thirty*, Washington DC, 1991 (Fed Library, Washington DC – Study).

26 Pour mes doutes sur l'efficacité de l'économie de transition et mon évaluation de la faiblesse de la réponse à la crise économique mondiale, voir mon article qui porte déjà le titre approprié : Csaba Lentner, « Valóban magasabb szintű gazdasági modell a magyar piacgazdaság, mint a piaci elemekkel átitatott tervgazdasági rendszer? » (L'économie hongroise basée sur des mécanismes de marché est-elle vraiment un modèle supérieur par rapport à l'économie planifiée bureaucratique communiste ?), *Heller Farkas Füzetek*, 2010, année 8, nrs. 1-2, pp. 10-17.

appliquer la combinaison des deux pendant des décennies était l'erreur stratégique conduisant à l'échec final de la gestion de la transition. Le maintien du fonctionnement de l'économie exigeait toute une série de mesures de crise.[27] Selon Kornai,[28] il existait encore trop de barrières budgétaires molles qui n'ont pas favorisé vraiment l'émergence des facteurs d'émulation. Cela signifiait que les ressources publiques affectées à des fonctions sociales paternalistes ne se sont pas accrues, tandis que malgré la faiblesse des fondements économiques les gouvernements continuaient à élargir les allocations sociales, pareils en cela au régime de Kádár. Kornai a établi trois catégories d'éléments « résiduels » d'économie planifiée qui entravaient la mise en place des rapports de marché :[29] 1) l'attachement de la population à certaines valeurs héritées du socialisme, en particulier au rôle paternaliste de l'État ; 2) les « ilots d'économie de pénurie » survivant dans le système capitaliste, à savoir l'économie de pénurie subsistant dans le domaine des services d'État (par ex. santé publique) gratuits, ou l'étroitesse des capacités de ces services. « Là où la propriété d'État domine et où les marchandises ou les services sont offerts gratuitement, l'économie de pénurie apparaît inévitablement », écrit Kornai,[30] ajoutant que l'économie de pénurie favorise nécessairement la survie de l'économie noire ;[31] 3) le maintien des barrières budgétaires molles, qui entraîne que ni dans l'économie planifiée ni dans la variante hongroise de l'économie du marché les entreprises et les banques « ne craignent pas beaucoup » l'échec financier, sachant que l'État les sauvera de toute façon.

Dans le cadre de la transition hongroise vers une économie de marché, tout cela justifie à la fois l'importation rapide et sans transition d'un modèle brut d'économie de marché[32] qui, par sa nature même, a choqué la société et le faible secteur des entreprises nationales (même par sa mise en œuvre modeste), et les « îlots de pénurie » systémiques, la permanence et le désir de paternalisme de la contrainte budgétaire douce, tels que présentés par János Kornai. L'affrontement et la persistance de ces deux « idéologies » ont été une caractéristique atypique de la transition hongroise vers l'économie du marché, qui n'a jamais été résorbée.

27 Les deux plus importants ont été le dispositif de stabilisation de la politique économique (1995), et le dispositif d'ajustement de la trajectoire de convergence (2006).

28 János Kornai, *A puha költségvetési korlát* (La barrière budgétaire molle), Kalligram, 2014.

29 János Kornai, « A szocialista rendszer » (Le système socialiste), *ibidem*, pp. XIV-XXXI.

30 *Ibidem*, p. XIX.

31 « ...ceux qui sont du côté de la surdemande essaient de corrompre ceux qui sont du côté de l'offre réduite » (*ibidem*).

32 L'économie privée basée sur la propriété, les banques, les tentatives croissantes de réduction des emplois fictifs, les prestations sociales, le développement des institutions de marché.

5.1.2 L'adhésion à l'Union européenne

En dehors des conditions budgétaires et sociales constamment déstabilisées, la transition hongroise vers l'économie du marché a revêtu un trait atypique supplémentaire en raison de l'adhésion du pays à l'Union européenne, étant donné que la formation du nouveau modèle s'est déroulée en rapport étroit avec la politique d'intégration.[33] On peut en effet parler de réussite, vu qu'elle a entraîné l'expansion des ressources provenant de l'UE elle-même et des investissements des firmes internationales[34], favorisée aussi par la création d'institutions euro-compatibles. Au terme d'un processus d'intégration de dix ans, la Hongrie a pu rejoindre l'Europe et, par l'intermédiaire de l'UE, elle a pu accéder à l'espace global. Ce changement de modèle économique impliquait toutefois « la diminution de la souveraineté des états-nations liée aux progrès de la globalisation, parallèlement à une responsabilité plus grande de la politique économique » ;[35] or la gouvernance économique hongroise n'a pas réussi à satisfaire pleinement à sa tâche de coordination. Les bases de production influencées « de près » par l'espace global se sont avérées très efficaces, tandis que le fonctionnement du secteur national et du budget s'est caractérisé par des à-coups,[36] malgré le fait que l'UE a fourni à la Hongrie des subventions importantes destinées à faciliter la mise en place de l'économie du marché,[37] suivies, après l'accession, de soutiens budgétaires. Le programme PHARE finançait essentiellement la construction d'un système institutionnel démocratique ; les divers programmes SAPARD

33 Ajoutons que même après notre adhésion effective et légale, la Hongrie ne savait toujours pas ce qu'elle « voulait » vraiment de l'Union européenne, et l'Union européenne ne comprenait pas très bien les stratégies que la Hongrie formulait. Voir à ce sujet József Veress, « Szubjektív látlelet a gazdaságpolitika és a globalizáció viszonyáról » (Diagnostic subjectif sur les rapports de la politique économique et de la globalisation), in *Pénzügypolitikai stratégiák a XXI. század elején. Emlékkötet Huszti Ernő tiszteletére* (Stratégies de politique financière au début du 21e siècle. Mélanges offerts à Ernő Huszti), dir. Csaba Lentner, Akadémiai Kiadó, 2007, pp. 55-63. Je dois noter que dans le volume de 2007, indépendamment des affiliations politiques ou idéologiques, il n'y avait pas un seul auteur qui n'ait pas critiqué la qualité de la politique économique hongroise.

34 L'évolution des investissements directs étrangers (IDE) est abordée plus loin dans ce sous-chapitre, également en ce qui concerne l'évolution de la diversification.

35 József Veress, *ibidem* (2007), p. 60.

36 Une économie duale (à deux visages), une société duale ont émergé, avec des disparités de revenus importantes dans les deux dimensions. Voir Csaba Lentner, *Rendszerváltás és pénzügypolitika* (Changement de régime et politique financière), Akadémiai Kiadó, 2005, pp. 234-278.

37 De 2000 à 2003, la Hongrie a reçu les montants d'aide suivants au titre d'ISPA et de SAPARD sans obligation de paiement : 155,7 millions d'euros en 2000, 195,2 millions d'euros en 2001, 139,8 millions d'euros en 2002 et 189,7 millions d'euros en 2003. En 2004, déjà en tant que membre de l'UE, nous avions également une obligation de paiement de 537,1 millions d'euros contre 713,4 millions d'euros d'aides. La valeur des transferts de fonds de préadhésion accordés par l'UE aux pays admis en 2004 et 2007 était de 1 478,9 millions d'euros entre 1990 et 2006, sur un total de 18 673,1 millions d'euros accordés aux pays candidats. Source : Commission européenne, « Evaluation of PHARE [EU pre-accession] financial assistance to Bulgaria, Cyprus, Czech Republic, Estonia, Hungary, Latvia, Lithuania, Malta, Poland, Romania, Slovakia, Slovenia », Bruxelles, 2015, p. 25, https://ec.europa.eu/neighbourhood-enlargement/sites/near/files/pdf/financial_assistance/phare/evaluation/2015/20150806-phare-ex-post-evaluation-final-report.pdf, téléchargé le 18 octobre 2018.

(INTERREG, EQUAL, LEADER, URBAN) offraient des subventions pour le développement du territoire et le développement rural ; le programme ISPA finançait des développements infrastructurels et ceux au service de la protection de l'environnement.

Il va de soi que l'accession à l'Union européenne s'accompagnait d'un certain nombre de décisions douloureuses inévitables. Si l'on était en mesure de les chiffrer, on aurait une idée plus exacte de l'envers de la médaille. La collision des intérêts entre la stratégie économique allemande et hongroise,[38] l'abandon relativement rapide des mesures protectionnistes, l'élaboration lacunaire du « balancement » de la transition, l'avènement d'un paradigme simpliste orienté vers la consommation et répandu dans le monde entier,[39] les pertes liées à la compression du monde agraire[40] (rétrécissement de l'industrie alimentaire, surtout de la sucrerie[41]) ont été les corollaires négatifs de la transition, dont on ne peut pas encore saisir l'ampleur à l'aide des sources officielles disponibles. Évidemment, les avantages de l'accession européenne devaient s'accompagner aussi de sacrifices. Il n'en reste pas moins que l'adhésion à l'Union européenne de la Hongrie en tant que pays membre de plein droit impose aux gouvernements au pouvoir la responsabilité d'exploiter au mieux les possibilités découlant de ce statut.

Les relations économiques et financières extérieures de la Hongrie ont été réorientées dans la perspective de l'accession à l'UE, mais surtout après l'adhésion en 2004,[42] tandis que sa position vis-à-vis du budget de l'UE est devenue de plus en plus favorable. En termes de position budgétaire primaire, la Hongrie a été en position bénéficiaire nette chaque année jusqu'en 2010[43] (voir tableau 1).

38 András Hettyey, « " Il n'y a aucune chance pour l'affirmation complète de la position hongroise " : les négociations d'adhésion de la Hongrie à l'UE et la politique étrangère allemande », *Külügyi Szemle*, 2018, nr. 1, pp. 30-47.

39 László Bogár, *Magyarország és a globalizáció* (La Hongrie et la globalisation), Osiris, 2006.

40 Péter Bertalan, *Egy keserédes történet. A magyarországi cukoripar privatizációja a globalizáció és a geopolitika tükrében* (Une histoire douce-amère. La privatisation de la sucrerie de Hongrie à la lumière de la globalisation et de la géopolitique), Kairosz Kiadó, 2016 ; Csaba Lentner, *Rendszerváltás és pénzügypolitika. Tények és tévhitek* (Changement de régime et politique financière. Faits et illusions), Akadémiai Kiadó, 2016, pp. 52-62.

41 Péter Csillag, *A magyar cukorágazat helyzete és versenyképessége a szabályozáspolitikai változások tükrében* (La situation et la compétitivité du secteur sucrier hongrois à la lumière des changements de politique réglementaire), thèse de doctorat, BCE, École doctorale de science de gestion, 2005.

42 Tibor Pintér, « The Integration of Hungary into the European Union – Economic Aspects », *Civic Review*, 2018, nr. 14, pp. 165-183.

43 Cependant, depuis 2004, la Hongrie a également des obligations de paiement, telles que des contributions basées sur la TVA et sur le RNB.

Tableau 1. Position financière de la Hongrie par rapport au budget de l'UE, 2004-2010, en millions d'euros

	2004	**2005**	**2006**	**2007**	**2008**	**2009**	**2010**
Total des subventions de l'UE	713,4	1357,0	1842,2	2427,6	2 002,6	3568,6	3650,0
Paiements de l'État-membre	537,1	833,2	782,5	870,2	947,1	908,9	955,0
Balance	176,3	523,8	1 959,6	1 557,3	1 055,6	2 659,7	2 695,0
Solde en proportion du RNB	+0,24 %	+0,69 %	+1,29 %	+1,70 %	+1,11 %	+3,05 %	+2,95 %

Basé sur les données officielles de la Commission européenne

L'intégration à l'UE a également eu un impact décisif sur les tendances en matière d'importation et d'exportation, car l'intégration de l'économie de notre pays dans le marché intérieur européen unique s'est approfondie et les relations avec les nouveaux voisins de l'UE se sont renforcées.

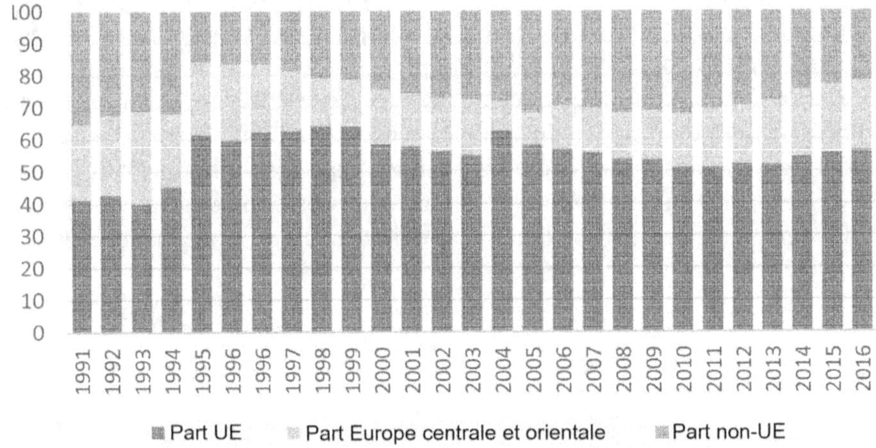

Figure 1. Répartition en pourcentage des importations de la Hongrie en provenance des membres anciens de l'UE, des nouveaux États membres de l'UE d'Europe centrale et orientale et des pays non membres de l'UE. D'après les données de l'Office central des statistiques (Éva Pintér – Tibor Pintér, 2018)[44]

44 Éva Pintér – Tibor Pintér, « Magyarország integrációja az Európai Unióba – gazdasági és társadalmi megközelítés » (L'intégration de la Hongrie dans l'Union européenne – approche économique et sociale), *Új Magyar Közigazgatás*, octobre 2018, année 11, numéro spécial de finances publiques, pp. 1-10.

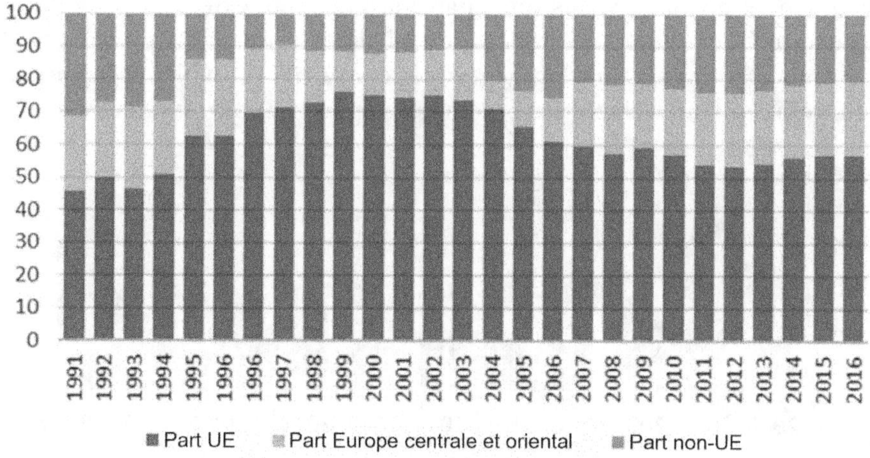

Figure 2. Répartition en pourcentage des exportations de la Hongrie en provenance des membres anciens de l'UE, des nouveaux États membres de l'UE d'Europe centrale et orientale et des pays non membres de l'UE. D'après les données de l'Office central des statistiques (Éva Pintér – Tibor Pintér, 2018)

Si nous tenons compte du fait que les théories de l'intégration fixent certains seuils pour mesurer le degré d'intégration, nous pouvons affirmer avec certitude que depuis le milieu des années 1990, la Hongrie fait clairement partie intégrante de l'économie de l'UE,[45] tant en termes d'importations que d'exportations. Selon Tibor Palánkai,[46] une intégration franchit le seuil de dépendance minimale lorsque le commerce intérieur de l'UE dépasse 10 % du PIB national agrégé. La Hongrie a un pourcentage beaucoup plus élevé, nous sommes donc profondément intégrés au marché de l'UE. En comparaison mondiale, notre pays est également considéré comme une (petite) économie particulièrement ouverte, ce qui signifie un degré élevé de globalisation et d'intégration, avec ses avantages et ses inconvénients, également au niveau mondial.

Si l'on considère l'intégration en termes d'exportations, il apparaît clairement qu'à partir du milieu des années 1990, le marché des biens et services quittant la Hongrie était principalement constitué des États membres de l'UE. D'autre part, la part de 20-25 % de pays non membres de l'UE suggère que l'intégration de la Hongrie dans l'économie de l'UE a été « trop réussie », car le pays n'est pas caractérisé par une diversification saine et

[45] Il s'agit au fond d'une « intégration discrète », qui s'est accomplie déjà avant l'entrée officielle de la Hongrie dans l'UE en 2004.

[46] Tibor Palánkai, « Az integráció mérésének lehetőségei » (Les possibilités de mesurage de l'intégration), *Köz-gazdaság*, BCE, 2010, nr. 4, pp. 47-72.

maintenant de plus en plus souhaitable des marchés extérieurs.[47] Le degré d'ouverture de l'économie extérieure est tel que la somme des exportations et des importations est constamment supérieure à 100 % du PIB, ce qui est un chiffre exceptionnellement élevé même par rapport aux normes continentales.

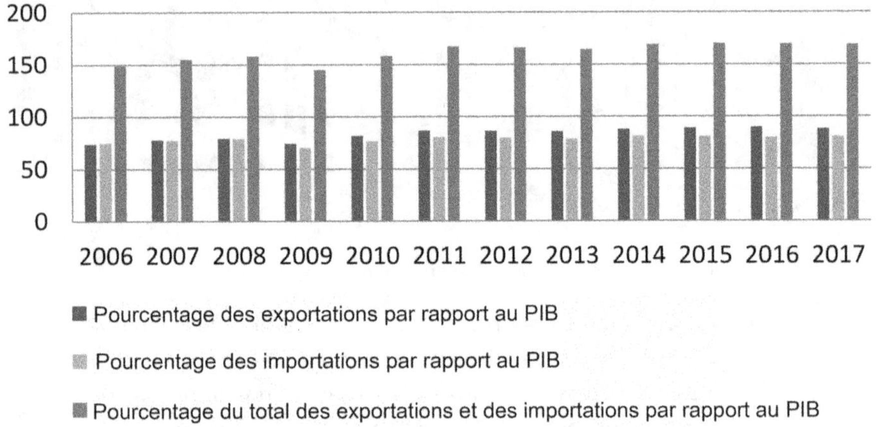

Figure 3. Le pourcentage des exportations et des importations hongroises, et de celui du total des deux par rapport au PIB entre 2006 et 2017. (Tableau composé par nous d'après la base de données de l'Eurostat)

5.2 LE CONTENU CENTRAL DES PRINCIPES, DE LA RÉGULATION ET DES EFFETS DE LA PRIVATISATION

5.2.1 Le secteur industriel

La privatisation a été le principal moyen d'améliorer l'efficacité économique, principalement par la stimulation de l'économie par les fonds de roulement étrangers. L'instabilité des finances publiques, l'absence ou la stagnation de l'accumulation interne des capitaux privés, la rareté des aides d'État et leur démantèlement en raison des règles de l'UE n'ont pas permis au « cercle intérieur » d'acquérir et de conserver une participation significative, en particulier dans les secteurs stratégiques.

Selon le Fonds monétaire international,[48] principal pourvoyeur des finances publiques, la privatisation est un élément clé de la transition vers l'économie de marché, avec la création d'entreprises privées qui produisent des biens pouvant

47 Alors que la politique économique de l'ouverture à l'Est et au Sud du gouvernement actuel montre une dynamique positive en termes de volume et de devises, les relations économiques extérieures avec l'Union européenne se renforcent également de manière constante, de sorte que les ratios ne peuvent évoluer que lentement.

48 FMI 2000, Brief Issues, 00/08, pp. 1-8.

être vendus sur le marché libre. La BERD[49] a défini la privatisation comme la suppression de la fonction de propriété de l'État, avec l'objectif complémentaire de générer des recettes fiscales et de promouvoir la concurrence et une répartition équitable des richesses, dans laquelle la faisabilité politique joue également un rôle important.

La relation entre le besoin de dynamisme de l'économie hongroise et les capitaux étrangers peut être résumée en trois points principaux.[50] 1) Les capitaux nécessaires à la modernisation de l'économie étaient disponibles à l'étranger, et ils étaient confrontés à une politique fiscale hongroise peu capable de faire valoir ses intérêts, à une société « avide de capitaux » et aux acteurs gouvernementaux. 2) Les ressources étrangères étaient également nécessaires pour financer la dette publique héritée de l'économie planifiée et continuellement générée. 3) L'intervention étrangère était également nécessaire pour satisfaire le comportement de consommation et la demande de niveau de vie de la population, qui copiait le modèle occidental. La culture de la consommation, le volume croissant de biens et de services et les capitaux de travail et de portefeuille ont tous été importés de l'étranger, de même que les politiques économiques qui ont encadré la transformation institutionnelle. Il ne s'agissait pas seulement d'une solution de stabilisation et de dynamisation « plus simple » et plus rapide, choisie par le gouvernement, mais aussi du fait que la population, dans ses besoins et ses espoirs en matière de consommation et de revenus de l'emploi, espérait améliorer sa situation uniquement grâce aux liens avec les économies de marché avancées. Les trois segments des « richesses » financières étrangères espéraient trouver un marché, un placement et des profits dans ce pays post-soviétique. Les recherches sociologiques[51] soulignent la demande (presque l'impatience) de la population pour un changement rapide, ce qui implique que le gouvernement n'aurait « guère eu le temps et la force » de mettre l'économie en ordre, d'assurer son développement organique, et d'élargir ainsi l'offre de consommation. De toute façon, l'administration économique hongroise aurait été incapable d'y parvenir en raison du vide d'inertie hérité de l'économie planifiée. Il y avait une pression pour mettre en œuvre la modernisation économique le plus rapidement possible, une pression pour élever le niveau de vie avant la modernisation, ce dont la nature mutuellement exclusive et le « trébuchement » du rattrapage économique ont causé l'instabilité financière continue du changement de régime. Malgré les niveaux de vie relativement favorables hérités de l'économie planifiée et du modèle d'État-providence, mais non soutenus par le niveau

49 BERD 1999, Transition Report, pp. 32-33.

50 Pour un exposé plus détaillé, voir Csaba Lentner, « A magyar gazdasági válság és válságkezelés néhány történeti és nemzetközi aspektusa » (Quelques aspects historiques et internationaux de la crise économique hongroise et de sa gestion), *Pénzügyi Szemle*, 2010, année 55, nr. 3, pp. 561-584.

51 György Lengyel, « Válság, várakozások, vállalkozói hajlandóság. Vélemények a gazdaságról és megélhetésről a 80-as években » (Crise, attentes, dispositions entrepreneuriales. Opinions sur l'économie et la subsistance dans les années 1980), in *Társadalmi riport* (Reportage social), dir. Rudolf Andorka – Tamás Kolosi – György Vukovich, Tárki, 1990, pp. 288-304.

général de l'économie, l'efficacité et le rattrapage de la productivité du travail en tant que facteur de production ne se sont pas améliorés d'un iota. Selon Péter Mihályi,[52] le PIB par personne employée représentait 72 % de celui de l'Autriche en 1950. En 1989, il était de 46 %, en 2006 de 53 % et en 2012 de 51 %. Le PIB hongrois par heure travaillée (productivité) représentait 42 % du PIB autrichien en 1980, 45 % en 1989, 47 % en 2006 et 45 % en 2012. Malgré l'échec du rattrapage de la productivité, le gonflement des salaires, l'octroi de prestations sociales, puis le taux de détail des prêts bancaires étaient destinés à maintenir la demande solvable, et à travers elle la croissance de la consommation, surtout après le tournant du millénaire.

La gouvernance économique hongroise espérait que la « solution de base » à la modernisation et au rattrapage serait la transformation des relations de propriété, bien que à cette époque des publications parues en Hongrie[53] aient déjà réfuté cette théorie. « La question de la propriété est importante, mais pas primordiale, dans l'infrastructure d'un pays. Cette affirmation est confirmée par la diversité que l'on trouve même dans les pays de l'OCDE, allant d'économies industrielles entièrement privées (par exemple, les États-Unis, le Royaume-Uni) à des économies où la propriété publique est importante (par exemple, le Portugal, la France). Le point crucial est que la propriété privée ne doit pas être interdite, mais que sa proportion et ses formes doivent être une caractéristique nationale. »[54] Ainsi, selon la pratique contemporaine, en Europe continentale, qui est plus « proche » de nous, les grandes entreprises de services et d'énergie étaient détenues nationalement ou partiellement nationalement, tandis que la plupart des entreprises industrielles, notamment manufacturières, étaient privées. Selon Éva Voszka,[55] « les analyses effectuées en Europe occidentale dans les années 1980 ont montré que les entreprises privées, où la propriété et le contrôle sont séparés, ont des difficultés de contrôle et des incitations similaires à celles de la propriété publique, de sorte que les gains d'efficacité peuvent ne pas répondre aux attentes ». La pratique hongroise de la privatisation a toutefois adopté une approche de privatisation complète, qui a été achevée au milieu de la décennie suivant le tournant du millénaire.[56]

L'environnement général de la privatisation en Hongrie était caractérisé non seulement par des contraintes budgétaires, mais aussi par le degré élevé d'amortissement des entreprises. « La goutte d'eau qui a fait déborder le vase de

52 Péter Mihályi, *A magyar gazdaság útja az adósságválságba* (Le chemin de l'économie hongroise vers la crise de la dette), Corvina, 2013, pp. 20-22.

53 Voir entre autres l'étude déjà citée de Péter Ákos Bod (1986).

54 Zsuzsa Szentgyörgyi, « Ipar, struktúra – iparstruktúra » (Industries, structures – structures industrielles), *Társadalmi Szemle*, 1992, année XLVII, nr. 6, p. 6.

55 Éva Voszka, *Az állami tulajdon pillanatai. Gazdaságtörténeti és tudománytörténeti nézőpontok* (Moments de la propriété d'État. Points de vue d'histoire économique et d'histoire des sciences), Akadémiai Kiadó, 2018, p. 141.

56 Pour un aperçu détaillé de la privatisation, voir Péter Mihályi, *A privatizáció enciklopédiája I-II* (L'encyclopédie de la privatisation I-II), Pannon Egyetemi Könyvkiadó – Institut de science économique de l'Académie hongroise des sciences, 2010.

la situation financière, mais qui était monnaie courante dans les années 1990 en raison des pressions de restructuration et de la loi stricte sur les faillites introduite en 1992, a été l'ouverture d'une liquidation ou d'une cessation d'activité. Jusqu'en 1998, 207 des sociétés appartenant à l'Agence des actifs de l'État avaient été assujetties à un règlement définitif des comptes et 548 avaient été mises en liquidation. Le remboursement au moins partiel des créanciers et le financement temporaire des activités nécessitaient la cession rapide sur le marché d'éléments productifs ou infrastructurels qui pouvaient être vendus séparément. »[57] Le processus de privatisation moins réglementé, la méthode suivie, les contraintes économiques et les prix déprimés qui en résultaient ont accéléré la transformation en Hongrie par rapport aux pays environnants. Attila Chikán[58] a indiqué qu'il existait un consensus interne sur la privatisation et que la Hongrie bénéficiait d'avantages concurrentiels importants parce que la méthode de distribution gratuite des actifs productifs à l'intérieur du pays, qui prenait beaucoup de temps, était moins utilisée, et que les anciens actifs de l'État et des coopératives agricoles étaient vendus par le biais d'appels d'offres et d'achats concurrentiels. Outre la primauté de la privatisation orientée vers les entreprises, la forme de privatisation en échange d'une compensation[59] et les régimes fiscaux et de banque centrale préférentiels[60] ont également joué un rôle important dans la pratique hongroise, mais généralement, l'insuffisance de capital dans l'exploitation ultérieure a freiné la prospérité des actifs privatisés.

Selon l'évaluation faite par l'UE[61] à l'époque, la privatisation a été facilitée par la mise en place d'un environnement juridique[62] à partir de la seconde moitié des années 1980 et, plus tard, par la vente d'entreprises par voie d'appel d'offres, c'est-à-dire par l'abandon de la privatisation fondée sur la libre attribution des droits de propriété. Selon l'évaluation contemporaine de l'OCDE,[63] la privatisation des entreprises publiques était également une « option par défaut », qui a été mise en œuvre. Par ce biais, l'apport de recettes budgétaires et la création d'un secteur commercial viable ont

57 Éva Voszka, *Versenyteremtés alkuval* (Création de concurrence au moyen de marchandages), Akadémiai Kiadó, 2003, p. 94.

58 Attila Chikán, « A gazdaság globalizációja és a civilizációk különbsége » (La globalisation de l'économie et les différences entre les civilisations), *Magyar Tudomány, Új Folyam*, 2002, année XLVII, nr. 6, pp. 730-737.

59 L'indemnisation pour les persécutions politiques, religieuses et ethniques, et surtout pour les violations des droits de propriété par le pouvoir d'État, impliquait l'émission de bons d'indemnisation qui pouvaient être utilisés dans le processus de privatisation. La résolution n° 37/1990 de l'Assemblée nationale a été la première à formuler la réparation comme une tâche juridique d'actualité. Les demandes d'indemnisation pour les dommages injustement causés par l'État aux biens des citoyens pouvaient être soumises à l'autorité d'indemnisation en vertu de l'Article XXV de la loi 1991 et de l'Article XXIV de la loi 1992.

60 Crédit « Existence », Crédit « Start », leasing de privatisation, etc.

61 Hungary: Towards Market Economy, *EU Economic Papers*, octobre 1992, nr. 95, pp. 70-72.

62 Essentiellement l'Article VI de la loi 1988 sur les sociétés économiques, et l'Article XIII de la loi 1989 sur la transformation des sociétés économiques.

63 OECD Economic Survey, 1991, pp. 107-128.

également été jugés souhaitables. Ces attentes et évaluations internationales sont toutefois contredites par les caractéristiques déjà citées, à savoir que dans la pratique des économies de marché développées, la propriété n'a pas été une considération primordiale et que la propriété nationale est restée dominante dans des secteurs clés. Selon l'Article 9, paragraphe 1, de la Constitution de l'époque,[64] « l'économie de la Hongrie est une économie de marché dans laquelle les biens publics et privés jouissent de droits égaux et d'une protection égale ». Le paragraphe 2 stipule que « la République hongroise reconnaît et soutient le droit d'entreprise et la liberté de la concurrence économique ». Il est important de noter que la loi située au sommet de la hiérarchie juridique ne privilégie pas non plus la propriété privée. Cependant, la politique économique a « poussé » la pratique vers une privatisation « complète », considérée comme importante par les institutions internationales. Il y avait également un sentiment d'inertie dans l'« abandon » des actifs de l'État et la privatisation par les gouvernements de l'époque, incapables de restaurer les secteurs aux structures de production obsolètes par le truchement de la gestion et des ressources budgétaires de l'État, et incapables de financer leurs pertes. L'impact de la privatisation est indéniable dans la mesure où elle a joué un rôle décisif dans le développement de l'économie de marché et la création de technologies modernes. Elle a réduit le rôle économique de l'État et éliminé un nombre important d'entreprises publiques gaspilleuses. Elle a également permis de remplacer un petit nombre d'emplois perdus dans l'industrie, mais elle n'a pas eu d'impact positif général. « Nous savons démolir, mais nous ne sommes pas à la pointe de la construction. La preuve en est qu'à ce jour, nous n'avons pas réussi à esquisser un nouveau modèle social (en l'absence de notre propre vision, nous copions de nouveaux exemples), nous n'avons pas réussi à redéfinir le concept de besoins et de tâches publics (sans cela, le rôle de l'État peut difficilement être clarifié et les dépenses publiques peuvent difficilement être modernisées). Dans ces conditions, on ne doit pas s'étonner devant le réveil de vieux réflexes, et en particulier devant la nostalgie de l'" État-papa " ».[65] En effet, ces solutions bâtardes des premières années suivant le changement de régime ont fait naître dans de larges couches de la société une très forte nostalgie des réalités économiques et sociales – modestes, mais solides – du régime de Kádár, oubliant le fait qu'à partir du début des années 1970 celui-ci a dû faire appel à des crédits étrangers pour durer.[66]

64 Article XX de la loi 1949.

65 Zoltán Pitti, « Európa kapujában » (Devant la porte de l'Europe), *Kritika*, 2004, p. 3.

66 Selon János Rainer M., un effet spécial de « rivière souterraine » a prévalu, c'est-à-dire que pendant la période de transition vers l'économie de marché, lorsque des emplois ont été perdus et que le niveau de vie a baissé, la nostalgie du régime de Kádár a fait surface de plus en plus fortement. Pour un aperçu de la vie des diverses couches sociales de l'époque, voir György Majtényi, *A Kádár-kor társadalma. Egy forint a krumplis lángos* (La société de l'ère Kádár. Un forint le *lángos*), Libri, 2018.

Le processus de privatisation s'est accompagné de nombreuses critiques et de rapports d'enquête négatifs,[67] principalement dus à l'exploitation de lacunes réglementaires. Par définition, la privatisation spontanée n'a été efficace que pour aider ceux qui se trouvaient à proximité immédiate des actifs à acquérir des richesses. En 1990, la grande majorité des entreprises d'État avaient déjà créé une forme de société commerciale à partir de leurs actifs horizontaux.[68] Les procédures de privatisation, coordonnées par le gouvernement et les agences de gestion des actifs de l'État, ont débuté en 1990, dans le cadre de la loi sur la transformation. Parmi les programmes de privatisation organisés par l'Agence des actifs de l'État, les plus importants, impliquant l'utilisation du prêt « Existence », du programme d'actionnariat salarié, du rachat par la direction, du crédit-bail de privatisation et des bons de compensation, étaient accessibles aux entreprises nationales, mais tous ont eu un impact modeste. Les régimes proposés aux résidents nationaux étaient assortis de taux d'intérêt et d'échéances préférentiels, et nombre d'entre eux étaient garantis par le refinancement de la banque centrale. Les crédits « Existence » n'étaient accessibles qu'aux particuliers pour des durées plus longues et à des taux d'intérêt nettement inférieurs à ceux du marché, mais ils n'ont représenté que 1 à 2 % des recettes totales de la privatisation jusqu'au début des années 2000. Ils ont surtout été utilisés pour l'achat d'unités commerciales, et généralement dans la première moitié des années 1990. Le régime d'actionnariat salarié a également été conçu pour promouvoir l'acquisition d'actifs par les employés nationaux travaillant pour l'entreprise. Des associations ont été créées pour racheter les parts des entreprises qui, en l'absence d'un capital salarié suffisant, dépendaient des prêts bancaires. Cependant, à partir du milieu des années 1990, les banques d'État, qui accordaient de plus en plus de prêts sur la base du marché, puis les banques privées après leur privatisation, ont été réticentes à financer ces associations regroupant de nombreux propriétaires et ne disposant pas de capital pour se développer. Les remboursements des prêts bancaires qui avaient garanti l'acquisition de la propriété par ces associations avaient déjà immobilisé les fonds, de sorte qu'en changeant le nom et en restructurant la propriété des sociétés industrielles, les organisations se sont retrouvées sans fonds de développement. Le programme de rachat par les cadres était similaire. Les achats par les dirigeants recoupaient souvent les actionnariats de salariés dans la mesure où c'étaient les anciens dirigeants qui disposaient des capitaux nécessaires. La technique du leasing de privatisation visait à promouvoir la vente d'actifs difficiles à commercialiser par des agents nationaux. Son avantage, curieusement, était que les paiements de location

67 Pour le sommaire des rapports de la Cour natuonale des comptes, voir Péter Mihályi, *A privatizáció és a számvevőszéki ellenőrzések. Privatizáció Magyarországon* (La privatisation et les contrôles effectués par la Cour nationale des comptes. La privatisation en Hongrie), Cour nationale des comptes, 2004, pp. 331-356.

68 La privatisation spontanée était basée sur la redécouverte de l'Article XXXVII de la loi 1875 et de l'Article V de la loi 1930. Voir Tamás Sárközy, *A privatizáció joga Magyarországon* (Le droit de la privatisation en Hongrie), Akadémiai Kiadó, 1993, p. 123.

à l'État étaient déductibles des impôts, bien que cela ne fût guère avantageux pour une entreprise dont la position sur le marché était loin d'être solide.

En vertu de la loi sur les compensations, l'État devait offrir des actifs aux détenteurs des bons de compensation. Cependant, comme la valeur des bons de compensation adjugés aux individus n'était guère suffisante pour acquérir des actifs considérables, et que la plupart des ayants droit étaient déjà avancés dans l'âge et peu enclins à se lancer dans des entreprises, le système a donné lieu à diverses spéculations. Les ayants droit victimes d'injustices quarante ou cinquante ans plus tôt voulaient rapidement convertir leurs bons en argent pour améliorer leurs conditions d'existence, tandis que ceux qui avaient acheté des tickets d'indemnisation à des fins professionnelles ont pu utiliser les tickets acquis à partir du 31 décembre 1994 à une valeur de crédit de 174,2 % pendant la privatisation.[69] Des bons de compensation d'une valeur de 137 à 140 milliards de forints ont été émis, permettant à près d'un tiers des investisseurs nationaux d'accéder à la propriété, aux terres agricoles ou aux logements locatifs municipaux. Lors de la privatisation de grands systèmes de services, de services publics d'énergie, de banques, de compagnies d'assurance, bref de secteurs stratégiques, le rôle des détenteurs de bons de compensation a été réduit, et ce domaine d'investissement stratégique a été repris par de grandes entreprises internationales à forte capitalisation. Ces secteurs ont été privatisés principalement au milieu des années 1990 et dans les années 2000, lorsque les services ont été modernisés, mais l'État a garanti des surprofits aux nouveaux propriétaires.[70] Un inconvénient majeur de la privatisation hongroise était que les détenteurs de bons de compensation n'ont pas acquis une participation significative dans la plupart des usines de transformation alimentaire de taille moyenne qu'ils auraient voulu acquérir. Les gouvernements n'ont pas créé un ensemble complet de conditions économiques à cette fin, et ils n'ont pas non plus apporté par la suite leur plein soutien aux quelques usines où le secteur national a pu devenir propriétaire. L'un des défauts du processus de privatisation a été que les garanties de contrôle national et de continuité des opérations n'ont pas été prévues ou appliquées de manière responsable en raison de la « faiblesse » des gouvernements. Les acheteurs ont bénéficié de remises et de garanties supplémentaires (parfois injustifiées), et les chaînes d'approvisionnement en matières premières des producteurs qui étaient en place depuis des décennies n'ont pas été maintenues.[71] Il est essentiel de

69 Lorsque les billets ont été émis en 1991, la valeur nominale et la dénomination étaient toutes deux de 100 %, mais comme les billets portaient intérêt, la dénomination a augmenté régulièrement jusqu'à la fin de la période d'intérêt, jusqu'au 31 décembre 1994, où elle a atteint 174,2 %.

70 Dans le cas du secteur de l'énergie, par exemple, l'État a garanti le complément en dessous d'un rendement attendu des actifs (généralement 8 %), ou dans le cas de la Budapest Bank, il a garanti les mauvaises créances apparues après la privatisation. La valeur de vente nette (c'est-à-dire réelle) de la Budapest Bank était de 8400 forints, soit le prix d'une bicyclette à l'époque ; il est vrai que les investisseurs disposant du capital nécessaire se sont engagés à la maintenir en activité.

71 Pour une analyse détaillée de la privatisation des banques et de l'industrie alimentaire, de la vente de Budapest Bank, etc., voir mon livre intitulé *Rendszerváltás és pénzügypolitika* (Changement de régime et politique financière).

souligner que tout retard supplémentaire dans la privatisation, en particulier dans le contexte de forte inflation des années 1990, aurait entraîné une dépréciation et un amortissement supplémentaires des actifs des entreprises. En même temps, l'accélération et l'extension de la privatisation – préconisées par certains économistes[72] – auraient été peu praticables. Dans ce pays post-soviétique, qui avait mis en place une économie planifiée, même si elle avait été précédée d'une économie de marché, une privatisation plus intensive aurait été hasardeuse et incompatible avec les intérêts nationaux et sociaux. Les processus d'accumulation de capitaux, modestes mais organiques, étaient suivis d'une politique économique faisant appel à des ressources extérieures et à des investisseurs forts en capitaux, et ce changement s'est réalisé au mépris de toute continuité aux niveaux social et institutionnel.

Le taux d'échec élevé des régimes proposés pour l'acquisition de la propriété nationale, et même la difficulté de fonctionnement après l'acquisition occasionnelle, a été causé par le faible esprit d'entreprise, la rareté des ressources nationales pour l'acquisition des entreprises proposées avec une valeur d'actif plus élevée, mais surtout par l'insuffisance et l'imprévisibilité de l'environnement économique au-delà du crédit (système fiscal, positionnement des produits sur le marché). La participation accrue des investisseurs nationaux à l'achat de systèmes énergétiques et de banques a été entravée par leurs contraintes en matière de capitaux. Il est vrai qu'après la privatisation, les nouveaux propriétaires de ces secteurs ont reçu le feu vert de l'État, principalement en raison de sa faible capacité à faire valoir ses intérêts. Il est indéniable que les privatisations et la politique fiscale entourant la propriété privée étaient également empreintes de contradictions, et à partir de 1995, la politique de refinancement du secteur réel menée par la banque centrale a également été reléguée au second plan, mais malgré les apports de la privatisation, il n'a pas été possible de résoudre les problèmes de finances publiques, ce qui a signifié que les gouvernements se trouvaient constamment dans une position « subordonnée » et vulnérable vis-à-vis des capitaux étrangers privatisants. Il était difficile d'attirer les IDE et, une fois que les capitaux étrangers étaient dans le pays, l'État, réticent à mettre en œuvre des réformes structurelles et ayant un budget constamment instable, n'osait pas introduire un système fiscal adapté à la capacité fiscale des entreprises étrangères.

Le principal problème n'était pas l'afflux excessif de capitaux étrangers, qui ont complètement « pris le contrôle » des secteurs stratégiques, mais le fait que les gouvernements ont été laissés dans un vide d'inertie, fondé sur l'héritage économique et social de l'économie planifiée (structures de production obsolètes, dette publique, travailleurs habitués à des performances faibles mais bénéficiant de salaires relativement acceptables et de prestations

[72] Voir, dans l'œuvre de Péter Mihályi, « Foreign Direct Investment in Hungary : The Post-Communist Privatisation Story Re-Considered », *Acta Oeconomica*, 2001, année 51, nr. 1, pp. 107-129 ; « Privatizáció és globalizáció – avagy az Anti-equilibrium újrafelfedezése » (Privatisation et globalisation – ou la redécouverte de l'anti-équilibre), *Közgazdasági Szemle*, novembre 2000, année XLVII, pp. 859-877.

sociales). Le secteur des entreprises internationales a prospéré, tandis que le développement des entreprises nationales, moins fortes en capitaux, n'a pas répondu aux attentes. Ensuite, en raison des dépenses budgétaires et des faibles taux d'emploi, la grande masse des personnes socialement défavorisées a ajouté aux besoins financiers croissants, que l'État était de plus en plus incapable de satisfaire, et, avec les mesures d'austérité répétées, la confiance sociale dans le gouvernement[73] a été irréversiblement érodée.

Les observateurs critiques du processus font remarquer que la privatisation correspondait aux intérêts de l'élite,[74] de même que la « nationalisation » des pertes des actifs de l'État, puis l'élimination des pertes et la maximalisation des profits.[75] Cela n'est guère discutable, étant donné que par exemple la consolidation des banques à la veille de la privatisation s'est effectuée avec des sources budgétaires, tandis que les profits des mêmes banques devenues propriétés privées revenaient aux nouveaux propriétaires qui ne devaient s'acquitter que d'obligations fiscales très douces. Comme le fait remarquer un économiste britannique étudiant les processus de privatisation dans les pays de l'Est européen, « en l'absence de cadres juridiques pour les droits de propriété et d'institutions telles que des banques qui fonctionnent bien, des bourses, des monnaies convertibles, voire une culture de l'échange marchand, la privatisation ne s'est pas avérée être un remède aussi rapide aux problèmes structurels de ces pays que les conseillers occidentaux l'avaient promis avec enthousiasme».[76]

5.2.2 L'agriculture

Relativement prospères, fournissant 63 à 65 % de la production agricole à l'époque de l'économie socialiste adoptant certains éléments de l'économie du marché, les coopératives agricoles et les fermes d'État[77] ont augmenté de 60 à

[73] Si l'on se réfère aux statistiques de 2009 de l'OCDE, on constate que le gouvernement hongrois bénéficie du plus faible niveau de soutien dans l'OCDE. Voir Csaba Lentner, « The New Hungarian Public Finance System – in a Historical, Institutional and Scientific Context », *Public Finance Quarterly*, 2015, année 60, nr. 4, pp. 447–461. Sur l'effet « entraînant » de la confiance, voir Norbert Kis, « The Role and Impact of Trust on the Operation and Sustainability of the State », *Public Finance Quarterly*, 2018, année 63, nr. 3, pp. 289–302.

[74] David Parker, « The UK's Privatisation Experiment: The Passage of Time Permits a Sober Assesment », *Cesifo Working Paper*, 2004, nr. 1126, Category 9: Industrial Organisation, February 2004.

[75] Michel Bauer, « The Politics of State-Directed Privatisation: The Case of France », in John Vickers – Vincent Wright (dirs.), *The Politics of Privatisation in Western Europe*, Frank Cass, Londres, 1989, https://epdf.tips/the-politics-of-privatisation-in-western-europe.html, téléchargé 16 novembre 2018 ; John Wickers – Vincent Wright, « The Politics of Industrial Privatisation in Western Europe: An Overview », in John Vickers – Vincent Wright (dirs), *The Politics of Privatisation in Western Europe*, *op. cit.*, 1989.

[76] Thomas Clarke – Christos Pitelis, « Introduction. The Political Economy of Privatisation », in Thomas Clarke – Christos Pitelis (dirs.), *The Political Economy of Privatisation*, Routledge, London, 1993, pp. 1–16.

[77] Les fermes d'État, en tant qu'unités de production agricole, ne sont toujours pas prises en compte dans ma discussion en raison des limites du champ d'application et de leur situation spécifique en matière de gestion et de propriété, qui est très similaire à celle des entreprises industrielles d'État. Ce thème, y

65 % le volume de leurs revenus entre 1976 et 1987, tandis que leurs revenus bruts disponibles ont baissé de 4 à 5 %.[78] Avant le changement de régime, elles possédaient 92,1 % des surfaces cultivées.[79] Leur rôle consistait aussi à assurer un arrière-plan d'intégration aux exploitations particulières des coopérateurs et à d'autres exploitants de petites cultures. La transformation de la production à grande échelle en systèmes industrialisés a entraîné une augmentation de la part des inputs externes, principalement d'origine industrielle, dont les prix moyens, par exemple à la suite de la crise pétrolière, ont augmenté, ce que les prix de vente du secteur agraire – en raison de diverses causes provenant à la fois de l'évolution de l'économie mondiale et de la situation politique et sociale intérieure – étaient incapables de suivre, tandis que l'escalade des problèmes budgétaires de l'État entraînait la réduction considérable des subventions. La « marchandisation des taux d'intérêt », entrée en vigueur en 1980, a également durement touché l'agriculture. Le coût des investissements agricoles a grimpé en flèche, les subventions publiques ont diminué et la rentabilité du secteur s'est détériorée, affecté en premier lieu par l'écart croissant des prix des produits industriels et des produits agricoles, étant donné que le secteur agraire était incapable de compenser ses coûts accrus dans le nouvel espace des débouchés. L'agriculture hongroise se trouvait ainsi dans un état sclérosé, surtout pour des raisons politiques et sociales intérieures. Sa capacité de réaliser des revenus par ses activités principales s'est affaiblie considérablement.[80] La réorganisation des rapports de propriété agricole par un retour à l'état des choses au lendemain de la seconde guerre mondiale par la liquidation des grandes exploitations collectives était le principal objectif de la politique agraire de l'époque, soutenu par la plupart des coopérateurs à court de capitaux et de toute expérience de gestion autonome.[81] Bien que selon Gyula Varga[82] les lois adoptées dans la seconde moitié des années 1980 aient créé des fondements relativement solides pour la réussite des réformes introduites progressivement, on a renoncé à leur poursuite pour opérer une rupture complète avec les années précédentes. Cette transformation radicale – mais économiquement discutable

compris les questions relatives aux propriétés, aux biens des coopératives, aux conditions des crédits agricoles et au contexte économique, a été étudié dans ma thèse de doctorat intitulée *Les Dilemmes de privatisation et de financement du secteur agraire hongrois à la lumière des faits, des perspectives et des modèles à suivre*, soutenue à l'Académie hongroise des sciences en 1995.

78 Source : Ferenc Vági, « A bruttó jövedelem csökkenése a mezőgazdasági vállalatokban 1976-1987 » (La baisse du revenu brut chez les entreprises agricoles 1976-1987), *Közgazdasági Szemle*, 1990, nr. 1.

79 En 1989, 5 679 191 hectares de terres étaient utilisés, dont 3,81 % appartenaient à l'État, 61,12 % aux coopératives et 35,07 % aux coopérateurs. Cf. Csaba Csáki – Ferenc Rabár, *Nemzetközi fejlődés, magyar agrárpolitika* (Développement international, politique agraire hongroise), Közgazdasági és Jogi Könyvkiadó, 1990.

80 Sur les réalités agraires de l'époque, voir Aladár Sipos – Péter Halmai, *Válaszúton az agrárpolitika* (La politique agraire à la croisée des chemins), Akadémiai Kiadó, 1988.

81 Un facteur décisif de l'attachement à la terre a été la perte massive de revenus, d'emplois et la vulnérabilité de la population rurale par rapport à la population urbaine.

82 Gyula Varga, « A magyar mezőgazdaság tulajdonviszonyainak és vállalati struktúrájának átalakulása » (La transformation des rapports de propriété et des structures entrepreneuriales de l'agriculture hongroise), *Társadalomtudomány*, 1996, nr. 36, pp. 19-25

et socialement désastreuse[83] – a été fondamentalement déterminée par les lois sur les compensations, la restructuration des coopératives, la titularisation des actifs et la propriété des actions.[84] La privatisation de l'industrie alimentaire s'est déroulée parallèlement à la restructuration du secteur primaire, le capital étranger devenant l'actionnaire majoritaire de 28 des 57 entreprises privatisées dans la première moitié des années 1990. Dans le cadre de la privatisation du secteur alimentaire, les installations industrielles rentables et compétitives à l'échelle internationale ont été vendues en premier.[85] Les processus de transformation ont entraîné une baisse dramatique de la production (voir figure 4[86]), que l'agriculture n'a pas encore été en mesure de redresser.

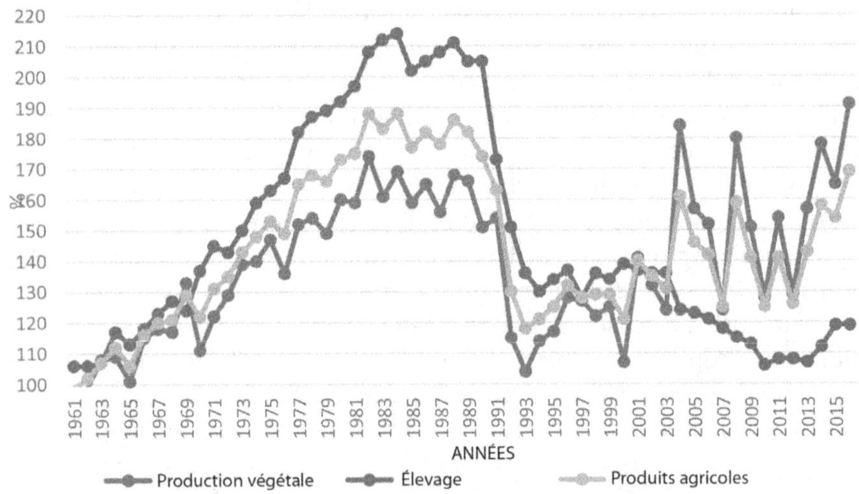

Figure 4. L'indice de la production brute de l'agriculture, 1965–2015
Source : données de l'Office central des statistiques, 2018
(calculées sur la base de 1960)

Sous l'effet des lois sur les compensations et sur d'autres rapports de propriété, on a vu naître sur environ la moitié des 6,4 millions d'hectares de terres arables des exploitations minuscules de moins d'un hectare. On peut dire en

83 M'appuyant aussi sur des recherches empiriques, j'ai mis en évidence les conséquences catastrophiques prévisionnelles de la privatisation de l'agriculture dans ma thèse de doctorat universitaire et d'autres publications datant de cette époque. Voir Csaba Lentner, *Az agrárreform dilemmái Magyarországon. Követhető modellek, elképzelések* (Les dilemmes de la réforme agraire en Hongrie. Modèles et conceptions adoptables), Université économique de Budapest, 1991.

84 Il s'agit des Articles I, II et III de la loi 1991, de l'Article I de la loi 1992 sur les cooperatives, de l'Article II de la loi 1992 sur la transition des cooperatives, prescrivant la transformation obligatoire des cooperatives et la titularisation des actifs.

85 Basé sur le tableau de la page 299 de l'ouvrage de 1995 de Csaba Lentner.

86 Cf. Imre Kovách, « A mezőgazdasági privatizáció társadalmi hatásai » (Les impacts sociaux de la privatisation agricole), in *Magyarország átalakulóban* (La Hongrie en transformation), Ministère du Bien-être social, 1994, pp. 125-139. Selon Kovách, la baisse de la production agricole brute est réduite de moitié de 1988 à 1993.

effet que la situation était encore pire qu'à l'époque des petites propriétés non viables (2,9 hectares en moyennes) issues de la redistribution des terres au lendemain de la seconde guerre mondiale. Cinquante ans plus tard, la grosse majorité des propriétaires des terres morcelées étaient encore incapables de mettre en valeur leurs terres et d'effectuer des développements techniques, tandis que les banques leur refusaient les crédits en raison des risques élevés. La « dés-organisation » de la branche productrice de produits de base de l'agriculture hongroise a eu lieu à une époque où les dimensions moyennes des exploitations augmentaient déjà depuis des décennies dans les économies du marché avancées, parallèlement à la centralisation des propriétés et à la concentration des ressources agricoles.[87] Même la Grèce, où les dimensions moyennes des exploitations étaient les plus petites, les propriétés à superficies supérieures à cinq hectares étaient dominantes (avec des cultures intensives, il est vrai), tandis que dans la plupart des pays ouest-européens les superficies moyennes se sont accrues de 10 à 30 hectares entre 1960 et 1993. Les fermes américaines ont subi une concentration et une centralisation encore plus fortes : leurs dimensions moyennes dépassaient 14 fois celles des exploitations de la Communauté économique européenne.[88]

Lors des titularisations des actifs autres que des terres arables des coopératives, 41 % en ont été acquis par des personnes actives dont le nombre correspondait à 25 % des ayants droit ; 39 % par des personnes à la retraite (donc inactives), dont la proportion (31 %) était supérieure à celle des actifs. De plus, 20 % des actifs ont été obtenus par des personnes extérieures à l'agriculture[89], dont le nombre s'élevait à 44 % des ayants droit. Par conséquent, la redistribution des actifs des coopératives n'a pas généré des processus de production prévisibles ou planifiables au niveau de l'économie nationale : même au niveau des coopératives elles-mêmes, des structures incertaines et inutilisables dominaient. La situation du secteur agricole était chaotique, et les actifs accumulés pendant des décennies des coopératives se sont désagrégées.[90]

87 Sur la croissance depuis plusieurs décennies de la superficie des fermes occidentales, voir *Statistiches Jahrbuch über Ernahrung Landwirtschaft und Forsten*, Münster-Hiltrup, FST, 1987 ; Paul J. Wolf, « Az európai mezőgazdaság pénzügyi problémái » (Les problèmes financiers de l'agriculture européenne), *CICA Információk*, 1986/2, Bulletin de la Banque Nationale de Hongrie.

88 1990 Fact Book of Agriculture, United States Department of Agriculture, 1991, USDA, Washington DC, Working Paper, p. 55 ; P. M. Malakov, « Az USA mezőgazdasága » (L'agriculture des USA), *A világ mezőgazdasága*, 1984, nr. 3. En 1983, les dimensions moyennes des fermes des USA étaient de 185 hectares, celles de la Communauté économique européenne de 13,6 hectares.

89 L'Article IV de la loi 1967 (la nouvelle loi foncière) a permis le rachat de terres des personnes extérieures, des retraités, car le paiement de l'utilisation des terres qu'ils possédaient devenait une charge pour les coopératives d'exploitation et leurs membres actifs. Sur les circonstances contemporaines découlant de la dualité de la propriété foncière et de l'utilisation des terres, voir Imre Tar, *A kívülállók földjeinek megváltásáról* (Sur le rachat des terres des personnes extérieures), Kossuth, 1968 ; *A parasztság társadalmi-termelési viszonyainak átalakulása* (La transformation des rapports sociaux et de production de la paysannerie), Kossuth, 1988.

90 Les technologies et les machines utilisées dans les grandes exploitations de plusieurs milliers d'hectares continuaient à fonctionner avec une efficacité dérisoire dans les exploitations de 1 à 2 hectares, sous des formes de plus en plus obsolètes, ou étaient déjà devenues inutilisables.

En outre, le secteur était encore affaibli par les débats politiques concernant le monde agraire, compromettant la gestion des grandes entreprises agricoles en désagrégation aussi bien que celle des nouvelles exploitations privées.[91]

La régression du secteur a été accélérée par le fait que lors de la privatisation la plupart des unités d'industrie alimentaire basées sur la production de matières brutes et leur commercialisation[92] ont été acquises le plus souvent par des acteurs étrangers et non par les producteurs de matières brutes, ce qui a empêché la formation d'une concentration verticale dont les éléments se seraient superposés. Or cette déconcentration a permis à d'autres groupes industriels et commerciaux d'écrémer une grande partie des profits des branches productrices de matières brutes. De plus, la libéralisation des douanes et les directives européennes concernant la suppression des subsides ont aussi aggravé les difficultés du secteur.[93] Cette situation entraînée par la détérioration des conditions économiques et de production rendait manifeste l'insolvabilité du secteur. Aussi les banques de commerce adoptant les principes de l'économie du marché se montraient-elles peu enclines à financer le secteur,[94] tandis que la Banque nationale avait déjà supprimé avant le milieu des années 1990 ses crédits verts et ses prêts de refinancement destinés au renouvellement des fonds de roulement, aussi bien que les cadres de ré-escompte des effets d'acquisition de produits agricoles.[95] Grâce à la concentration des propriétés, la solvabilité s'est améliorée dans une certaine mesure au moment de l'adhésion de la Hongrie à l'Union européenne, ce qui a amené les banques à montrer moins de rigueur envers les demandeurs de crédits agricoles – au moins dans le cas de constructions soutenues par

91 Un cas concret : au tournant du millénaire, le gouvernement a proposé d'obliger les coopératives encore en activité à régler leurs comptes avec les propriétaires de leurs parts sociales extérieures. Après de longues querelles politiques et des arguments économiques, cette question a été réglée à la charge du budget. Voir à ce sujet Csaba Lentner, « Ezredfordulós dilemmák: agrárpolitika a pénzügypolitika fogságában » (Dilemmes du millénaire : une politique agraire prisonnière de la politique financière), in *Magyarország politikai évkönyve 2000-ről* (Annales politiques de 2000 de la Hongrie), dirs. Sándor Kurtán, Péter Sándor, László Vass, Centre hongrois de recherches sur la démocratie, 2001, pp. 178-189.

92 Sur la privatisation de l'industrie alimentaire, voir Erzsébet Gidai – András Giday – Tibor László, « Néhány fontosabb vállalat privatizációja » (La privatisation de quelques entreprises importantes), in *Privatizáció Magyarországon* (Privatisation en Hongrie), tome II, Cour nationale des comptes, 2004, pp. 237-268.

93 Dans l'agriculture les profits apparaissent essentiellement au niveau de la transformation et du commerce. Voir à ce sujet Csaba Lentner, « Magyar mezőgazdaság a pénzügypolitika csapdájában. A mezőgazdaság európai uniós támogatási rendszerének kritikája » (L'agriculture hongroise piégée par la politique financière. Critique du système UE du soutien de l'agriculture), in *Fejlesztési stratégiák – Finanszírozási alternatívák* (Stratégies de développement – Alternatives de financement), dirs. Klára Katona – András Schlett, Pázmány Press, 2014, pp. 247-265 (voir p. 249 pour les pyramides de production et de revenus).

94 Csaba Lentner, « A mezőgazdasági hitelek árnyoldalai » (Le revers des crédits agricoles), *Gazdálkodás. Agrár-közgazdasági, vállalkozási és üzemgazdasági tudományos folyóirat,* 1991, année XXXV, nr. 12, pp. 29–33.

95 Sur le monde agraire privé de refinancement et ses conséquences, voir Csaba Lentner, « Szemelvények a magyar jegybanki szabályozás integrációjának történetéből – az 1991-es jegybanktörvénytől a 2004-es EU csatlakozásig » (Chapitres de l'histoire de la réglementation de la banque centrale – de la loi 1991 sur la banque centrale à l'adhésion à l'UE), *Európai Jog,* 2018, année XVIII, nr. 3, pp. 31–36.

l'État.[96] La régression nette de l'élevage était due à ce que l'approvisionnement en fourrage devait s'effectuer essentiellement au moyen d'achats à la suite de la limitation pendant plusieurs décennies de l'acquisition de terres.[97] Dans ces conditions, l'agriculture hongroise est devenue après l'adhésion à l'EU un secteur dépendant largement des budgets national et européen, où la réduction des subsides entraînerait l'abandon des cultures et la vente massive des exploitations.

Sous l'effet des processus de transformation, le nombre des personnes employées dans l'agriculture et la sylviculture s'est réduit de plus de la moitié, tombant de 1,028 millions en 1988 à 431,3 mille après 1990, dont 125,9 mille étaient employées par des entreprises individuelles ou collectives privées, y compris aussi les membres actifs de leurs familles. Les structures basées sur la division du travail entre grandes et petites exploitations agricoles se sont désagrégées, ce qui a entravé la formation d'une classe moyenne dans le secteur. La liquidation des 1335 coopératives agricoles dont font état les statistiques de 1988 s'est accélérée. La loi sur la transformation des coopératives a aboli l'emploi obligatoire des coopérateurs. Le statut des membres s'est transformé en statut de propriétaire de part de société coopérative, qui ne comportait pas le droit inhérent à l'emploi.

Pour ce qui est des transformations de l'agriculture hongroise après l'adoption des lois sur les compensations et leurs effets négatifs, on voit qu'en 2016 5 % de la population active travaillaient dans l'agriculture qui bénéficiaient de 5,2 % des investissements et produisait 4,5 % de la valeur ajoutée brute de l'économie nationale, avec 3,7 % provenant de l'industrie alimentaire. Cela trahit une performance assez faible.[98] L'output annuel en euro par unité de travail humain correspondait à 44,8 % des pays de l'EU-28, et à seulement 27,8 % de ceux de l'EU-15. En même temps, la performance hongroise est supérieure de 31,4 % à celle des pays adhérés pendant la dernière décennie (EU-13). Les outputs par hectare se montrent un peu plus favorables. La performance hongroise correspond à 70,2 % de la moyenne de l'EU-25, à 59,5 % de l'EU-15, tout en étant supérieure de 24,5 % de celle des pays de l'EU-13. La performance de la branche productrice de matières brutes reflète bien la qualité des décisions des dernières décennies, encore que le rendement par hectare de l'agriculture hongroise des années 1980 ait encore rivalisé avec celle des fermes nord-américaines. L'efficacité de la main-d'œuvre des campagnes paraît encore plus déplorable. L'effet des décisions

[96] Csaba Lentner, « A magyar agrárfinanszírozás jellemzői az EU csatlakozás küszöbén » (Les caractéristiques du financement agraire en Hongrie au seuil de l'adhésion à l'UE) *Gazdálkodás*, 2004, année XLVIII, pp. 69–78.

[97] À la veille de l'adhésion à l'UE, la possibilité d'acheter des terres plus largement au nom du libre accès aux facteurs de production a été évoquée, mais la législation foncière hongroise n'est toujours pas totalement compatible avec l'UE, et est fortement protégée au nom des intérêts nationaux.

[98] Les calculs sont basés sur ceux qui figurent dans *A magyar mezőgazdaság és élelmiszeripar számokban* (L'agriculture et l'industrie alimentaire hongroises en chiffres), dirs. Szabolcs Vágó et Zsombor Páll, Ministère de l'Agriculture, 2016.

politiques et économiques erronées des dernières décennies se manifeste le mieux dans la faiblesse des performances et dans la structure des propriétés ; heureusement cette dernière a commencé à s'améliorer récemment. En 2016, 54,2 % des surfaces agricoles appartenaient à des exploitations individuelles, 35,5 % à des entreprises économiques, tandis que le mode d'exploitation n'était pas définissable chez 10,3 %. Par ailleurs, les modes d'exploitation témoignent de changements marquants et rapides. 415,8 mille exploitations étaient actives en 2016, c'est-à-dire 12,3 % de moins que trois ans plus tôt. Le nombre des exploitations inférieures à un hectare a baissé de 30,4 % en trois ans, tandis que celui des exploitations supérieures à 4 hectares a augmenté de 4 %. En même temps, le nombre des exploitations de 50 à 100 hectares et des exploitations supérieures à 1000 hectares tend à croître, ce qui signifie que les petites propriétés inviables sont en train de disparaître ou d'être absorbées par les plus grandes. Le nombre des entreprises a augmenté sur les superficies inférieures à 1000 hectares, et a baissé de 3,1 % entre 1000 et 2000 hectares, et de 45,4 % au-dessus de 2500 hectares. Les entreprises possèdent une surface de 253 hectares en moyenne, les exploitations individuelles 7,6 hectares, mais on observe parmi ces dernières une croissance 35,1 % en l'espace de trois ans.

Sous titre de financement de la production et de développement rural en 2016, 532,2 milliards de forints (provenant du budget européen) ont été affectés aux campagnes, à quoi s'ajoutaient encore 103,9 milliards de forints du budget national, à savoir 636,1 milliards au total.[99] Comparé à la valeur de 2,619 milliards de l'output agricole (calculée aux prix courants), cela signifie un degré de soutien de 24,3 %, ce qui révèle que l'agriculture hongroise est en réalité un secteur « social » dans la mesure où elle est incapable de fonctionner sans subsides. Considérant la forte concurrence des produits agricoles au marché mondial (dimensions appropriées des entreprises, avantages provenant de la concentration verticale), on ne peut guère s'attendre à un renforcement significatif du secteur ;[100] voire même, le rétrécissement des cadres budgétaires de l'UE entraînera probablement la diminution de la production, situation peu prometteuse à laquelle notre gestion économique nationale doit se préparer.[101] Le maintien du secteur

99 Les ratios de soutien pour l'année 2016, clôturée et vérifiée, reflètent la situation du soutien à l'agriculture, tant pour les années antérieures que pour les années ultérieures, compte tenu des normes budgétaires et des facteurs de production (terres, bétail).

100 Le déclin du rôle de l'agriculture dans l'économie nationale est un phénomène mondial et européen. Les experts le reconnaissent, même si la tâche de maintenir et d'améliorer les conditions de vie de la population rurale est souvent soulignée. Voir entre autres Dóra Nagyné Demeter, « Családi gazdaságok birtokméret és földhasználat szerinti megoszlása » (La répartition des exploitations familiales en fonction de la dimension et de l'usage des terres), *Agrártudományi Közlemények*, 2007, nr. 26, pp. 130–136. Sur les conditions de l'usage des terres et des perspectives agraires hongroises et européennes, voir István Oros, « A birtokszerkezet Magyarországon » (La structure des propriétés en Hongrie), *Statisztikai Szemle*, 2002, année 80, nr. 7, pp. 674–697.

101 En raison de sa proximité dans le temps et de ses fortes connotations politiques, je n'examinerai pas la privatisation des terres de 2015 dans le chapitre suivant non plus. Voir à ce sujet Katalin Némethné Pál, *A magyar földkérdés gazdasági nézőpontból* (La question agraire hongroise dans une optique économique), GKI, 2015, p. 26 ; sur la privatisation des terres, pp. 10–20.

est essentiellement une question à la fois politique, nationale et sociale, tout comme dans d'autres pays de l'UE.[102] D'un autre côté, par la valorisation de la production alimentaire[103] et la capacité de satisfaire la plus grande partie de la demande alimentaire du pays, l'agriculture pourra devenir un secteur stratégique. L'avenir de l'agriculture hongroise se prépare au carrefour des facteurs de rentabilité et de stratégie alimentaire.

5.3 LE SYSTÈME BANCAIRE DE LA TRANSITION VERS L'ÉCONOMIE DU MARCHÉ JUSQU'AU CHANGEMENT DE RÉGIME À LA BANQUE NATIONALE EN 2013

5.3.1 Les débuts du système bancaire réorganisé en deux niveaux

Dès le début, les banques de commerce qui se sont « détachées » de la Banque Nationale de Hongrie et les établissements financiers nouvellement fondés étaient aux prises avec des problèmes d'approvisionnement en capitaux et de management bancaire.[104] Comme elles ont hérité des crédits des grandes entreprises socialistes, l'énorme quantité des soldes mettait d'entrée de jeu des entraves à leur fonctionnement, cependant qu'en raison du manque de capitaux des entreprises et de la diminution des subventions d'État les acteurs économiques – surtout après l'adoption de la loi sur les sociétés – demandaient des crédits bancaires de plus en plus importants.[105] « Au début des années 1990, le déficit budgétaire dépendait beaucoup plus de la part respective du budget national et du système de crédit dans le financement des entreprises que de la grandeur de la demande supplémentaire créée par l'État [...] des crédits à échéance sans cesse allongée assuraient le financement des entreprises, y compris aussi leur dotation. Autrement dit, le système de

102 En 2010, un total de 12 millions d'unités agricoles ont été enregistrées dans les États membres de l'UE-27 et en Croatie, dont 60 % avaient une valeur de production standard inférieure à 4000 euros. La valeur de production brute de ces petites exploitations représentait 3 % de la production totale du secteur en 2010. Leur importance économique est donc marginale, mais dans le contexte culturel européen, le maintien de la population rurale, l'entretien du paysage et l'agriculture à temps partiel, souvent malgré l'inefficacité au regard du coût, sont des domaines privilégiés sur le plan politique. Voir à ce sujet *A mezőgazdasági kisüzemek jellemzői és fejlesztési lehetőségei* (Les caractéristiques et les possibilités de développement des petites entreprises agricoles), dirs. Gábor Kemény et Katalin Rácz, Institut de recherche d'économie agraire, 2017, en particulier pp. 18–19.

103 Dans le cadre du concept « Back to Basic », qui gagne en importance dans le monde entier, la capacité à produire des aliments, à posséder et à utiliser des ressources naturelles (par exemple, l'eau, l'énergie éolienne, un environnement propre) revêt une importance croissante.

104 Éva Várhegyi, *Bankvilág Magyarországon* (Le monde des banques en Hongrie), Helikon, 2002. Voir pp. 197-238 sur la sélection des directeurs.

105 Les entreprises hongroises, conformément à la pratique continentale européenne, se caractérisaient par une collecte de fonds axée sur les banques, ce qui signifie que les canaux permettant de lever des fonds sur le marché des capitaux étaient rudimentaires et que les conditions nécessaires n'avaient pas été créées.

crédit a assumé une partie non négligeable des fonctions fiscales, ce qui a fait que la création d'une grande partie de la demande d'État s'est réalisée par le truchement d'une expansion des crédits d'entreprise, c'est-à-dire en éludant le budget national. »[106] L'extension des droits de commerce extérieur des entreprises, la libéralisation du régime de change de détail et des privilèges de change pour les banques ont donné un nouvel élan aux activités bancaires. La valorisation et la productivité du secteur bancaire ressort du fait que de 1987 à 1990 les bénéfices du secteur se sont élevés à 223,7 %.[107] Cependant la crise accompagnant la transition économique se faisait aussi sentir dans le secteur bancaire, et les rendements des banques devaient encore souffrir de la régression des secteurs de production dans les années suivantes. Le montant des dettes non payées des entreprises s'est multiplié par 14 entre le fin de 1987 et le printemps de 1992, ce qui n'a pas manqué d'influer sur les liquidités et la rentabilité des banques concernées. L'année 1991 a vu l'adoption de la loi sur la faillite,[108] qui allait entraîner l'affaiblissement, puis la consolidation massive des entreprises, suivie avec quelque retard de celle des banques.

A la fin du mois de mars 1993, les 2800 entités faisant l'objet d'une procédure de faillite effective représentaient 7,9 % du PIB et 9,5 % des exportations. Ces unités insolvables employaient 276 mille personnes (10 % de la population active, tandis que la totalité de leurs arriérés s'élevait à 267,6 milliards de forints, contre des créances à courte échéance difficilement mobilisables de 101 milliards de forints. Les actifs des faillis représentaient 6,3 % des actifs totaux de l'économie nationale, soit 227,2 milliards de forints. 32,5 % de ces unités appartenaient au secteur industriel, et représentaient 56 % de la valeur de la production nationale brute de 1991.[109] Dans le secteur industriel, le nombre des procédures de faillite engagées était le plus élevé dans la construction mécanique, l'industrie de textile, la sidérurgie et l'industrie alimentaire, c'est-à-dire dans les branches où persistaient encore les structures de production désuètes de l'économie planifiée. La récession du secteur réel a aussi fait sentir ses effets dans les portefeuilles de compétence des banques. Tandis qu'en 1987 la proportion des créances douteuses ne représentait que 2,8 % du grand total cumulé des banques, elle s'est élevée à 87,5 % en 1991,[110] ce qui a entraîné de sérieuses pertes de capitaux bancaires[111] et des problèmes

[106] László Antal, *Fenntartható-e a fenntartható növekedés? Az átmeneti gazdaságok tapasztalatai* (La croissance durable sera-t-elle vraiment durable ? Les expériences des économies en transition), Közgazdasági Szemle Alapítvány, 2004, p. 75.

[107] Rezső Nyers et al., *A bankrendszer fejlődése a bankmérlegek alapján* (Le développement du système bancaire à la lumière des balances des banques), Banque Nationale de Hongrie, 1991.

[108] L'Article XLIX de la loi 1991 sur les procédures de faillite et de liquidation.

[109] Voir Imre Tarafás, *Bankrendszer és monetáris politika Magyarországon 1987-2000* (Système bancaire et politique monétaire en Hongrie, 1987-2000), Aula, 2002, p. 57.

[110] Cf. Rezső Nyers – Gabriella Lutz, « Development of the Financial Sector in Hungary during the Transition Period », in Griffith – Stephanie Jones – Zdenek Drábek, dirs., *Financial Reform in Central and Eastern Europe*, St. Martin's Press, 1995.

[111] Sur l'arrière-plan théorique et pratique de la perte de capitaux, voir Júlia Király, « Válságspirál, avagy a magyar bankok tőkevesztésének egy lehetséges értelmezése » (La spirale de la crise, ou une

de liquidités. La détérioration de la situation a été quelque peu freinée par l'Article LXIX de la loi 1991 sur les banques, et bien que l'indice de 8 % de l'adéquation des fonds propres, recommandé par le Comité de Bâle sur le contrôle bancaire ait été incorporé dans le texte de la loi, avec les régulations y relatives, le classement des créances et les règles concernant les avoirs de réserve, cette réglementation plus stricte a conduit à une baisse de 45 % dans les bilans des banques. De plus, la détérioration générale de la situation économique mettait de plus en plus en péril le fonctionnement des banques, ce qui a nécessité l'intervention du gouvernement, qui - avant 1994 - a eu lieu en trois étapes.[112]

En décembre 1992, le renflouement du gouvernement a couvert la consolidation des banques dont le ratio d'adéquation des fonds propres était inférieur à 7,25 %, ce qui était essentiellement une consolidation des prêts aux entreprises orientées vers les banques, pour un montant de 102,5 milliards de forints. Le gouvernement a remboursé 50 % de la valeur nominale des créances classées comme mauvaises avant 1992, 80 % des créances mauvaises survenues en 1992, mais 100 % pour certaines dettes d'entreprises. Il a payé les créances achetées avec des obligations d'État de consolidation de crédit, qui avaient une échéance de 20 ans, étaient librement négociables et portaient intérêt au taux moyen pondéré des bons du Trésor à 90 jours des six mois précédents. Ces obligations augmentaient la dette publique et, lorsqu'elles étaient remboursées, elles constituaient une dépense publique. A la suite de la consolidation, le montant total des créances du secteur bancaire classées comme problématiques a diminué de 288 milliards de forints à 186 milliards.

En 1993, le gouvernement a transféré 57,3 milliards de forints d'obligations de consolidation de crédit aux banques de financement en échange de 61,3 milliards de forints de créances nominales d'entreprises d'importance économique nationale. Malgré cette nouvelle consolidation, les prêts à problèmes du secteur bancaire se sont élevés à 418 milliards de forints en vertu des nouvelles règles applicables aux institutions financières. Ce sauvetage par recapitalisation des banques a impliqué une première série d'augmentations de capital de 114,4 milliards, puis de 18,1 milliards de forints, accroissant ainsi la part de l'État dans les banques commerciales. A la fin de 1994, 330 milliards d'obligations d'État et de dettes subordonnées avaient alourdi la dette publique, et des mesures de consolidation bancaire ont été prises même après 1994,[113] ce qui prouve que les politiques économiques erronées de l'économie

interprétation possible de la perte des capitaux des banques hongroises), *Közgazdasági Szemle*, 1995, année XLII, nr. 9, pp. 819-837.

[112] Quant au débat de caractère plutôt politique sur la consolidation et ses antécédents, voir Gyula Bérczi (dir.), *Bank- és hitelkonszolidáció, bankprivatizáció* (Consolidation des banques et des crédits, privatisation des banques), Société hongroise de privatisation, 1994.

[113] La mesure la plus importante a été prise lors de la faillite de Postabank en 1997, tandis que la banque CW, basée à Vienne et appartenant à la Banque nationale, a également représenté une charge budgétaire importante au tournant du millénaire. Pour les détails, voir Csaba Lentner, *op. cit.* (2005), et Éva Várhegyi, *op. cit.*

planifiée et le cercle des entrepreneurs débutants, qui ne bénéficiaient pas d'un environnement de soutien économique global, ont entraîné le système bancaire reconstitué après 1987, dont la consolidation exigeait des sacrifices continus.[114] Cependant, le rétablissement du fonctionnement des banques était dans l'intérêt économique national, car un échec aurait pu faire reculer de manière dramatique la transformation vers l'économie de marché. Selon le gouvernement de l'époque,[115] « les portefeuilles des banques reflètent l'état de l'économie, il est donc loin d'être clair que les problèmes des banques sont la responsabilité de leur direction ». La première partie de cette vision simpliste[116] est correcte, mais la référence à la responsabilité personnelle aurait pu être plus fortement suggérée à la lumière des cas qui ont été identifiés,[117] puisque les règles du prêt bancaire étaient déjà élaborées et enseignées avant la mise en place du système bancaire à deux niveaux et même après.[118] Outre la responsabilité du personnel des banques, c'est la responsabilité politico-gouvernementale qui est en cause, puisque ces banques détenues et contrôlées par l'État ont adapté leurs politiques de prêt aux attentes économiques et sociales du gouvernement, et ne pouvaient pas faire grand-chose pour empêcher les prêts aux entreprises insolvables.[119] Pour éviter des conséquences sociales encore plus graves, le gouvernement ne pouvait pas exclure complètement de nouveaux prêts aux secteurs en crise.

La consolidation a fait naître la possibilité de privatiser le secteur bancaire, créant ainsi la perspective d'un secteur rentable grâce à la consolidation des banques et à la consolidation de l'économie. Selon le ministère des Finances,[120] le renouvellement du système bancaire hongrois ne peut être attendu que d'investisseurs professionnels, seuls capables de restructurer correctement le fonctionnement interne des banques, et des opérations bancaires correctes, en particulier dans le cas des grandes banques, ne peuvent être attendues que du capital et de l'expérience professionnelle d'investisseurs professionnels

114 Cf. Ákos Balassa, *A magyar bankrendszer konszolidációja és jelenlegi helyzete* (La consolidation du système bancaire hongrois et sa situation actuelle), Banque Nationale de Hongrie, 1996.

115 Gyula Bérczi, *op. cit.*, p. 19.

116 Cette vue est attribuée au ministre des Finances de l'époque.

117 Voir par exemple le cas de la Postabank : Éva Várhegyi, *op. cit.* (en particulier le chapitre sur les « artistes de la survie », pp. 87-118).

118 Voir entre autres Ernő Huszti, *Banktan* (Science de la banque), Tass Kiadó, 1996 (sur les systèmes d'information et de contrôle intérieur des banques, pp. 292-334) ; László Antal – Éva Várhegyi, *Tőkeáramlás Magyarországon* (Le flux des capitaux en Hongrie), Közgazdasági és Jogi Könyvkiadó, 1987 (sur l'appréciation de la solvablité, pp. 156-162).

119 Cf. le panorama international esquissé par Katalin Botos, qui révèle qu'en Allemagne, le soutien de l'État ne s'est pas arrêté aux banques, et le Treuhand a également passé les entreprises au peigne fin et a même remplacé les dirigeants. Ensuite, sur la base du plan de réorganisation, l'État a garanti les banques pour les différentes entreprises, faisant de celles-ci des clients solvables et créant les conditions de la privatisation du système bancaire. Katalin Botos décrit la consolidation bancaire comme un phénomène qui « se produit » aussi dans les économies de marché développées. Voir Gyula Bérczi (dir.), *op. cit.*, pp. 23-29 (en particulier l'intervention de Katalin Botos, ministre sans portefeuille chargée du contrôle des établissements financiers).

120 *Irányelvek a bankrendszer jövőbeli struktúrájához. Vezetői összefoglaló* (Directives en vue de la structure future du système bancaire. Synthèse pour des dirigeants), Ministère des Finances, 1994, pp. 5-6.

étrangers. Toutefois, la privatisation des banques au profit d'investisseurs étrangers était liée non seulement aux futurs défis en matière d'adéquation des fonds propres et à la capacité de développer la technologie bancaire, mais aussi à l'attitude passive et résignée du gouvernement. Le principe selon lequel « les étrangers résoudront les problèmes du secteur bancaire » a essentiellement prévalu. Katalin Botos, décrivant les nationalisations bancaires de l'après-guerre, souligne que « le banquier a été remplacé par l'agent bancaire, qui assure le financement de ce que les autorités centrales de planification – sur la base des directives du Parti – avaient déjà décidé ».[121] Cependant, malgré la mise en place relativement rapide d'éléments de marché, les années 1990 ont été moins marquées par le « retour » de l'agent bancaire au banquier, dont les conditions n'ont été créées qu'après la consolidation du capital étranger dans le secteur. En d'autres termes, si la période de libéralisation bancaire n'a pas encore montré les signes d'un professionnalisme fondé sur le marché, ces signes ont déjà apparu pendant la période de restructuration de la propriété et d'institutionnalisation,[122] et cela s'est reflété dans les performances des banques. Malgré la crise de 1997/1998 en Asie du Sud-Est (et en Russie), Werner Gnoth[123] a brossé un tableau positif du système bancaire hongrois, tant en termes de ratio d'adéquation des fonds propres que de ratio de prêts non problématiques, et a même signalé une amélioration du ratio de prêts non problématiques, qui est passé de 83,1 % en 1995 à 91,9 % en 1998, et a constaté une convergence réussie avec les normes de l'UE.

5.3.2 Les années suivant l'an 2000

De la fonction générale de construction du marché par le système bancaire,[124] puis de la période suivant sa consolidation, on attendait qu'elle renforce l'économie de marché, qui servirait le développement de l'économie nationale par le financement des agents économiques réels, réduisant ainsi le déficit budgétaire et la dette publique, cependant que – si l'on fait le bilan des deux premières décennies – le surcrédit des années 2000 a causé de nouveaux

[121] Katalin Botos, « Kis magyar pénzelmélet-történet » (Petite histoire de la théorie monétaire hongroise), *Valóság*, 2004, nr. 9, p. 7.

[122] Sur la typisation des vagues de réformes dans le système bancaire d'Europe centrale et orientale, voir Patrick Honohan, « Banking System Failures in Developing and Transition Countries: Diagnosis and Prediction », BIS Working Capital, nr. 39, https://papers.ssrn.com/sol3/papers.cfm?abstract_id=860624. Pour une analyse plus ample, voir Stephan Barisitz, « A bankszektor átalakulása Kelet-Közép-Európában » (La transformation du secteur bancaire en Europe centrale et orientale), *Fejlesztés és finanszírozás*, 2008, nr. 3, pp. 24-31.

[123] Gnoth Werner, « Entwicklung eines modernen Bankesystems in Ungarn », *Osteuropa Wirtschaft*, 45. Jg., 4. pp. 331–352, en particulier pp. 343 et 345.

[124] Dans le financement des entreprises hongroises, à l'instar de la région d'Europe continentale, le financement externe axé sur les banques et fondé sur le crédit est devenu l'approche prédominante ; la mobilisation de fonds par les canaux du marché des capitaux n'est pas devenue courante jusqu'aujourd'hui.

dommages fiscaux et sociaux, qui n'ont pu être réparés que par de nouveaux sacrifices budgétaires et ceux de la banque centrale à partir de 2010. La part des actifs bancaires dans le PIB est passée de 75 % en 1992 à 91 % en 2005, et celle des crédits au secteur privé, de 23,4 % à 44,8 %,[125] mais le secteur bancaire a été confronté à de graves problèmes vers la fin de la seconde moitié des années 2000. Alors qu'après la privatisation dans les années 1990, la coordination des réformes des banques et des entreprises a été relativement réussie et que l'activité bancaire a contribué à la croissance économique, l'émergence du prêt de détail et sa réglementation institutionnelle, ou plutôt sa façon moins réglementée de faire des affaires a provoqué depuis le début des années 2000 des disparités dans l'économie nationale, le secteur bancaire et la société.

Il existe une forte corrélation entre l'activité des institutions financières et la croissance économique. Certains chercheurs[126] associent à une augmentation de 1 % du ratio crédit/PIB une augmentation de 1,77 % du PIB réel, tandis que d'autres[127] ont montré qu'une augmentation de 1 % du ratio crédit/PIB augmentait le PIB par habitant de 2 %, sur la base d'un échantillon d'Europe occidentale. En outre, une augmentation de 1 % de l'indicateur de liquidité du marché des titres peut déclencher une augmentation de 0,3 %t de la croissance économique réelle.[128] En général, le développement financier (croissance des actifs bancaires en pourcentage du PIB) contribue positivement à la croissance économique à long terme,[129] mais il est important que seule la croissance du crédit bancaire qui est de haute qualité et répond à des critères de solvabilité appropriés aidera l'économie à prospérer durablement. Ce critère de prudence en matière de prêt n'a pas été respecté à partir de la fin des années 1990 par un système bancaire stabilisé qui avait dépassé le stade des sauvetages par l'État dans les années 2000, car la croissance des prêts en devises étrangères concernait moins le secteur des entreprises et davantage les secteurs des ménages[130] et des municipalités, où elle dépassait la capacité

[125] Stephen, Barisitz, *op. cit.*, p. 28. Je note cependant que d'autres pays d'Europe centrale ont connu une légère baisse après un ratio actif/PIB initialement plus favorable. Par exemple, en République tchèque, les actifs bancaires en pourcentage du PIB ont diminué de 131,4 % à 97,9 %.

[126] Ross Levine – Norman Loayza – Thorsten Beck, « Financial Intermediation and Growth: Causality and Causes », *Journal of Monetary Economics*, 2000, année 46, pp. 31–77.

[127] Gergely Kiss – Márton Nagy – Balázs Vonnák, « Credit Growth in Central and Eastern Europe: Convergence or Boom? », Working Paper, Banque Nationale de Hongrie, 2006, nr. 10, p. 34, https://www.mnb.hu/letoltes/wp2006-10.pdf, téléchargé le 19 novembre 2018.

[128] Ross Levine – Sara Zervos, « Stock Markets, Banks and Economic Growth », World Bank Policy Research Paper, 1996, nr. 1690, https://elibrary.worldbank.org/doi/abs/10.1596/1813-9450-1690, téléchargé le 19 novembre: 2018.

[129] Robert King – Ross Levine, « Financial Intermediation and Economic Development », in Coling Mayer – Xavier Vives (dirs.), *Financial Intermediation in the Construction of Europe*, Londres, CEPR, 1993, pp. 156–189.

[130] Márton Nagy, « Bankrendszer és a gazdaság a rendszerváltozás után » (Le système bancaire et l'économie après le changement de régime), in *A banktörvény elfogadásának 20. évfordulója alkalmából* (À l'occasion du 20e anniversaire de l'adoption de la loi sur les banques), dir. Levente Kovács, Association bancaire hongroise, 2012, pp. 21-39. L'étude dresse un tableau complet de l'activité du secteur bancaire, en particulier de sa haute rentabilité jusqu'à la période d'avant-crise, et de l'incapacité de la politique économique à traiter la question de la croissance de manière adéquate.

de crédit. Une incertitude importante concernant l'exposition au risque de change est apparue, en particulier dans le contexte de la crise financière qui a débuté en 2007-2008 et qui a entraîné une hausse des taux de change et des taux d'intérêt, et a rendu difficile tout nouveau financement.

Lorsque le système financier est bien développé, l'économie se rapproche rapidement de la structure économique optimale,[131] mais comme le montre l'exemple hongrois, le développement du secteur bancaire n'est pas suffisamment reflété par les indicateurs de croissance du volume de crédit qui suggèrent un certain volontarisme. En effet, la qualité de la réglementation prudentielle et son application sont une composante aussi importante du développement du système institutionnel financier que la solidité du capital et la capacité de prêt du secteur bancaire. Selon István Hagelmayer, « une banque de crédit poursuit une politique commerciale déterminée d'une part par l'importance de la demande de prêts et d'autre part par sa liquidité, qui est également déterminée par les décisions de la banque centrale »,[132] mais lors de la transition moins réglementée vers une économie de marché, la demande de crédit de la part des détenteurs de revenus primaires et même de la part du budget était très élevée, une situation qui a également été soutenue – faute de force suffisante de banque commerciale et fiscale – par la banque centrale, au départ par des refinancements du secteur réel et des réescomptes, et plus tard par sa réglementation des décaissements de crédit commercial « permissifs ». Dans les années 1990, la possibilité d'expansion du crédit a été offerte principalement dans le domaine des prêts aux entreprises, et une décennie plus tard pour les prêts en devises aux ménages et aux municipalités. « La tâche de la banque centrale est d'atteindre l'état souhaité de l'emploi et de la position des paiements internationaux en influençant l'évolution de la valeur de la monnaie et de soutenir ainsi la croissance économique considérée comme optimale »,[133] un ensemble de fonctions dans lesquelles les efforts de la banque centrale pour augmenter directement l'emploi et la capacité de croissance ont été marginalisés dans les premières décennies de l'économie de marché. Ernő Huszti[134] affirme cependant que la marge de manœuvre de la banque centrale dépend de la part de la croissance annuelle des crédits couverte par le montant des prêts accordés au budget. Ce n'est que dans cette mesure que la banque centrale peut influencer l'expansion de la demande solvable telle qu'elle se reflète dans la croissance de la masse monétaire globale. Mais la banque centrale a aussi rendu possible le développement du crédit

[131] Alexander Popov, « Growth and Risk: The Role of Financial Markets », ECB Paper, 14th Annual International Banking Conference, Federal Reserve Board of Chicago, 11 Novembre 2011, file:///C:/Users/Vendeg/Downloads/popov-pdf.pdf, téléchargé le 19 novembre 2018.

[132] István Hagelmayer, « A bankrendszer feladatai » (Les tâches du système bancaire), *Pénzügyi Szemle*, 1969, année XIII, nr. 2, p. 165.

[133] István Hagelmayer, *op. cit.*

[134] Ernő Huszti, *Az antiinflációs útkeresés. Monetáris politika és gyakorlat Magyarországon* (Recherche de la voie anti-inflationniste. Politique et pratique monétaire en Hongrie), Közgazdasági és Jogi Könyvkiadó, 1987, p. 62.

commercial en jouant un rôle de plus en plus réduit dans le financement du budget, c'est-à-dire en engageant de moins en moins de ressources dans ce domaine. Ernő Huszti conclut que la banque centrale a une primauté dans le façonnement des prêts des banques commerciales et la régulation de la demande solvable. Comme les capacités de refinancement du secteur réel ont diminué dans l'activité de la banque centrale à partir du premier tiers des années 1990, et qu'en 2000 le refinancement du budget avait pris fin, le contingent de la banque centrale a pu se concentrer dans une large mesure sur la masse monétaire globale, sur la réglementation des prêts des banques commerciales, et par ce biais cibler les progrès[135] macroéconomiques[136]. La pratique de la banque centrale en matière de réglementation des prêts commerciaux et la qualité de cette réglementation ont eu une influence décisive sur le système financier hongrois.

Au tournant des années 1996/1997, après que la banque centrale eut achevé le transfert de quelque 2000 milliards de forints de sa dette au budget central (augmentant ainsi le ratio de la dette publique en devises),[137] la situation du secteur bancaire commercial semblait s'être consolidée à ce moment-là. Dans les années 1990, la Hongrie n'était pas encore membre de l'Union européenne, mais elle a rapidement adopté ses lignes directrices pour la réglementation de la banque centrale, quelque peu détachées des exigences internes insuffisamment articulées des entreprises et du budget. Le principal objectif de la législation européenne, entrée en vigueur le 1er janvier 1994, était d'imposer au secteur public les mêmes conditions d'endettement que celles appliquées au secteur privé. Afin d'accroître la sensibilité du secteur public au marché, il a été interdit aux banques centrales d'acheter directement des titres d'État au moment de l'émission, mais elles ont été autorisées à en acheter sur le marché secondaire sans restriction, car le prix des titres achetés là était déjà fixé par le marché. L'objectif était de donner à la politique budgétaire une meilleure perception du prix du déficit, mais si la structure budgétaire est mauvaise, cette perception et l'effet positif attendu ne sont guère significatifs, car le déficit est permanent malgré sa plus grande sensibilité aux taux d'intérêt.[138] En outre, l'adoption des recommandations de l'UE et des

135 Sur les rapports de la croissance économique et de la quantité de monnaie, voir Ernő Huszti, « A monetáris szabályozás néhány pénzelméleti kérdése » (Quelques questions théoriques de la réglementation monétaire), in *Pénzpiacok szabályozása Magyarországon* (La réglementation des marchés financiers en Hongrie), dir. Csaba Lentner, Akadémiai Kiadó, 2006, pp. 13-32.

136 C'est que les changements de l'offre monétaire importent pour la macroéconomie. Voir Paul Samuelson, *Közgazdaságtan* (Science économique), KJK, 1976, p. 388.

137 Cette perte énorme était principalement due aux pertes sur les prêts antérieurs dans la relation socialiste, qui ont été enregistrées à la Banque Nationale de Hongrie, ainsi qu'aux effets comptables des dévaluations continues du forint et aux pertes encore peu claires des filiales de la banque centrale. Cependant, la gestion précédente de la Banque nationale n'a pas permis à la Cour des comptes de mener une enquête suffisamment approfondie sur les pertes répercutées sur le budget, que ce soit avant ou après l'adoption de la conversion de la dette. Voir à ce sujet Csaba Lentner, *op. cit.* (2005), pp. 101-137.

138 Le ratio dette publique brute consolidée/PIB avait déjà augmenté rapidement dans les années 90, passant de 60,3 % en 1990 à 84,5 % en 1993.

institutions financières internationales (FMI, BM) sur la diminution, voire la suppression des subsides destinés à l'économie réelle et leur mise en vigueur rapide et sans transition ont créé un certain nombre de problèmes internes en Hongrie, puisque les entreprises nouvellement lancées avaient du mal à trouver des prêts sur le marché et auraient exigé des crédits considérables de refinancement consentis par la banque centrale.

La conjoncture qui a suivi le choc économique mondial de 1997/1998 et les résultats obtenus par l'économie hongroise entre 1999 et 2002, ainsi que la gestion économique, qui a permis de dégager temporairement un potentiel de croissance malgré la politique budgétaire laxiste après 2002, ont également placé le secteur bancaire commercial sur une trajectoire dynamique d'expansion du crédit.[139] Cependant, malgré l'amélioration de certaines données macroéconomiques du secteur réel, le niveau de vie et les salaires réels sont restés inférieurs au niveau attendu par la population en raison de la faiblesse de la politique fiscale. Toutefois, le surcrédit visible à l'échelle internationale et sa « mondialisation »[140] qui s'est propagée en Hongrie ont incité les banques hongroises à émettre des quotas de crédit spectaculaires après le tournant du millénaire, les secteurs résidentiel et municipal hongrois exigeant une offre de crédit exhaustive. La banque centrale, qui était appelée à réguler le marché du crédit, a adopté une attitude permissive,[141] de sorte que l'incapacité latente du gouvernement à générer une demande solvable suffisante (salaires, prestations sociales) a été « compensée » ou « complétée » par le crédit. Mais les taux de décaissement n'étaient pas à la hauteur de la solvabilité des emprunteurs, ce qui a ensuite provoqué des problèmes sociaux et économiques nationaux après le déclenchement de la crise économique mondiale, et a ensuite entraîné une forte série de mesures de consolidation du gouvernement puis de la banque centrale, coordonnées entre ces deux domaines. Bien que l'expérience étrangère,[142] principalement dans le domaine

139 En 2004, j'ai eu une conversation avec Ernő Huszti sur le développement rapide du marché hongrois du crédit-bail, où il a expliqué le phénomène en soulignant que l'engagement important de la population est déterminé par l'humeur optimiste et la hausse des salaires. Ce phénomène était commun à tous les secteurs bancaires actifs. Pour en savoir plus sur le segment du crédit-bail, voir Csaba Lentner, « A hazai lízingfinanszírozás stratégiai kérdései » (Les question stratégiques du financement des crédits-bails en Hongrie), *Vezetéstudomány*, 2004, année 25, nr. 6, pp. 38-44.

140 Csaba Lentner, « A túlhitelezés globalizálódása a világban és Magyarországon » (La globalisation du surcrédit dans le monde et en Hongrie), in *Devizahitelezés nagy kézikönyve* (Grand manuel du crédit en devises), dir. Csaba Lentner, Nemzeti Közszolgálati és Tankönyvkiadó, 2015, pp. 23-62.

141 La littérature concentrée du crédit en devises : Csaba Lentner (dir.), *op. cit.* (2015), p. 611 ; voir surtout György Matolcsy – Dániel Palotai – Balázs Sisak, « A devizahitelezés microgazdasági hatásai és gazdaságpolitikai válasza » (Les effet microéconomiques du crédit en devises et la réaction de la politique économique), *ibidem*, pp. 121-158 ; András Bethlendi – Péter Fáykiss – Sándor Gyura – Anikó Szombati, « A Magyar Állam mikroprudenciális és makroprudenciális szabályozásának és ellenőrzésének jellemzői a devizahitelezés területén » (Les caractéristiques de la régulation et de la surveillance microprudentielles et macroprudentielles de l'État hongrois dans le domaine du crédit en devises), *ibidem*, pp. 87-120.

142 Comme par exemple le programme de gestion de crise de la Bank of England : https://www.bankofengland.co.uk/markets/funding-for-lending-and-other-market-operations, téléchargé le 12 novembre 2018 ; Rients Galema – Stefano Lugo, « When Central Banks Buy Target Selection and

des banques centrales, et les approches théoriques hongroises[143] aient été disponibles immédiatement après l'éclatement de la crise, ce n'est qu'après le changement de gouvernement en 2010 et le changement du système de la banque centrale en 2013 que des mesures de crise substantielles ont été prises.

Lors de la création de l'Union économique et monétaire, la conviction était générale qu'avec l'introduction de l'euro, la disparition du cours des monnaies nationales, l'observation stricte de la réglementation de l'UEM, y compris le contrôle de la balance des budgets nationaux, les pays membres de l'UE éviteraient dorénavant les déséquilibres financiers et les crises.[144] Qui plus est, on pensait que la satisfaction aux critères de convergence de Maastricht par les pays encore candidats à l'adhésion ou aspirant à entrer dans la zone monétaire leur permettrait aussi à échapper à toute crise. Pourtant, en raison de la faiblesse des positions fiscales, le choc bancaire de 2007-2008 a provoqué un choc fiscal, une crise de la dette publique partout en Europe, en particulier en Hongrie et dans d'autres pays sérieusement endettés, dont le système bancaire s'est affaibli considérablement.

La capacité de la politique fiscale à susciter une demande monétaire correspondant aux besoins de la société et des entreprises restait en-deçà des attentes, à quoi le système bancaire a tenté de remédier en suscitant des emprunts monétaires, mais sans respecter les règles classiques du décaissement des crédits. Cependant après la crise les banques de commerce – en partie dans l'intérêt d'obtenir des aides de consolidation de l'État – ont adopté une politique plus « retenue »,[145] caractérisée par un plus grand souci du respect des réglementations, du monitoring intérieur suivi[146] et de l'engagement de leur responsabilité sociale.[147] Le système des objectifs du mandat des banques centrales, qui a joué un rôle clé dans la gestion de la crise à partir de 2008, a également subi des changements, qui ont aussi modifié l'ordre des valeurs de

Impact of the European Corporate Sector Purchase Program », in Utrecht University School of Economics, Tjalling C. Koopmans Research Institute, 2017, Discussion Paper Series, 17-16, https://www.researchgate.net/publication/321975175_When_Central_Banks_Buy_Corporate_Bonds_Target_Selection_and_Impact_of_the_European_Corporate_Sector_Purchase_Program, téléchargé le 24 novembre 2018.

143 Voir par exemple Judit Neményi, « A monetáris politika szerepe Magyarországon a pénzügyi válság kezelésében » (Le rôle de la politique monétaire dans la gestion de la crise financière en Hongrie), *Közgazdasági Szemle*, mai 2009, année LXVI, pp. 393-421 ; Judit Neményi, « A pénzügyi válság hatása a központi bankok szabályozására » (L'incidence de la crise financière sur la régulation des banques centrales), *Verseny és szabályozás*, 2011, année V, nr. 1, pp. 167-209.

144 Miklós Losoncz, « A globális pénzügyi válság anatómiája és tanulságai » (L'anatomie et les leçons de la crise financière globale), *Pénzügyi Szemle*, 2010, année LV, nr. 4, pp. 765-780.

145 Csaba Lentner, « A bankszabályozás tudományos rendszertana és fejlődéstörténete » (Systématologie scientifique et histoire de la réglementation des banques), in *Bankmenedzsment – Bankszabályozás – Pénzügyi fogyasztóvédelem* (Gestion bancaire – Réglementation bancaire – Protection financière des consommateurs), dir. Csaba Lentner, Nemzeti Közszolgálati és Tankönyvkiadó, 2013, pp. 27-86.

146 Zoltán Zéman – Péter Kalmár – Csaba Lentner, « Evolution of Post-Crisis Bank Regulations and Controlling Tools: A Systematic Review from a Historical Aspect », *Banks and Bank Systems*, 2018, année 13, nr. 2, pp. 30–40.

147 Csaba Lentner – Tibor Tatay – Krisztina Szegedi, « Corporate Social Responsibility in the Banking Sector », *Public Finance Quarterly*, 2015, année 60, nr. 1, pp. 95–103.

la responsabilité sociale des banques centrales, en les plaçant dans un plan macroéconomique et un contexte social dans le monde, auxquels la banque centrale hongroise n'a commencé à s'adapter qu'à partir de 2013.[148]

5.4 FINANCES D'ÉTAT : LE BUDGET, LA DETTE PUBLIQUE, LA CRISE ÉCONOMIQUE MONDIALE DE 2007-2008

5.4.1 « Les Fleurs du mal »

L'un des principaux éléments clés de la politique économique du changement de régime a été le « rafraîchissement » de la base technique sous-jacente à la structure de production obsolète par des changements de propriété, qui – en raison de l'insuffisance de l'accumulation de capital interne – a été réalisé en attirant des fonds de roulement externes, qui étaient également censés faire un usage plus efficace de la main-d'œuvre. Un autre facteur qui a contribué au développement de l'économie de marché a été l'application des institutions et des principes du marché libre et le démantèlement consécutif des instruments protectionnistes. Les lois fiscales ont été alignées sur ces principaux objectifs de politique économique. Dans les zones franches émergentes, la réduction des charges fiscales et douanières et (peut-être le plus clairement) le traitement préférentiel en matière d'impôt sur les sociétés, principalement pour les sociétés étrangères à forte intensité de capital, étaient sans aucun doute des conditions importantes pour attirer les capitaux, alors que pour les sociétés nationales exploitées par leurs propriétaires, ces conditions étaient moins applicables et moins disponibles. Le paragraphe 12 de l'Article LXXXVI de la loi 1991 (sur l'impôt sur les sociétés) a établi des avantages fiscaux pour les sociétés à capitaux étrangers. Selon cette disposition, « si plus de la moitié du chiffre d'affaires annuel d'une société à capitaux étrangers provient de la production de biens, si les actifs fondateurs dépassent 50 millions de forints et si la participation étrangère dans la société est supérieure à 30 %, la société a droit à un allégement de 60 % de l'impôt sur les sociétés pendant les cinq premières années suivant le respect des conditions, et de 40 % de la sixième à la fin de la dixième année ». Toutefois, selon la même loi (paragraphe 1.b du même Article), si plus de la moitié du chiffre d'affaires annuel d'une société à participation étrangère provient des activités définies à l'annexe 4 de la même loi, que les actifs du fondateur dépassent 50 millions de forints et que la participation étrangère dans la société est d'au moins 30 %, la société à participation étrangère a droit à un allégement de l'impôt sur

[148] Csaba Lentner – Tibor Tatay – Krisztina Szegedi, « Social Responsibility in the Operation of Central Banks », *Financial and Economic Review*, 2017, année 16, nr. 2, pp. 64–85 ; Csaba Lentner – Tibor Tatay – Krisztina Szegedi, « Társadalmi felelősségvállalás a központi bankok működésében – jogi, gazdasági, etikai kontextusban » (Responsabilité sociale dans le fonctionnement des banques centrales, dans un contexte juridique, économique et éthique), *JURA*, 2017, année 23, nr. 3, pp. 377–389.

les sociétés de 100 % pendant les cinq premières années suivant le respect des conditions, et de 60 % de la sixième à la fin de la dixième année. Étant donné que l'annexe 4 énumère essentiellement l'ensemble de l'économie verticale hongroise, de l'électronique à l'industrie alimentaire, l'allégement fiscal s'appliquait à l'ensemble de l'industrie à investissement étranger, et non aux entreprises à capitaux étrangers du même secteur. Dans l'Article LXXXI de la loi 1996 sur l'impôt sur les sociétés et l'impôt sur les dividendes, entré en vigueur ultérieurement, il était indiqué dans un paragraphe établissant des prescriptions provisoires que « les dispositions de l'Article LXXXVI de la loi 1991 sur l'impôt sur les sociétés, modifiées à plusieurs reprises, s'appliquent dans des conditions inchangées si l'événement économique s'est produit avant le 31 décembre 1996 ». Dans cet esprit, le paragraphe 29/5 stipulait que le paragraphe 12 de l'Article LXXXVI de l'ancienne loi 1991, qui vient d'être cité et qui accorde un allégement de l'impôt sur les bénéfices aux étrangers, pouvait être appliqué dans des conditions inchangées, conformément au paragraphe 23 de l'Article LXXXI de la loi 1996. En vertu des nouveaux avantages fiscaux en matière d'investissements et de régions, le paragraphe 23 susmentionné permet aux contribuables hongrois et aux contribuables à participation étrangère – qui avaient droit à un avantage fiscal en vertu du paragraphe 12 de l'Article LXXXVI de la loi 1991, tel que détaillé ci-dessus –, de bénéficier d'un avantage fiscal de 100 % pour l'année fiscale. Toutefois, jusqu'à 70 % de l'impôt réduit par l'allégement fiscal demandé était déductible de tout le reste, ce qui constituait donc un allégement fiscal supplémentaire.

Un élément essentiel de la loi hongroise sur l'impôt sur les sociétés était donc que, outre les avantages fiscaux accordés directement (sous réserve du respect des conditions) aux sociétés à participation étrangère, les paragraphes 21 et 22 de l'Article LXXXI de la loi 1996 accordaient « indirectement » d'autres avantages fiscaux aux capitaux étrangers. Selon le paragraphe 21(1), à partir du 31 décembre 1995, le contribuable avait droit à un crédit d'impôt pour investissement égal à 50 % de l'impôt au cours de chacun des cinq exercices fiscaux suivant l'année de mise en service d'un investissement d'au moins 1 milliard de forints dans la production de biens, pendant lesquels le contribuable a augmenté son chiffre d'affaires d'un montant égal à au moins 5 % de la valeur de l'investissement par rapport à l'exercice fiscal précédent, ou, sur une base annuelle, réalise un chiffre d'affaires d'une valeur qu'elle aurait dû atteindre au moins en remplissant les conditions énoncées au point précédent, ce qui n'a pas posé de difficulté particulière aux sociétés étrangères à haut niveau de capital, ne serait-ce qu'en raison du caractère dynamique de leur activité. Les investisseurs étrangers étaient également plus susceptibles de bénéficier des avantages fiscaux accordés aux multinationales, de l'allégement fiscal de 100 % pour les investissements d'une valeur de 3 milliards de forints dans les zones sous-développées ou de l'allégement fiscal de 100 % disponible sur dix années fiscales pour les projets d'une valeur de 10 milliards de forints dans les zones non éligibles au développement régional. Cela se justifiait par les contraintes de capital du pays et la nécessité de mettre en œuvre des projets de développement clés. Cependant, les entreprises à capitaux nationaux n'ont pas pu accéder à ces incitations en raison de leur faible position en capital, car elles ne disposaient pas des ressources financières nécessaires pour entreprendre des investissements de cette envergure, et elles n'ont reçu que de modestes incitations fiscales à l'investissement à d'autres fins nécessaires à leur développement, tandis qu'en raison de leur position en capital et leur manque de liquidités elles ne pouvaient généralement pas accéder aux facilités de crédit bancaire du marché. Il est important de souligner que politique fiscale favorisant les investissements étrangers a stagné au fil du temps, tout comme la qualité technique des capitaux qu'elle favorisait. Elle n'a suscité d'intérêt que pour l'établissement dans le pays et l'utilisation d'incitations à l'investissement, mais pas assez concernant la qualité de l'investissement en capital et de son amélioration ultérieure. Aucune autre préférence n'a été faite ou ciblée dans le domaine du capital intellectuel ou des préoccupations environnementales. Les IDE, qui constituent la base de l'économie hongroise, n'ont pas été intéressés par une implantation à plus long terme et par le développement de secteurs à plus forte intensité de recherche, parce que tant l'implantation à plus long terme que les secteurs à plus forte intensité de capital intellectuel auraient nécessité – après un certain temps – un environnement de finances publiques plus stable. La charge fiscale des finances publiques hongroises, qui reposait sur les entreprises internationales, est restée faible, si bien que l'État n'a pas perçu de leur part les recettes qui auraient pu servir à investir des ordres de grandeur supplémentaires dans l'éducation, le développement de la santé et un environnement économique plus prévisible. En d'autres termes, on n'a pas réussi à naturaliser les sociétés internationales de production et à les transformer en véritables « résidents nationaux ». En conséquence, malgré l'augmentation constante des IDE et des aides et allocations budgétaires de l'UE, le budget hongrois s'est retrouvé avec un trou croissant, ce qui a découragé les investisseurs à plus long terme en fonds de roulement, tandis que les banques étrangères, finançant le déficit budgétaire croissant et la dette publique, ont été contraintes d'accroître leur activité sur le marché de la dette souveraine.[149]

L'intérêt des étrangers pour les investissements dans les hautes technologies, qui n'étaient pas toujours à la pointe du progrès, le rétrécissement de l'industrie d'État hongroise et les déficits de capitaux, de liquidités et d'expérience entrepreneuriale des petites et moyennes entreprises nationales ont entraîné un ralentissement de la dynamique de la transition vers une économie de marché, créant un nouveau piège de la dette. La diminution de la main-d'œuvre disponible au marché du travail et l'inefficacité des entreprises hongroises ont exercé une pression persistante sur le volet dépenses du budget, tandis que la charge fiscale pesant sur les entreprises étrangères, épine dorsale de

[149] J'ai esquissé une théorie de la naturalisation déjà au tournant du millénaire. Voir Csaba Lentner, *op. cit.* (2005), pp. 257-278, en particulier la figure de la page 265.

l'économie nationale, est tombée en dessous du niveau qui aurait permis d'équilibrer le budget. Le passage au financement du déficit budgétaire par le marché,[150] c'est-à-dire le retrait progressif de la banque centrale du marché des obligations d'État, a encore réduit le niveau des ressources publiques disponibles pour les dépenses sociales et de développement, mais n'a pas amélioré la gestion budgétaire de manière significative, puisque sa structure est restée inchangée, « produisant » continuellement des déficits.[151]

Dans ce qui est devenu un phénomène systémique, l'État a dépensé beaucoup plus que ses recettes, mais on peut aussi dire qu'il a été incapable d'organiser la masse et la continuité des recettes de l'État en fonction de ses intentions et de ses niveaux de dépenses. László Muraközy[152] calcule que, même si les dépenses publiques en pourcentage du PIB avaient tendance à diminuer depuis 1990, elles étaient toujours supérieures de 2 à 3 % à la moyenne européenne de l'OCDE. La tendance des recettes des administrations publiques en pourcentage du PIB était également à la baisse (de 53 % en 1990 à 42 % en 1997), pour ensuite fluctuer autour de 42-44 % jusqu'en 2008, mais avec un retard de 2 à 3 % sur la tendance européenne de l'OCDE à partir de 1996. Une image plus caractéristique de la situation hongroise est fournie par l'évolution du déficit budgétaire, qui a fluctué entre 3 % et 11 % entre 1990 et 2008. Elle a temporairement diminué à la suite des mesures d'austérité, mais elle a toujours dépassé de 2 à 6 % la tendance européenne de l'OCDE, et était également pire que celle du groupe de Visegrád. Alors que les recettes publiques ont diminué en pourcentage du PIB en raison de la libéralisation des tarifs, des réductions d'impôts et de la faible capacité fiscale, les dépenses publiques n'ont pas diminué, ou plutôt ne pouvaient pas diminuer en raison des contraintes économiques et sociales, ce qui a conduit à un renouvellement et même à une aggravation du problème de la dette publique.

László András Borbély et Judit Neményi[153] ont fait état d'une augmentation de la dette brute convertible, qui est passée de 21,3 à 24,6 milliards de dollars

150 Pál Kolozsi – Csaba Lentner, « A magyar jegybanki szabályozás és monetáris politika az európai integrációs folyamat tükrében » (La réglementation de la banque centrale et la politique monétaire en Hongrie à la lumière du processus d'intégration européenne), in *Pénzpiacok szabályozása Magyarországon* (La réglementation des marchés monétaires en Hongrie), dir. Csaba Lentner, Akadémiai Kiadó, 2006, pp. 33-67. Voir en particulier le tableau des pages 40-41 et les explications qui l'accompagnent.

151 Pour une synthèse des leçons et des incidences de la transition vers l'économie de marché, voir les thèses principales du chapitre systématoligique (I) de l'ouvrage intitulé *Bankmenedzsment – Bankszabályozás – Pénzügyi fogyasztóvédelem* (Gestion bancaire – Réglementation bancaire – Protection financière des consommateurs), *op. cit.*, pp. 513-526.

152 László Muraközy, « Álmaink állama – államaink álma » (L'État de nos rêves – le rêve de nos États), in *Fecseg a felszín és hallgat a mély. Tudatok és tudatalattiak a gazdaságpolitikában* (Les bavardages de la surface et le silence des profondeurs. La part du conscient et de l'inconscient dans la politique économique), dir. László Muraközy, Akadémiai Kiadó, 2007, pp. 80-130.

153 László András Borbély – Judit Neményi, « Eladósodás, a külső és belső államadósság alakulása az átmenet gazdaságában – 1990-1993 » (Endettement, évolution de la dette publique extérieure et intérieure dans l'économie de la transition, 1990-1993), in *Rendszerváltás és stabilizáció* (Changement de régime et stabilisation), textes réunis par Tamás Mellár, pp. 125-164.

en 1990-1993, mais d'une réduction de 70,3 % à 67,3 % par rapport au PIB,[154] et même d'une évolution positive des indicateurs de service de la dette/exportations[155] et des indicateurs de couverture des importations[156] pour la période 1990-1993. Cependant, l'évolution de la dette publique brute consolidée a été particulièrement défavorable, passant de 1260,2 milliards de forints en 1990 à 2959,6 milliards de forints en 1993, soit une hausse de 234,9 %. Ces chiffres montrent une augmentation de 60,3 % à 84,5 % du PIB. Sur un intervalle plus long, entre 1990 et 1997, József Temesi et Ernő Zalai[157] ont déjà fait état de chiffres partiellement plus favorables. La dette extérieure brute a augmenté de 21,270 milliards à 23,747 milliards dollars, tandis que la dette extérieure nette a diminué de 15,938 milliards à 11,157 milliards. En 1995, le ratio de la dette publique brute au PIB était de 70,95 %, alors qu'en 1997 il était tombé à 51,9 %. Cette évolution positive reflète également l'impact du programme de stabilisation économique de 1995. Les tendances des exportations et des entrées de capitaux se sont également améliorées en raison de la stabilisation temporaire. L'amélioration provisoire et partielle de l'économie est « principalement due à la consolidation des conditions des cadres juridiques, fiscales et institutionnelles de l'économie de marché, aux mesures structurelles telles que la privatisation et la correction du système social ».[158]

5.4.2 De crise en crise, d'ajustement en ajustement

Contrairement à l'économie planifiée, les engagements de contrepartie contractés lors de la transition vers l'économie de marché n'étaient généralement plus utilisés à des fins d'investissement, mais servaient à maintenir la viabilité des finances publiques. En conséquence, une grande partie de la politique économique et, surtout, des conditions sociales qui avaient conduit au déficit et à la dette sont restées largement inchangées et n'ont pas été corrigées de manière significative, cependant que, comme on l'a déjà vu, la politique fiscale est devenue excessivement favorable aux IDE, exacerbant ainsi les anomalies fiscales de l'économie hongroise. Le train de mesures de stabilisation économique de 1995, les mesures d'ajustement de la trajectoire de convergence annoncées à l'automne 2006 et les mesures de stabilisation de l'automne 2008 se sont essentiellement limitées à remédier aux déséquilibres les plus critiques

154 László András Borbély – Judit Neményi, *op. cit.*, p. 136. A côté de la diminution de la dette convertible nette de 15,9 milliards de dollars à 14,9 milliards.

155 43,2 % et 38,1 % pour les années 1990 et 1993. *Ibidem.*

156 Pendant cette même période, le pourcentage s'est élevé de 2,1 % à 7,1 %

157 József Temesi – Ernő Zalai, « Hungary in the 1990s: Historical Perspective and Economic Outlook », in *Back to a Market Economy. Transition, Competitiveness and Economic Growth*, dirs. J. Temesi – E. Zalai, Akadémiai Kiadó, 1999, pp. 17–35.

158 József Temesi – Ernő Zalai, *op. cit.*, p. 24. Pour plus de détails sur la construction de l'économie de marché dans l'espace post-soviétique, voir Tamás Szentes, « The Transformation of Central and Eastern Europe », *ibidem*, pp. 91-108.

et les plus urgents, mais elles ont pesé sur la croissance en freinant la demande solvable globale, les investissements et les importations.

Au début de l'année 1995, les agences internationales de notation plaçaient les pays voisins devant la Hongrie, qui avait particulièrement bien démarré au début de la transition, et le Fonds monétaire international adoptait également une attitude prudente à notre égard. La menace d'insolvabilité provoquée par les dépenses excessives des premières années suivant le changement de régime et la crise de la dette mexicaine de 1994 ont obligé les dirigeants économiques hongrois à intervenir de manière significative, tant dans le domaine fiscal que monétaire. L'ampleur des réductions budgétaires s'est élevée à quelque 170 milliards d'euros. « Le paquet avait deux éléments principaux, l'un pour améliorer la balance extérieure et l'autre pour réduire le frère jumeau du déficit extérieur, le déficit public. Dans ces deux domaines, des solutions inattendues et nouvelles ont été proposées. D'une part, une dévaluation de 9 %, qui a été augmentée par l'introduction d'une surtaxe tarifaire de 8 % comme quasi-dévaluation. Cela s'est accompagné de l'introduction d'un système de dévaluation glissante annoncé à l'avance et lié à des taux fixes. »[159] Les « tronçons » les plus forts de la restriction atteignant la société – dans les secteurs social et culturel, dans les domaines du logement, de l'éducation et de l'administration publique – ont pris la forme de coupes. En 1995, afin d'améliorer (aussi) les objectifs d'équilibre budgétaire, la privatisation, ou plus précisément la privatisation pour produire des recettes, a été lancée, y compris dans les secteurs énergétique et financier. En raison de l'effet d'assainissement du programme, les salaires ont baissé de 12 % en 1995, mais avec les nouveaux investissements et une situation fiscale plus stable, des fonds de roulement de quelque 4,5 milliards de dollars, équivalant à 9 % du PIB, ont afflué dans le pays.

Après le tournant du millénaire, le déficit budgétaire est revenu à un niveau élevé, principalement que les dépenses budgétaires (notamment les augmentations de salaires) ne pouvaient pas être couvertes autrement. L'assouplissement de la politique budgétaire après 2002 se traduisait déjà par un déficit de plus de 9 %[160] à la fin de l'année 2002, et nous nous éloignions de plus en plus des critères budgétaires européens. Ce fait, et la persistance du déficit élevé, ont conduit à ce que la Hongrie fût soumise à une procédure de déficit excessif de l'UE à partir de 2004. Avec un resserrement budgétaire,[161]

159 Mária Zita Petschnig, « Stabilizáció de/konjunktúrában? 1995 gazdasági folyamatainak értékelése » (Stabilisation en conjoncture dé/favorable ? Une estimation des processus économique de Hongrie en 1995), in *Magyarország politikai évkönyve 1995-ről* (Annales politiques de 1995 de la Hongrie), dirs. Sándor Kurtán, Péter Sándor, László Vass, Centre hongrois de recherches sur la démocratie, 1996, p. 252.

160 *Jelentés a konvergencia-folyamatokról* (Rapport sur les processus de convergence), Banque Nationale de Hongrie, novembre 2005, pp. 40-45.

161 Pour les éléments essentiels du programme en dehors de la réduction des dépenses publiques, voir « Közteherváltozások a Gyurcsány-csomagban » (Changement des charges publiques dans le paquet Gyurcsány), *Cégvezetők könyvtára*, 2006, nr. 6, 54 p.

mais des éléments structurels inchangés,[162] l'ajustement de la trajectoire de convergence est devenu « faible » à l'approche des élections de 2006, dont le résultat était serré.

Les deux paquets de stabilisation budgétaire, bien qu'appuyés par des niveaux différents de soutien politique,[163] ont conduit à une réduction des dépenses sociales, alors que leurs causes profondes ont dicté la résolution des problèmes budgétaires et de la balance courante. En faisant le point sur les similitudes, il convient de souligner qu'à partir de 1993 et de la fin de 2005, l'économie hongroise se dirigeait vers la faillite, avec des déficits critiques de la balance courante et du budget. La différence entre les deux paquets, cependant, est qu'à partir de 2004, la Hongrie est devenue un État membre de l'UE, mais malgré le cadre institutionnel et les exigences réglementaires européennes, elle était encore proche de la faillite. L'inflation a joué un rôle important dans le paquet Bokros, la dépréciation du taux de change et l'impact de la surtaxe douanière ayant contribué à contenir les revenus. Toutefois, le ciblage de l'inflation n'était plus un instrument d'ajustement en 2006, car une nouvelle désinflation aurait été beaucoup plus coûteuse que dix ans auparavant. Le train de mesures de 1995 a tenté de contourner la chute du PIB associée à une baisse de la demande intérieure par une dévaluation ponctuelle puis continue, annoncée à l'avance, du taux de change, qui a rendu l'économie tournée vers l'exportation. Toutefois, le paquet 2006 était moins axé sur l'atténuation du sacrifice de la croissance. En fait, les mesures budgétaires du paquet Bokros ont été soutenues par de fortes interventions monétaires, alors qu'il n'en a pas été de même pour le paquet 2006, et les hausses de taux d'intérêt ont eu un effet dissuasif sur l'investissement. Le paquet Gyurcsány s'est traduit par des augmentations d'impôts, l'introduction de nouvelles tranches d'imposition, une réduction des incitations fiscales, des soutiens de prix, une réduction des subventions aux prêts au logement et une réorganisation de l'administration centrale. Mais les ajustements, qui impliquent à la fois des augmentations de recettes et des réductions de dépenses, rendent les milieux patronaux et syndicaux moins intéressés dans la mise en œuvre de la consolidation. Les propos de János Kornai[164] sur l'ajustement de 1995 donnent à réfléchir ;

[162] Parmi les propositions cantonnées au niveau des principes, voir *Nemzeti akcióprogram a növekedésért és a foglalkoztatásért – 2005-2008* (Programme national d'action pour la croissance et l'emploi, 2005-2008), Office national de développement, décembre 2005.

[163] Avant l'adoption du paquet de 1995, en 1994, les partis au pouvoir disposaient d'une majorité des deux tiers au parlement, alors qu'à la suite des élections du printemps 2006, ils avaient « seulement » un peu plus de cinquante pour cent, et dans la seconde moitié de ce cycle, le gouvernement n'avait plus de majorité (en raison d'une scission de la coalition). La majorité au Parlement n'était plus là pour faire passer les réformes, et après l'annonce des coupes de 2006, des manifestations ont commencé dans tout le pays (en grande partie pour d'autres raisons, il est vrai) et deux ans plus tard, un référendum a annulé les dispositions sur la santé et l'enseignement supérieur, qui avaient imposé des charges supplémentaires à la population.

[164] János Kornai, « Adjustment Without Recession: A Case Study of Hungarian Stabilization », in S. Zecchini (dir.), *Lessons from the Economic Transition,* Kluwer Academic Publisher for the OECD, Dordrecht–London–Boston, 1997, pp. 123–152.

selon lui, lors de la réduction du déficit au milieu des années 1990, une augmentation de 1 forint des recettes s'accompagnait d'une réduction de 3 forints des dépenses. Le paquet de stabilisation de 1995 a produit des résultats plus tangibles, même si une grande partie en a été jugée inconstitutionnelle par la Cour constitutionnelle, tandis que le paquet 2006 n'a pas fait l'objet d'un veto de la part du pouvoir judiciaire, mais les parties de celui-là qui limitaient les services de santé gratuits et introduisaient des frais pour l'enseignement supérieur ont été annulées par référendum. L'impact des mesures de 2006 est encore plus difficile à évaluer, car la crise internationale qui a débuté en 2007-2008 a plongé l'économie hongroise dans un marasme encore plus profond, qui n'a pu être résolu que temporairement grâce à un prêt stand-by de la Banque mondiale, du Fonds monétaire international et de la Banque centrale européenne.

Dans son étude de 1997,[165] Lajos Bokros, responsable du volet fiscal du programme de 1995, justifie la nécessité des mesures correctives, car, outre le modeste potentiel de croissance du PIB réel,[166] le déficit de la balance courante était de 9 % en 1993 et de 9,5 % en 1994, et a été réduit à 3,8 % en 1996 grâce à l'intervention. Aux mêmes dates (1993, 1994, 1996), le ratio de déficit budgétaire s'est amélioré, passant de 4,9 % et 6,2 % du PIB respectivement à 3,5%. La dette brute du budget central en pourcentage du PIB est passée de 89 % à 86,6 %, puis à 72,9 % en 1996,[167] tandis que la dette extérieure nette (en millions de dollars) est passée de 14,9 à 18,9 millions, puis à 12,8 millions en 1996. Le responsable de la stabilisation fiscale reconnaît également les effets négatifs de ses mesures sur la politique des revenus, mais continue de plaider pour leur nécessité dans les circonstances d'alors, ce qui a donné lieu à un débat de spécialistes[168] qui se poursuit à ce jour.

Selon András Köves,[169] l'ajustement de 1995, comme les programmes de thérapie de choc dans la région, n'a pas vraiment pris en compte les dangers de la restriction des revenus, et ainsi le soutien social nécessaire au renouveau

165 Lajos Bokros, « Pénzügyi stabilizáció recesszió nélkül » (Stabilisation financière sans récession), *Európai Fórum*, 1997, nr. 2, pp. 16-31.

166 En 1991, on a enregistré une baisse de 11,9 %, en 1992 de 3 % et en 1993 de 0,6 %, tandis qu'en 2009, une augmentation de 2,9 %, et en 1995 et 1996, de 1,5 %.

167 Selon les théoriciens, la dette publique a un impact négatif sur le rythme de la croissance économique, car les agents économiques considèrent les futures augmentations d'impôts comme la cause de l'augmentation de la dette. Voir à ce sujet Adrienn Erős, « Az államadósság-felhalmozás hatása a gazdasági növekedés hosszú távú egyensúlyi értékére », (L'impact de l'accumulation de la dette publique sur la valeur d'équilibre à long terme de la croissance économique) in *VII. Nemzetközi konferencia kötete* (Volume de la VIIe Conférence internationale), Université de Miskolc, 2009, pp. 324-332.

168 Pour la critique du paquet de restriction, voir György Matolcsy, *Éllovasból sereghajtó. Az elveszett évek krónikája* (Coureur de tête devenu queue. Chronique des années perdues), Éghajlat Kiadó, 2008 ; György Matolcsy, *Egyensúly és növekedés* (Équilibre et croissance), Kairosz Kiadó, 2015 ; Cf. Dóra Győrffy, « Governance in a Low-Trust Environment : The Difficulties of Fiscal Adjustment in Hungary », *Europe-Asia Studies*, mars 2006, année 58, nr. 2, pp. 239-259 ; *Törékeny stabilizáció. Jelentések az alagútból* (Stabilisation fragile. Rapports envoyés du tunnel), Pénzügykutató RT., 1997.

169 András Köves, « Fordulópont a magyar gazdaságpolitikában? » (Tournant de la politique économique hongroise ?), *Társadalmi Szemle*, 1995, année 1, nrs. 8-9, pp. 37-43.

économique a fait défaut. Köves fait également valoir qu'il ne s'agissait pas vraiment d'arrêter la surconsommation, mais d'accélérer radicalement la baisse du niveau de vie qui avait eu lieu jusqu'alors. Selon ses calculs,[170] en 1994, les salaires réels étaient inférieurs de 22 à 23 % à ceux de 1989 et les revenus réels de 12 à 13 %, tandis que 1,4 million d'emplois ont été perdus entre 1990 et 1994, soit autant que ce qui avait été créé en quatre décennies d'économie planifiée.[171] Les petites et moyennes entreprises nationales et la population, dont la capacité de faire valoir leurs intérêts et de partager le fardeau était plus modeste que celle des entreprises et des banques internationales, ont également été durement touchées par l'inflation, qui a atteint 28,2 % en 1995 et 23,6 % en 1996,[172] , avec une dévaluation significative des revenus et de l'épargne, et a eu un impact négatif sur les intérêts et les objectifs de maximisation des revenus de l'État hongrois dans le processus de privatisation relancé en 1995.

L'élément principal de la politique économique entre 1999 et 2002 a été le développement des entreprises « à orientation fiscale »[173], visé par le plan de développement national Széchenyi, qui, malgré les effets des évolutions défavorables dans le monde – la crise asiatique de 1997/1998 – a placé l'économie hongroise sur un sentier de croissance, atteignant presque trois fois le taux de croissance moyen de l'UE, tout en réduisant la dette publique et l'inflation. Les relations de prêt avec le Fonds monétaire international ont été pour l'essentiel interrompues.[174] Le millénaire a vu une période de rattrapage rapide, la Hongrie dépassant nettement les pays de Visegrád en termes de PIB par habitant.[175] Cependant, la politique budgétaire laxiste menée à partir de 2002 a entraîné un déséquilibre budgétaire qui n'a pas pu être compensé par le resserrement de la politique monétaire, et la Hongrie a commencé à prendre

170 Pour la confirmation des calculs de Köves, voir Rudolf Andorka – Tamás Kolosi – György Vukovich (dirs.), « Gazdasági folyamatok 1993-ban » (Processus économiques en 1993), in *Társadalmi riport* (Reportage social), Tárki, 1994, p. 210. D'après les recherches de Rudolf Andorka et ses collaborateurs, en 1993, le revenu réel par habitant était inférieur de 12 % à celui de 1989. Et les prix à la consommation en 1993 étaient de 22,5 % plus élevés que l'année précédente et 2,6 fois plus élevés qu'en 1989.

171 Selon les calculs d'András Köves, les 1,4 million d'emplois perdus représentent un quart du nombre total des emplois qui existaient en 1990.

172 Cf. Dóra Győrffy, *op. cit.*, p. 27. Dans le même temps, l'inflation a suivi une trajectoire descendante, atteignant 18,3 % en 1997 et 14,3 % en 1998.

173 Ce développement a été réalisé avec le soutien d'une banque d'État, avec la volonté de réduire l'inflation, et en ciblant puis en utilisant les ressources budgétaires excédentaires qu'elle a générées.

174 Pour une analyse du développement de facteurs principalement endogènes, de la génération de sources de financement internes principalement « par nos propres forces », et une description de la tendence de la politique économique, voir György Matolcsy, *Élő emlékeink – a Széchenyi Terv világa* (Nos souvenirs vivants – le monde du Plan Széchenyi), Heti Válasz Kiadó, 2003 ; Csaba Lentner, « A hazai vállalkozásokat erősítő programok társadalmi hatásai – az egzisztencia hiteltől a Széchenyi Tervig » (Les incidences sociales des programmes soutenant les entreprises hongroises – depuis le crédit « Existence » jusqu'au Plan Széchenyi), *Valóság*, 2002, année 45, nr. 8, pp. 60-69.

175 Gergely Baksai – Dániel Palotai, « Válságkezelés és gazdasági reformok Magyarországon, 2010-2016 » (Gestion de la crise et réformes économique en Hongrie, 2010-2016), *Közgazdasági Szemle*, juillet-août 2017, année LXIV, pp. 699-700.

du retard par rapport au niveau de développement régional,[176] malgré le boom économique[177] qui a commencé à se développer dans le monde à partir du milieu de la décennie. Outre le fait que les effets d'une politique budgétaire laxiste ne pouvaient être compensés par les restrictions de la banque centrale, la thèse de Leeper s'est vue confirmée dans les détails,[178] c'est-à-dire que ni la politique monétaire, qui cherche à consommer la dette par l'inflation, ni celle qui sacrifie la croissance à la stabilité des prix, ne peuvent neutraliser une attitude budgétaire excessive. Des processus budgétaires mal gérés ont exacerbé les problèmes du marché du travail,[179] tandis que les entreprises et les ménages se sont tournés vers des prêts en devises étrangères plus faciles, moins chers mais plus risqués,[180] fournissant un financement supplémentaire pour compenser les incertitudes d'un environnement économique affaibli et évitant les difficultés liées au remboursement de crédits en forints. Le modèle de croissance, soutenu par des finances publiques endettées et un secteur primaire générateur de revenus endetté en devises, avait est arrivé à une impasse et à une « voie insoutenable »[181] en 2006, cependant que la crise économique mondiale qui s'est développée à partir de 2007-2008 a modifié les taux de change et les taux d'intérêt des sources externes de devises, rendant évidente l'insoutenabilité effective. Le pays a eu besoin d'un soutien international. L'ajustement de la trajectoire de convergence de 2006 était en grande partie axé sur les recettes, augmentant la charge fiscale sur les personnes à revenu primaire tout en réduisant leurs revenus, mais il n'a guère permis de remédier aux déficiences structurelles et n'a pu qu'atténuer temporairement les problèmes. De 2006 à 2007, le déficit budgétaire en pourcentage du PIB a diminué, passant de 9,3 % à 5,1 %, mais le tarissement des ressources extérieures et les dépenses excessives antérieures, suivies de restrictions budgétaires, ont réduit la croissance économique de 3,9 % à 0,4 %, contre une moyenne de 7 % dans les pays du groupe de Visegrád[182] sur la période. Selon les calculs de György Matolcsy, « la Hongrie a été le pays qui a rattrapé le plus rapidement la moyenne de l'UE en termes de PIB par habitant parmi les nouveaux États membres de la région au cours des cinq années 1998-2002, et celui qui a rattrapé le plus lentement le deuxième cycle

176 Le déficit moyen du budget national des pays du groupe de Visegrád était la moitié de celui de la Hongrie, et son niveau a suivi une tendance à la baisse, contrairement au processus hongrois. Cf. Baksai – Palotai, *op. cit.*, p. 700.

177 Gábor Karsai, « Ciklus és trend a magyar gazdaságban 1990-2005 között » (Cycles et tendances dans l'économie hongroise, 1990-2005), *Közgazdasági Szemle*, 2006, année 53, nr. 6, pp. 509-525.

178 E. Leeper, « Equilibria Under 'Active' and 'Passive' Monetary and Fiscal Policies », *Journal of Monetary Economics*, 1991, année 27, nr. 1, pp. 129-147.

179 Károly Fazekas – Ágota Scharle (dirs.), *Nyugdíj, segély, közmunka: a magyar foglalkoztatáspolitika két évtizede, 1990-2010* (Pensions de retraite, aides, travaux d'intérêt public : deux décennies de la politique hongroise de l'emploi, 1990-2010), Institut de science économique de l'Académie hongroise des sciences, 2012.

180 Csaba Lentner (dir.), *op. cit.* (2015).

181 Gábor Orbán – György Szapáry, « Magyar költségvetési politika : quo vadis? » (Politique budgétaire hongroise : quo vadis ?), *Közgazdasági Szemle*, 2006, année 53, nr. 4, pp. 293-309.

182 La Slovaquie, la République tchèque et la Pologne.

quinquennal 2003-2007. Nous avons approché la moyenne de l'UE de 8,8 % pendant les cinq premières années, et de seulement 1,1 % au cours de la deuxième. »[183] L'évolution du pouvoir d'achat de la monnaie n'a pas non plus reflété des conditions stables. Selon Ernő Huszti,[184] entre 1995 et 2002, le pouvoir d'achat de la monnaie nationale a baissé de 24,2 % (à 75,8 %), tandis qu'entre 2003 et 2010 (en prenant l'année du premier mandat comme base 100%), il a baissé de 27,3 % (à 72,3 %).

Dans le contexte de données macroéconomiques faibles et d'un environnement économique incertain et contradictoire, les investisseurs de portefeuille se sont largement retirés du marché de la dette souveraine à l'automne 2008 dans un climat de perte de confiance financière internationale, et un grand nombre d'entreprises productives ont également opté pour un processus de réinvestissement réduit.[185] Sur les 19,3 milliards d'euros demandés au FMI, à la Banque mondiale et à la Banque centrale européenne, 14,3 milliards ont été appelés. Le montant total des demandes de prêt était excessif, tandis que les sommes prélevées étaient utilisées de manière incohérente et inappropriée.[186] Notons qu'avec le crédit est venu le besoin de politiques plus restrictives de la part des prêteurs. Ainsi, au lieu de stimuler la demande budgétaire,[187] la gestion de la crise hongroise a poursuivi l'austérité budgétaire, c'est-à-dire une approche procyclique qui a encore aggravé la récession économique. Le PIB réel de l'économie hongroise a chuté de 6,6 % en 2009, l'un des records négatifs de l'UE, tandis que le déficit budgétaire est passé de 3,6 % en 2008 à 4,5 % en 2009-2010. Dans le contexte de la crise, les impôts supplémentaires sur les revenus primaires ont freiné la production, augmentant le déficit d'environ 1,5 %.[188] La crise a également touché

[183] György Matolcsy, *op. cit.*, p. 13. Matolcsy décrit également qu'entre 2003 et 2007, en plus du ralentissement de l'intégration, l'avantage de rattrapage créé au cours des cinq années précédentes a été perdu, et suggère même que la période 2003-2007 présentait des opportunités plus favorables en termes de ressources externes.

[184] Ernő Huszti, *op. cit.*, pp. 160-167. Ajoutons que les conditions inflationnistes, générées aussi par le déficit budgétaire élevé, ont conduit la politique monétaire à adopter une position intrinsèquement restrictive (compensatoire), ce qui a conduit à un renforcement du mandat de stabilité des prix et du régime de ciblage de l'inflation.

[185] La crise a touché tous les secteurs. Csaba Lentner, « A válság néhány nemzetközi és pénzügypolitikai összefüggése » (Quelques aspects internationaux et de politique financière de la crise), *Számvitel Adó Könyvvizsgálat: SZAKMA*, 2009, année 51, nr. 9, pp. 372-376.

[186] Csaba Lentner, « Közpénzügyek és államháztartástan » (Finances publiques et science de l'administration publique), Nemzeti Közszolgálati és Tankönyvkiadó, 2013, pp. 268-269.

[187] La relance budgétaire keynésienne a fonctionné lors de la crise de 1929-1933 et a été utilisée par les économies de marché avancées après la crise de 2008, cependant que la Hongrie n'était pas en mesure, et n'avait pas l'incitation ou la « permission » de s'orienter vers une relance de la demande. La banque centrale hongroise n'a même pas pris de mesures pour réduire les taux d'intérêt ou pour faire face à la crise de manière significative, et le taux de base a même augmenté, rendant l'accès au crédit plus coûteux.

[188] Le multiplicateur budgétaire n'a pas non plus fonctionné de la manière « habituelle » dans d'autres pays. L'effet restrictif du resserrement budgétaire sur le PIB était auparavant mesuré à 0,5 %, puis à 1 % après la crise de 2008. Voir à ce sujet Alan J. Auerbach – Yuriy Gorodnichenko, « Measuring the Output Responses to Fiscal Policy », *American Economic Journal, Economic Policy*, 2012, année 4, nr. 2, p. 27, https://www.aeaweb.org/articles?id=10.1257/pol.4.2.1, téléchargé le 9 novembre 2018 ; Anja

l'économie de l'Union européenne, qui détermine les modèles d'exportation et d'importation de capitaux de l'économie hongroise, exposant les faiblesses et les lacunes du cadre institutionnel de l'Union économique et monétaire et son dysfonctionnement.[189] Dans le contexte de la crise désormais internationalisée, les politiques des banques centrales[190] et les interdictions relatives aux aides d'État,[191] qui étaient auparavant en conflit avec le fonctionnement du marché libre, ont également été placées dans un nouveau contexte, dont les autorités fiscales et monétaires hongroises, qui pendant des décennies remettaient toujours à plus tard la solution des problèmes, ne pouvaient que peu ou pas s'acquitter,[192] surtout compte tenu du quasi-défaut du pays, qui s'était déjà manifesté deux ans auparavant. Cela a entraîné d'autres sacrifices sociaux, si bien que la Hongrie n'a pu s'associer aux méthodes de gestion de la crise au lendemain de l'éclatement de celle-ci, mais seulement des années plus tard.

La gestion économique de la transition vers l'économie de marché, dans laquelle le rôle de l'État s'est limité à réduire sa propriété et à « freiner » son système de réglementation et ses mécanismes de contrôle, s'est finalement poursuivie dans le cadre d'une politique économique « dépendant de la base de l'économie planifiée ». Les effets d'entraînement de la mauvaise structure économique sur l'économie de marché, la « limitation » occasionnelle du « généreux » système de protection sociale, qui ne dépendait pas des recettes

---

Baum – Marcos Poplawski-Ribeiro – Anke Weber, « Fiscal Multipliers and the State of the Economy », IMF Working Paper, 2012, 12/286, https://www.imf.org/en/Publications/WP/Issues/2016/12/31/Fiscal-Multipliers-and-the-State-of-the-Economy-40146, téléchargé le 9 novembre 2018.

189 Voir Miklós Losoncz, « A globális pénzügyi válság és az Európai Unió » (La crise financière globale et l'Union européenne), *Pénzügyi Szemle*, 2010, année LV, nr. 4, pp. 765-780.

190 Sur les moyens « inhabituels » activés par les banques centrales et les effets de la crise financière dans une perspective internationale, voir Judit Neményi, « A pénzügyi válság hatása a központi bankok szabályozására » (L'effet de la crise financière sur la réglementation des banques centrales), in *Verseny és szabályozás* (Concurrence et réglementation), Institut de science économique de l'Académie hongroise des sciences, 2012, pp. 167-209 ; pour la pratique hongroise, voir Judit Neményi, « A monetáris politika szerepe Magyarországon a pénzügyi válság kezelésében » (Le rôle de la politique monétaire dans la gestion de la crise financière en Hongrie), *Közgazdasági Szemle*, mai 2009, année LVI, pp. 393-421.

191 Péter Staviczky, « A pénzügyi és gazdasági válság leküzdése érdekében a pénzügyi ágazatra vonatkozó ideiglenes állami támogatási szabályok » (Les règles provisoires des subventions d'État concernant le secteur financier dans le but d'enrayer la crise financière), in *Állami támogatások joga* (Le droit aux aides de l'État), 2010, année 6, nr. 2, pp. 3–20, http://epa.oszk.hu/02400/02450/00006/pdf/EPA02450_atj_2010_2_003-020.pdf, téléchargé le 17 décembre 2019. Voir aussi Péter Staviczky, « A pénzügyi és gazdasági válság leküzdése érdekében a reálgazdaságra vonatkozó ideiglenes állami támogatási szabályok » (Les règles provisoires des subventions d'État concernant le secteur réel dans le but d'enrayer la crise financière), in *Állami támogatások joga* (Le droit aux aides de l'État), 6, 2010/2, pp. 59–72, http://epa.oszk.hu/02400/02450/00006/pdf/EPA02450_atj_2010_2_059-072.pdf, téléchargé le 17 février 2019.

192 Zsófia Bolf-Galamb – Zsófia Kányási, « A pénzügyi és gazdasági válság kapcsán Magyarországon bevezetett munkahelyteremtő és munkahelymegőrző intézkedések rövid bemutatása » (Une brève présentation des mesures de création et de sauvegarde de l'emploi introduites en Hongrie dans le contexte de la crise financière et économique), in *Állami támogatások joga* (Le droit aux aides de l'État), 2010, nr. 2, pp. 77-88. Les options de soutien à l'emploi énumérées dans la publication étaient mineures par rapport à la gravité des problèmes, bien qu'elles aient été annoncées sur la base du cas le plus nécessaire pour l'octroi d'une aide d'État en vertu de l'Article 107, paragraphe 1, du traité sur le fonctionnement de l'Union européenne.

de l'État, mais qui a été « libéré » à plusieurs reprises dans l'intérêt de la « paix politico-sociale », puis, également par nécessité, l'orientation économique vers les fonds de roulement étrangers, qui a été soutenue par des allégements fiscaux et même des subventions budgétaires, ont accéléré l'endettement de la Hongrie. La politique économique de changement de régime, porteuse d'un « défaut de naissance »,[193] a produit des déficits continus parce que sa structure économique et sa politique sociale l'y « prédisposaient », puis, en réponse à des problèmes devenus parfois critiques, elle a imposé des charges supplémentaires à des résidents nationaux moins capables de faire valoir leurs intérêts. L'intérêt des détenteurs de revenus primaires pour les réformes et les consolidations a donc été minimisé, et a parfois même provoqué une sérieuse résistance sociale, qui a abouti à ce que ces groupes de détenteurs de revenus ont rejeté les politiques restrictives du gouvernement, puis le gouvernement axé sur l'austérité lui-même.[194] Les ajustements économiques fondés sur des mesures d'austérité n'ont pas eu l'effet escompté, mais le résultat incontestable de deux bonnes décennies de construction d'une économie de marché a été la transition pacifique et l'intégration à l'UE.

Pour des raisons d'espace, ce livre n'entre pas dans les détails du contrôle fiscal,[195] mais il est important de souligner que les pouvoirs de contrôle essentiels de la Cour nationale des comptes, réorganisée en 1989 sous la direction d'István Hagelmayer, ont été établis.[196] Cependant, la forte influence politique (qui s'est également reflétée dans la législation) qui a caractérisé les décennies de transition vers l'économie de marché a non seulement rendu la politique fiscale permissive, mais a également fait en sorte que les pouvoirs de contrôle, et surtout les conséquences juridiques du contrôle, soient limités et restreignants.[197] Ainsi, l'existence des anomalies dans le budget, les bilans et la gestion des finances publiques révélées par la Cour nationale des comptes

193 István Stumpf, *Erős állam – alkotmányos korlátok* (Un État fort – des barrières constitutionnelles), Századvég Kiadó, 2014, pp. 18-24.

194 Selon Péter Mihályi, la majorité de la population hongroise est intrinsèquement opposée à toute modernisation, car la plupart de ses revenus sont redistribués par l'État, ce qui résulte également de la structure déformée de l'emploi. En effet, 60 % de la population adulte sont soit employés par l'État, soit vivent essentiellement des transferts de revenus de l'État. Péter Mihályi, « Mérlegen a rendszerváltás 25 éve » (Bilan des 25 ans depuis le changement de régime), *Közgazdasági Szemle*, juillet- août 2014, année LXI, p. 903.

195 Pour la pratique d'après 2010, voir Csaba Lentner (dir.), *Adózási pénzügytan és államháztartási gazdálkodás* (Science des finances de l'imposition et gestion des finances publiques), NKE, 2015, 6-8 ; voir aussi Csaba Lentner, *Közpénzügyi menedzsment* (Gestion des finances publiques), Dialóg Campus Kiadó, 2017 (en particulier chapitres 10-12), tandis que l'étude du contrôle dans un contexte historique est le sujet d'un travail en préparation.

196 La Constitution déclare que la Cour nationale des comptes est l'organe suprême de contrôle financier de l'Asemblée nationale. Le fonctionnement de la Cour nationale des comptes est déterminé par l'Article XXXVIII de la loi 1989. Sa méthodologie de contrôle est très affinée, ce dont témoigne son Manuel de contrôle (*ÁSZ 2008*). Voir aussi Árpád Kovács, *Az ellenőrzés rendszere és módszerei* (Système et méthode du contrôle), Perfekt Kiadó, 2006.

197 Voir pour les détails Pál Csapodi, *A közpénzek jogi szabályozása és a külső ellenőrzés gazdaságtana* (La réglementation juridique des finances publiques et l'économie du contrôle externe), Szent István Egyetem, thèse de doctorat, 2009.

a été admise par les gouvernements en place et l'Assemblée nationale, mais elles n'ont pas été éliminées. Avec une méthodologie de contrôle sophistiquée et de bonnes intentions, mais sans que le contrôle soit chargé de résoudre les problèmes,[198] la Cour nationale des comptes n'a été en mesure de freiner la politique fiscale laxiste que dans une mesure limitée.[199]

198 L'aphorisme de Pál Csapodi, ancien secrétaire général de la Cour nationale des comptes, résume pertinemment la situation : « Le chien aboie, mais ne mord pas. »

199 Les ouvrages suivants peuvent justifier ce qui vient d'être dit : Árpád Kovács, « A 2008–2009. évek költségvetésének gazdálkodása – értékválasztási zavarok, gazdasági válság, IMF hitel és az európai uniós források, mint a 2010. év gazdálkodásának meghatározottságai » (La gestion budgétaire des années 2008-2009 – Confusion dans le choix des valeurs, crise économique, crédit du FMI et ressources de l'Union européenne, comme détermination de la gestion de l'an 2010), *Magyarország politikai évkönyve* (Annales politiques de la Hongrie), Corvinus Egyetem, 2009, année 2, pp. 191–194 ; Árpád Kovács, *Megújuló, fenntartható államháztartás (ahogyan a számvevők látják)* (Des finances publiques renouvelées et durables), *Magyarország politikai évkönyve*, (Annales politiques de la Hongrie), Corvinus Egyetem, 2007, année 20, pp. 556–569. Voir aussi les rapports annuels de contrôle du budget et des comptes de clôture présentés par la Cour nationale des comptes à l'Assemblée nationale.

CHAPITRE 6
Gouvernance économique et éléments systémiques de l'État actif après 2010

La transition vers une économie de marché après l'économie planifiée a vu diminuer le rôle de l'État dans la régulation et le contrôle de l'économie, tandis que la période suivant 2010 a vu un renforcement marqué de son rôle. Ce chapitre 6 tente de saisir l'essence de la gouvernance économique hongroise après 2010 en fournissant une systématisation scientifique des processus dans la pratique et en présentant des faits mesurables sur l'efficacité de la gouvernance économique, mais n'aborde que modérément le choc des opinions professionnelles favorables et défavorables sur la période, évitant ainsi les débats dans la littérature y relative, qui sont principalement dictés par le contexte politique et les convictions idéologiques.[1] Le peu de recul dont nous disposons ne nous permet pas encore de parler d'un parcours qui a déjà traversé des décennies (comme à l'époque du dualisme ou de l'économie planifiée), et qui résulte de l'accumulation de cycles gouvernementaux, bien que l'on puisse discerner l'émergence d'éléments systémiques significatifs qui diffèrent de ceux des périodes précédentes, et dont le maintien et le développement ultérieur pourraient constituer les bases d'une ère particulière de développement économique. La crise du coronavirus, qui a débuté au printemps 2020, a entraîné la perturbation de plusieurs indicateurs macroéconomiques. Cette crise, qui est d'origine sanitaire, c'est-à-dire non économique, peut être considérée comme un test pour le nouveau système de gouvernance économique, mais aussi comme une occasion de développer un modèle de gestion des crises aiguës par une intervention active de l'État.

[1] Il n'est pas possible de présenter les presque deux siècles de gestion économique de la Hongrie sans les développements de la dernière décennie, car cela ferait perdre au livre son actualité et l'intérêt du public professionnel. Cette nouvelle tendance de management étant encore très jeune, nous devons nous limiter à une présentation des éléments systémiques, de la dynamique législative et des changements économiques, ainsi que des thèses théoriques qui se dessinent aujourd'hui sur cette base. Une analyse qui se concentrerait sur un débat pour et contre la qualité du système ne serait pas scientifiquement profonde, et l'auteur n'a pas l'intention de s'y embarquer. Il est également vrai que les chercheurs ne sont généralement en mesure d'examiner en profondeur les périodes économiques et politiques qu'après 10 à 20 ans. Mon objectif est donc de présenter les faits, en laissant au lecteur le soin de les traiter et de les évaluer. Je ne souhaite pas imposer mes vues au public intéressé. Il s'agit ici d'une présentation qui est le plus susceptible de fournir l'occasion d'une collision de points de vue sur la méthodologie et la pratique fiscales et monétaires. De cette façon, les lecteurs – et probablement les chercheurs – peuvent décider s'ils sont d'accord ou non avec ce qui est écrit.

6.1 LES PRINCIPALES ÉTAPES ADMINISTRATIVES ET L'INVENTAIRE LÉGISLATIF DE LA PÉRIODE APRÈS 2010

6.1.1 Les contraintes

La politique économique hongroise, qui reposait déjà sur les principes de l'économie de marché, n'a pas été en mesure d'assurer le rattrapage durable du pays dans les deux décennies qui ont suivi le changement de régime. En raison de l'accumulation des tensions économiques et sociales, l'économie hongroise est entrée dans une crise interne à partir de 2006, exacerbée par l'impact de la crise économique et de la dette mondiale en Hongrie en 2007-2008. La crise a eu un impact au niveau des finances publiques, du secteur des entreprises, du système bancaire et de la population. La Hongrie était menacée de faillite, ce qui aurait pu entraîner l'incapacité de remplir les tâches fonctionnelles de l'économie nationale ou, sur la base de ces attributions de l'économie nationale, déclencher une crise dans les domaines ou secteurs suivants : (1) l'incapacité du budget central à fonctionner ; (2) le déficit chronique et l'effondrement possible du système de sécurité sociale, notamment du système de retraite ; (3) les faillites massives d'entreprises, un environnement économique incertain et un déclin des fonctions de production de base ; (4) faillite massive des collectivités locales, conflits sociaux et dysfonctionnements des services publics ; (5) insolvabilité sociale des familles avec des prêts en devises, rupture du calme et de la stabilité sociaux.[2]

Après les élections de 2010 et des leux mandats politiques de deux tiers qui ont suivi, le gouvernement a adopté des mesures économiques globales pour mettre en œuvre le modèle de l'État actif,[3] en passant à une gouvernance coopérative[4] fondé sur la confiance entre la société et l'État. La première

[2] Voir pour les détails Csaba Lentner, « Az állampénzügyi kockázatok mérséklésének egyes jogi és gazdasági aspektusai » (Certains aspects juridiques et économiques de l'atténuation des risques dans le domaine des finances publiques), *JURA*, 2017, année 23, nr. 2, pp. 109–117 ; Csaba Lentner, *op. cit.* (2013), pp. 322–329. J'ai analysé la situation et le processus de consolidation des principaux domaines de la crise dans des articles parus tous les trois mois dans les numéros de 2014 et de 2015 de *Pénzügyi Szemle*, puis dans ma monographie intitulée *A devizahitelezés Nagy Kézikönyve* (Grand manuel du crédit en devises). Voir aussi András Bethlendi – Csaba Lentner, « Subnational Fiscal Consolidation: The Hungarian Path from Crisis to Fiscal Sustainability in Light of International Experiences », *Sustainability*, 2018, année 10, nr. 9, 2978. DOI: 10.3390/su10092978.

[3] Voir Csaba Lentner, *Közpénzügyi Menedzsment* (Gestion des finances publiques), Dialóg Campus Kiadó, 2017, pp. 20–23 ; sur les principales tendances du rôle actif de l'État, voir Pál Péter Kolozsi, *Közpénzügyek és államháztartás* (Finances publiques et gestion de l'État), Dialóg Campus Kiadó, 2017, pp. 9–16.

[4] Pál Péter Kolozsi, « Együttműködés és ösztönzés: Egy új közpénzügyi állammodell megalapozása Magyarországon » (Coopération et motivation. Les fondements d'un nouveau modèle étatique des finances publiques en Hongrie), in Ádám Auer – Gyula Berke – István György – Zoltán Hazafi (dirs.), *Ünnepi kötet a 65 éves Kiss György tiszteletére – Liber Amicorum in honorem Georgii Kiss aetatis suae LXV* (Mélanges offerts au 65e anniversaire de György Kiss), Dialóg Campus Kiadó, 2018, pp. 519–530 ; Pál Péter Kolozsi – Csaba Lentner – Bianka Parragh, « Közpénzügyi megújulás és állami modellváltás Magyarországon » (Renouveau de la gestion des finances publiques et changement de modèle étatique en Hongrie), *Polgári Szemle*, 2017, année 13, nrs. 4-6, pp. 28–51.

série de mesures visait à éviter la situation de faillite,[5] et a été suivie d'une période de stabilisation, puis d'une croissance proche de l'équilibre.[6] Pour éviter le piège d'un développement moyen,[7] le redressement budgétaire, monétaire et de la croissance devait être complété par celui de la compétitivité.[8] La transformation et le renouvellement complets de la compétitivité de l'économie sont devenus un domaine d'intervention essentiel de la politique du gouvernement et de la banque centrale en 2018.

Ce chapitre présentera d'abord l'orientation de la gouvernance économique après 2010 et la dynamique législative appliquée, avec un accent particulier sur la Loi fondamentale, la loi de stabilité, la nouvelle loi sur les finances publiques et d'autres lois cardinales. Nous décrirons ensuite les changements intervenus dans l'espace du politique budgétaire (modifications de la politique budgétaire, évolution du budget, de la dette publique et de la richesse nationale), puis le tournant de la politique monétaire (avec un accent particulier sur ses effets sur la reprise du crédit et la réduction des vulnérabilités extérieures). Enfin, le chapitre dresse le bilan économique des huit dernières décennies d'intervention active de l'État, montrant que le modèle hongrois peut être interprété comme une gestion macroéconomique réussie de la crise, dans laquelle la croissance économique, un important rattrapage salarial et la réduction et le contrôle du coût de la vie ont pu être réalisés sans perturber l'équilibre. Le chapitre se termine par la présentation des conditions d'un redressement de la compétitivité en Hongrie aujourd'hui.

5 Le sauvetage des municipalités, des emprunteurs en devises étrangères (et à travers eux des banques), des entreprises considérées comme importantes pour l'économie nationale (comme les quatre entreprises de viande), a sans aucun doute signifié l'application de la limite budgétaire souple telle que définie (ou plutôt réprouvée) par János Kornai. Voir János Kornai, *op. cit.*, pp. 7–67, surtout pp. 24-32 sur les secteurs exposés au syndrome « limite budgétaire souple ». Une évaluation compréhensive – un peu différente de celle de Kornai – de la « limite budgétaire souple » est donnée dans le 7e chapitre du présent ouvrage.

6 Pour une estimation détaillée, embrassant plusieurs décennies, de l'équilibre et de la croissance, voir György Matolcsy, *Egyensúly és növekedés – Konszolidáció és stabilizáció Magyarországon, 2010–2014* (Équilibre et croissance – Consolidation et stabilisation en Hongrie, 2010-2014), Kairosz Kiadó, 2015.

7 Sur l'arrière-plan théorique du développement moyen, voir Jesus Felipe – Arnelyn Abdon – Utsav Kumar, « Tracking the Middle-income Trap: What Is It, Who Is in It, and Why? », Levy Economics Institute of Bard College, Working Paper, 2012, nr. 715, http://www.levyinstitute.org/pubs/wp_715.pdf, téléchargé le 23 décembre 2018. Pour ce qui en est de la Hongrie, voir Péter Ákos Bod, « Átmeneti ütemvesztés vagy a "közepes jövedelem csapdája". Kommentár a magyar gazdaságfejlesztési teendőkhöz » (Perte de rythme provisoire ou le « piège du revenu moyen ». Commentaire sur les tâches du développement économique hongrois), *Gazdaság és Pénzügy*, 2015, année 2, nr. 1, pp. 2–17 ; sur la reconstruction attardée après la crise, voir Gábor Oblath, « Gazdasági átalakulás, nekilendülés és elakadás » (Transformation économique, élan et arrêt), in Tamás Kolosi –István György Tóth (dirs.), *Társadalmi Riport 2014* (Reportage social 2014), TÁRKI, 2014, pp. 21–50, http://unipub.lib.uni-corvinus.hu/2086/1/GP2015v2n1p2_hu.pdf, téléchargé le 23 décembre 2018.

8 Sur les divers aspects du tournant de compétitivité, voir Dániel Palotai – Barnabás Virág (dirs.), *Versenyképesség és növekedés* (Compétitivité et croissance), Banque Nationale de Hongrie, 2016.

6.1.2 L'orientation de la gouvernance économique après 2010 et la dynamique législative appliquée. La Loi fondamentale, la loi de stabilité, les lois cardinales et autres lois relatives aux finances publiques

Le développement et le rattrapage durables nécessitent également un renouvellement du cadre juridique de la gouvernance économique. La Hongrie a fait des progrès significatifs dans ce domaine depuis 2010. L'adoption de la Loi fondamentale, autour de laquelle s'articulent les lois sur les finances publiques, ressort du processus législatif comme un moyen d'assurer la contrôlabilité de la gestion efficace des finances publiques et de la richesse nationale, et la mesure des performances.

La gestion économique des fonds publics, le maintien et la préservation à long terme de l'équilibre budgétaire et la réduction de la dette publique sont des objectifs de politique économique tellement essentiels que les principes les plus fondamentaux de leur mise en œuvre sont énoncés dans la Loi fondamentale de la Hongrie. Des finances publiques saines, résultant de leur réglementation cohérente, contribuent également à créer et à maintenir une base durable pour la croissance économique.

La Loi fondamentale, adoptée en avril 2011 et entrée en vigueur le 1er janvier 2012, est le document le plus important et le plus complet de la transformation socio-économique amorcée en 2010. La Constitution comporte un chapitre distinct sur les finances publiques, la loi sur le budget central et les biens nationaux. Une caractéristique spécifique de la Loi fondamentale hongroise est que la réglementation fiscale des finances publiques est devenue plus stricte et plus détaillée que dans la précédente Constitution. Celle-ci ne comportait pas de chapitre économique et financier distinct et contenait très peu de références directes au droit financier. Le chapitre sur les finances publiques traite également des principales règles relatives à la banque centrale.[9]

Selon le paragraphe 1 de l'Article N(1) de la Loi fondamentale, « la Hongrie applique le principe d'une gestion budgétaire équilibrée, transparente et durable ». La Loi fondamentale tient compte du fait que la protection des droits fondamentaux, le fonctionnement démocratique et efficace de l'État, la sécurité des personnes vivant en Hongrie et des organisations opérant dans le pays ne ne peut être garantie de manière adéquate que si l'équilibre social et économique du pays n'est pas menacé par des problèmes financiers importants. Sur cette base, la Loi fondamentale pose les grands principes de la gestion budgétaire : le principe de l'annualité budgétaire, les principes de

9 L'inclusion de la banque centrale dans le chapitre sur les finances publiques est révélateur, car une gouvernance efficace est impensable sans le soutien d'une banque centrale indépendante. La politique monétaire de la banque centrale (dont le statut reste indépendant) au service de la bonne gouvernance s'incarne dans la pratique modifiée du ciblage multi-mandats et des instruments qui lui sont adaptés. Par rapport aux décennies précédentes, la codification de cette pièce maîtresse de la législation constitue un mandat pour la banque centrale, lui permettant d'opérer plus largement, sans compromettre sa fonction principale, à l'appui de la politique économique du gouvernement.

la gestion budgétaire détaillée, équilibrée, transparente et durable. L'exigence d'une gestion budgétaire équilibrée, transparente et durable figure déjà dans la Loi fondamentale, après avoir été absente dans la Constitution précédente. Il s'agit notamment de l'équilibre pour garantir un fonctionnement public prévisible, de la transparence pour garantir une vie publique démocratique avec des citoyens informés et responsables, et de la durabilité pour garantir la responsabilité pour l'avenir des générations futures, en plus des objectifs financiers primaires.

Les Articles 36 à 44 de la Constitution forment le chapitre des finances publiques, qui comprend la règle concernant la dette publique :

> *(4) Le Parlement ne peut adopter une loi sur le budget central qui aurait pour conséquence une dette publique supérieure à la moitié du produit intérieur brut total.*
>
> *Tant que la dette publique dépasse la moitié du produit intérieur brut total, le Parlement ne peut adopter une loi budgétaire centrale que si elle prévoit une réduction du rapport entre la dette publique et le produit intérieur brut total.*
>
> *Il ne peut être dérogé aux dispositions des paragraphes (4) et (5) qu'en cas d'ordre juridique spécial, dans la mesure nécessaire pour atténuer les conséquences des circonstances qui y ont donné naissance, ou en cas de déclin durable et important de l'économie nationale, dans la mesure nécessaire pour rétablir l'équilibre de l'économie nationale.*

Pour mettre en œuvre les dispositions des règles d'endettement de la Loi fondamentale, le Parlement a promulgué en décembre 2011 une loi permettant de garantir la stabilité financière et la viabilité budgétaire du pays, de vérifier de manière indépendante la solidité de la loi sur le budget central et de contribuer à la réduction de la dette publique. La loi sur la stabilité est une loi-cadre cruciale pour la politique économique hongroise, qui définit les règles de base des finances publiques.

La loi sur la stabilité contient les règles concernant l'endettement telles que décrites dans la loi fondamentale.[10] Elle comprend également des règles limitant la création et la croissance de la dette publique, stipulant qu'« une transaction créant une dette au nom de l'État ne peut être valablement conclue que sur la base d'une autorisation légale ». La loi sur la stabilité resserre les conditions d'emprunt des municipalités : sans l'accord du gouvernement celles-ci ne peuvent emprunter que pour la réalisation de projets de développement de l'UE, cependant qu'elles peuvent obtenir des prêts pour pouvoir conclure un accord avec les créanciers dans le cadre de la procédure de restructuration

[10] L'indicateur de la dette peut être décrit comme dette nominale/PIB nominal, où le PIB nominal est donné par le taux de croissance du PIB et l'indice des prix aligné sur l'inflation. Il convient de souligner que l'indicateur peut être réduit non seulement en diminuant l'encours de la dette au numérateur, mais aussi en faisant « croître la dette publique », c'est-à-dire par une augmentation dynamique du PIB. Pour plus de détails sur le calcul de la dette publique et les critères de stabilité de Maastricht, voir Csaba Lentner, *Közpénzügyi Menedzsment* (Management des finances publiques), Dialóg Campus, 2017, pp. 53-56.

de la dette, et peuvent également demander des prêts liquides. Sans le consentement du gouvernement, la municipalité de Budapest et les villes ayant des droits de département peuvent emprunter jusqu'à 100 millions de forints, les municipalités des minorités nationales de Hongrie jusqu'à 20 millions de forints et les autres collectivités locales jusqu'à 10 millions de forints à des fins de développement.

Parmi les autres lois cardinales,[11] la première à être mentionnée est celle sur la Cour nationale des comptes, ratifiée en 2011,[12] qui a été la première loi cardinale adoptée par le Parlement. Le contrôle des actifs et des fonds publics est ainsi consacré par la loi sur la Cour nationale des comptes, qui découle de la Loi fondamentale. La nouvelle loi a considérablement renforcé l'indépendance et les pouvoirs d'audit de l'Office national des comptes, et a accru la transparence des audits en affirmant clairement le caractère public des rapports.

Parmi les nouveaux pouvoirs de contrôle de la Cour nationale des comptes, l'obligation de préparer un plan d'action, la sanction de la non-coopération et le pouvoir général d'émettre des signaux officiels sont considérés comme particulièrement importants.[13] La nouvelle loi sur la Cour nationale des comptes stipule également qu'il « doit assister le Parlement, ses comités et les organisations contrôlées avec ses recommandations et ses conseils basés sur son expérience en matière de contrôle, favorisant ainsi le fonctionnement d'un État bien gouverné ». Il est significatif qu'avant l'adoption de la loi cardinale, le mandat d'audit de la Cour nationale des comptes pour les entreprises municipales était intégré dans l'ancienne législation relative à la Cour.

La Banque Nationale de Hongrie est la banque centrale du pays, qui est responsable de la politique monétaire d'une manière spécifique, définie dans une loi cardinale distincte (Article CXXXIX de la loi 2013 sur la Banque Nationale de Hongrie). L'objectif principal de la Banque Nationale de Hongrie est d'atteindre et de maintenir la stabilité des prix. Sans compromettre son objectif premier, elle soutient la politique monétaire du gouvernement. Son gouverneur rend compte chaque année au Parlement des activités de la banque. La Banque Nationale de Hongrie est membre du Système européen de banques centrales (SEBC). La Banque Nationale de Hongrie et les membres de son organisation sont indépendants dans l'accomplissement de leurs devoirs et obligations en vertu de la loi sur la banque centrale et ne peuvent solliciter ni accepter d'instructions du gouvernement, d'une institution, d'un

[11] Ce chapitre ne traite pas non plus en détail de la réglementation des municipalités. C'est en partie pour des raisons d'espace, mais aussi (surtout) parce que j'ai abordé en détail l'histoire, les aspects juridiques et économiques de cet important sous-système des finances publiques dans ma monographie intitulée *Önkormányzati pénz- és vagyongazdálkodás* (Finances et gestion du patrimoine des collectivités locales), publiée par Dialóg Campus au printemps 2019.

[12] L'Article LXVI de la loi 2011 sur la Cour nationale des comptes.

[13] László Domokos, « Az Állami Számvevőszék jogosítványainak kiteljesedése az új közpénzügyi szabályozás keretében » (Extension des pouvoirs de la Cour nationale des comptes dans le cadre de la nouvelle réglementation des finances publiques), *Pénzügyi Szemle*, 2016, nr. 3, pp. 299-319.

organe ou d'une agence de l'Union européenne autre que la Banque centrale européenne (BCE), des gouvernements des États membres ou de toute autre organisation ou parti politique.

La Loi fondamentale a donné des pouvoirs fort étendus au Conseil budgétaire.[14] L'Article 44 stipule que le Conseil budgétaire est un organe qui soutient l'activité législative de l'Assemblée nationale, qui examine la solidité du budget central, et que l'adoption d'une loi sur le budget central nécessite l'accord préalable du Conseil budgétaire afin de respecter la règle concernant la dette publique. Cela signifie que le Conseil doit juger si la condition constitutionnelle relative à la dette publique est remplie et, dans le cas contraire, le gouvernement doit préparer un nouveau plan budgétaire. Le Conseil budgétaire est encore renforcé par le fait que la Constitution stipule que si le pays n'a pas de budget adopté au 31 mars, le Président de la République peut dissoudre le Parlement et convoquer de nouvelles élections. Le Conseil budgétaire dispose donc d'un droit de veto, ce qui est un pouvoir exceptionnel selon les normes internationales.[15]

Les règles de base relatives aux biens nationaux sont définies dans l'Article CXCVI de la loi 2011 (ci-après : la loi sur les biens nationaux), qui met en œuvre les dispositions de la Loi fondamentale. Les recettes du système fiscal fournissent les fonds à partir desquels les dépenses liées à l'exécution et au financement des tâches publiques peuvent être couvertes. Cependant, l'exécution des tâches publiques nécessite non seulement des fonds mais aussi d'autres actifs (bâtiments, structures, véhicules, machines, équipements, produits intellectuels, stocks). Il existe un lien étroit entre l'approche financière de la gestion budgétaire courante, qui est basée sur les recettes et les dépenses, et l'approche par les stocks de la gestion des actifs. Selon les termes de la loi fondamentale, « les biens de l'État et des collectivités locales sont des biens nationaux. La gestion et la protection des biens nationaux ont pour but de servir l'intérêt public, de répondre aux besoins communs, de conserver les ressources naturelles et de tenir compte des besoins des générations futures. » La Loi fondamentale prévoit une protection renforcée des fonds publics et des biens nationaux, et garantit leur gestion responsable et transparente.

La finalité fondamentale des biens nationaux est d'assurer l'accomplissement des tâches publiques. La loi sur les biens nationaux définit également la notion de mission publique, qui est une mission statutaire de l'État ou des collectivités locales, exécutée dans l'intérêt public par la personne qui en est chargée, conformément aux exigences et aux conditions fixées par la loi, y compris la fourniture de services publics à la population, et les missions d'intérêt public

[14] Voir pour plus de détail Árpád Kovács, « A Költségvetési Tanács a magyar Alaptörvényben – Vázlat az intézményfejlődésről és az európai uniós gyakorlatról » (Le Conseil budgétaire dans la Loi fondamentale de Hongrie – Esquisse du développement institutionnel et de la pratique de l'Union européenne), *Pénzügyi Szemle*, 2016, nr. 3, pp. 320–337.

[15] László Domokos, « Hitelesség és rugalmasság. A magyar közpénzügyi keretrendszer változásai » (Crédibilité et flexibilité. Changements dans le cadre des finances publiques hongroises), *Pénzügyi Szemle*, 2011, nr. 3, pp. 285-296.

découlant des obligations de l'État en vertu de traités internationaux, ainsi que la fourniture des infrastructures nécessaires à l'exécution de ces missions. Les biens nationaux sont gérés de manière responsable et conformément à leur destination.

D'autres textes législatifs garantissent le bon fonctionnement des finances publiques. La législation relative au système fiscal (Article XCII de la loi 2003, article CL de la loi 2017, Article CLI de la loi 2017) a pour objet de réglementer de manière uniforme les droits et obligations des contribuables et des autorités fiscales afin de garantir la légalité et l'efficacité de la procédure. Le contribuable et l'autorité fiscale peuvent exercer leurs droits et remplir leurs obligations conformément à la loi sur les règles d'imposition. C'est grâce à ce mécanisme de régulation que les lois fiscales sont respectées et le versement des subventions est effectué. Le régime des recettes et des subventions qui entrent et sortent des administrations publiques est donc régi par la loi sur l'administration fiscale. Les règles détaillées relatives à chaque impôt sont définies dans les lois fiscales (TVA, sécurité sociale, cotisations sociales, etc.). Comme mentionné ci-dessus, la gestion des processus fiscaux opérationnels est assurée par l'Administration nationale des impôts et des douanes.

Les garanties d'équilibre des finances publiques et de gestion transparente, efficace et contrôlable des fonds publics sont régies par la loi sur les finances publiques. La nouvelle loi sur les finances publiques est entrée en vigueur le 1er janvier 2012. La structure des finances publiques et la comptabilité de ses processus sont fondamentalement une continuation du système établi par la législation précédente. Toutefois, au lieu des quatre sous-systèmes définis à l'origine par la précédente loi sur les finances publiques, la loi ne reconnaît plus que deux sous-systèmes : le gouvernement central et les collectivités locales. Les fonds publics distincts et les fonds de sécurité sociale font désormais partie du sous-système central. En ce qui concerne les règles comptables, la nouvelle loi continue de se fonder sur l'approche des flux de trésorerie, selon laquelle les recettes et les dépenses sont comptabilisées lorsqu'elles sont réglées en espèces.

La loi sur les finances publiques a renforcé les dispositions relatives à la planification, à l'engagement et à la budgétisation à moyen terme, en veillant à ce qu'aucun engagement sans provision budgétaire ne puisse être pris sans autorisation spécifique, alors que dans le même temps, si le financement nécessaire à un investissement ou à un marché a déjà été approuvé par le Parlement dans la loi sur le budget central, aucune autre autorisation spécifique n'est requise pour le réaliser.

La loi sur les finances publiques met davantage l'accent sur la planification budgétaire que la législation précédente. Il accorde une attention particulière aux règles de planification. Il met en place un système à deux volets, commençant au sommet par l'établissement du cadre, avec une élaboration technique détaillée à la base (en restant dans les chiffres du cadre et en spécifiant les tâches à dépenser), et avec les plans finaux approuvés par le gouvernement responsable de l'exécution du budget lorsque les deux se rencontrent.

Parmi les règles de la nouvelle loi sur les finances publiques, il convient de noter la réduction du champ d'application des « fusions » qui étaient souvent utilisées dans le passé. Selon les règles précédentes, par exemple, le budget d'un gouvernement local comprenait les budgets de la municipalité, du bureau de la municipalité et des gouvernements autonomes locaux des nationalités assigné comme une seule entité. La part des chiffres consolidés qui pouvait effectivement être dépensée, par exemple, pour les dépenses matérielles du notaire pour le fonctionnement de son étude, celles du maire pour l'exécution des tâches municipales et du gouvernement local des minorités nationales pour son propre fonctionnement, ne pouvait être découverte qu'en examinant les règles et les documents internes de la municipalité, car les trois entités juridiques différentes n'avaient pas de budgets séparés. Cette situation a non seulement nui à la transparence, mais a également été à l'origine d'un certain nombre de problèmes pratiques, allant de la question de la responsabilité fiscale à la gestion des comptes. Les fusions précédentes, telles que celles mentionnées à titre d'exemple, ont été sévèrement limitées par la nouvelle législation.

La nouvelle loi sur les finances publiques contient un certain nombre de nouveautés visant à réduire la charge de travail, les dépenses et la bureaucratie inutiles. Un exemple est la suppression de la validation séparée des bons (que le législateur considérait comme un contrôle adéquat en soi). Dans l'intérêt d'une réglementation plus simple et plus transparente, la loi a transféré un certain nombre de sujets auparavant réglementés par la loi au niveau de la réglementation gouvernementale. La loi a été modifiée à plusieurs reprises, notamment pour renforcer le contrôle des finances publiques, l'exercice effectif des pouvoirs, la gestion sur la base du budget annuel, la justification des recettes, l'affectation des dépenses et les règles relatives à la mission publique et au transfert des crédits, ainsi que les tâches liées au contrôle externe des finances publiques.

Le décret d'application de la loi sur les finances publiques a été adopté en décembre 2011 (décret gouvernemental nr. 368/2011 [31.12.2011]). Le règlement gouvernemental 4/2013 (11.01.2013) sur la comptabilité des finances publiques est étroitement lié à la mise en œuvre de la loi sur les finances publiques.[16] Les deux règlements gouvernementaux sont des règlements

[16] Conformément aux normes de l'UE, la comptabilité d'évaluation est introduite pour rendre la gestion du secteur budgétaire plus transparente et mesurable. Voir en détail József Simon, *Az államháztartási számvitel alapjai és a közpénzügyi információs rendszer* (Les fondements de la comptabilité et le système d'information des finances publiques), Wolters Kluver, 2013. L'évaluation de la performance des fonds et des actifs publics est donc plus proche de la « technique » de mesure des systèmes basés sur les affaires. Voir Zoltán Zéman – Antal Tóth, *Stratégia pénzügyi controlling és menedzsment* (Controlling financier et management stratégiques), Akadémiai Kiadó, 2018 ; Zoltán Zéman – Antal Tóth, « Az önkormányzatok és közüzemi vállalatok teljesítményértékelése » (Évaluation des performances des municipalités et des services publics), in *Adózási Pénzügytan és Államháztartási Gazdálkodás* (Économie financière de la fiscalité et gestion des finances publiques), dir. Csaba Lentner, NKTK, 2015, pp. 829–851. Cependant, malgré les techniques de mesure orientées vers le marché, il est crucial

d'application pour la gestion des finances publiques, et définissent l'ensemble de la planification, de la mise en œuvre, des obligations de rapport et des tâches de contrôle pour le système institutionnel, y compris pour les sous-systèmes centraux et locaux des finances publiques. Les obligations de publication (contrats, subventions) sont régies par la loi sur la liberté d'information et non par la loi sur les finances publiques, comme c'était le cas auparavant.

6.2 ÉVOLUTION DE L'ESPACE DE POLITIQUE FISCALE

Avant 2010, l'un des problèmes les plus graves des finances publiques hongroises était un système fiscal incapable de soutenir le développement et le rattrapage économiques avec une efficacité suffisante. L'inadéquation du système fiscal a entraîné des déficits publics élevés et une augmentation de la dette publique, rendue possible par l'absence d'un chapitre sur les finances publiques dans la Constitution en vigueur avant 2011, c'est-à dire par l'absence d'un mandat légal fort. Il s'agissait des domaines où le changement et le redressement fiscal étaient les plus urgents.

6.2.1 Modifications de la structure fiscale

Étant donné qu'entre 1990 et 2010 le système fiscal hongrois n'a pas été en mesure de placer l'économie hongroise sur une trajectoire d'équilibre durable, et qu'il n'a pas pu promouvoir efficacement une croissance économique plus dynamique et durable, c'est pourquoi l'objectif fondamental de la période post-2010 était de réformer le système fiscal.

Dans la période post-2010, le système fiscal hongrois a été placé sur une nouvelle base. Les impôts sur le travail et le capital ont été réduits, tandis que les recettes provenant des taxes sur la consommation et des taxes spéciales ont augmenté. Les impôts spéciaux, qui représentent une répartition juste et équitable des charges pour la société, représentaient 2 % du PIB en 2013 et, conformément à la suppression progressive, 1,5 % en 2016. Parmi les impôts spéciaux, la taxe bancaire et l'impôt sur le revenu du secteur de l'énergie ont dominé en 2010-2012, suivis par la taxe sur les transactions

---

que la philosophie économique des services publics selon l'ancien management public (paradigme DPM, décentralisation, privatisation, gestion) soit remplacée par l'approche « avant-gardiste » CMPG (centralisation, nationalisation, bien public). Pour une exposition du nouveau concept, voir Csaba Lentner, « New Concepts in Public Finance after the 2007–2008 Crisis », *Economics and Working Capital*, 2017, nrs. 1–4, pp. 2–8 ; Csaba Lentner, « A vállalkozás folytatása számviteli alapelvének érvényesülése közüzemi szolgáltatóknál és költségvetési rend szerint gazdálkodóknál – magyar, európai jogi és eszmetörténeti vonatkozásokkal » (L'application du principe de continuité de l'exploitation aux services publics et à la budgétisation – avec les implications juridiques et d'histoire des idées hongroises et europeénnes), in *Adózási Pénzügytan és Államháztartási Gazdálkodás* (Économie financière de la fiscalité et gestion des finances publiques), *op. cit.*, 2015, pp. 763–784.

financières après 2013. En vertu d'un accord entre le gouvernement hongrois et le secteur bancaire, la taxe bancaire a été réduite à partir de 2016[17] et a été ramenée au niveau prévalant dans l'UE en 2019. La raison d'être des taxes spéciales sectorielles était que les secteurs à forte capitalisation et à faible taux d'imposition effectif (banques, énergie, commerce de détail) avaient une charge fiscale beaucoup plus élevée que les ménages.

L'une des mesures fiscales les plus emblématiques du gouvernement a été la réforme de l'impôt sur le revenu des personnes physiques et des taxes sur le travail. Ce changement était nécessaire car l'une des principales caractéristiques du système fiscal hongrois d'avant 2010 était que les dépenses publiques élevées devaient être couvertes par des impôts élevés, ce qui se traduisait par des taxes élevées sur le travail.[18] Le système fiscal n'encourageait pas l'emploi, comme le montre le fait que le coin fiscal, c'est-à-dire le rapport entre les impôts et les cotisations et le coût total de l'emploi, était extrêmement élevé en Hongrie, même selon les normes internationales.

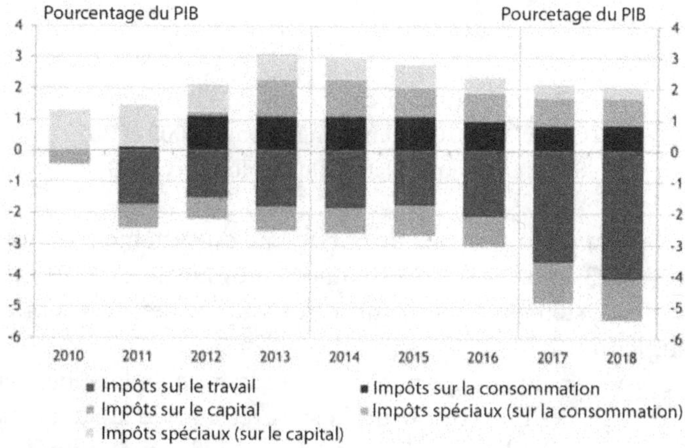

Figure 1 : Les effets budgétaires statiques cumulés jusqu'en 2020 des changements fiscaux effectués depuis 2010
Source : Banque Nationale de Hongrie[19]

[17] Par exemple, à partir du 1er janvier 2019, le taux maximal de la taxe bancaire au-dessus de la base d'imposition de 50 milliards de forints a été réduit de 0,21 % à 0,2 %, et la taxe sur les transactions a été supprimée pour les transferts de détail inférieurs à 20 000 forints. Les frais bancaires introduits dans les mesures de crise de 2010 diminuent régulièrement.

[18] Dans les décennies qui ont suivi le changement de régime, les effectifs de la main-d'œuvre étaient d'un peu moins de trois millions de personnes, dont la moitié gagnait le salaire minimum ou un peu plus. Leur charge fiscale était à ce niveau, c'est-à-dire modeste en termes de recettes fiscales pour l'État. Cependant, l'imposition (élevée) des personnes gagnant plus que le salaire minimum a constitué la véritable « mine à recettes » pour les finances publiques, ce qui n'a pas encouragé le travail supplémentaire, et a même conduit à la dissimulation de certains revenus. Les mesures incitatives visant à modifier le statut des personnes non intégrées dans le marché du travail se sont également révélées inefficaces.

[19] Dániel Palotai, « Beértek a 2010-2013 közötti adóreform kedvező hatásai » (Les effets positifs de la réforme fiscale de 2010-2013 se font sentir), https://www.mnb.hu/letoltes/palotai-daniel-adoreform-gyumolcsei-mnb-honlapra.pdf, téléchargé le 7 décembre 2018.

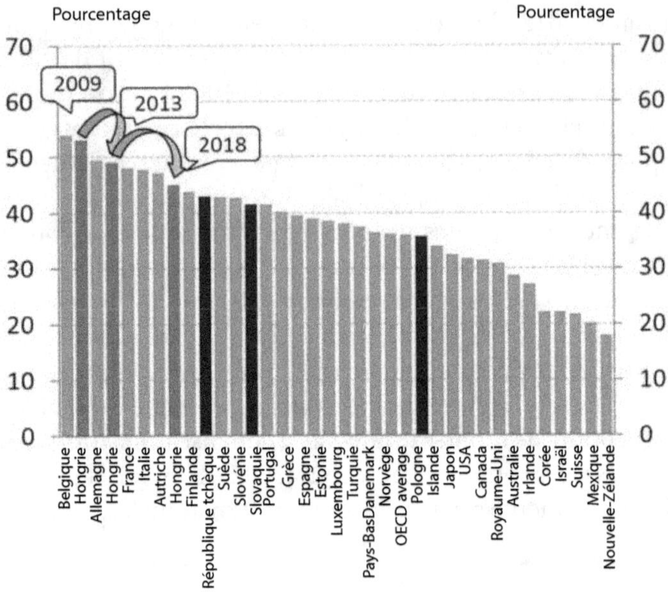

Figure 2 : Coin fiscal moyen dans les pays de l'OCDE en 2016 et en Hongrie entre 2009 et 2019
Source : Banque Nationale de Hongrie, 2019

Les étapes les plus significatives de la réforme du système fiscal ont eu lieu entre 2010 et 2013, avec les décisions importantes suivantes prises concernant la réforme des systèmes d'impôt sur le revenu des personnes physiques et de taxes sur le travail :

- la suppression de la supermajoration : la base de la supermajoration était de 127 % du salaire brut, la suppression de la supermajoration correspond à une baisse d'impôt à un taux d'imposition donné ;
- l'introduction d'un impôt sur le revenu des personnes physiques à taux unique : avant le système à taux unique, le taux supérieur de l'impôt sur le revenu des personnes physiques était de 32 % jusqu'à 1,9 million de forints avec super-brut, et le taux inférieur était de 17 %. En 2011, un système d'impôt sur le revenu des personnes physiques à taux unique de 16 % a été introduit, et le taux d'imposition a été réduit à 15 % en 2016 ;
- la suppression du dégrèvement fiscal au nom de la simplification, et un allègement fiscal étendu aux familles, qui peut être obtenu sur la base des cotisations de sécurité sociale, des cotisations salariales de santé en nature et en espèces, et des cotisations salariales de retraite (dans cet ordre) ;
- réductions ciblées de cotisations (Plan d'action pour la protection de l'emploi) : pour les salariés de moins de 25 ans, ceux qui commencent une carrière, ceux de plus de 55 ans, ceux qui ont de jeunes enfants,

des travailleurs non qualifiés, ou ceux qui recherchent un emploi de longue durée, une réduction totale de 14,5 points de pourcentage de l'impôt sur les cotisations sociales (27 % à l'introduction) et de 1,5 % des cotisations de formation professionnelle (1,5 % à l'introduction) est disponible en standard, et dans certains cas une réduction totale de 28,5 points de pourcentage.

L'efficacité des mesures est démontrée par le fait que la réduction des recettes fiscales a été plus faible que l'ampleur de la réduction d'impôt : en 2010, les recettes fiscales représentaient 6,4 % du PIB, et en 2017, 5,2 %, ce qui, en termes nominaux, représente une augmentation de près de 200 milliards de forints. C'est un signe clair que le moral des contribuables s'est amélioré.

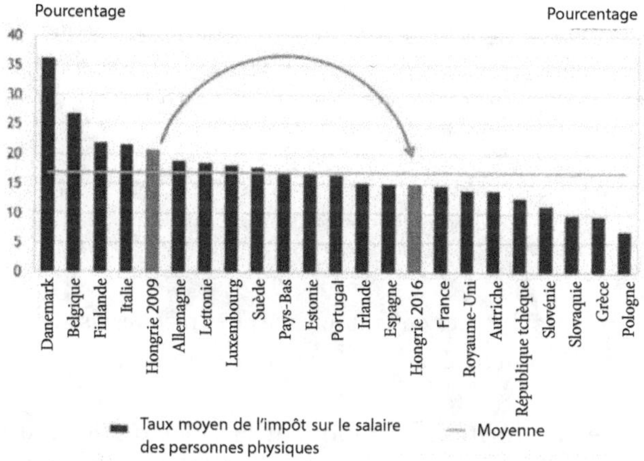

Figure 3 : les réductions d'impôts sur le revenu des personnes physiques en Hongrie dans une perspective internationale
Source : Matolcsy, 2017.

L'une des conséquences du niveau élevé des taxes sur l'emploi avant le changement de politique fiscale était que la Hongrie avait l'un des taux d'activité les plus bas de l'UE, ce qui a contribué de manière significative à l'écart entre l'économie hongroise et ses concurrents régionaux en termes de croissance et de performances économiques. Cette situation, associée à la crise économique, a logiquement conduit à une réforme du système fiscal hongrois, dont l'un des éléments les plus importants a été la réduction des taxes sur l'emploi, accompagnée d'une extension du système fiscal public, de l'introduction de taxes sectorielles, d'une augmentation de la taxe générale sur les ventes et d'autres mesures fiscales. Dans l'ensemble, la principale tendance après 2010 a été un déplacement du système fiscal de l'impôt sur le travail vers l'impôt sur la consommation.

Les modifications des taxes de vente et des taxes sectorielles spécifiques ont servi à financer des mesures visant à stimuler l'emploi et la croissance. Le taux général de TVA a été porté de 25 à 27 %, ce qui a fait évoluer la structure fiscale hongroise vers des taxes sur la consommation (parallèlement à la réduction du taux de TVA). Parmi les mesures prises pour réduire l'évasion fiscale, il convient de souligner la connexion en ligne des caisses enregistreuses du secteur du commerce de détail au système de l'Administration nationale des impôts et des douanes et son extension, l'introduction du Système de contrôle électronique des marchandises par route (EKÁER) et le système de facturation électronique.[20]

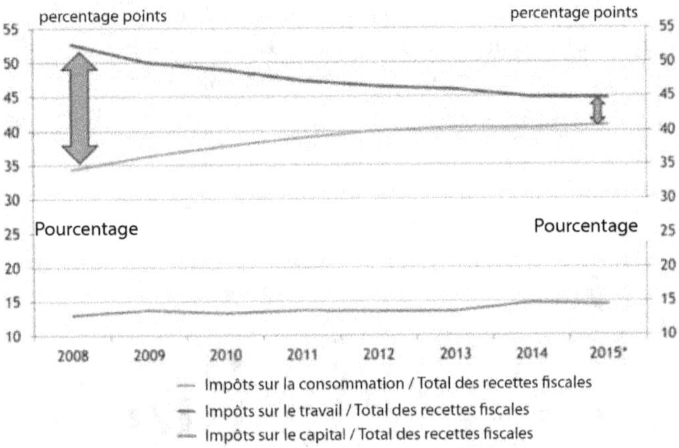

Figure 4 : Types de taxes en tant que part des recettes fiscales totales
Source : Banque Nationale de Hongrie

Dans le cadre de la réforme de l'impôt sur les sociétés, le champ des PME pouvant bénéficier d'un traitement fiscal préférentiel a été étendu. En 2010, le seuil de chiffre d'affaires des PME pouvant bénéficier du taux réduit de 10 % a été relevé de 50 millions de forints à 500 millions de forints, au-delà duquel le taux était de 19 %. A partir de 2017, le taux d'imposition des sociétés a été ramené à 9 % au lieu des taux précédents de 10 et 19 %. Le gouvernement a mis en place des formes d'imposition ciblées, avec l'introduction de l'accise spécifique et la taxe spécifique sur les petites entreprises (*kata*, *kiva*) en 2013, réduisant et simplifiant encore la charge fiscale sur les revenus du capital du secteur hongrois des PME.

Les changements de politique fiscale après 2010 se sont donc concentrés sur deux domaines clés. D'une part, dans l'intérêt d'un rééquilibrage fiscal et d'une fiscalité publique plus proportionnée, sur l'imposition plus conforme à la capacité fiscale des entreprises et des banques à plus forte intensité de capital, principalement d'origine internationale, et d'autre part, la réduction de la charge de l'impôt sur le revenu (cotisations de sécurité sociale, contributions sociales) sur les résidents nationaux, augmentant ainsi la demande solvable

[20] Dans le même temps, la simplification de l'administration fiscale et le développement de l'administration électronique contribuent également à endiguer l'économie souterraine. Voir Rita Anna Ambrus – Zsuzsanna Széles, « Az elektronikus adóügyintézés fejlesztése és gyakorlata » (Développement et pratique de l'administration fiscale électronique), *Pénzügyi Szemle*, 2017, nr. 4, pp. 462-475.

intérieure. Grâce à l'« absorption par le marché »[21] d'une demande intérieure croissante, les taxes sur le chiffre d'affaires, qui sont plus faciles à percevoir et à payer, constituent un moyen « lisse » et plus facile d'assurer les recettes publiques que les impôts sur le revenu. Les premiers changements de politique fiscale à effet rapide, les taxes sectorielles introduites après 2010, ont joué un rôle crucial dans l'équilibre du budget. Elles ont amélioré la situation budgétaire, ce qui a encouragé les investisseurs, car la stabilité de l'État et la qualité de l'infrastructure humaine entourant le fonds de roulement (santé, éducation, réseaux routiers, etc.) se sont améliorées. L'État a mis en œuvre une redistribution des revenus grâce à laquelle la « qualité » de l'économie nationale a été améliorée par les ressources de la communauté internationale des affaires, et les bénéfices de cette amélioration ont été partagés par cette communauté. Leurs liens plus forts avec le budget hongrois, puis avec l'économie nationale, ont essentiellement conduit à une intensification de leur processus de naturalisation et de leur attachement au pays. Outre la stabilité des finances publiques, les capitaux opérant à l'échelle internationale peuvent également bénéficier d'une situation plus favorable sur le plan des compétences et de l'état de santé de la main-d'œuvre nécessaire à ses processus de production et sur celui du contexte de production du pays. En d'autres termes, l'« investissement fiscal » de la communauté internationale des affaires crée son intérêt et ses bénéfices pour la poursuite de ses activités.[22]

6.2.2 Budget, dette publique et avoir national

La crise économique qui a éclaté en 2008 a atteint la Hongrie dans un état vulnérable. L'économie hongroise était particulièrement exposée au gel et à la volatilité accrue des marchés financiers internationaux en raison du niveau élevé de la dette publique et de sa dénomination en devises étrangères en comparaison internationale, ainsi que du poids des prêts en devises étrangères des collectivités locales, des entreprises et des ménages.

Le déficit public de la Hongrie était particulièrement défavorable dans les années qui ont précédé la crise financière, ce qui a conduit à une augmentation significative de la dette publique. Le solde budgétaire a montré un déficit de 6 à 8 % du produit intérieur brut (PIB) chaque année entre 2002 et 2006, mais le

21 La croissance de la consommation intérieure est un moteur essentiel de la croissance du PIB et des recettes fiscales après 2010.

22 Cf. Chapitre 5 : la faible imposition des sociétés et des banques internationales, qui représentent une part importante du PIB, a entraîné une instabilité et des déficits budgétaires, ce qui, en fin de compte, décourage les investissements sérieux et durables dans le pays, car les problèmes budgétaires persistants signifient moins d'argent pour la formation de la main-d'œuvre, les soins de santé, le développement des infrastructures, et le statut macroéconomique instable des entreprises n'offre pas un environnement opérationnel sûr. Un effet positif peut être déclenché par une implication plus forte des sociétés internationales à forte capitalisation dans le processus fiscal (par le biais de leur naturalisation). Pour plus de détails, voir Csaba Lentner, *op. cit.* (2016), pp. 262-272. Avec la pratique fiscale de l'après-2010, ma théorie de la naturalisation développée au milieu des années 1990 a été confirmée dans la pratique.

déficit a largement dépassé 4 % en 2007. Cela signifie que l'État hongrois dépensait chaque année 6 à 8 % de plus que ce qu'il gagnait. Ce déficit a dû être financé par des émissions d'obligations d'État et des emprunts, ce qui signifie que le niveau élevé du déficit a entraîné une augmentation substantielle de la dette publique.

La Hongrie a été soumise à la procédure de déficit excessif de l'UE entre 2004 et 2013. L'ajustement des finances publiques a commencé en 2011, lorsque le solde calculé selon la méthodologie de l'UE de l'époque (SEC95) a bondi à 4 % du PIB (principalement en raison de recettes budgétaires ponctuelles provenant de la réforme du système de fonds de pension, qui n'ont pas pu être prises en compte dans le déficit calculé par d'autres moyens). La baisse du déficit est due à une amélioration du solde primaire (hors soldes d'intérêts) et à une réduction des dépenses nettes d'intérêts après 2013.

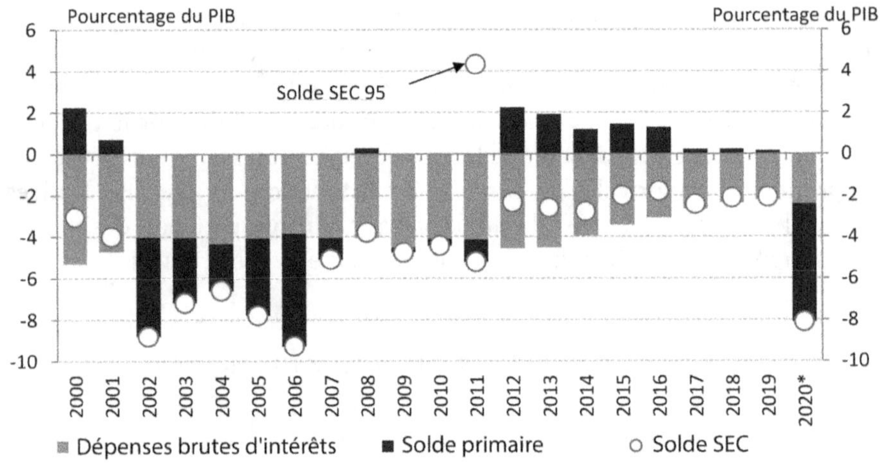

Figure 5 : Évolution du solde budgétaire 2000-2020
Source : Banque Nationale de Hongrie

L'évolution de la dette publique est l'un des indicateurs du caractère non viable de la trajectoire budgétaire. La dette publique hongroise était de 55 % du PIB en 2002, elle est passée à plus de 65 % en 2007 et a atteint 80 % en 2010. Un autre défi majeur pour les finances publiques hongroises a été que non seulement la valeur absolue de la dette publique a augmenté de manière significative au cours de la période précédant la crise, mais la structure de la dette a également évolué dans un sens défavorable :

- alors qu'en 2004, un peu plus d'un cinquième de la dette publique était libellée en devises étrangères, cette part est passée de 40 % en 2008 à plus de 50 % en 2010 ;
- la dette extérieure brute en pourcentage du PIB est passée de 30 à 50 % entre 2007 et fin 2010, les investisseurs étrangers dominant le marché des obligations d'État en forint.

En Hongrie, la dette publique a commencé à diminuer en 2011, passant de plus de 80 % à près de 75 % du PIB en 2016, ce qui constitue une amélioration significative compte tenu de l'« inertie » de la dette. Dans le même temps, le ratio de la dette en devises étrangères par rapport à la dette publique totale est passé de plus de 50 % à 25 %, ce qui signifie que la dette en devises étrangères a été réduite de moitié en 5 ans. Cela a permis de réduire considérablement l'exposition aux devises étrangères et la vulnérabilité extérieure de l'économie hongroise dans son ensemble.[23] La crise du coronavirus au printemps 2020 a brisé la tendance à la baisse de la dette publique, faisant repasser le ratio dette/ PIB au-dessus de 80 %. Toutefois, cette augmentation était la conséquence d'une réponse extraordinaire et unique de la politique économique à une situation exceptionnelle et temporaire en matière de santé publique et d'économie. Par conséquent, la manière dont cela affectera le cadre du modèle de gouvernance économique de l'État actif ne pourra être jugée qu'à la lumière de la trajectoire de la dette publique dans les années qui suivront la période exceptionnelle (nous y reviendrons dans l'épilogue).

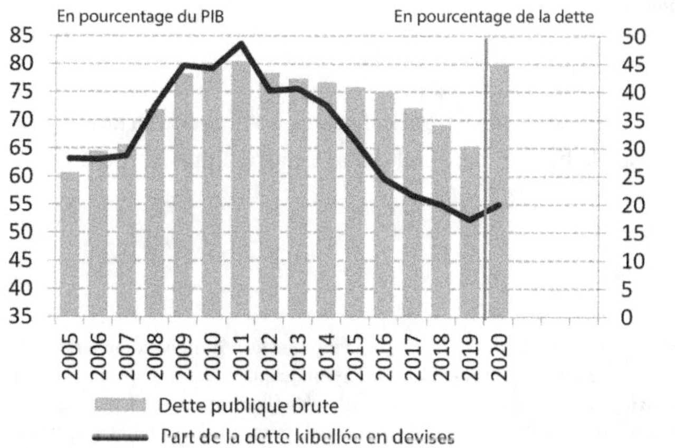

Figure 6 : Évolution de la dette publique
Source : Banque Nationale de Hongrie, 2020

[23] En effet, selon les données de février 2019 du flash report de l'Office central des statistiques, le ratio dette extérieure nette/PIB est inférieur à 10 %, contre 55 % en 2010. Cette réduction de la vulnérabilité extérieure est également un facteur clé de l'évolution de plus en plus favorable de la dette par les agences internationales de notation. Voir, par exemple, la décision de S&P, le 15 février 2019, de relever la dette souveraine hongroise de deux crans au-dessus de la catégorie « rossignole » pour la classer dans la catégorie investissement avec une perspective stable.

Outre la réforme fiscale et le revirement de la politique monétaire, la réduction de la dette publique a été facilitée notamment par la consolidation des collectivités locales,[24] la réforme du système de sécurité sociale[25] et, indirectement, par le renouvellement du contrôle des finances publiques[26] grâce au renforcement de la discipline budgétaire.

Réforme fiscale	Réduction des dépenses	Gestion de la dette	D'autres mesures
Réduction des impôts sur le travail Introduction de l'impôt sur le revenu des personnes physiques à taux unique avantages familiaux Plan d'action pour la protection de l'emploi Augmentation des taxes sur la consommation et le chiffre d'affaires Imposition des surprofits	Plan « Kálmán Szél » Révision des pensions d'invalidité Réglementatuion plus sévère des retraites anticipées Raccourcissement de la durée des allocations chômage	Réduction durable de la dette publique Réduction de la part en devises étrangères Raffermissement du cercle des investisseurs nationaux Augmentation des termes moyens de remboursement	200 000 travailleurs d'intérêt public Liquidation des prêts en devises (« forintisation ») Réforme des caisses privées de retraite

Figure 7 : Les réformes structurales fiscales les plus importantes ayant incidence sur le budget national dans le cadre du revirement fiscal

[24] Sur la consolidation et le nouveau système opérationnel de l'administration territoriale, voir la 5e partie intitulé « Az önkormányzati és lokális kormányzati gazdálkodás » (Gestion municipale et locale), in *Adózási pénzügytan és államháztartási gazdálkodás* (Économie financière de la fiscalité et gestion des finances publiques), dir. Csaba Lentner, NKTK, 2015, pp. 611-731. Les auteurs des chapitres sont : Emese Gasparics – Erika Horváth – Csaba Lentner (pp. 611-636) ; Csaba Lentner (637-656) ; Ábel Berczik – Viktória Hopka – Ádám Kecskés – Gergely Peresztegi (pp. 657-676) ; Ábel Berczik – Tibor Hetei – Gyula Vig (pp. 677-702) ; Etelka Gergóczki (pp. 703-730).

[25] Sur la consolidation de la sécurité sociale et surtout du système des pensions de retraite, voir Péter Novoszáth, *A társadalombiztosítás pénzügyei* (Les finances de la sécurité sociale), Nemzeti Közszolgálati és Tankönyvkiadó, 2014. La « marchandisation » des prestations de retraite au sein du système de sécurité sociale a commencé avant le début du millénaire. Il y avait une obligation légale pour les jeunes, et des incitations fiscales pour les personnes les plus démunies à s'affilier à des fonds de pension privés. Il en est résulté un important excédent de liquidités pour les fonds de pension privés et un déficit croissant pour l'assurance retraite publique, qui a nécessité un financement supplémentaire du budget central, aggravant ainsi la position budgétaire. Alors que, de l'« autre côté », le meilleur scénario était l'achat d'obligations d'État, qui a permis de financer le déficit du secteur public contre intérêts, du côté public, les futures dispositions en matière de pension pour les quelque 3 millions de retraités actuels et de personnes à faible revenu prenant leur retraite plus tard sont devenues de plus en plus précaires. Le système montrait des signes d'insoutenabilité, c'est pourquoi les ressources des fonds de pension privés ont été « transférées » aux fonds publics.

[26] László Domokos, « Az Állami Számvevőszék jogosítványainak kiteljesedése az új közpénzügyi szabályozás tükrében » (Extension des pouvoirs de la Cour nationale des comptes de Hongrie à la lumière de la nouvelle réglementation sur les finances publiques), *Pénzügyi Szemle*, nr. 3, pp. 299–319.

Ce qui rend la réduction de la dette publique particulièrement précieuse, outre la durabilité du processus,[27] c'est que, tandis que le ratio d'endettement a diminué, les actifs appartenant à l'État, conformément au modèle de l'État actif et aux considérations stratégiques nationales, ont été augmentés au moyen de rachats effectués par l'État.

La valeur totale des décisions gouvernementales qui ont conduit à l'augmentation de la richesse nationale a dépassé 1 500 milliards de forints. Les décisionsles plus importantes (sur la base des annonces officielles) sont les suivantes :

Société	Secteur	Valeur (en milliard de forints)	Année
Banque de commerce FHB	secteur bancaire	30	2014
MOL	énergétique	env. 500	2011
Compagnie du gaz E.On	énergétique	281	2013
MMBF	énergétique	env. 100	2013
FŐGÁZ	énergétique	env. 80	2014
Antenna Hungária	télécommunications	55,9	2014
MKB	secteur bancaire	17,1	2014
AVE Magyarország	traitement des déchets	14	2014
Budapest Bank	secteur bancaire	195	2015
ERSTE Bank Hungary	secteur bancaire	38,9	2016
DÉMÁSZ	énergétique	env. 100	2017

Figure 8 : les éléments majeurs
du développement de la richesse nationale, 2011-2017
Tableau établi par nous, 2018

6.2.3 Relations financières entre la Hongrie et l'Union européenne

Après 2010, les relations de l'UE avec la Hongrie ont également changé. Les raisons en étaient d'ordre économique, de politique économique et, surtout, des différences idéologiques et de valeurs.

La Hongrie, en tant qu'État membre moins développé de l'UE, bénéficie d'un soutien important de l'Union. Au cours du cycle 2007-2013, l'aide totale du Fonds de cohésion s'est élevée à 24,9 milliards d'euros, auxquels se sont ajoutés 3,8 milliards d'euros du Fonds européen agricole pour le développement rural (FEADER). Si nous ne considérons que la position

[27] Gergely Baksay – Dániel Palotai – Ákos Szalai, « Fenntartható Magyarország csökkenő államadósság-pályája » (Le processus de réduction de la dette publique hongroise peut être maintenu), article publié par la Banque Nationale de Hongrie, février 2016, https://www.mnb.hu/letoltes/baksay-gergely-palotai-daniel-szalai-akosfenntarthato-magyarorszag-csokkeno-allama.pdf, téléchargé le 7 décembre: 2018.

de paiement vis-à-vis du budget de l'UE, nous sommes dans une meilleure position que lors de la décennie précédente, grâce au succès du gouvernement dans les négociations sur le budget de l'UE.

Cependant, les points de vue sur la gestion de la crise et le rôle de l'État ont divergé considérablement. La plus grande lacune est que, pour des raisons presque incompréhensibles, le changement de paradigme au sein des organes directeurs de l'UE après la crise de 2008[28] n'a pas été le même que celui qui s'est généralement produit après les crises majeures précédentes.[29] Les mesures restrictives de l'UE introduites à la suite du conflit russo-ukrainien ne sont pas non plus bénéfiques pour l'UE et l'économie de la Hongrie.

	2010	**2011**	**2012**	**2013**	**2014**	**2015**	**2016**	**2017**
Total du soutien de l'UE	3650,0	5330,9	4177,1	5909,8	6620,2	5629,1	4546,1	4049,1
Paiements de L'État hongrois	955,0	937,4	928,4	1 011,1	995,8	1073,6	1111,7	969,8
Solde	2695,0	4393,5	3248,8	4898,7	5624,4	4555,5	3434,4	3079,4
Le Solde en pourcentage du RNB	+2,95%	+4,62%	+3,47%	+5,08%	+5,64%	+4,38%	+3,30%	+2,66%

Figure 9 : évolution de la position de financement de la Hongrie à la lumière du budget de l'UE après 2010, en millions d'euros
Source : Relevé de la Commission européenne

Ceci est lié à la série de conflits qui ont surgi à propos du rôle actif de l'État et de la philosophie pro-économique de la banque centrale, critiqués notamment par la Commission européenne. En fait, c'est précisément ce type de pratique qui aurait pu être à l'origine de l'ancien-nouveau paradigme théorique,[30] mais il n'y a aucun signe d'une ouverture sérieuse dans la communication officielle[31]

[28] Ferenc Somogyi, *Tigrislovaglás – avagy a globalitás áfiuma ellen való orvosság* (Chevaucher le tigre – ou un remède à l'aphrodisiaque du mondialisme), Kairosz Kiadó, 2015.

[29] D'autres auteurs font également état de l'affaiblissement de l'économie de l'UE et de la nécessité de renouveler le modèle de croissance européen. Péter Halmai, « Az európai növekedési modell kifulladása » (Essoufflement du modèle de croissance européen), *Közgazdasági Szemle*, 2018, année 65, nr. 2, pp. 122–160 ; Péter Halmai, *Krízis és növekedés az Európai Unióban: Európai modell, strukturális reformok* (Crise et croissance dans l'Union européenne : modèle européen, réformes structurelles), Akadémiai Kiadó, 2014 ; László Csaba, « On the Crisis of the EMU: Failed Construction, Failed Implementation or Failed Crisis-Management? », in Bruno Dallago – Gert Guri – John McGowan, dirs., *Global Perspective on the European Economic Crisis*, Londres, Routledge, 2016, pp. 68–78. Les problèmes persistants de l'économie de l'UE, y compris l'union monétaire, pourraient avoir un impact négatif sur le niveau des entrées d'IDE de la région et des allocations du budget commun, ainsi que sur nos possibilités d'exportation.

[30] Csaba Lentner, *op. cit.* (2016), pp. 301-322.

[31] Tibor Pintér, « A nyugat-balkáni országok identitása és az Európai Unióhoz való csatlakozásuk » (L'identité des pays des Balkans de l'Ouest et leur accession à l'Union européenne), *Tér- Gazdaság-Ember*, 2013, nr. 1, pp. 105–117.

des institutions de l'Union européenne.[32] Dans la seconde moitié de la période, la relation entre les parties concernées est caractérisée par un conflit fondamental de valeurs, d'identité et d'idéologie,[33] qui affecte les couches profondes du tissu socio-économique, et qui est particulièrement évident dans la perception de la crise migratoire et de la voie de développement de l'intégration.

Une analyse des flux d'investissements directs étrangers (IDE) peut également fournir un aperçu important de l'attitude hongroise dans l'UE. Depuis le début des années 1990, après le début des négociations d'adhésion, la part de l'UE dans les entrées de capitaux (également) est devenue importante, représentant 60 à 80 % du total des flux d'IDE après l'adhésion proprement dite (2004), l'Allemagne et les Pays-Bas, ainsi que l'Autriche, jouant un rôle dominant.

Les données sur les stocks d'IDE montrent donc que l'Europe et les États-Unis ont joué un rôle important en Hongrie jusqu'à présent, mais que l'Asie n'est pas encore dominante dans cette comparaison ; à proprement parler, il n'y a pas eu de changement significatif dans les ratios de répartition après 2010.[34] On peut également affirmer que l'adhésion à l'UE n'a pas eu un grand impact sur les flux d'IDE, car les entrées de capitaux d'Europe occidentale sont restées stables et rapides après l'adhésion. La propension à investir des capitaux peut être attribuée au succès de l'intégration européenne de la Hongrie, au rendement favorable du capital et à la situation géopolitique. Toutefois, l'impact encore moins visible des politiques économiques extérieures de l'après-2010, à savoir l'ouverture à l'Est[35] et l'ouverture au Sud, en termes de ratios d'importation de capitaux, reflète la forte intégration de l'économie

[32] Róbert Dobó – Tibor Pintér, « Az EU intézményrendszerének megítélése: befolyásolás a kommunikációs csatornák népszerűsége és hitelessége által » (Perception des institutions européennes : influences dues à la popularité et à la crédibilité des canaux de communication), *Polgári Szemle*, 2018, année 14, nrs. 4 6.

[33] Balázs Orbán, « A sajátos magyar út megtalálásáról » (Sur la découverte de la voie proprement hongroise), . http://mandiner.hu/cikk/20180605_orban_balazs_a_sajatos_magyar_ut_megtalalasarol, téléchargé le 24 octobre 2018.

[34] Les projets de développement, principalement en provenance de Chine, sont encore au stade de la négociation. Parmi les exemples, citons la ligne de chemin de fer Belgrade-Budapest, la construction du campus de l'université Fudan à Budapest et d'autres développements d'infrastructures en Hongrie en tant que prolongement européen de la nouvelle politique économique de la Chine (une route – une ceinture). Leur impact s'accentuera dans les années à venir. Le même « effet de décalage » est susceptible de se produire pour les investissements russes, tels que l'expansion de la centrale nucléaire de Paks. De manière plus générale, la part modeste des nouveaux partenaires de l'alliance dans le stock d'IDE hongrois est une référence à l'augmentation des investissements des États membres de l'UE, étant donné l'environnement économique favorable en Hongrie. En d'autres termes, bien que la valeur des investissements en provenance des pays de l'Est augmente, l'afflux en provenance de la zone de l'UE est encore plus important, de sorte que le stock d'IDE des partenaires de l'Est reste modeste au cours de ces premières années.

[35] La Hongrie joue également un rôle clé dans les investissements asiatiques en raison de sa situation géographique et économique : János Müller – Levente Kovács, « New Chapter in the Financial Cooperation of Asia and Europe – Hungary's Central Role in Building These Relations », *Financial and Economic Review*, 2018, année 17, Chinese Issue, pp. 97-102.

hongroise dans l'UE et l'intensité élevée des investissements en provenance de la zone UE, ainsi que « l'inébranlabilité » des investisseurs occidentaux. En d'autres termes, les changements dans la gestion fiscale et monétaire hongroise après 2010 et 2013 n'ont pas découragé les investissements occidentaux en Hongrie, mais les ont augmentés.

6.3 CHANGEMENTS DANS LA POLITIQUE DE LA BANQUE CENTRALE : LE TOURNANT DE LA POLITIQUE MONÉTAIRE

Les instruments utilisés par les banques centrales sont toujours adaptés aux objectifs de politique économique du pays concerné, ainsi qu'à ses conditions économiques, institutionnelles et de marché, à ses règles de politique monétaire, à ses traditions et à son mandat légal.[36]

Avant la crise financière et économique de 2008, la gamme d'instruments à la disposition des banques centrales était largement similaire, mais la crise a entraîné une divergence substantielle dans ce domaine. Le revirement de la politique monétaire de la Banque Nationale de Hongrie en 2013 et les pratiques innovantes qui ont suivi ont permis une efficacité remarquable au niveau international.

6.3.1 Nouvelles tendances dans la politique des banques centrales principales après la crise financière globale de 2008

Le cadre de la politique monétaire a considérablement changé à la suite de la crise. Selon Blanchard (2012),[37] le nouveau cadre de politique monétaire a vu la séparation entre les pouvoirs monétaires et prudentiels se dissoudre, la stabilité financière devenir un objectif de la banque centrale aux côtés de la stabilité des prix, et la boîte à outils de la banque centrale a été élargie pour inclure des éléments non conventionnels, ce qui a entraîné un renforcement du rôle des banques centrales dans la gestion de la crise.

Pour gérer la crise, la plupart des banques centrales avancées ont rapidement atteint les taux d'intérêt nuls et, dans de nombreux cas, les ont poussés en

[36] Mihály Hoffmann – Pál Péter Kolozsi, « A monetáris politikai eszköztár kialakításának szempontjai » (Aspects de la mise en œuvre des instruments de la politique monétaire), in Balázs Vonnák (dir.), *Modern Jegybanki gyakorlat* (Pratique moderne de banque centrale), Banque Nationale de Hongrie, 2017, pp. 151-188.

[37] Olivier Blanchard, « Monetary Policy In The Wake of The Crisis », in Blanchard et al. (dirs.). *In the Wake of the Crisis. Leading Economists Reassess Economic Policy*, The MIT Press, International Monetary Fund, 2012. Pour un bref résumé du livre, voir http://www.tcmb.gov.tr/wps/wcm/connect/ ba9970f5-b1a8-4c87-a8ad-3bfca6575500/ may13-6.pdf?MOD=AJPERES&CACHEID=ROOTWORK SPACE-ba9970f5-b1a8-4c87-a8ad-3bfca6575500-m3fB6Xl, téléchargé le 22 décembre 2018.

territoire négatif. Mais la baisse des taux d'intérêt s'est avérée insuffisante et les banques centrales avancées se sont tournées vers l'assouplissement quantitatif. Dans ce contexte, les banques centrales des États-Unis, de la zone euro, du Japon, du Royaume-Uni et de la Suède ont également mis en œuvre des programmes d'achat de titres, en particulier des programmes d'achat d'obligations d'État.[38] Certaines banques centrales avancées ont également commencé à utiliser diverses formes d'intervention sur le marché des changes (Suisse, République tchèque et Danemark).

Parmi les principales banques centrales, la politique monétaire de la Fed américaine a été la plus pragmatique. Afin d'assurer un financement adéquat des marchés de capitaux, la Fed a élargi ses facilités d'approvisionnement en liquidités en 2007-2008 et a également accordé des prêts individuels aux institutions financières. Fin 2008, le taux directeur avait pratiquement atteint la limite du zéro, après quoi la Fed a décidé de nouvelles mesures d'assouplissement (utilisation flexible des instruments de crédit, programmes d'achat d'actifs). La Banque d'Espagne a également réagi à la crise par des baisses rapides des taux d'intérêt, en lançant son premier programme d'achat d'obligations en mai 2009, mais la BCE n'a pas été aussi décisive que la Fed dans son utilisation d'instruments non conventionnels, et notamment de programmes d'assouplissement quantitatif. À la mi-2014, la BCE a décidé d'un ensemble de mesures visant à porter le bilan de la banque centrale à 3000 milliards d'euros. Début 2015, le programme a été étendu aux achats

[38] En citant plus en détail les méthodes non conventionnelles des banques centrales sur la scène internationale, je renvoie à la nature conforme aux tendances internationales des actions de la banque centrale hongroise après 2013. Voir par ex. Nordine Abidi – Ixart Miquel-Flores, « Who Benefits from the Corporate QE? A Regression Discontinuity Design Approach », ECB Working Paper Series, 2018, nr. 2145/Avril, https://www.ecb.europa.eu/pub/pdf/scpwps/ecb.wp2145.en.pdf, téléchargé le 22 décembre 2018 ; Corrado Macchiarelli – Mara Monti, « The Corporate Sector Purchase Programme (CSPP): Effectiveness and Challenges Ahead », 2017, http://www.europarl.europa.eu/RegData/etudes/IDAN/2017/607343/IPOL_IDA(2017)607343_EN.pdf, téléchargé le 22 décembre 2018 ; William Arrata – Benoît Nguyen, « Price Impact of Bond Supply Shocks: Evidence from the Eurosystem's Asset Purchase Program », Banque de France Working Paper 623, Mars 2017, https://www.banque-france.fr/sites/default/files/medias/documents/document-de-travail-623_2017-03.pdf, téléchargé le 22 décembre 2018 ; Yoshito Funashima, « Do the Bank of Japan's Unconventional Monetary Policies Decrease Real Interest Rates under a Zero Lower Bound? », *Open Journal of Social Sciences,* 2018, année 6, pp. 122–130, https://file.scirp.org/pdf/JSS_2018072415160380.pdf, téléchargé le 23 décembre 2018 ; Nathan Foley-Fisher – Rodney Ramcharan – Edison Yu, « The Impact of Unconventional Monetary Policy on Firm Financing Constraints: Evidence from the Maturity Extension Program », *Journal of Financial Economics,* 2016, année 122, nr. 2, pp. 409–429 ; A. S. Michael Joyce – Ana Lasaosa – Ibrahim Stevens – Matthew Tong, « The Financial Market Impact of Quantitative Easing in the United Kingdom », *International Journal of Central Banking,* 2011, année 7, nr. 3, pp. 113–161, https://ideas.repec.org/a/ijc/ijcjou/y2011q3a5.html, téléchargé le 23 décembre 2018 ; Marco Lo Duca – Giulio Nicoletti, – Arriande Vidal Martinez (2014): « Global Corporate Bond Issuance: What Role for US Quantitative Easing? », ECB Working Paper, nr. 1649, mars 2014, https://www.ecb.europa.eu/pub/pdf/scpwps/ecbwp1649.pdf, téléchargé le 22 décembre 2018 ; M. James Steeley, « The Side Effects of Quantitative Easing: Evidence from the UK Bond Market », *Journal of International Money and Finance,* 2015, année 51, nr. 4, pp. 303–336, https://research.aston.ac.uk/ portal/en/researchoutput/the-side-effects-of-quantitative-easing(2a9975a9-bca3-4144-86e7-6f2060b3a4a6). html, téléchargé le 22 décembre 2018.

d'obligations d'État et, à partir du second semestre 2016, aux obligations d'entreprises.[39]

Une voie différente a été suivie par les économies émergentes, qui ont été beaucoup moins caractérisées par des taux d'intérêt proches de zéro. Dans ce groupe de pays, les pays d'Europe centrale et orientale ont pu atteindre des taux d'intérêt relativement bas, tandis que les banques centrales émergentes d'Asie et d'Amérique du Sud ont pu maintenir des taux d'intérêt inférieurs à zéro. Des primes de risque plus élevées dues à des vulnérabilités externes plus importantes dans ces économies, ainsi que des taux d'inflation plus élevés et une croissance plus dynamique par rapport aux économies avancées, sont les principaux moteurs de cette divergence.

6.3.2 Le revirement de politique monétaire de la Banque Nationale de Hongrie

En Hongrie, la Banque nationale peut mener une politique monétaire autonome et indépendante, ce qui crée la possibilité d'une coordination constructive entre la politique budgétaire et celle de la banque centrale.[40] Le fonctionnement et les programmes de la banque centrale sont, bien entendu, déterminés par la loi sur la banque centrale, qui stipule ce qui suit :

> *3. § (1) L'objectif principal de la Banque Nationale de Hongrie est d'atteindre et de maintenir la stabilité des prix.*
>
> *Sans compromettre son objectif principal, la Banque Nationale de Hongrie soutient le maintien de la stabilité du système des intermédiaires financiers, en renforçant sa résilience, en assurant sa contribution durable à la croissance économique et en soutenant les politiques économiques du gouvernement avec les instruments dont elle dispose.*

Compte tenu du mandat légal et de l'attribution des tâches ci-dessus, la Banque Nationale de Hongrie a pris les mesures et lancé les programmes suivants depuis 2013 :

a) *Cycles de réduction des taux d'intérêt* : le taux de base est passé de 7 % à 0,9 % entre 2012 et 2016, ce qui a réduit les rendements du marché monétaire. La baisse des rendements a considérablement réduit les dépenses d'intérêt du gouvernement, les économies réalisées s'élevant à 4,5 % du PIB (1600 milliards de forints) entre 2013 et 2018.

39 Rients Galema – Stefano Lugo, « When Central Banks Buy Corporate Bonds: Target Selection and Impact of the European Corporate Sector Purchase Program », U.S.E. Discussion Paper Series, 2017, nrs. 17–16, p. 32, https://www.researchgate.net/publication/321975175_When_Central_Banks_Buy_Corporate_Bonds_Target_ Selection_and_Impact_of_the_European_Corporate_Sector_Purchase_Program, téléchargé le 25 décembre 2018.

40 György Matolcsy – Dániel Palotai, « A magyar modell. A válságkezelés magyar receptje a mediterrán út tükrében » (Le modèle hongrois. La recette hongroise pour la gestion de la crise à la lumière de la voie méditerranéenne), *Hitelintézeti Szemle*, année 17, nr. 2, juin 2018, pp. 5-42.

b) *Stimulation du crédit*[41] : le Programme de prêts de croissance de la Banque Nationale de Hongrie annoncé au printemps 2013 proposait aux banques des prêts de refinancement à 0 %, qui pouvaient être étendus au secteur des PME avec une prime maximale de 2,5 %. En 2016, le PSN a été remplacé par le Programme de soutien à la croissance, qui visait à transférer au marché l'octroi de prêts aux entreprises.
c) *Programme d'autofinancement* : introduit par la banque centrale à la mi-2014 pour réduire les vulnérabilités extérieures. Dans le cadre de ce programme, la Banque Nationale de Hongrie encourageait les banques commerciales à détenir leurs liquidités dans d'autres instruments liquides, notamment des titres, plutôt que dans les dépôts de la banque centrale. L'alignement des banques aux actions de la banque centrale s'est traduit par une augmentation des achats de titres publics par les banques, ce qui a contribué de manière significative à l'amélioration de la structure de financement de la dette publique (augmentation des avoirs bancaires en titres publics, réduction de la dette extérieure et en devises).
d) *La suppression progressive des prêts en devises aux ménages* : la Banque Nationale de Hongrie a joué un rôle proactif dans les négociations entre le gouvernement et l'Association bancaire, et a ensuite contribué de manière substantielle au succès de la forintisation des prêts en devises aux ménages en fournissant au secteur bancaire les liquidités en devises nécessaires (9 milliards d'euros). Fin 2015, il ne restait pratiquement plus de prêts en devises dans les bilans des ménages hongrois, et ce risque a finalement été éliminé de l'économie hongroise.

La politique monétaire de la Banque Nationale de Hongrie depuis 2013 est très étroitement corrélée aux performances des principales banques centrales internationales depuis 2007-2008.[42] Dans les sous-sections suivantes, les quatre mesures et programmes sont présentés deux par deux. J'illustre les baisses de taux d'intérêt et, en particulier, les programmes de prêts par leur impact sur la consolidation de l'environnement de crédit et la reprise du crédit (voir plus bas dans ce texte pour un cadre logique), et l'autofinancement et la forintisation par la réduction des vulnérabilités externes (voir sous-section 6.3.4 et page 220 pour un cadre logique).

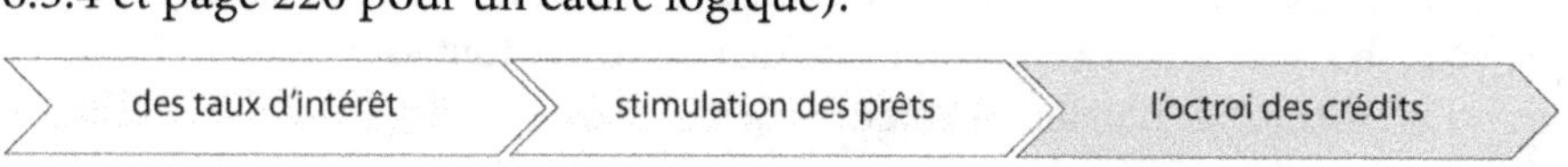

41 Pour une comparaison international des programmes de la Banque Nationale de Hongrie, voir Pál Péter Kolozsi – György Pulai, « Jegybanki hitelösztönző programok rendszerezése – célzottság és intenzitás » (Systématisation des programmes de stimulation des prêts de la banque centrale – ciblage et intensité), *Pénzügyi Szemle*, 2017, nr. 4, pp. 498-519.

42 Csaba Lentner, « A jegybanki szabályozás tanulságai a 2008-2015-ös időszakról. Nemzetközi összehasonlító elemzés » (Les leçons de la réglementation de la banque centrale 2008-2015. Analyse comparative internationale), *Gazdaság és jog*, 2018, année XXVI, nr. 3, pp. 6-11. Voir aussi les références données dans la note 37.

6.3.3 Le tournant de la politique monétaire et le rétablissement du crédit

Entre 2009 et 2013, le crédit aux entreprises en Hongrie s'est resserré de 4 à 5 % en glissement annuel. Les risques de durabilité des processus internes ont été illustrés par le fait que tandis que d'autres pays ayant connu de graves crises financières ont pour la plupart mis fin au resserrement du crédit au cours de la cinquième année suivant la crise, en Hongrie le crédit interne a encore diminué en 2013. Un resserrement durable du crédit peut avoir un certain nombre de conséquences négatives :

- elle fausse les décisions de production, d'investissement et de financement des entreprises, obligeant les unités n'ayant pas accès au crédit à reporter leur développement et leurs investissements ;
- elle compromet le potentiel de croissance à long terme de l'économie ;
- le problème est que le resserrement du crédit intérieur accroît la dualité et la fragmentation de l'économie, puisque les grandes entreprises étrangères productrices d'exportations n'ont pas connu de problèmes de financement, tandis que le secteur des petites et moyennes entreprises (PME) nationales, qui sont plus dépendantes du financement bancaire intérieur et produisent principalement pour les marchés intérieurs, sont exposées au resserrement du crédit.

Après le début de la crise financière mondiale, l'encours du crédit aux entreprises en Hongrie a diminué à un rythme remarquable, même selon les normes internationales.

- Après près de 5 ans de baisses d'environ 5 % par an, le stock s'était réduit à 75 % des niveaux d'avant la crise au début de 2013, ce qui a entraîné une perturbation persistante du marché des prêts aux PME au début de 2013, en grande partie due à des contraintes d'offre de crédit.
- L'économie a été confrontée à un effondrement du crédit (*credit crunch*), qui a aggravé le ralentissement économique et entravé la sortie de crise.

Le pays une fois atteint par la crise, la résolution de cette anomalie de prêt est devenue une priorité de la politique économique hongroise. Avant tout, une réduction générale des taux d'intérêt visait à stopper le resserrement du crédit.

La Banque Nationale de Hongrie, comme ses homologues dans les autres pays de la région, a entamé son cycle de baisse des taux d'intérêt en 2012, ce qui était justifié par plusieurs facteurs. La première phase du cycle de réduction des taux a été suivie d'une deuxième en mars 2015, et en mars-mars 2016, le Conseil monétaire a lancé la troisième phase du cycle de réduction des taux compte tenu de la persistance d'un environnement de coûts bas. Dans l'ensemble, le taux directeur a baissé de 610 points de base, passant de 7 % à un plancher historique de 0,9 % au cours du cycle de réduction des taux.

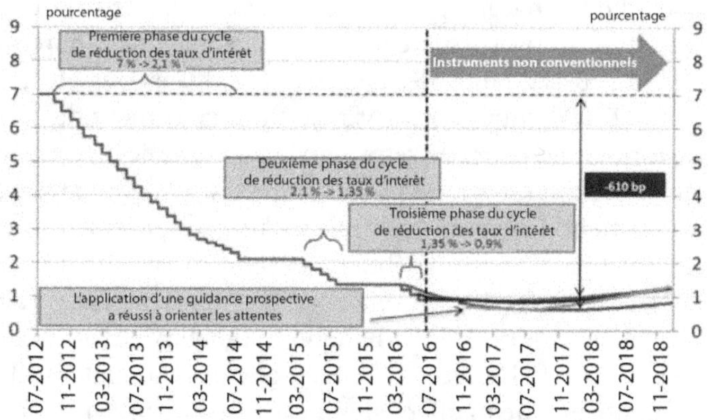

Figure 9 : les phases de réduction des taux d'intérêt
de la Banque Nationale de Hongrie, janvier 2012-juin 2021
Source : Banque Nationale de Hongrie, 2021

Outre la réduction des taux d'intérêt et la correction de la transmission monétaire inadéquate, la Banque Nationale de Hongrie a lancé en 2013 un programme ciblé visant à inverser le déclin des prêts aux PME, conformément aux tendances internationales. Ce programme était le Programme de prêts à la croissance (PPC).

D'une part, le PSN a soutenu la stabilité des prix, car l'inflation était faible en 2013, c'est-à-dire que la réduction des taux d'intérêt par le biais du PSN était conforme à l'objectif de la banque centrale. En outre, le programme était également lié au maintien de la stabilité financière et, d'autre part, au soutien de la croissance et de la politique économique du gouvernement.

Crédit de refinancement de 0 % aux banques	Transmission à 2,5 % au maximum des crédits à des PME	Charge d'intérêt faible et calculable
La Banque Nationale de Hongrie offre aux banques des crédits de refinancement à long terme en forints à intérêt fixe de 0 %	Les établissements financiers s'engagent à étendre leurs prêts aux PME avec une marge d'intérêt de 2,5 % au maximum	Le taux de 2,5 pour cent des prêts offerts aux PME demeure le même pendent toute la maturité résiduelle

Figure 10 : les éléments principaux du PPC
Tableau établi par nous

Au cours de la première phase du PSN, les banques ont signé des contrats de prêt d'une valeur totale de 701 milliards de forints avec environ 7000 entreprises. Les prêts d'investissement ont représenté une grande partie des nouveaux prêts, mais les rachats de prêts ont également joué un rôle important ; il s'agit notamment de 229 milliards de forints de rachats de prêts en devises, ce qui représentait plus de 10 % des 1800 milliards de forints de prêts en devises en cours à l'époque. La deuxième phase a duré d'octobre 2013 à la fin de 2014, lorsque l'accent a été mis sur les nouveaux prêts, y compris les prêts d'investissement. Environ 96 %

des prêts étaient de nouveaux prêts et 60 % ont été directement utilisés pour financer de nouveaux investissements (avec des possibilités limitées de rachat des prêts, jusqu'à 10 % du total des décaissements). Au cours de la deuxième phase du PSN, 27 000 entreprises ont reçu un financement de près de 1402 milliards de forints. Au cours de cette deuxième phase, le plus grand nombre de prêts ont été contractés par des petites entreprises, la grande majorité à des fins d'investissement. La banque centrale a lancé la troisième phase du PSN, la phase de retrait progressif, au début de 2016. Dans le cadre de la troisième phase du PSN, des prêts et des baux étaient disponibles entre le 1er janvier 2016 et le premier trimestre de 2017. La Banque Nationale de Hongrie a annoncé la troisième phase du PHN avec un budget total de 600 milliards de forints.

Le PSN a contribué de manière significative à la croissance économique en stimulant les investissements des entreprises. Selon les estimations de la Banque Nationale de Hongrie, les prêts accordés dans le cadre de la première phase du PHN ont généré 137,3 milliards de forints d'investissements, tandis que ceux accordés dans le cadre de la deuxième phase en ont généré 210,6 milliards. La Banque Nationale de Hongrie estime que le PSN a augmenté l'emploi de 17 000 travailleurs au total sur la période 2013-2015, avec un impact sur la croissance de 0,4 à 0,8 point de pourcentage.

Le PSN a pris fin le 31 mars 2017, et la Banque nationale a commencé à faciliter le retour aux prêts basés sur le marché parallèlement à la suppression progressive du programme. En 2016, la Banque nationale a lancé le Programme de prêts fondés sur le marché (PPM), qui a été conçu pour faciliter un retour en douceur des banques aux prêts fondés sur le marché et pour assurer une croissance économique durable grâce aux prêts aux PME.

- Contrairement au PSN, les banques participant à ce programme n'ont pas bénéficié d'un refinancement de la banque centrale, mais ont eu accès à d'autres instruments de gestion des risques de la Banque nationale à des taux favorables – en échange de quoi elles ont accepté d'augmenter leur portefeuille de prêts aux PME d'un montant prédéterminé au cours de l'année civile.
- La durée et le taux d'intérêt des prêts n'étaient pas précisés dans le régime, mais uniquement le montant.
- En 2016, les banques ont engagé un total de 195 milliards de forints dans la croissance des prêts aux PME. Les banques participant au programme ont finalement augmenté leurs prêts aux PME de plus de 300 milliards de forints.
- L'engagement des banques en matière de prêts aux PME pour 2017 est passé de 170 milliards à 227 milliards de forints, mais toutes les banques participantes ont respecté leur engagement accru. En conséquence, au niveau du secteur, les banques ont réalisé une augmentation de près de 250 % en glissement annuel. Les engagements du PSP ont été toujours valables pour 2018, mais par la suite, les banques ne sont plus liées par leurs engagements envers la banque centrale.

La forte tendance à la baisse du crédit aux entreprises sur plusieurs années a été rompue après 2013, et un gel du crédit a été évité. L'encours de crédit des PME, qui avait baissé pendant des années avant 2013, n'a cessé de croître depuis 2015. En 2017, la dynamique de croissance de l'encours de crédit des entreprises a atteint 10 %, et celui du secteur des PME, y compris les indépendants, a augmenté de 12 %. Selon les prévisions de la banque centrale, la croissance des prêts aux PME devrait se stabiliser dans une fourchette de 5 à 10 %, ce que la Banque Nationale de Hongrie considère comme nécessaire pour une croissance économique durable.

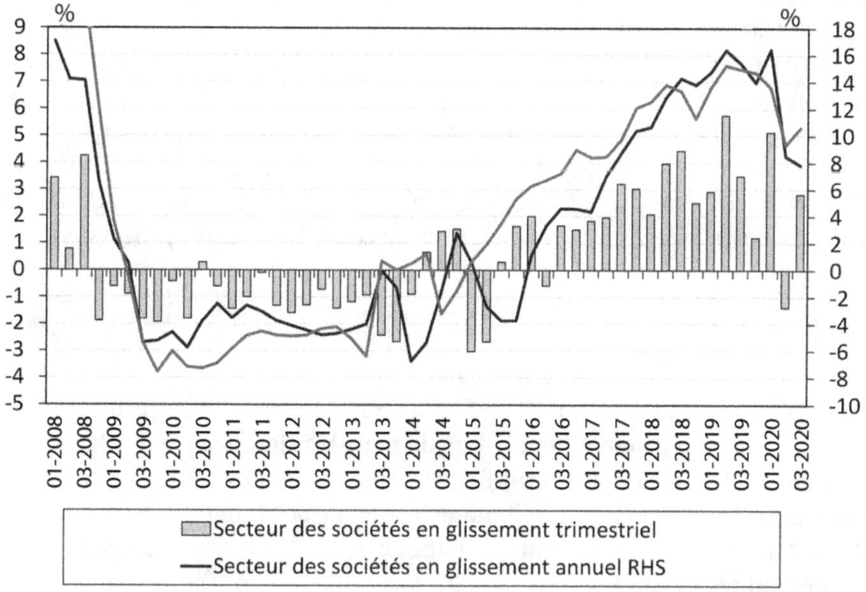

Figure 11 : la dynamique des prêts aux PME, janvier 2008–3e trimestre 2020
Source : Banque Nationale de Hongrie, 2021

Le prêt n'affecte pas seulement l'emprunteur et le prêteur, mais aussi l'économie dans son ensemble : d'une part, le crédit affecte l'état général de l'économie par des effets d'entraînement, et d'autre part, un problème potentiel de paiement peut également avoir un impact significatif sur le système bancaire et, à travers lui, sur d'autres acteurs de l'économie. Il est donc particulièrement important de surveiller les prêts, notamment en ce qui concerne les aspects affectant la stabilité du système financier. La Hongrie a réussi à éviter un effondrement du crédit, mais des défis subsistent en ce qui concerne la structure du crédit. Pour y remédier, la Banque nationale a introduit en 2018 le régime fixe PSP, qui vise à augmenter la part des prêts à long terme et à taux fixe dans les prêts aux PME.[43]

[43] Banque Nationale de Hongrie : *A Növekedési Hitelprogram fix (NHP Fix) elindításának jegybanki szempontjai és a konstrukció fontosabb jellemzői* (Les critères de la banque centrale concernant le lancement du Programme de prêts à croissance fixe [PPC Fix] et les principales caractéristiques du

6.3.4 Le tournant de politique monétaire et la réduction de la vulnérabilité externe

La crise financière qui a éclaté en 2008 et s'est rapidement mondialisée a atteint une Hongrie vulnérable et exposée. L'une des principales raisons en était que la dette extérieure et la dette en devises de l'économie hongroise était extrêmement élevée par rapport aux normes internationales, et la Hongrie était ainsi considérée par la communauté des investisseurs et les organisations internationales comme un pays particulièrement vulnérable. Le niveau élevé de la dette extérieure et en particulier celui de la dette en devises étrangères est en grande partie lié à l'administration publique, car l'État s'est fortement appuyé sur les investisseurs étrangers et sur les organisations internationales qui ont accordé des financements à la Hongrie en 2008, notamment le Fonds monétaire international (FMI), dans la période d'après-crise. Suite au changement d'orientation de la politique monétaire en 2013, la Banque Nationale de Hongrie a fixé comme objectif stratégique la réduction des vulnérabilités externes (voir ce-dessous le cadre logique du processus).

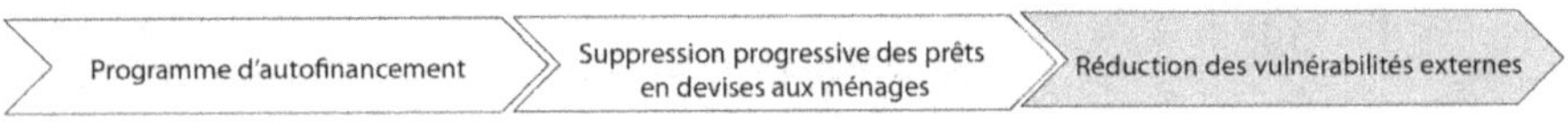

Outre l'augmentation des prêts en devises aux ménages, les emprunts publics en Hongrie ont également contribué de manière significative à la hausse de la dette extérieure depuis le milieu des années 2000. Conformément aux objectifs du gouvernement, la Banque Nationale de Hongrie a décidé en avril 2014 d'utiliser ses instruments de banque centrale pour aider à réduire les vulnérabilités extérieures, en mettant particulièrement l'accent sur la dette extérieure brute.[44] Elle a obtenu une augmentation de la demande bancaire intérieure pour les titres publics en rendant les dépôts des banques auprès de la banque centrale moins prometteurs d'un point de vue bancaire. Cette démarche a été facilitée par plusieurs facteurs.

L'un d'eux était, par exemple, qu'à partir de l'automne 2015, les banques doivent immobiliser leurs dépôts à la banque centrale pour trois mois, au lieu de deux semaines auparavant. Cette situation n'est pas très favorable d'un point de vue bancaire, car les banques n'ont désormais plus accès à leur argent pendant trois mois. La réaction logique du secteur bancaire est d'utiliser

dispositif), 18 septembre 2018, https://www.mnb.hu/letoltes/nhp-fix-hun-vegleges.pdf, téléchargé le 1er septembre 2018.

44 Pál Péter Kolozsi – Mihály Hoffmann, « A külső sérülékenység csökkentése monetáris politikai eszközökkel. A Magyar Nemzeti Bank jegybanki eszköztárának megújítása (2014-2016) » (La réduction des vulnérabilités extérieures grâce aux instruments de politique monétaire. Le renouvellement de la boîte à outils de la banque centrale), *Pénzügyi Szemle*, 2016, nr. 1, pp. 9-34 ; Csaba Szilovocs, « A devizahitelezés központi költségvetésre gyakorolt hatásairól » (Sur l'impact des prêts en devises sur le budget central), in *A Devizahitelezés Nagy Kézikönyve*, (Grand manuel du crédit en devises), *op. cit.*, pp. 175-192.

l'argent pour acheter des obligations d'État, car celles-ci peuvent être converties en espèces à tout moment (actifs liquides), tandis que les dépôts à trois mois ne peuvent être convertis en espèces qu'à l'échéance. Les autres étapes du programme ont suivi cette logique. Le Programme d'autofinancement a été fermé par la Banque nationale à l'été 2016.

Après l'introduction du Programme d'autofinancement, c'est-à-dire en 2014-2016, le gouvernement hongrois a remboursé environ 11 milliards d'euros (3400 milliards de forints) de dette en devises étrangères grâce à l'augmentation des émissions en forint. La détention de titres publics par les banques a augmenté de plus de 2600 milliards de forints entre fin avril 2014 et fin juin 2016, et leur rôle dans le financement s'est accru avec l'augmentation du stock de titres publics, comme le montre le fait que leur part dans le financement de la dette brute de l'État est passée d'environ 15 % début 2014 à 26 % à l'été 2016.

En 2016, le système bancaire national était devenu le secteur le plus important sur le marché des obligations d'État en forints, devançant les investisseurs étrangers. Entre 2011 et 2015, les investisseurs étrangers étaient encore les plus grands acteurs. La part des établissements de crédit est passée de 30 % à plus de 35 %, tandis que la part du secteur de détail est passée d'environ 5 % à plus de 20 % (le gouvernement a fait de l'augmentation du stock d'obligations d'État de détail un objectif stratégique en 2012, et à cette fin, des obligations d'État de détail ont été introduites pour attirer des rendements plus élevés).

La dette extérieure brute de l'administration publique a commencé à se modérer en 2014 et à diminuer fortement dans le courant de 2015. En 2014-2016, elle est passée de 50 % du PIB à près de 40 %. Le ratio de change de la dette publique est passé de 42 % en mars 2014 à moins de 30 % en mars 2016, avant de diminuer à 27,1 % en juin de cette année, ce qui correspond aux niveaux d'avant la crise de 2008.

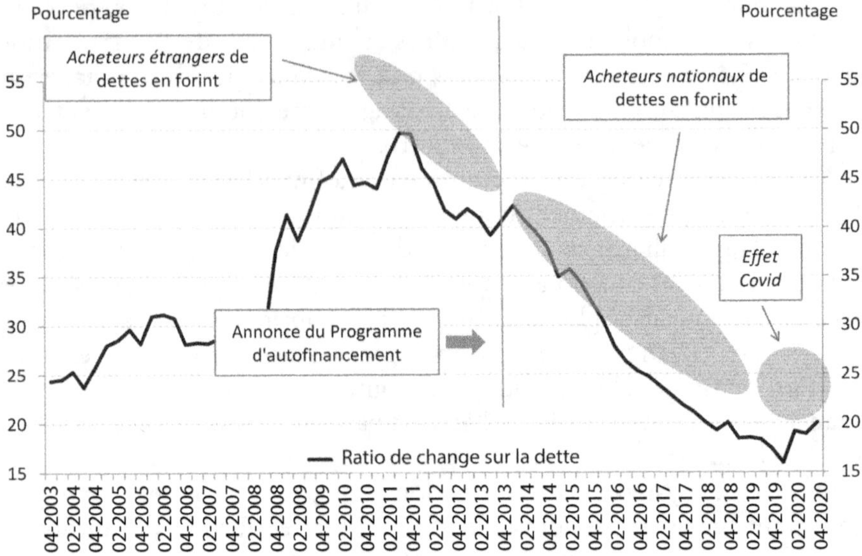

Figure 12 : Évolution du rapport des devises sur la dette publique
Source : Banque Nationale de Hongrie

La suppression progressive des prêts en devises aux ménages visait également à réduire les vulnérabilités extérieures. En Hongrie, la période de prêts importants en devises pour les particuliers a commencé en 2004 et le secteur est resté emprunteur net jusqu'en 2009. Après l'arrêt des prêts en devises, la dépréciation du forint a encore augmenté le stock en 2009 et 2010, où le stock de prêts en devises a atteint près de 6000 milliards de forints.[45]

L'exemple de la Hongrie illustre de manière frappante les dommages macroéconomiques et sociaux importants causés par les risques de prêts en devises étrangères aux ménages.[46] Comme les ménages ont principalement des revenus en forints et une capacité limitée à gérer les risques de change, l'évolution du taux de change du forint a entraîné des conséquences particulièrement graves: en mars 2009, lors du choc touchant la région d'Europe centrale et orientale, et au second semestre de 2011, le forint s'est fortement affaibli par rapport à l'euro. En outre, le taux de change EUR/CHF, auparavant assez stable, s'est considérablement affaibli depuis l'été 2010. La dépréciation globale du forint par rapport au franc suisse entre 2008 et 2011 s'est située entre 60 et 70 %, ce qui a particulièrement touché les emprunteurs

[45] Pour une étude comprehensive des prêts en devises, voir Csaba Lentner (dir.), *op. cit.* (2015).

[46] Zoltán Schepp – Monika Mátrai-Pitz, « Foreign Currency Borrowing in Hungary: The Pricing Behavior of Banks », in Sabri Boubaker – Bonnie Buchanan – Khoung Nquyen (dirs.), *Risk Management in Emerging Markets. Issues, Framework and Modeling*, Bingley, UK, Emerald Group Publishing Ltd., 2016, pp. 469–504 ; Pál Péter Kolozsi – Ádám Banai – Balázs Vonnák, « A lakossági deviza-jelzáloghitelek kivezetése: időzítés és keretrendszer » (Phasing out Household Foreign Currency Loans: Schedule and Framework), *Hitelintézeti Szemle / Financial and Economic Review*, 2015, année 14, nr. 3, pp. 60–87.

nationaux, car les emprunteurs en devises étrangères étaient majoritairement endettés en francs suisses.

Zoltán Schepp et Zoltán Szabó soutiennent que les banques ont fixé le prix des prêts hypothécaires d'une manière proportionnelle plutôt atténuée relativement aux coûts qu'elles supportent. S'il y avait place pour le « comportement bancaire déloyal » souvent évoqué, c'était plutôt dans l'application de facteurs indépendants des coûts examinés, une sorte de tarification initiale arbitraire, reflétée principalement par des éléments constants importants et significatifs.[47]

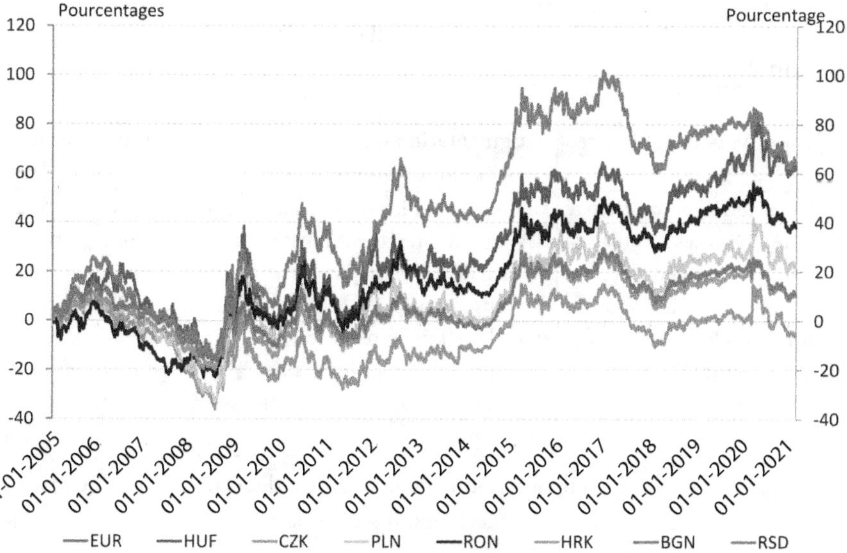

Figure 13 : L'évolutiom du taux de change de quelques devises d'Europe centrale et orientale par rapport au franc suisse[48]
Tableau établi par nous

Dans la quasi-totalité des pays d'Europe centrale et orientale, la réponse à la crise a comporté une forme ou une autre de programme de prêts en devises,[49]

[47] Pour les détails sur la propagation des prêts en devises et la tarification des produits de prêts en devises, voir Zoltán Schepp – Zoltán Szabó, « Lakossági svájcifrank-hitelek árazása – narratíván innen és túl? » (Tarification des produits de prêts en devises pour des ménages – en-deçà et au-delà des narratifs), *Közgazdasági Szemle,* 2915, année 62, nr. 11, pp. 1140–1157.

[48] Pál Péter Kolozsi, « A lakossági devizahitelezés egyes kérdései nemzetközi bírósági döntések tükrében » (Quelques questions relatives aux prêts en devises étrangères aux ménages à la lumière des décisions des tribunaux internationaux), *Új Magyar Közigazgatás*, 2018, année XI, numéro spécial de finances publiques, pp. 19-26.

[49] Bálint Dancsik – Gergely Fábián – Zita Fellner – Gábor Horváth – Péter Láng – Gábor Nagy – Zsolt Oláh – Sándor Winkler, « Comprehensive Analysis of the Nonperforming Household Mortgage Portfolio Using Micro-Level Data », MNB Occasional Papers Special Issue, 2015, https://www.mnb.hu/en/publications/studies-publications-statistics/occasional-papers/op-special-issue-balint-dancsik-gergely-fabian-zita-fellner-gabor-horvath-peter-lang-gabor-nagy-zsolt-olah-sandor-winkler-comprehensive-analysis-of-the-nonperforming-household-mortgage-portfolio-usi, téléchargé le 5 décembre 2018.

mais jusqu'à présent, la Hongrie a été le seul pays à supprimer totalement les prêts en devises aux ménages. Les mesures immédiates et les changements réglementaires[50] qui ont suivi le déclenchement de la crise de 2008 n'ont pas permis de s'attaquer une fois pour toutes au problème des prêts en devises aux ménages. La solution a été la suppression complète des prêts hypothécaires en devises et en monnaie étrangère pour les ménages, qui a eu lieu à partir de l'automne 2014.[51] La première suppression progressive juridiquement possible et économiquement saine a eu lieu à la première date possible.[52]

En Hongrie, l'action globale de l'État concernant les prêts en devises aux ménages a été précédée de la clôture des questions juridiques ouvertes. Celle-ci a été effectuée par la décision jurisprudentielle de la Curie publiée en juin 2014.[53]

Risque de taux de change	Augmentation unilatérale des taux d'intérêt	Écart de taux de change
Imposer le risque de change aux débiteurs est injuste si le débiteur moyen ne peut pas comprendre le risque de change dans le contrat, ce qui pourrait rendre le contrat nul et non avenu.	Une augmentation unilatérale des taux d'intérêt est injuste et illégale s'il n'est pas clair et transparent pour le débiteur dans quelle mesure les changements de circonstances affecteront les obligations de paiement.	L'application de la marge de change comme frais est dans tous les cas et en toutes circonstances injuste et nulle.

Figure 14 : Les principaux points de la décision de juin 2014 de la Curie
Tableau établi par nous

- Une condition préalable importante à la forintisation a été le cycle de réduction des taux d'intérêt de la Banque Nationale de Hongrie, qui a débuté en 2012 et a ramené le taux d'intérêt de référence de 7 % à 2,1 % à l'été 2014, ce qui a permis que la forintisation ne s'accompagne pas d'une augmentation des remboursements.
- La suppression progressive des prêts en devises aux ménages exigeait également que la stabilité macroéconomique de la Hongrie atteigne

50 Csaba Lentner, « A gazdasági válság hatása a globális, uniós és hazai szabályozási környezetre » (Impact de la crise économique sur l'environnement réglementaire mondial, européen et national), in Ádám Auer – Tekla Papp (dirs.), *A gazdasági világválság hatása egyes jogintézményekre Magyarországon és az Európai Unióban. Interdiszciplináris és jogösszehasonlító elemzés* (L'impact de la crise économique mondiale sur certaines institutions juridiques en Hongrie et dans l'Union européenne. Analyse juridique interdisciplinaire et comparative), Nemzeti Közszolgálati Egyetem, 2016, pp. 45–84.

51 Sur les aspects systématologiques, voir Csaba Lentner, « The Structural Outline of the Development and Consolidation of Retail Foreign Currency Lending », *Pénzügyi Szemle / Public Finance Quarterly*, 2015, année 60, nr. 3, pp. 297–311.

52 Pál Péter Kolozsi – Ádám Banai – Balázs Vonnák, *op. cit.*

53 En tant que droit judiciaire, la décision jurisprudentielle de la Kúria a ensuite servi de guide aux tribunaux et au législateur. Pour en savoir plus sur la législation judiciaire, voir András Kecskés, « Inside and Outside the Province of Jurisprudence », *Rechtstheorie*, 2015, année 46, nr. 4, pp. 465–479.

un niveau tel que la suppression progressive des prêts en devises aux ménages puisse être mise en œuvre sans chocs importants sur le marché. Ce résultat a été obtenu grâce à la politique économique et à l'assainissement budgétaire qui ont suivi 2010, à la réduction de la dette publique, à la réalisation d'une croissance d'équilibre[54] et au tournant de la politique monétaire effectué en 2013.

- La suppression progressive des prêts en devises a créé une demande de devises de la part des banques, ce qui aurait pu exercer une pression importante sur le taux de change du forint en cas d'achats sur le marché. Pour une forintisation ordonnée, il était donc essentiel que la Banque nationale dispose des devises nécessaires à la couverture des banques et puisse les mettre à leur disposition. En 2014, l'adéquation des réserves de la Banque nationale avait atteint un niveau permettant une couverture sûre en forint, compte tenu du fait que le stock d'hypothèques en devises en attente de conversion était tombé d'un pic de 19 milliards d'euros à 9 milliards d'euros en 2014, suite à l'interdiction des prêts en devises, et au remboursement final des prêts en cours.

Fin septembre 2014, le stock de prêts hypothécaires à la consommation en devises s'élevait à 3 350 milliards de forints (10,8 milliards d'euros) dans le système bancaire, qui a diminué de plus de 500 milliards de forints (1,7 milliard d'euros) après compensation des clients, ce qui signifie que la forintisation a affecté un stock de 9 milliards d'euros. Les banques ont couvert la quasi-totalité du portefeuille de prêts en devises dont le remboursement s'est effectué par le biais des appels d'offres de la Banque nationale.

La forintisation effective des prêts en devises a eu lieu au printemps 2015. En achetant des euros, les banques commerciales ont couvert leur risque de change lié à la conversion, indispensable à la poursuite de leurs activités. Le taux de change fixing[55] était de 308,97 pour l'euro et de 256,6 pour le franc suisse. Bien que les taux de sortie aient été plus élevés que les taux d'entrée de 2002 à 2008, l'objectif du gouvernement et de la banque centrale n'était pas seulement de sauver les prêts de détail en devises étrangères, mais aussi, et nécessairement, de consolider la situation financière des banques. En d'autres termes, la gestion des finances publiques hongroises a procédé à une consolidation complexe, renforcée par la loi sur la loyauté bancaire et

[54] Voir à ce sujet György Matolcsy, *op. cit.* (2018) ; György Matolcsy – Dániel Palotai, « A magyar modell. A válságkezelés magyar receptje a mediterrán út tükrében » (Le modèle hongrois. La recette hongroise pour la gestion de la crise à la lumière de la voie méditerranéenne), *Hitelintézeti Szemle*, année 17, nr. 2, juin 2018, pp. 5-42.

[55] Les banques étaient tenues de libeller les prêts en devises étrangères en forints au taux de change quotidien officiel de la Banque Nationale de Hongrie du 7 novembre 2014 ou au taux de change moyen de la période depuis l'arrêt de la Curie du 16 juin 2014, le plus favorable pour l'emprunteur en devises étrangères étant retenu.

l'obligation de réparer les dommages causés par les modifications de contrat injustifiées des banques.[56]

La poursuite intégrale du processus lancé à l'automne 2014 a été la liquidation complète en 2015 du stock de prêts de détail libellés en devises étrangères qui subsistait après la forintisation des prêts hypothécaires. Afin de « renflouer » les emprunteurs pour achat d'automobiles en devises et les prêts personnels libellés en devises (environ 250 000 contrats), il a été décidé à l'été 2015 de rééchelonner ces prêts et la Banque nationale a organisé les appels d'offres correspondants en août-septembre 2015.

Le 15 janvier 2015, la banque centrale suisse a abandonné sa protection contre les fluctuations du taux de change de l'euro. Le désendettement a entraîné un renforcement du franc suisse et un affaiblissement significatif de l'euro et surtout du forint, ce qui aurait pu avoir de graves conséquences pour les ménages endettés en francs suisses s'ils n'avaient pas été consolidés quelques mois plus tôt. Cependant, la décision suisse n'a pas affecté la majorité des agents économiques hongrois, car l'exposition des ménages, des entreprises et des municipalités[57] a été supprimée grâce à l'action du gouvernement et de la banque centrale.

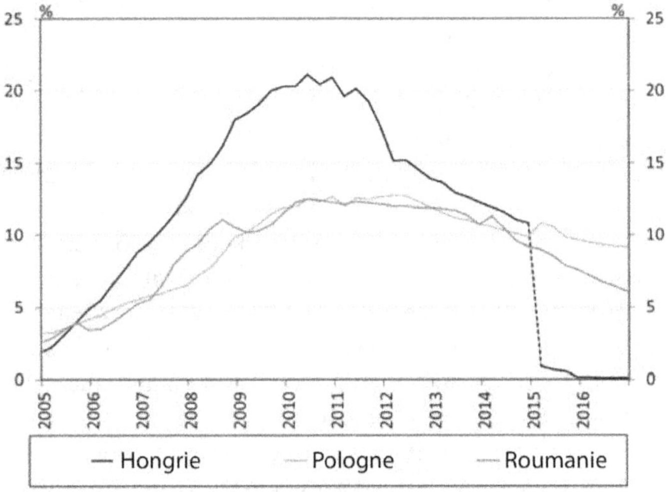

Figure 15 : Évolution des prêts en devises aux ménages en pourcentage du PIB. Source : Banque Nationale de Hongrie, 2018

La crise a mis en évidence l'importance de prêts plus responsables, tant au niveau international qu'au niveau national.[58] Outre la suppression progressive

[56] La loi sur la loyauté bancaire et l'indemnisation des emprunteurs en cas de modifications unilatérales injustifiées des contrats entraînent des charges financières pour les banques.

[57] Le portefeuille de 20 milliards de francs suisses comprend aussi la valeur des prêts en devises des entreprises.

[58] Zoltán Zéman – András Kecskés, *A pénzügyi és jogi szabályozási kontroll* (Le contrôle réglementaire financier et juridique), Pécsi Tudományegyetem, 2018 ; András Kecskés, « The Theory of Economic Law Beyond the Numbers », *Rechtstheorie*, 2017, année 48, nr. 2, pp. 213–233 ; András Kecskés, « A bankrendszer

des prêts de détail en devises, l'une des mesures les plus importantes a été le développement des attributions macroprudentielles, car la crise a montré que les interventions microprudentielles axées sur les problèmes et les risques bancaires individuels ne peuvent à elles seules empêcher une détresse financière systémique. En outre, il est devenu évident que, outre la réduction active des risques financiers systémiques, la résilience des acteurs financiers aux chocs doit être améliorée.[59] La plus importante des mesures macroprudentielles dans le domaine des prêts aux particuliers a été la règle du frein à l'endettement, qui est largement utilisée en Europe,[60] notamment dans le domaine des prêts aux particuliers en devises étrangères, naguère massifs en Europe centrale et orientale[61] et, à titre d'exemple, en Hongrie.

6.4 A LA LIMITE D'UNE ÉPOQUE ? LE BILAN ÉCONOMIQUE DE LA DERNIÈRE DÉCENNIE DE GOUVERNEMENT ACTIF (2010-2019)

La viabilité et l'efficacité du modèle hongrois fondé sur une participation active de l'État sont démontrées par le fait que la réponse hongroise à la crise a donné des résultats plus convaincants, sur tous les plans, que les mesures prises par les pays méditerranéens de la zone euro, qui avaient, à bien des égards, une position de départ similaire. La Hongrie a été en mesure de relever les défis macroéconomiques tout en augmentant sensiblement les salaires et la part dans le PIB des personnes employées. Dans les années à venir, un redressement de la compétitivité est nécessaire pour garantir le maintien (au moins) des gains réalisés jusqu'à présent.

Un État actif et fort, adoptant une approche théorique appropriée et moderne des questions de finances publiques et possédant un système de finances publiques transparent, est une condition préalable à la bonne gouvernance. Le modèle d'État inactif est incarné par l'État néolibéral, dont la base économique est le paradigme de la DPM, qui signifie avant tout (dans le contexte de ce livre) l'application des méthodes de gestion du marché dans le secteur public. La nature managériale (gestion, quasi « profit ») de la gestion de l'État (essentiellement basée sur les fondements théoriques du New Public Management, du consensus de Washington qui y est lié, et sur les critères de Copenhague) est née dans le système économique néolibéral, qui a proclamé

jogi háttere és deregulációja az Amerikai Egyesült Államokban » (Contexte juridique et déréglementation du système bancaire aux États-Unis d'Amérique), *Magyar Jog*, 2018, année 65, nr. 3, pp. 138–144.

59 Banque Nationale de Hongrie : *Stabilitás ma – Stabilitás holnap. A Magyar Nemzeti Bank makroprudenciális stratégiája* (Stabilité aujourd'hui – Stabilité demain. La stratégie macroprudentielle de la Banque Nationale de Hongrie), 2016.

60 Pour les règles y relatives, voir European Systemic Risk Board: National Measures of Macroprudential Interest in the EU/EEA, 2017, https://www.esrb.europa.eu/pub/pdf/reports/esrb. report180425_review_of_macroprudential_policy.en.pdf, téléchargé le 23 décembre 2018.

61 Péter Fáykiss – Alexandr Palicz – János Szakács – Márton Zsigó, « Az adósságfék-szabályok tapasztalatai a magyarországi lakossági hitelezésben » (Expérience des règles relatives au frein à l'endettement dans le domaine des prêts aux particuliers en Hongrie), *Hitelintézeti Szemle*, 2018, année 17, nr. 1, pp. 34–61.

un champ de manœuvre illimité pour les acteurs du marché. L'État est resté passif, c'est-à-dire qu'il n'a pas influencé, contrôlé ou réglementé les activités des entreprises. En revanche, un État fort et actif, doté de fondements théoriques appropriés et modernes en matière de finances publiques, ainsi qu'une gestion transparente des finances publiques, constituent la base de la bonne gouvernance, comme le montre le modèle hongrois introduit après 2010.[62]

6.4.1 Le modèle hongrois, une gestion de crise réussie (2010-2019)

La crise financière mondiale a touché la quasi-totalité du monde, mais certains États ont été plus affectés que d'autres. La Hongrie et les pays méditerranéens ont été parmi les plus touchés.

Les pays méditerranéens, la Grèce, l'Italie, le Portugal et l'Espagne (ClubMed) et la Hongrie ont dû faire face à des difficultés économiques similaires en 2007-2008. Tant la Hongrie que les pays du ClubMed ont été confrontés à des déséquilibres macrofinanciers et à des difficultés de financement. Dans les pays d'Europe du Sud, le système bancaire a également été confronté à de graves difficultés, l'Espagne et la Grèce ayant notamment connu une forte bulle immobilière. L'Italie et la Grèce avaient des niveaux de dette publique parmi les plus élevés de l'Union européenne et des déficits courants importants, qui constituaient également un problème majeur en Hongrie au début de la crise. La Hongrie avait l'un des taux d'emploi les plus faibles de l'Union européenne, à quoi s'ajoutait un déficit élevé et durable des

62 Plusieurs publications ont défini le modèle économique hongrois après 2010. Les auteurs s'accordent à dire qu'il s'agit d'une voie visant à accroître la demande solvable intérieure, à élargir l'éventail des contribuables publics et à se concentrer sur l'utilisation des mécanismes de la banque centrale pour soutenir la gouvernance. Voir par exemple József Veress, « A 2010 utáni magyar gazdaságpolitikai model » (The Hungarian Economic Policy After 2010), *Pénzügyi Szemle / Public Finance Quarterly*, 2016, nr. 3, pp. 367–388 ; György Matolcsy, *Egyensúly és növekedés* (Équilibre et croissance), *op. cit.* (2015) (« il existe un modèle hongrois qui fonctionne » – Gy. M.) ; Csaba Lentner, « Excerpts on New Hungarian State Finances from Legal, Economic and International Aspects », *Pravni Vjesnik: Casopis Za Pravne I Drustvene Znanosti pravnog Fakulteta Sveucilista Josipa Jurja Strossmayera U Osijeku*, 2018, année 34, nr. 2, pp. 9–25. D'autres sont plus nuancés dans leur évaluation de l'existence et du fonctionnement du modèle hongrois, et voient moins de certitude pour la poursuite du parcours et son issue positive. Ainsi par exemple Péter Ákos Bod, *Magyar gazdaságpolitika – tűzközelből* (Politique économique hongroise, vue de tout près), Akadémiai Kiadó, 2018, surtout les réserves concrètes de l'auteur, pp. 116–156. Voir aussi László Csaba, *Válság Gazdaság Világ. Adalékok Közép-Európa három évtizedes gazdaságtörténetéhez 1988– 2018* (La crise, l'économie, le monde. Contribution à l'histoire économique des trois dernières décennies de l'Europe centrale), Éghajlat Kiadó, 2018. László Csaba présente une évaluation plus nuancée des résultats en étudiant la performance hongroise dans un context d'Europe centrale, cf. pp. 222–248. Ces critiques, en particulier la constatation de László Csaba selon laquelle actuellement (en 2018) 750 000 actifs de plus produisent à peu près le même PIB en dollars qu'il y a huit à dix ans, suggèrent qu'il faut accorder plus d'attention à l'efficacité de l'économie et des finances publiques. Il convient d'ajouter que la détérioration du taux de change du forint au cours des dernières années (d'un niveau moyen de 300 HUF/EUR à environ 320-330) n'est pas justifiée par les performances de l'économie hongroise. Mais inévitablement, lorsqu'elles sont mesurées en devises étrangères, les performances et l'efficacité stagnent/diminuent.

finances publiques et de la balance courante (déficits jumeaux) constamment élevés.

La Hongrie et les pays du ClubMed ont été frappés par la crise dans une situation défavorable relativement similaire, et il est révélateur que tant la Hongrie que certains des pays du ClubMed ont été contraints de demander des renflouements internationaux. Cependant, les mesures prises par la suite ont été différentes.

- La politique budgétaire hongroise après 2010 a choisi une voie favorable à la croissance pour faire face à la crise, en partant du principe qu'une politique budgétaire fondée sur des mesures d'austérité étouffe la croissance économique, surtout en temps de crise. La Hongrie a mis en œuvre des réformes fiscales et structurelles après 2010 et a opéré un redressement de la politique monétaire et de la croissance à partir de 2013. Les taxes sur le travail ont été réduites, un système plus équitable de fiscalité publique a été mis en place, le système d'impôt sur le revenu des personnes physiques est devenu un système à taux unique, la charge pesant sur le secteur des entreprises a été largement réduite, tandis que le rattrapage salarial a progressé considérablement et que l'économie est devenue nettement plus blanche. La Banque Nationale de Hongrie a été en mesure d'y contribuer de manière significative après 2013 en ajustant la politique monétaire aux conditions hongroises.
- Les pays méditerranéens ont essayé de consolider leurs budgets par des mesures d'austérité traditionnelles, leur politique monétaire étant fixée par la Banque centrale européenne (BCE). Ils n'ont pas eu recours à des réductions d'impôts, que ce soit au niveau de l'impôt sur le revenu des personnes physiques ou de l'impôt sur les sociétés, et n'ont pas non plus restructuré leurs systèmes fiscaux. Après la crise, le système d'impôt progressif à taux multiples sur le revenu des personnes physiques est resté en place, et les changements introduits ont augmenté le caractère progressif et la complexité du système, avec une charge accrue sur le travail.[63]

Les pays méditerranéens n'ont pas recouru à une réduction significative du taux d'imposition des sociétés pendant la crise,[64] et ont essayé d'équilibrer leurs budgets par une austérité « classique » plutôt que par des réformes structurelles.[65] La politique monétaire des pays de la zone euro est définie par la Banque centrale européenne, qui décide des taux d'intérêt sur la base de la zone euro dans son ensemble. Cela signifie également que la politique

[63] La Grèce possède un système d'impôt à 10 taux; l'Italie, à 6 taux ; le Portugal, à 7, et l'Espagne, à 5 taux, principalement en raison de l'introduction de taxes spéciales.

[64] Au Portugal, le taux d'imposition, qui était en moyenne de 26,5 % avant la crise, est passé à près de 30 % à la fin de la crise. En Grèce, le taux d'imposition des sociétés s'est élevé de 25 à 29 % au cours de la même période. En Espagne et en Italie, il a légèrement diminué, mais est resté élevé (25 % en Espagne et 27,8 % en Italie).

[65] Le nombre d'employés du secteur public et leurs salaires ont été réduits, les pensions ont été gelées ou réduites, l'impôt sur le revenu a été augmenté, un impôt foncier a été introduit, etc.

monétaire commune de la zone euro ne laisse pratiquement aucune marge de manœuvre pour des instruments ciblés de la banque centrale au niveau national. La BCE a réagi par des baisses de taux d'intérêt lorsque la crise a éclaté, mais de nombreuses analyses suggèrent qu'elle a tardé à appliquer d'autres instruments de politique monétaire.

Lors de l'évaluation de la gestion de la crise, il convient de tenir compte à la fois des conséquences sur la croissance et sur la balance des paiements. Pour la Hongrie et les pays méditerranéens, les principaux indicateurs macroéconomiques ont évolué comme suit (jusqu'à l'escalade de la crise migratoire et les années précédant l'épidémie de coronavirus).

1. Marché du travail : le nombre de personnes ayant un emploi en Hongrie a augmenté de près de 20 % entre 2010 et 2017 (de 3,7 millions à 4,4 millions), tandis que le taux d'emploi est passé de 55 % à 68 %. Les pays méditerranéens ne se sont pas encore rapprochés de leur situation d'avant la crise en termes de taux d'emploi.[66]

2. Évolution de l'emploi

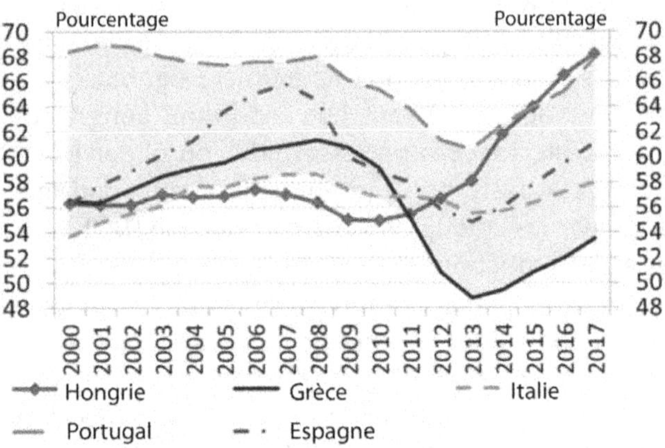

Figure 16 : l'évolution de l'emploi
Source : György Matolcsy, Conférence de la Société des économistes hongrois, Eger, 2017

3. Croissance économique : le PIB hongrois a globalement augmenté de près de 17 % en 2017,[67] après la récession de 2009, soit quelque 11 % de plus que son niveau d'avant la crise de 2007. Les pays du ClubMed, à l'exception de l'Espagne, n'ont toujours pas atteint leur niveau de 2007.

[66] Selon les dernières statistiques internationales, fin 2018, le taux de chômage hongrois était de 3,7 % et celui de la zone monétaire de 8,1 %, tandis que le taux grec était de 18,6 %, le taux espagnol de 14,55 % et le taux italien de 10,6 %. https:// tradingeconomics.com/country-list/unemployment-rate, téléchargé le 23 décembre 2018.

[67] La croissance du PIB en 2018 a été de l'ordre de 4 à 5 %. Par rapport au passé, l'économie hongroise est donc sur la voie de la croissance.

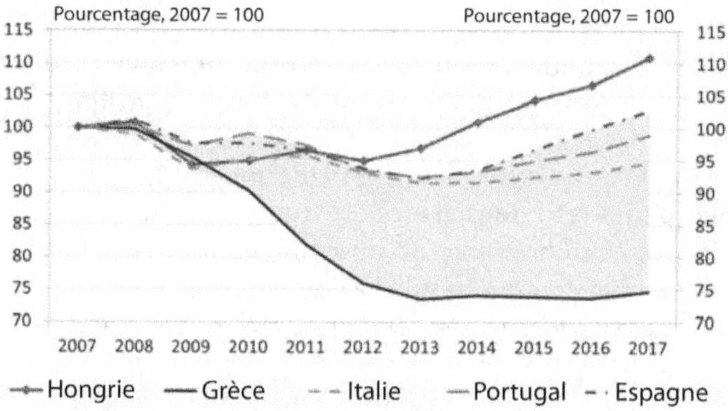

Figure 17 : l'évolution de la croissance du PIB
Source : György Matolcsy, Conférence de la Société des économistes hongrois, Eger, 2017

4. Solde budgétaire : après 2011, le déficit public hongrois en pourcentage du PIB est resté conforme au critère de déficit de Maastricht de l'Union européenne, à savoir 3 %. La plupart des pays méditerranéens n'ont pu satisfaire au critère de déficit de l'UE qu'en 2016. Le ratio de la dette publique brute au PIB de la Hongrie est passé d'un sommet historique de 80,5 % en 2011 à 73,6 % fin 2017.[68] La Hongrie a enregistré la cinquième plus forte réduction de la dette dans l'UE entre 2010 et 2017. La dette publique des pays méditerranéens a stagné à des niveaux élevés après la crise de 2008.

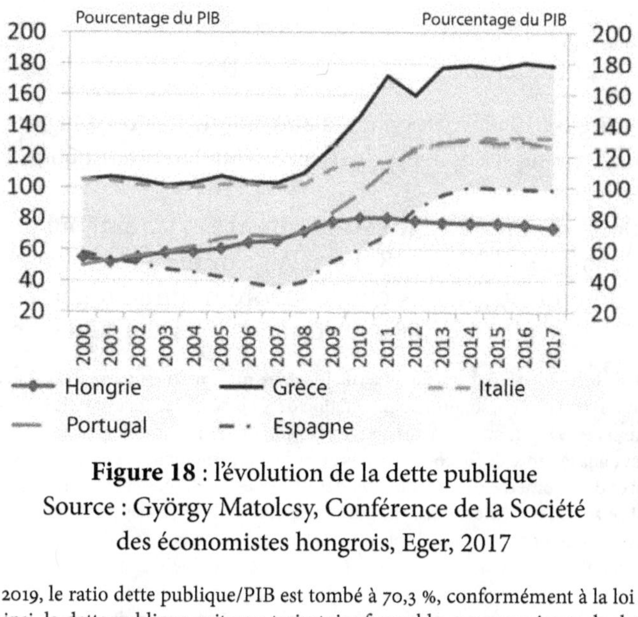

Figure 18 : l'évolution de la dette publique
Source : György Matolcsy, Conférence de la Société des économistes hongrois, Eger, 2017

[68] À la fin de 2019, le ratio dette publique/PIB est tombé à 70,3 %, conformément à la loi sur le budget national. Ainsi, la dette publique suit une trajectoire favorable, avec un niveau de dette libellée en devises étrangères en baisse, et malgré des taux de change défavorables.

6.4.2 Le modèle hongrois comme politique de rattrapage salarial, de réduction des frais généraux, de développement de la natalité et de création de foyers familiaux

Il ne fait aucun doute qu'après 2010, le système hongrois des finances publiques a fait l'objet d'une refonte majeure, ce qui a entraîné une amélioration significative des équilibres macroéconomiques. Toutefois, il est également important de souligner que ce résultat a été obtenu en permettant aux salariés de bénéficier de plus en plus des effets positifs de la croissance économique.

- Le salaire mensuel brut moyen était de près de 300 000 forints en 2017, contre moins de 200 000 en 2009. La majeure partie de l'augmentation d'environ 50 % sur huit ans a été réalisée en 2015, 2016 et 2017, lorsque les taux de croissance annuels des salaires étaient respectivement de 4,3, 6,1 et 12,9 %. L'inflation étant restée inférieure au niveau cible de 3 % de la banque centrale tout au long de cette période, les salaires ont pu augmenter en termes réels (c'est-à-dire après avoir retiré l'impact de la hausse des prix à la consommation) depuis 2013. Le rythme de la croissance des salaires réels a dépassé 10 % en 2017.

	2009	2010	2011	2012	2013	2014	2015	2016	2017
Salaire mensuel brut moyen des salariés à temps plein dans l'économie nationale (en forints)	199 837	202 525	213 094	223 060	230 714	237 695	247 924	263 171	297 017
Salaire mensuel brut moyen des salariés à temps plein dans l'économie nationale (dynamique)	100,6	101,3	105,2	104,7	103,4	103,0	104,3	106,1	112,9
Indice des revenus réels nets	97,7	101,8	102,4	96,6	103,1	103,2	104,4	107,4	110,3

Figure 19 : l'évolution du salaire moyen brut en Hongrie
Basé sur les données de l'Office central des statistiques

- Le salaire minimum et le salaire minimum garanti ont pratiquement doublé entre 2009 et 2018. Le salaire minimum est passé de 71 500 à 138 000 forints, tandis que le salaire minimum garanti s'est élevé de 87 000 à plus de 180 000 forints.[69] Ces dernières années, deux

[69] Sur la base de l'accord salarial conclu fin 2018, le salaire minimum est passé à 149 000 forints en 2019 et à 161 000 forints en 2020, soit une augmentation de 8 à 9 %. Le salaire minimum garanti a évolué du même pourcentage, pour atteindre 195 000 forints en 2019 et 210 600 forints en 2020. Ces évolutions s'inscrivent dans le cadre de l'accord de 6 ans entre le gouvernement, les employeurs, les syndicats et les chambres de commerce sur la réduction des dépenses publiques et la hausse des salaires, conclu en novembre 2016. En même temps, l'impôt sur les cotisations sociales a été réduit de 19,5 % à 17,5 % à partir du 1er janvier 2019. Dans l'optique d'un cadre théorique établi autour des processus, les faits témoignent d'une participation efficace. Sur la méthodologie employée, voir Csaba Lentner – Bianka Parragh, « Interest Representation, Interest Alignment and the Role of Seeking Consensus in the Renewal Process of Hungarian State Management », *Mednarodna Revija Za Javno Upravo / International Public Administration Review*, 2017, année 15, nr. 1, pp. 71–84.

augmentations majeures ont eu lieu : (1) en 2012, le salaire minimum a augmenté d'un cinquième et le salaire minimum garanti de 15 % ; (2) en 2017-2018, le salaire minimum s'est élevé d'un quart et le salaire minimum garanti de 40 %

	2009	2010	2011	2012	2013	2014	2015	2016	2017	2018
Salaire minimum	71 500	73 500	78 000	93 000	98 000	101 500	105 000	111 000	127 500	138 000
Salaire minimum garanti	87 000	89 500	94 000	108 000	114 000	118 000	122 000	129 000	161 000	180 500

Figure 20 : l'évolution du salaire minimum et du salaire minimum garanti en Hongrie
Tableau établi par nous

Les sorties de salaires nominaux des ménages se traduisent principalement par l'augmentation des dépenses de consommation, tandis que celles des entreprises par celle des coûts salariaux. Toutefois, l'impact de la hausse du salaire minimum et du salaire minimum garanti sur l'augmentation des coûts salariaux est atténué par la réduction de la taxe sur les cotisations sociales prévue dans l'accord salarial de 2016. Globalement, au niveau macroéconomique, l'impact des mesures gouvernementales n'a pas modifié de manière significative les coûts de la main-d'œuvre, ce qui implique que la compétitivité des entreprises ne s'est pas détériorée malgré la hausse des salaires. En fait, la libre circulation des travailleurs étant l'un des droits fondamentaux de l'Union européenne, contrairement à la « vérité » *mainstream* antérieure, il n'est plus dans l'intérêt des entreprises hongroises de maintenir les salaires aussi bas que possible, mais au contraire de les maintenir aussi hauts que possible – car cela peut garantir que la main-d'œuvre de haute qualité qui est fondamentale pour sa compétitivité reste dans le pays.[70]

[70] Banque Nationale de Hongrie : Rapport de croissance, novembre 2018, https://www.mnb.hu/letoltes/novekedesi-jelentes-2018-digitalis.pdf.

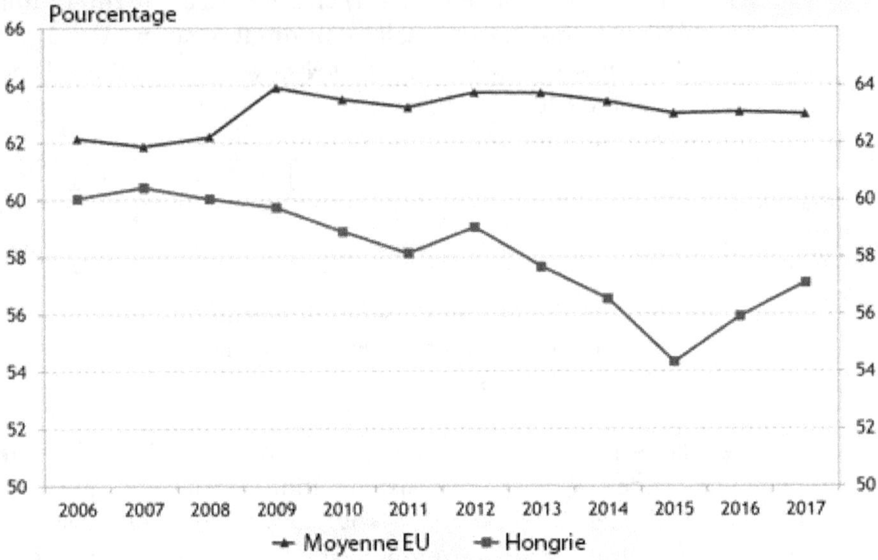

Figure 20 : l'évolution de la part salariale dans l'Union européenne et en Hongrie
Basée sur AMECO

La forte dynamique des salaires en Hongrie a conduit à une augmentation significative de la part salariale, qui est le rapport entre les coûts salariaux macroéconomiques totaux (salaires et traitements bruts plus charges patronales) et le produit intérieur brut.[71] Parallèlement à la croissance économique, la demande de main-d'œuvre dans le secteur concurrentiel est restée élevée, soutenant la croissance de l'emploi et de nouvelles augmentations de salaires.

En outre, la situation des salariés a été sensiblement améliorée par une réduction importante des frais généraux après 2010. Les prix réglementés de l'énergie ont baissé deux fois de 10 % en janvier et novembre 2013, suivis de nouvelles réductions en 2014 tant pour le gaz que pour l'électricité et le chauffage urbain. Les frais d'eau, d'égouts, d'ordures et autres ont également diminué de 10 %.[72]

71 Le PIB total peut être divisé en revenus du capital et du travail, c'est-à-dire que la part des salaires est opposée à la part des bénéfices des entreprises.

72 La réduction des charges des services publics est également associée à une réduction du chiffre d'affaires et des bénéfices des entreprises, ce qui met en évidence l'évaluation du principe comptable de continuité d'exploitation. Voir à ce sujet Csaba Lentner, « A vállalkozás folytatása számviteli alapelvéről » (Sur le principe comptable de la poursuite de l'entreprise), *Gazdaság és Jog*, 2014, année 22, nr. 3, pp. 3-8. L'activité de contrôle de la Cour nationale des comptes a mis en évidence les gaspillages systémiques de gestion des entreprises de services publics, dont l'élimination pourrait améliorer l'efficacité de la gestion et augmenter la couverture de la réduction des frais généraux. Sur les expériences de contrôle, voir László Domokos – Viktor Várpalotai – Katalin Jakovác – Erzsébet Németh – Mária Makkai – Margit Horváth, « Renewal of Public Management », *Public Finance Quarterly*, 2016, n. 2, pp. 244–264.

Mesure	Date	Pourcentage
Réduction des prix réglementés de l'énergie (gaz, électricité, chauffage urbain)	janvier 2013	-10
Réduction des frais d'eau, d'égouts, d'ordures et autres	juillet 2013	-10
Réduction des prix réglementés de l'énergie (gaz, électricité, chauffage urbain)	novembre 2013	-10
Réduction du prix du gaz	avril 2014	-6,5
Réduction du prix de l'électricité	septembre 2014	-5,7
Réduction du prix du chauffage urbain	octobre 2014	-3,3

Figure 21 : changement des prix des services publics
Source : Csaba Lentner (2015)[73]

La politique budgétaire a soutenu la croissance plutôt que l'austérité, avec une hausse de l'emploi, une augmentation du PIB, une baisse de la dette extérieure et une amélioration de la situation budgétaire. En conséquence, les factures de services publics ont pu être réduites et les allocations familiales augmentées.

Grâce aux mesures de relance de la demande prises par le gouvernement après 2010 et à la politique de la banque centrale[74] garantissant la stabilité des prix, le niveau et les conditions de vie s'améliorent.[75] L'un des principaux domaines d'action du gouvernement est l'amélioration de la situation démographique défavorable et la (re)création partielle des conditions financières pour la formation des familles, par le biais d'un programme complet d'aide à la création de foyers familiaux (CSOK).[76] Le gouvernement soutient l'expansion des avantages fiscaux pour la famille et l'après-enfant, l'extension des prestations sociales, la création de nouvelles garderies et crèches, ainsi que des emplois favorables à la famille.[77] Contrairement aux périodes précédentes de transition entre l'économie de marché et la fin de l'économie planifiée, le système institutionnel de l'État actif a remplacé les

[73] Csaba Lentner, « A vállalkozás folytatása számviteli alapelvének érvényesülése közüzemi szolgáltatóknál » (Application du principe de la continuité de l'exploitation aux entreprises de services publics), in *Adózási Pénzügytan és Államháztartási Gazdálkodás* (Économie financière de la fiscalité et gestion des finances publiques), dir. Csaba Lentner, NKTK. 2015, pp. 763–784. Sur l'arrière-plan juridique des prix des services publics, *ibidem*, pp. 781–782.

[74] Entre 2013 et 2018, l'inflation a oscillé entre 0 et 2,5 %, en dessous de l'objectif d'inflation de 3 % et de la bande de tolérance de 4 %. Cela a eu un impact positif sur la valorisation (pouvoir d'achat) des revenus croissants. À titre de comparaison, l'évolution de l'inflation dans les années 1990 se situait entre 20 et 30 %.

[75] Pour souligner davantage le cadre logique des changements et des opportunités, notons que la politique budgétaire a soutenu la croissance plutôt que l'austérité, l'emploi a augmenté, le PIB a augmenté, la dette extérieure a diminué et la position budgétaire s'est améliorée. En conséquence, les prix des services publics ont pu être réduits et les prestations familiales augmentées.

[76] Judit Sági – Tibor Tatay – Csaba Lentner – Ildikó Neumanné Virág, « Certain Effects of Family and Home Setup Tax Benefits and Subsidies », *Pénzügyi Szemle / Public Finance Quarterly*, 2017, année 62, nr. 2, pp. 171–187.

[77] Csaba Lentner – Tibor Tatay – Judit Sági, « A magyar családtámogatási rendszer prioritásai » (Les priorités du système hongrois du soutien des familles), *Acta Humana: Hungarian Centre for Human Rights Publications*, 2017, année 5, nr. 3, pp. 37–46.

réductions des prestations sociales par une croissance des revenus, y compris un élargissement du champ des prestations sociales, notamment dans le domaine de la politique familiale. Cependant, il est important de noter que l'augmentation significative des seuils pour les subventions gouvernementales (de 2019 jusqu'à 15 millions de forints), en particulier pour la construction et l'achat de logements, a également conduit à certaines disparités dans le système, tout en reconnaissant que les subventions ont eu un impact significatif sur les incitations à fonder des familles.[78] Une part importante des jeunes diplômés considèrent le soutien financier comme « seulement » l'une des conditions pour fonder une famille,[79] tandis qu'un autre problème à résoudre est l'augmentation significative des prix du logement, en particulier dans les villes où le choix d'emplois est plus large. En effet, l'impact du programme d'aide à la création de foyers familiaux (CSOK) a entraîné une hausse des prix des logements, en raison de l'augmentation considérable de la demande abordable sur le marché du logement. L'amélioration de la conditionnalité des finances publiques du système hongrois asymétrique d'aide aux familles, c'est-à-dire l'investissement (ou éventuellement la réaffectation) des aides publiques (à un certain taux) dans le logement public, pourrait améliorer l'efficacité de l'utilisation des fonds publics.[80] Les recherches internationales[81] montrent également que les facteurs qui influencent le taux de natalité sont plus étendus que les subventions publiques, mais qu'ils constituent une condition préalable essentielle au rétablissement du niveau de reproduction souhaité, en particulier lorsque l'intervention publique va au-delà du côté

78 Entre 2010 et 2016, le nombre des naissances vivantes est passé des 90 335 à 93 063, le nombre de mariages a augmenté de 35 520 à 51 805, tandis que le nombre des interruptions de grossesse a diminué de 40 449 à 30 439.

79 Judit Sági – Csaba Lentner – Tibor Tatay, « Family Allowance Issues – Hungary in Comparison to Other Countries », *Polgári Szemle / Civic Review*, 2018, année 14, Special Issue, pp. 290–301.Voir aussi Csaba Lentner – Péter Novoszáth – Judit Sági, « A magyar családpolitika és születésszám alakulásának egyes kiemelt területei demográfiai, szociológiai és állampénzügyi vetületben, nemzetközi kitekintéssel » (Quelques domaines prioritaires de la politique familiale hongroise et de l'évolution de la natalité dans une optique démographique, sociologique et de finances publiques, avec une perspective internationale), *Pro Publico Bono Magyar Közigazgatás*, 2018.

80 Judit Sági – Csaba Lentner, « Certain Aspects of Family Policy Incentives for Childbearing – A Hungarian Study with an International Outlook », *Sustainability*, 2018, année 10, nr. 11.

81 Creina Day, « Fertility and Housing », CAMA Working Paper 34/2015, août 2015, Crawford School of Public Policy and Centre for Applied Macroeconomic Analysis (CAMA), Australian National University (ANU), https://cama.crawford.anu.edu.au/sites/default/files/publication/cama_crawford_anu_edu_au/2015-08/34_2015_creina.pdf, téléchargé le 25 décembre 2018 ; Oliver Thévenon – Gerda Neyer, « Chapter 1: Family policies and their influence in fertility and labour market outcomes », in Olivier Thévenon – Gerda Neyer (dirs.), *Family policies and diversity in Europe: The state-of-the-art regarding fertility, work, care, leave, laws and self-sufficiency*, Families and Societies Working Paper, 2014, 7: 2–13, http://www.familiesandsocieties.eu/wp-content/ uploads/2014/12/WP7ThevenonNeyer2014.pdf, téléchargé le 25 décembre 2018 ; Anna Rotkirch – Aneli Miettinen, « Childlessness in Finland », in M. Kreyenfeld – D. Konietzka (dirs.), *Childlessness in Europe: Contexts, Causes, and Consequences* /Demographic Research Monographs, Springer, Cham, 2017, https://link.springer.com/chapter/10.1007/978-3-319-44667-7_7, téléchargé le 25 décembre 2018 ; Ronald R. Rindfuss – Minja Kim Choe (dirs.), *Low Fertility, Institutions, and Their Policies Variations Across Industrialized Countries*, Springer, 2016.

de la demande du marché du logement pour s'étendre au côté de l'offre. Nos recherches[82] ont montré que le CSOK et d'autres formes de soutien à la volonté d'avoir des enfants peuvent avoir un impact sur le rétablissement du niveau de reproduction souhaité, mais que cela nécessite la durabilité et la stabilité des finances publiques.

6.4.3 Modèle hongrois et durabilité : les conditions du tournant de compétitivité en Hongrie

La Hongrie a connu un redressement budgétaire après 2010, un tournant de la politique monétaire à partir de 2013, et un essor de la croissance grâce à la combinaison des deux. Ces revirements ont jeté les bases d'une croissance économique équilibrée et, à travers elle, celles du renforcement des facteurs de compétitivité.[83] En ce qui concerne les conditions de compétitivité principalement quantitatives de l'économie nationale, la position de la Hongrie s'est considérablement améliorée depuis 2010, et ses réalisations ont été reconnues non seulement par les marchés financiers et des capitaux, mais aussi par les organisations internationales et les principales agences de notation.[84]

Toutefois, pour un rattrapage plus rapide et durable, la qualité des ressources doit également être améliorée. L'accélération du rattrapage est essentielle et nécessite de nouvelles mesures de réforme de la compétitivité. Le redressement de la compétitivité est particulièrement important car le rattrapage n'est pas automatique : au cours des quatre dernières décennies, il y a eu beaucoup plus de pays qui n'ont pas réussi à sortir du statut de pays en développement que de pays qui y sont parvenus (par exemple la Finlande, l'Autriche, Singapour,

82 Tibor Tatay – Judit Sági – Csaba Lentner, « Az új típusú magyar család és otthonteremtési támogatási rendszer egyes költségvetési hatásainak vizsgálata a demográfiai célok figyelembevételével » (Examen de l'impact budgétaire d'un nouveau type de régime hongrois d'aide aux familles et aux foyers à la lumière des objectifs démographiques), *Statisztikai Szemle*, 2019, année 97, nr. 2, pp. 192–212. La charge budgétaire de tous les avantages liés à la création de foyers familiaux a été estimée entre 130 et 140 milliards de forints par an entre 2020 et 2040. Par rapport au PIB à prix courant en 2017, le paiement le plus élevé, 0,39 % du PIB, est attendu en début de période, et le paiement le plus faible vers la fin du cycle, à un niveau de prestation de 0,34 % du PIB. Notons que le problème pour les 20 prochaines années est que le nombre des femmes en âge de procréer ne devrait augmenter que modérément, pour des raisons démographiques. En d'autres termes, les femmes donnent généralement naissance à leur premier enfant entre 30 et 40 ans, c'est-à-dire que l'âge de la maternité a été repoussé de 10 à 20 ans par rapport aux décennies précédentes. Le nombre actuel d'adolescentes et de femmes de 20 ans (c'est-à-dire les femmes qui donneront naissance dans les 10 à 20 ans) n'augmentera pas de manière significative, mais le nombre d'enfants par famille croîtra.

83 Pour une présentation détaillée des domaines du tournant de compétitivité, voir György Matolcsy, *Egyensúly és növekedés – Konszolidáció és stabilizáció Magyarországon, 2010–2014* (Équilibre et croissance – Consolidation et stabilisation en Hongrie 2010-2014), Kairosz Kiadó, 2015 ; Dániel Palotai – Barnabás Virág, *Versenyképesség és növekedés* (Compétitivité et croissance), Banque Nationale de Hongrie, 2016.

84 Les notations se sont améliorées depuis le changement de gouvernement en 2010, mais sont toujours inférieures au niveau attendu par le gouvernement hongrois. Néanmoins, les agences de notation ont une évaluation positive de la stabilité financière du pays.

Hong Kong). L'enjeu du redressement de la compétitivité est de savoir si le pays sera en mesure de rattraper son retard économique après la consolidation et, sur cette base, de réaliser des gains d'efficacité et de productivité.

La compétitivité d'une économie[85] dépend d'un certain nombre de facteurs complémentaires et interdépendants : ouverture économique, stabilité macroéconomique, orientation vers l'avenir, avec des taux d'épargne et d'investissement élevés, et bonne gouvernance.

La stabilité ne doit pas être considérée comme une réussite en soi, mais plutôt comme une situation qui offre la possibilité d'opérer un retournement de compétitivité, de sortir du piège de la médiocrité. Seuls les pays qui prennent des mesures qui se complètent et qui se renforcent mutuellement pour accroître la compétitivité peuvent réussir dans ce domaine,[86] car tant la main-d'œuvre que le secteur des entreprises, ainsi que l'État et le système financier, doivent être compétitifs pour que la Hongrie puisse s'engager sur la voie d'un rattrapage durable. Le redressement de la compétitivité vise donc à soutenir une croissance économique organique et à améliorer continuellement le niveau de vie de la population et la position des entreprises sur les marchés nationaux et internationaux par une répartition appropriée des revenus.

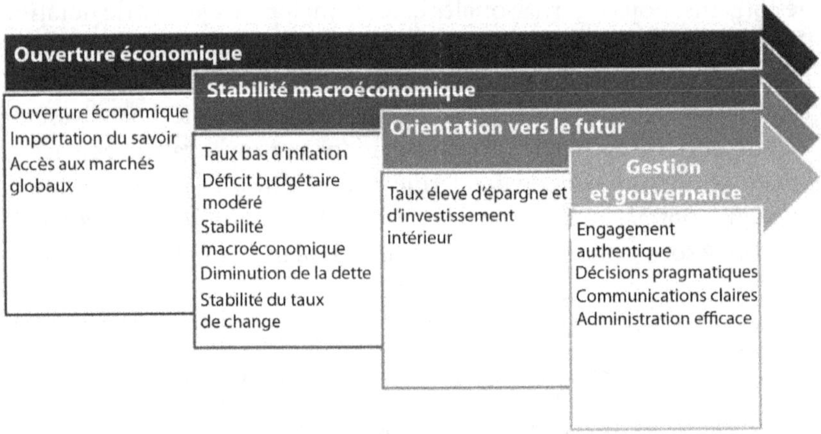

Figure 22 : Les conditions indispensables de la compétitivité à la lumière des expériences internationales
Source : Banque Nationale de Hongrie, Growth Report : Strategies for Sustained Growth and Inclusive Development[87]

85 O. Cann, « What is competitiveness? », World Economic Forum, September 2016, https://www.weforum.org/ agenda/2016/09/what-is-competitiveness/, téléchargé le 1er décembre 2018.

86 Csaba Lentner, « A magyar nemzetgazdaság versenyképességének új típusú tényezői » (Les facteurs de type nouveau de la compétitivité de l'économie hongroise), in Csaba Lentner (dir.), *Pénzügypolitikai stratégiák a XXI. század elején: prof. dr. Huszti Ernő DSc. egyetemi tanár a pénzügyi intézményrendszer, a tudomány és a felsőoktatás szolgálatában: tiszteletkötet 75. születésnapja alkalmából* (Stratégies de politique financière au début du 21e siècle. Mélanges offerts au professeur Ernő Huszti à son 75e anniversaire pour son service du système institutionnel financier, de la science et de l'enseignement supérieur). Akadémiai Kiadó, 2007, pp. 271–297.

87 World Economic Forum, *The Inclusive Growth and Development Report 2017*, http://www3.weforum.org/docs/WEF_Forum_IncGrwth_2017.pdf, téléchargé le 1er décembre 2018.

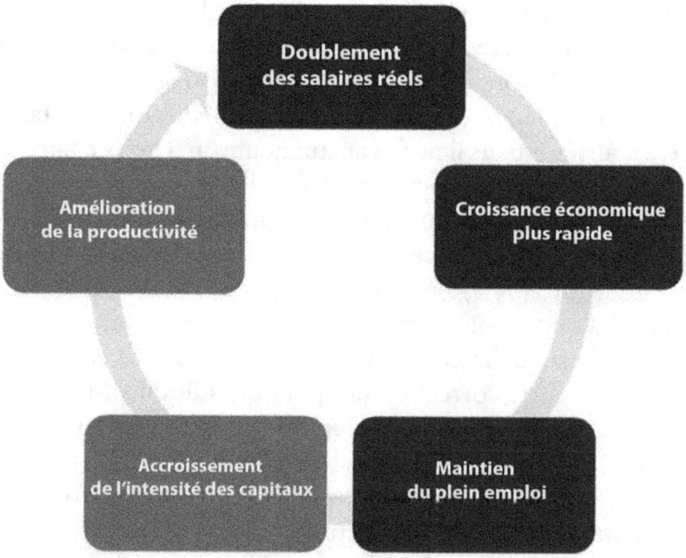

Figure 23 : le modèle de la croissance économique organique
Source : Banque Nationale de Hongrie, 2018

L'un des documents fondateurs du redressement de la compétitivité est la monographie de la Banque Nationale de Hongrie intitulée *Compétitivité et croissance*, publiée en 2016,[88] qui a également formulé des propositions concrètes pour améliorer la compétitivité. La banque centrale a publié 180 propositions ciblées à l'été 2018.[89] Le point de départ de l'évaluation de la banque centrale est qu'une économie hongroise compétitive signifie un marché du travail et une base de ressources humaines compétitifs, un secteur d'entreprises compétitives, un État compétitif et un système financier et bancaire compétitif.[90] La réduction des taux de cotisation, l'augmentation du salaire minimum et du salaire minimum garanti, la restructuration du programme de travaux d'intérêt public pour en accroître l'efficacité, le renforcement du lien avec le secteur de la concurrence et l'encouragement

88 Dániel Palotai – Barnabás Virág, *op. cit.* (2016).

89 Banque Nationale de Hongrie, « 180 lépés a magyar gazdaság fenntartható felzárkózásért – műhelymunka » (180 pas en avant pour le rattrapage durable de l'économie hongroise), juillet 2018, https://www.mnb.hu/letoltes/mnb-180-pontja.pdf, téléchargé le 21 septembre 2018 ; « A magyar felzárkózás és versenyképességi reformjai és fordulatai – 2019-2030 » (Réformes et tournants du rattrapage et de la compétitivité hongrois, 2019-2030), Conférence du 27 février 2019 de György Matolcsy à la Chambre de commerce et d'industrie hongrois, https://www.mnb.hu/letoltes/a-magyar-felzarkozas-versenykepessegi-reformjai-es-fordulatai-2019-2030. pdf, téléchargé le 1er mars 2019.

90 Voir Ákos Szalai – Pál Péter Kolozsi, « Mit kell tennünk egy versenyképesebb magyar gazdaságért? Gondolatok a Magyar Nemzeti Bank *Versenyképesség és növekedés* című monográfiájával kapcsolatban » (Que devons-nous faire pour avoir une économie hongroise plus competitive ? Réflexions à propos de la monographie intitulée *Compétitivité et croissance* de la Banque Nationale de Hongrie), *Polgári Szemle*, 2016, année 12, nrs. 4–6, pp. 183–195 ; Pál Péter Kolozsi, « Hogyan törhetünk ki a közepes fejlettség csapdájából? » (Comment sortir du piège du développement moyen ?), *Pénzügyi Szemle / Public Finance Quarterly*, 2017, nr. 1, pp. 71–83.

des formes d'emploi atypiques (télétravail, travail à temps partiel) peuvent également être considérés comme des étapes vers l'emploi compétitif. La compétitivité des ressources humaines présuppose une formation et des soins de santé de qualité adéquate. Dans le domaine de l'éducation, certains progrès ont déjà été réalisés,[91] mais il ne fait aucun doute qu'il faut en faire davantage (par exemple, renforcer les programmes d'études axés sur le marché du travail et améliorer la qualité des compétences linguistiques). Fournir au système de santé hongrois des ressources supplémentaires et renforcer la prévention sanitaire à domicile sont également des priorités.[92]

Au-delà des conceptions de la banque centrale, il faut souligner que le redressement espéré de la compétitivité par les mesures ciblées n'est guère possible sans une forte correction des politiques des institutions fiscales et monétaires. La réorientation des revenus primaires vers les conditions du marché sera l'objectif de la politique fiscale et monétaire.[93] Un renouveau de la politique fiscale est possible grâce à une politique de subventions qui favorise la compétitivité du secteur des entreprises micro, petites et moyennes, qui dispose de réserves de potentiel pour contribuer à une économie nationale compétitive mais qui fonctionne encore de manière moins efficace, c'est-à-dire qu'il faut favoriser l'innovation, les fusions, la promotion des investissements et une formation continue plus intensive de leurs employés, tout en recourant à des instruments de régulation fiscale pour que les augmentations salariales soient de plus en plus soutenues par des gains de performance et d'efficacité. En d'autres termes, les augmentations salariales ne devraient plus être basées principalement (ou exclusivement) sur de nouvelles réductions d'impôts et des améliorations salariales obtenues par le biais d'accords salariaux nationaux (normatifs), mais sur la croissance des performances des entreprises et des employés, dans une mesure toujours plus grande et à un rythme toujours plus rapide. Les mesures unilatérales (expansionnistes) d'augmentation des revenus et de la demande salariale de la politique fiscale après 2010 devraient

91 En particulier l'introduction du modèle de la carrière d'enseignant et la mise en œuvre de la formation duelle.

92 C'est l'objectif de la nouvelle Stratégie nationale pour la jeunesse, qui vise à promouvoir la santé des jeunes en âge scolaire en utilisant les méthodes et les outils de l'accompagnement social en milieu scolaire. Sur l'aspect compétitivité d'une main-d'œuvre en bonne santé et sa principale toile de fond, un système « sain » de soins de santé, voir Csaba Lentner, « Az egészségügyi ellátórendszer mint új típusú versenyképességi tényező a konvergenciaprogram tükrében » (Le système de soins de santé comme nouveau type de facteur de compétitivité à la lumière du Programme de convergence), *Orvosi Hetilap*, 2007, année 148, nr. 2, pp. 71-76.

93 La gestion de la crise s'est concentrée sur les « effets bénéfiques ». Comme l'ont si bien dit les Américains, la Réserve fédérale (la Fed) a « jeté de l'argent du bord d'hélicoptères », c'est-à-dire qu'elle a acheté les créances douteuses des banques commerciales à leur valeur nominale, et a poursuivi intensivement l'assouplissement quantitatif (QE), tandis que le gouvernement s'est concentré sur la stimulation de la demande solvable (par exemple, les programmes d'échange de voitures d'occasion). Ces pratiques se sont étendues à d'autres banques centrales et gouvernements dans le monde. Toutefois, ces processus de « soutien » s'estompent au fur et à mesure que la crise est résolue et que ses effets s'estompent. Ramener les acteurs aux conditions du marché est une tâche « récente » pour ces économies de marché, dont la Hongrie.

être basées sur les performances. L'ère de la politique monétaire qui favorisait les acteurs du marché qui ont été « lésés » par la crise est en train d'être remplacée par une lente évolution des pratiques monétaires vers un rôle classique de banque centrale, qui ramène les acteurs du marché aux conditions du marché en temps utile et de manière appropriée. Les taux d'intérêt à zéro ou presque (mais toujours positifs) ont modifié la relation entre les clients et les banques commerciales, ainsi que la relation habituelle entre les dépôts et l'épargne dans le monde entier, y compris en Hongrie. Les conséquences de cette situation se font encore sentir aujourd'hui, car la hausse des revenus des ménages n'a que des effets limités sur les dépôts bancaires et les segments du marché des capitaux,[94] cependant qu'elle se manifeste d'une façon plus spectaculaire sur le marché des obligations d'État (où les taux d'intérêt sont plus élevés). L'amélioration de la compétitivité de l'économie nécessite donc des efforts supplémentaires, notamment pour mettre l'accent sur le lien entre l'accumulation continue de l'épargne et l'amélioration de la compétitivité.[95] À cet égard, des résultats satisfaisants n'ont pas encore été obtenus. Le système institutionnel pour répondre à ces besoins reste à mettre en place, ce qui sera probablement reporté à la prochaine décennie.

Une accumulation élevée et bien structurée de capitaux est essentielle pour une convergence réussie et constitue donc l'une des clés de la compétitivité des entreprises. Cette mesure est soutenue par la réduction de l'impôt sur les sociétés, auparavant progressif – à 10 et 19 % – à un taux uniforme de 9 % à partir de 2017, et par l'assouplissement des conditions d'éligibilité aux options d'imposition simplifiée et réduite des petites entreprises (*kata*, *kiva*) à partir de 2017. Un domaine stratégique en termes de qualité du capital physique accumulé est la recherche et le développement des entreprises.

94 Sur les effets négatifs d'une formation insuffisante de dépôts des ménages et d'un excès de liquidités, voir Ernő Huszti, « "Tetraéder-hatás" – a jegybanki alapkamat, a készpénzállomány, a lakossági betétek, a hitelkihelyezés és a seigniorage közötti összefüggések Magyarországon » (L'« effet tétraèdre » – la relation entre le taux de base, les liquidités, les dépôts des particuliers, les prêts et le seigneuriage en Hongrie), *Pénzügyi Szemle,* 2018, année 63, nr. 4, pp. 441–454.

95 Étant donné que les problèmes démographiques, ceux du marché du travail et les faiblesses de compétitivité du secteur des PME ne seront pas résolus du jour au lendemain, et que les paiements du budget commun de l'UE sont bloqués et même perdus (en raison des différends entre le gouvernement et l'UE), il est conseillé de mobiliser les ressources du secteur privé et du secteur bancaire pour stimuler les investissements dans l'économie hongroise à l'avenir. Les liquidités des ménages sont passées de 2240 milliards de forints en 2010 à 4959 milliards en 2018, et les titres publics de 10 437 milliards à 21 606 milliards. Le ratio prêts/dépôts du secteur bancaire était de 70 % en 2018, contre 160 % en 2009. D'une part, le secteur bancaire n'a pas besoin de financement étranger, et ses liquidités sont encore importantes. Il convient de canaliser ces ressources libres dans le circuit économique, le gouvernement identifiant de nouveaux objectifs d'investissement productif et la banque centrale ouvrant une nouvelle boîte à outils en termes de création de dépôts, d'épargne, de prêt et de politique de taux d'intérêt. Avec des objectifs d'inflation de 3,1 % en 2019 et de 3 % en 2020, on ne peut pas supposer que le taux de base de 0,9 % soit viable à long terme. Le faible taux de base actuel (0,9 %) façonne également les taux de dépôt sur la base de la transmission monétaire, mais avec des taux de dépôt bancaires bas et des coûts de retrait élevés, il ne vaut pas la peine de déposer son épargne auprès des banques, ce qui prive les banques et l'économie nationale d'importantes ressources – potentielles – de développement. Source des données et de la logique du tétraèdre : Ernő Huszti, *op. cit.*

L'expérience internationale suggère que le piège du développement moyen peut être évité en améliorant la capacité d'innovation, domaine dans lequel la Hongrie soutient la comparaison avec ses concurrents d'Europe centrale et orientale, mais accuse un retard par rapport à la moyenne de l'UE, et où de nouvelles mesures de stimulation pourraient être nécessaires.

Un État compétitif repose sur une petite administration et un système institutionnel efficace et transparent. Le gouvernement a pris un certain nombre de mesures pour remédier à ce problème (réformes structurelles), et l'accent accru mis sur le développement économique et la compétitivité dans l'utilisation des fonds de l'UE, qui peut garantir que les apports de ressources soutiennent directement une croissance durable, constitue également une mesure importante d'efficacité. Le système de contrôle des finances publiques a été renforcé pour garantir l'efficacité et l'efficience du fonctionnement de l'État, ce qui revêt une importance particulière. Il est également nécessaire d'accélérer davantage le fonctionnement de l'administration publique, d'améliorer les services d'utilité publique et d'accroître l'absorption et l'efficacité des fonds européens.

Après 2013, la Banque Nationale de Hongrie a pris un certain nombre de mesures pour renforcer la compétitivité du système financier et bancaire et développer un système bancaire sain et compétitif.[96] Parmi ces mesures, il convient de souligner la suppression progressive des prêts en devises aux ménages,[97] le programme d'autofinancement, la réglementation macroprudentielle, le Programme de prêts à la croissance et le Programme de prêts aux marchés. Outre les effets macroéconomiques décrits ci-dessus, le tournant de la politique monétaire a également renforcé indirectement le système bancaire lui-même, ce qui a contribué à une amélioration substantielle de la rentabilité des banques. Le rendement des actifs (ROA) et le rendement des fonds propres (ROE) se sont tous deux nettement améliorés en 2015, c'est-à-dire après les règlements liés aux prêts en devises des particuliers.

Le lancement du programme de développement de la bourse par la Bourse de Budapest au printemps 2016 a été une étape importante du point de vue de la compétitivité du système financier dans son ensemble, qui augmentera le rôle du financement par actions chez les entreprises hongroises, en complément des prêts bancaires.[98]

96 Márton Nagy – Balázs Vonnák, « Egy jól működő magyar bankrendszer 10 ismérve » (10 critères d'un système bancaire hongrois efficace), Publication des la Banque Nationale de Hongrie, 2014, https://www.mnb.hu/letoltes/egy-jolmukodo- magyar-bankrendszer-10-ismerve.pdf, téléchargé le 21 septembre 2018.

97 Pál Péter Kolozsi – Ádám Banai – Balázs Vonnák, « A lakossági deviza-jelzáloghitelek kivezetése: időzítés és keretrendszer » (L'élimination progressive des prêts hypothécaires résidentiels en devises étrangères : calendrier et cadre de travail), *Hitelintézeti Szemle,* 2015, année 14, nr. 3, pp. 60–87. o

98 Sur une réglementation alignée sur les objectifs du modèle d'État actif des marchés boursiers, voir Bianka Parragh – Richárd Végh, « Megújuló állam – megújuló tőkepiac. A gazdaságösztönzés új dimenziói » (État renouvelable – marché des capitaux renouvelables. Nouvelles dimensions de la stimulation économique), *Polgári Szemle,* 2018, année 14, nrs. 4–6.

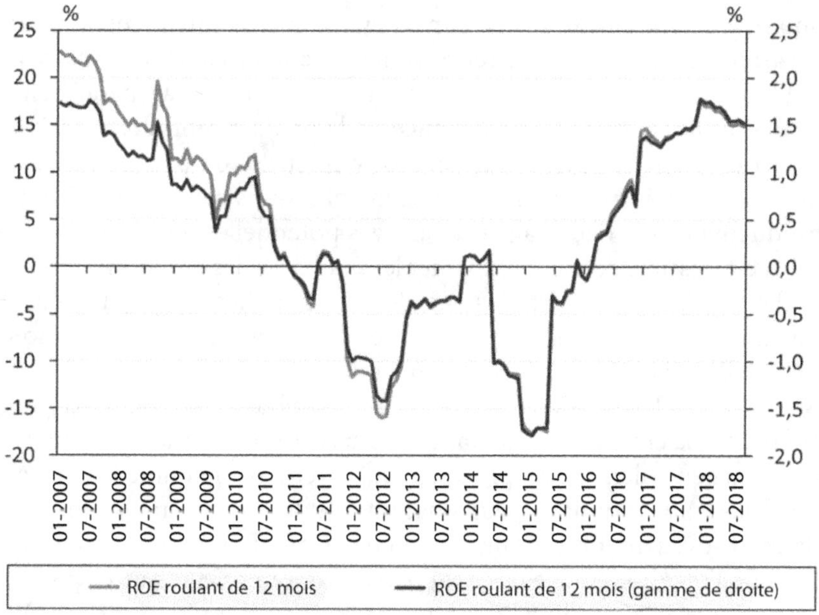

Figure 24 : rendement des fonds propres et rendement des actifs du secteur des établissements de crédit
Source : Banque Nationale de Hongrie, 2018

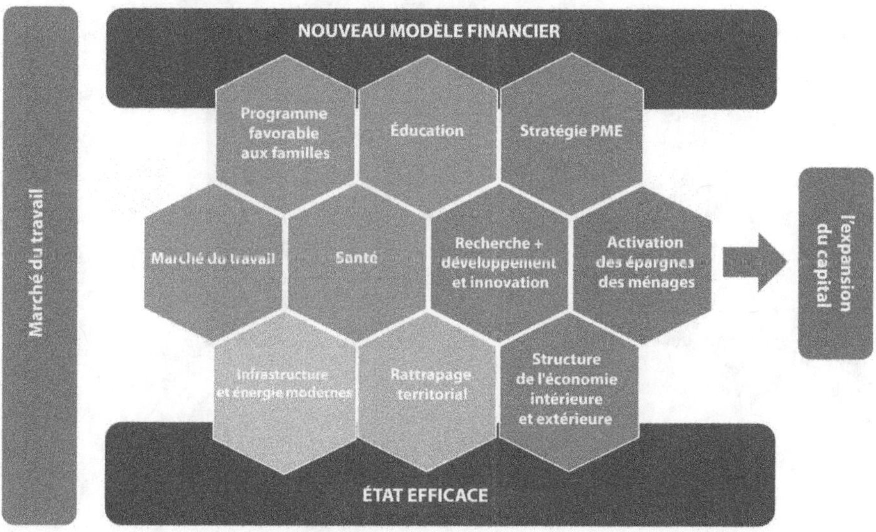

Figure 25 : les domaines prioritaires du tournant de compétitivité
Source : Banque Nationale de Hongrie[99]

Un rattrapage durable peut être réalisé en augmentant la capacité d'adaptation à l'intelligence artificielle, à la robotique, aux nouveaux centres de pouvoir

[99] Banque Nationale de Hongrie, « 180 lépés a magyar gazdaság fenntartható felzárkózásért – műhelymunka » (180 pas en avant pour le rattrapage durable de l'économie hongroise), juillet 2018.

économique mondiaux, et par la participation à la concurrence pour la main-d'œuvre qualifiée. Si le redressement de la croissance après 2013 a été obtenu en mobilisant les réserves du marché du travail parallèlement au programme de prêts à la croissance de la banque centrale, les gains de compétitivité attendus de la phase à forte intensité de connaissances qui s'annonce sont désormais fondamentalement induits par l'augmentation de la productivité et le déblocage des réserves potentielles dans le secteur des PME. Il est possible de mieux exploiter les avantages des économies d'échelle, en aidant le secteur des PME à accéder aux marchés, en garantissant un meilleur approvisionnement en ressources, ce qui peut permettre de monter d'un cran dans la chaîne de production.

Selon la loi Kaldor-Verdoorn,[100] dans la phase de reprise du cycle économique, la croissance économique et la croissance de la productivité du travail sont généralement des processus qui se renforcent mutuellement, où le secteur des PME nationales peut jouer un rôle dominant, employant 71,6 % de la main-d'œuvre, produisant 46,5 % de la valeur ajoutée et investissant 50,7 % de l'investissement national dans l'économie. Une autre spécificité du secteur des PME nationales est que 94 % de ses activités sont liées à des propriétaires nationaux. Le faible niveau de productivité des PME par rapport aux grandes entreprises est déjà évident dans les séries de données.

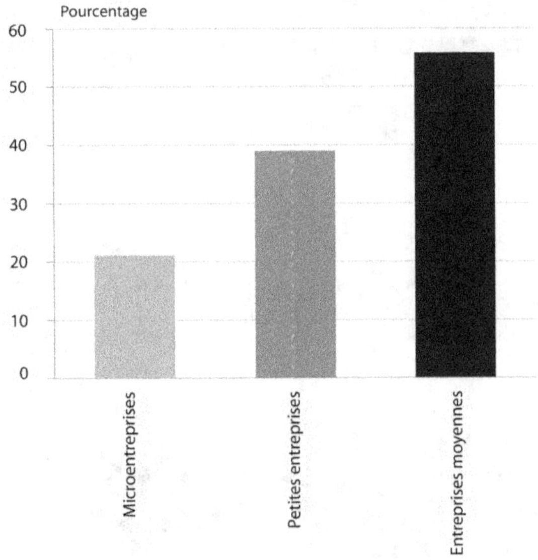

Figure 26 : Comparaison de la productivité des entreprises micro, petites et moyennes de Hongrie avec celle des grandes entreprises hongroises
Source : Banque Nationale de Hongrie, 2018

100 Pour une mise en contexte, avec un exemple américain, voir Concetta Castiglione, « Verdoorn – Kaldor's Law: an Empirical Analysis with Time Series Data in the United States », *Advances in Management & Applied Economics*, 2011, année 1, nr. 3, pp. 135–151.

Des niveaux de productivité inférieurs s'accompagnent de salaires inférieurs, de sorte que ceux-ci offerts par les petites entreprises ne peuvent être améliorés que par un processus de concentration au sein du secteur. Lorsque la taille des entreprises augmente, la productivité et les salaires devraient s'améliorer. La raison du lancement de ce processus est que le secteur hongrois des PME se trouve dans une position moins favorable que ses homologues internationaux. Un moyen possible d'augmenter la production de produits supplémentaires destinés aux marchés internationaux et de faire face à la concurrence internationale est d'améliorer les économies d'échelle par le biais de fusions et d'acquisitions.[101]

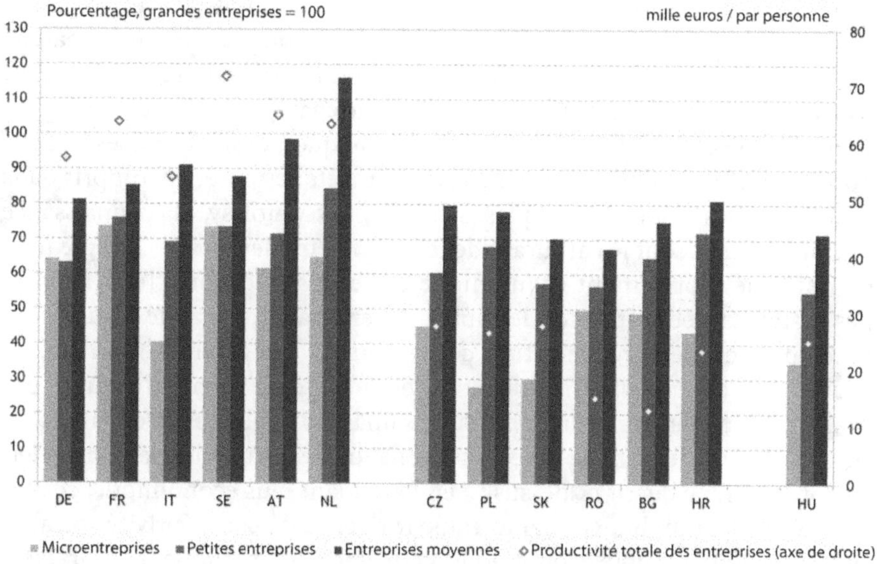

Figure 27 : productivité des groupes sectoriels des PME en comparaison internationale
Source : EUROSTAT, 2015

Les problèmes d'efficacité liés à la taille des entreprises peuvent être surmontés par des mesures fiscales et monétaires globales qui peuvent faire du secteur des PME un secteur dominant et compétitif de l'économie nationale, surtout s'il peut augmenter sa production et son efficacité.

Dans la première moitié des années post-2010, la gouvernance économique s'est concentrée sur l'assainissement budgétaire, puis sur la consolidation des

[101] Étant donné que les grandes entreprises ont une productivité plus forte et des revenus plus prévisibles, elles peuvent investir davantage dans la formation de leur main-d'œuvre et dans l'innovation technique, ce qui leur permet de maintenir leur position sur le marché. Dans la pratique hongroise actuelle, le paiement des salaires dans les entreprises internationales ne pose aucun problème, alors que dans une petite entreprise, la gestion d'une augmentation obligatoire du salaire minimum peut poser des difficultés.

détenteurs de revenus primaires, et enfin sur la croissance économique. La réussite du redressement de la compétitivité, avec des chiffres de croissance (autour de 4-5 %) réalisés d'ici la fin 2018 et le maintien de la stabilité financière sont les éléments clés qui maintiendront la performance et le dynamisme de l'économie hongroise.

En 2007, j'ai défini trois facteurs fondamentaux, dérivés empiriquement, de la compétitivité de la Hongrie, au-delà des mécanismes fiscaux et monétaires qui « coordonnent » les facteurs de compétitivité.[102] 1) Un système de finances publiques compétitif qui assure la stabilité, la prévisibilité, les incitations à la croissance et à l'augmentation des revenus. 2) Une main-d'œuvre compétitive et saine, formée pour l'intégration au marché du travail. 3) Une main-d'œuvre compétitive et en bonne santé, avec un système de soins de santé organisé de manière optimale pour assurer sa présence à long terme sur le marché du travail. Tous ces éléments et facteurs de compétitivité faisaient défaut en Hongrie au cours des décennies qui ont suivi le changement de régime. Après 2010, avec la consolidation des finances publiques, des entreprises et de la population, la stabilité du système financier a été restaurée, y compris dans le domaine des finances publiques. Selon György Matolcsy, « la connaissance et l'information sont le carburant de l'économie moderne ».[103] Compte tenu de notre développement économique et de nos traditions, l'état attendu des systèmes d'éducation et de santé sera en grande partie le résultat des fonds publics, de la réaffectation des ressources budgétaires et du ciblage correct de ces ressources. L'éducation et la santé de la main-d'œuvre ont également un effet d'entraînement sur les finances publiques et, en fait, sur la compétitivité de l'ensemble de l'économie nationale. En développant le modèle de compétitivité décrit ci-dessus,[104] en le rendant plus économique, c'est-à-dire dépendant du budget, j'ai formulé l'exigence de compétitivité sociale à côté de la compétitivité économique, cette dernière impliquant le caractère indispensable d'une main-d'œuvre (réelle et potentielle) correctement motivée et capable d'innover, d'influencer les affaires publiques, de se renouveler continuellement. L'effet d'entraînement (*spillover effect*) entre les domaines de compétitivité économique et sociale crée des synergies.

Ainsi, dans la philosophie économique et les mesures concrètes après 2010, les positions sociales au sens classique, telles que l'amélioration de la situation démographique, l'amélioration de la qualité des systèmes d'éducation et de soins de santé, donc l'amélioration générale de la santé et des compétences

102 Csaba Lentner, « A magyar nemzetgazdaság versenyképességének új típusú tényezői » (Les facteurs d'un type nouveau de la compétitivité de l'économie hongroise), in *Pénzügypolitikai stratégiák a XXI. század elején* (Stratégies de politique financière au début du 21e siècle), Akadémiai Kiadó, 1997, pp. 271–297.

103 György Matolcsy, *Sokk vagy kevés* (Choc ou trop peu ?), Kairosz, 1998, p. 49.

104 Csaba Lentner, « A demokrácia pénzügyi csapdája » (Le piège financier de la démocratie), *Polgári Szemle*, 2007, année 3, nr. 2, pp. 30-44. Dans ce travail, je décris les mesures gouvernementales (restrictives) qui peuvent réduire la demande de solvants comme un élément négatif pouvant réduire la compétitivité sociale (les attitudes innovantes).

de la main-d'œuvre, se reflètent d'une manière plus directe. Alors qu'il y a plusieurs décennies, les objectifs de la politique économique étaient la privatisation et la déréglementation – et que plus tôt, dans l'économie planifiée, on avait annoncé par exemple le programme Éocène et le développement de systèmes industriels dans l'agriculture –, aujourd'hui, ils consistent à augmenter le nombre et surtout la qualité de la main-d'œuvre qualifiée, à accroître la base de capital de connaissances des stratégies industrielles axées sur l'exportation, à façonner un mix énergétique efficace et à construire des infrastructures modernes. La mise en œuvre efficace de ces nouvelles priorités constituera la base d'un redressement de la compétitivité, c'est-à-dire la capacité et la possibilité de rattraper les économies de marché avancées occidentales.

CHAPITRE 7
En guise de synthèse théorique et systématologique

Dans le dernier chapitre, je tente de systématiser brièvement les réalités fiscales et monétaires d'environ un siècle et demi d'une économie sous l'influence active de l'État, tout en soulignant l'importance d'une discipline budgétaire et d'une pratique et d'une pensée institutionnelle de la banque centrale en « coopération de principe » avec celle-ci. Dans le premier sous-chapitre, j'aborde certains des principaux angles théoriques des aspects économiques de l'action de l'État. La théorie et la pratique des finances publiques de la période dualiste, qui peut être considérée comme le berceau du capitalisme hongrois (contrôlé par l'État), sont également exposées et font même l'objet d'une attention particulière en tant qu'« antécédent intellectuel » de l'ère actuelle (post-2010), et ses normes théoriques sont appliquées aux réalités de nos jours. Je n'ai pas l'intention ici d'établir un classement d'efficacité entre les différentes périodes de l'histoire économique, mais l'annexe à la fin du livre fournit des séries chronologiques plus longues compte tenu de l'intérêt attendu de la recherche.[1]

7.1 SUR LES PRINCIPES ÉCONOMIQUES CLASSIQUES, LES EXIGENCES GÉNÉRALES ET LE MODE OPTIMAL DU FONCTIONNEMENT DE L'ÉTAT, EN RELATION AVEC L'INFLUENCE ACTIVE EXERCÉE PAR L'ÉTAT

7.1.1 D'Adam Smith à John M. Keynes

Les circonstances et les aspects scientifiques de la mise en place de l'actuel système hongrois de finances publiques s'expliquent par trois facteurs principaux. Il s'agit d'abord de la tradition historique de gestion économique avec un rôle actif de l'État, dont la formation s'est accélérée et a connu le succès à l'époque dualiste sous la forme d'un mode de production capitaliste contrôlé par l'État. Deuxièmement, il faut parler des nouvelles règles financières et fiscales et les pratiques « non conventionnelles » des banques centrales dans

[1] Ces indicateurs macroéconomiques à long terme sont basés sur des données vérifiées de l'Office central des statistiques et d'autres sources, qui peuvent différer de celles présentées dans d'autres rapports de recherche.

le monde, qui témoignent également d'un rôle plus important de l'État après les années de crise initiales de 2007-2008, et troisièmement, de l'attente sociale selon laquelle en raison du comportement des acteurs du marché provoquant la crise l'État devrait réguler le marché, limiter la recherche du profit et ainsi éviter les chocs sociaux,.[2] Comme chacun de ces points d'alignement est centré sur l'émergence d'un rôle actif de l'État, d'un processus de réflexion institutionnelle et d'une régulation accrue,[3] il est pertinent d'exposer certaines idées clés sur la spécificité du fonctionnement de l'État et de son organisation en fonction du marché.[4]

Péter Szilágyi[5], citant dans son étude les travaux fondamentaux de Hermann Heller[6], définit la loi fondamentale de l'économie capitaliste d'après Weber comme la possibilité de satisfaire les besoins, de les couvrir exclusivement en s'orientant vers les opportunités du marché et la rentabilité. Sur cette base, écrit-il, le capitalisme avancé n'existe que là où chaque grande entreprise économique qui couvre les besoins quotidiens suit le principe de la gestion optimale par la rentabilité et se base donc sur un calcul rationnel du capital, qui à son tour ne se déploie que si les processus d'échange de la société capitaliste sont totalement libres, sans contraintes et donc sans influences politiques, restrictions étatiques ou régulateurs.[7] Cet « état idyllique », tel qu'il est décrit, se produit cependant rarement dans la pratique des économies de marché, tout au plus dans l'Empire britannique de l'époque d'Adam Smith. Selon Szilágyi, il faut tenir compte du fait que « dans la réalité sociale, les causes

2 Soulignons ici le « tollé » des prêteurs à risque aux États-Unis après le déclenchement de la crise, la création de la commission d'enquête du Congrès, ses principales conclusions et les éléments de réglementation de la loi Dodd-Frank. Csaba Lentner, « A banktan, bankszabályozás rendszere, keretei » (Système et cadres de la réglementation bancaire », *in Bankmenedzsment, bankszabályozás, pénzügyi fogyasztóvédelem* (Management et réglementation bancaires, protection financière des consommateurs), 2013, pp. 39–65, 70–80 ; Csaba Lentner, « A túlhitelezés globalizálódása a világban és Magyarországon » (La globalisation de la surcréditation dans le monde et en Hongrie), in *A devizahitelezés nagy kézikönyve* (Grand manuel des prêts en devises), 2015, pp. 24–35 ; pour des développements similaires en Hongrie, dans un contexte international, voir Csaba Lentner, *ibidem* (2013), pp. 27-86 ; Csaba Lentner, *ibidem* (2015), pp. 23-62. Dans le sillage de la crise, la protection des intérêts des consommateurs par rapport aux institutions du marché est devenue plus importante non seulement dans le secteur bancaire, mais aussi dans un contexte plus large. Voir Judit Fazekas, « A fogyasztóvédelem aktuális kérdései » (Questions actuelles de la protection des consommateurs), in *Harmincnegyedik Jogász Vándorgyűlés* (Trente-quatrième congrès ambulant de juristes), dir. Ilona Benisné Győrffy, Association des juristes hongrois (Publication de la conférence), 2012, pp. 65–81.

3 Pál Péter Kolozsi, « Közgazdaságtani megújulás: a történelem és az intézmények jelentősége » (Renouveau de la science économique : l'histoire et l'importance des institutions), *Közgazdaság*, 2018, année 13, nr. 4, pp. 84-92.

4 L'auteur est partisan d'un modèle étatique fondé sur l'influence de l'État sur l'économie (« étatisme »). Ainsi, ce chapitre se concentre surtout sur les questions spécifiques d'une plus forte implication de l'État, également pour des raisons d'espace.

5 Péter Szilágyi, (2005): « Állam és gazdaság Hermann Heller államelméletében » (État et économie dans la thérie de l'État de Hermann Heller), in *Gazdaság és jog. Szakács István ünnepi tanulmánykötet* (Économie et droit. Études présentées en hommage à István Szakács), dir. Judit Steiger, ELTE, pp. 126–134.

6 Hermann Heller, *Staatslehre*, A. W. Sijthoff 's Uitgeversmij N. V. Leien, 1934 ; *Die politischen Ideenkreise der Gegenwar*, Verlag, Breslau, Ferdinan Hirt, 1926.

7 Péter Szilágyi, art. cit., p. 133.

économiques ont des conséquences politiques », mais « il existe également une relation de causalité inverse. Cependant, la rentabilité optimale n'a essentiellement rien à voir avec la loi de la coopération sociale territoriale. Il va sans dire que l'État doit également gérer. Mais les finances de l'État ne sont pas gérées par le pouvoir économique, mais par le pouvoir politique. Le marché doit suivre le principe du *do ut des*, de l'échange, tandis que l'État peut et doit imposer des performances unilatérales par le biais de taxes, de tarifs, etc. N'importe quel budget de l'État montre que l'économie publique ne vise pas exclusivement, et dans la plupart des cas pas même de manière décisive, une rentabilité optimale ».[8] Une autre thèse de l'étude citée peut également être acceptée, à savoir que les effets des fonctions du marché sur les institutions et les acteurs politiques doivent être freinés et, si nécessaire, corrigés. « La raison d'État et la raison économique seront toujours différentes. Chaque État, même le plus capitaliste, doit toujours utiliser l'économie comme un moyen de parvenir à ses propres fins, en raison de sa propre fonction nécessaire. Chaque État doit, pour des raisons existentielles, restreindre les échanges économiques, freiner ou éliminer la libre concurrence. La nécessité pour l'État de réguler l'économie selon des considérations non économiques découle avant tout de la nécessité d'un ordre étatique général dans un domaine déterminé […] La libre circulation économique peut créer un ordre de marché, mais jamais un ordre juridique ou une sécurité juridique. »[9]

Il convient toutefois de distinguer les pays développés des pays émergents en termes d'implication optimale de l'État dans le mode de production capitaliste. Dans l'histoire et le développement des économies nationales, il y a toujours des pays qui, en raison d'opportunités favorables, sont en avance ou ont un avantage grâce à leur organisation et leur diligence, tandis que les autres se sentent toujours obligés de rattraper leur retard. Ces deux groupes de pays peuvent sympathiser (ou flirter) avec une philosophie économique similaire, mais ils ne peuvent pas appliquer des mécanismes de gouvernance similaires, car cela laisserait les pays émergents à la traîne.[10] Les « incitations » étatiques minimales – limitées ici à la question de l'influence de l'État – et les cadres réglementaires (rôle de veilleur de nuit) appliqués par les pays développés ne sont pas suffisants pour un pays souhaitant rattraper son retard en matière de développement économique et social. Une entreprise d'un pays moins développé (ou sous-développé) peut difficilement concurrencer un producteur d'un pays développé sans le soutien de l'État (« attention de l'État »). L'économie d'un pays développé produit à meilleur marché, possède une meilleure connaissance du marché, de meilleures infrastructures, de meilleurs systèmes de vente, des prix plus élevés, une meilleure qualité des

8 *Ibidem.*

9 *Ibidem*, p. 134.

10 L'évaluation (« académique ») des conditions de développement exige une optique plus large que l'évaluation du développement économique. Voir Tamás Szentes, *Fejlődés-gazdaságtan* (La science économique du développement), Akadémiai Kiadó, 2011.

produits, des relations institutionnelles plus « soignées », tandis que l'État est « autosuffisant » et fournit des conditions efficaces pour le bon fonctionnement du marché. Il est donc justifié que les pays moins développés aient recours à quelque chose de « supplémentaire », qui – sur une base d'exclusion – ne peut être que l'utilisation de l'influence de l'État, le protectionnisme, les commandes de l'État, les prêts bancaires pour les développements risqués, c'est-à-dire des processus fortement gérés et contrôlés, évidemment dans les limites de la rationalité. Autrement dit, « le principe du laisser-faire ne se justifie qu'aussi longtemps que le développement naturel est possible [...] Dans les pays qui restent en arrière, les obstacles au développement sont si importants qu'il est difficile d'imaginer comment ils peuvent être surmontés sans la participation active de l'État [...] Dans des circonstances normales, l'activité privée n'est pas très proactive dans notre pays, mais avec des incitations, ou même lorsque les difficultés initiales de l'initiative auront été surmontées, nous serons nous aussi proactifs. »[11]

De la même manière – en s'inspirant de l'analogie de la construction du capitalisme hongrois à l'époque du dualisme – les acteurs du marché comptent également sur le renflouement de l'État en cas de crise ou de récession.[12] En d'autres termes, pour que l'influence de l'État soit efficace afin de promouvoir le rattrapage et de « surmonter » la crise du marché, l'État a besoin d'un excédent budgétaire, de ressources « organisées », d'une volonté de soutien et, en plus des mécanismes fiscaux, d'autres instruments de financement générés par l'État, tels que les instruments de la banque centrale, qui donnent l'« impulsion » initiale ou qui soutiennent les acteurs du marché qui se trouvent devant des difficultés susceptibles de déclencher une crise économique nationale. L'essence des politiques économiques de rattrapage et de sortie de crise se trouve dans l'implication accrue de l'État, qui n'est pas intemporelle mais donne une impulsion initiale pour « mettre en concurrence les acteurs du marché ».[13] Les réflexions de List à l'époque

11 Comte Jenő Zichy, *Emlékirat a magyar ipar fejlesztése érdekében* (Mémoire dans l'intérêt du développement de l'industrie hongroise), Budapest, 1880, pp. 15–16, 32, 43.

12 Sur les instruments classiques d'une économie de marché émergente, voir Friedrich List, *Das nationale System der politischen Ökonomie*, Stuttgart–Tübingen, 1841. Cf. Adam Smith, *The Wealth of Nations*.

13 Pour les politiques de rattrapage ou la gestion des crises, il est possible d'utiliser des ressources externes, par exemple celles de la Banque mondiale et du Fonds monétaire international, mais celles-ci ont tendance à affaiblir l'autonomie nationale en matière de politique économique et ont également été critiquées au cours des dernières décennies, principalement pour leur caractère trop normatif. Voir par exemple György Szakolczai, « Az IMF és a magyar rendszerváltozás » (Le FMI et le changement de régime en Hongrie), *XXI. század. Tudományos közlemények*, 2013, nr. 29, pp. 79–92, http://epa.oszk.hu/02000/02051/00029/pdf/EPA02051_TK_2013_29_079-092.pdf, téléchargé le 23 janvier 2019 ; E. Joseph Stiglitz, *Globalization and Discontents*. Penguin Group, 2004, 288 p. Toutefois, il est important de noter qu'il existe de nombreux arguments positifs en faveur du fonctionnement des institutions financières internationales, y compris dans le cas de la Hongrie. Voir Gusztáv Báger, *Magyarország integrációja a nemzetközi pénzügyi intézményekbe* (L'intégration de la Hongrie dans les institutions financières internationales), Akadémiai Kiadó, 2011 ; György Csáki, *Mit kell tudni a Nemzetközi Valutaalapról és a Világbankról* (Que doit-on savoir du Fonds monétaire international et de la Banque mondiale), Kossuth, 1988.

illustrent l'importance de la capacité organisationnelle de l'État pour faire face aux faiblesses économiques : « entre deux nations bien avancées sur le plan culturel, la libre concurrence ne pourrait avoir un effet bénéfique pour l'une et l'autre que si elles se trouvaient à peu près au même stade de développement industriel [...] d'autre part, les nations qui sont très en retard dans l'industrie, le commerce et la navigation, si elles ont, en outre, des moyens intellectuels et matériels sûrs pour les développer, surtout en exerçant leur propre force, elles doivent pouvoir se mettre en libre concurrence avec les nations plus avancées ».[14] Les réflexions de List montrent clairement, et c'est encore évident aujourd'hui, que pour développer une économie de marché émergente ou pour résoudre la crise de n'importe quel pays dans un système de marché, les aides d'État[15] ne peuvent qu'être « aides » et, par conséquent, ne sont pas toujours applicables.[16] Une intervention excessive qui n'améliore pas les performances économiques n'est pas souhaitable, tandis qu'une intervention rationnelle qui favorise le développement et, si nécessaire, la consolidation, l'est. « L'État a le devoir de faire ce qui dépasse les limites de l'activité privée, mais pas tout pour tout le monde ».[17]

Bien que l'on se souvienne surtout de l'ouvrage très cité d'Adam Smith, *La Richesse des nations*, pour sa « main invisible »[18], Smith a également présenté la fonction économique de l'État en termes positifs.[19] « Le monarque

[14] Voir List, *op. cit.*, p. 5.

[15] Une manifestation spécifique des aides d'État (à mon sens et à cet égard) est le syndrome de la limite budgétaire souple, défini et critiqué par János Kornai, qui a prévalu en Hongrie dans l'économie planifiée, surtout dans la phase du socialisme de marché, dans la transition vers l'économie de marché et dans l'immédiat après-2010. À mon avis, en période de rattrapage ou de sortie de crise, l'État cherche à se décharger de ses responsabilités en renflouant les entreprises en faillite, car c'est la responsabilité de l'État pour la politique économique erronée et mal choisie qui a – dans une large mesure – mis les entreprises en faillite. L'État intervient donc en partie pour éviter la faillite d'entreprise (faillite de masse) qui est le résultat de ses propres mécanismes de prise de décision irresponsables et médiocres. En renflouant ses entreprises en faillite, elle se libère essentiellement de nouvelles difficultés. Cela ne signifie pas, comme l'admet János Kornai, que les entreprises et les banques qui font constamment des erreurs de gestion doivent être renflouées par l'État, mais simplement que la politique économique est responsable et tenue de rétablir la situation.

[16] Voir les conditions économiques de l'Allemagne fragmentée depuis la féodalité jusqu'à l'époque de List, l'état de compétitivité des forces productives et des entreprises, et le rattrapage ultérieur des entreprises britanniques grâce au redressement économique du pays. Dans le même ordre d'idées, il est également important de souligner que dans le cas de la Hongrie, qui passait d'une économie planifiée à une économie de marché, la « réduction » de l'implication de l'État (dans la politique fiscale et de refinancement, ainsi que sur le plan réglementaire) était prématurée, ce qui a eu pour conséquence que le pays est resté loin derrière l'état de développement de l'UE, et que ses entreprises orientées vers l'intérieur sont restées non compétitives. Une pratique y a été mise en œuvre qui était à l'opposé de la conception de développement de List.

[17] Menyhért Lónyay, *Közügyeinkről. Nézetek Magyarország pénzügyi állapotáról* (Sur nos affaires publiques. Avis sur l'état financier de la Hongrie), Ráth Mór (Athenaeum), 1873, pp. 16 et 49.

[18] Pour un contexte d'histoire des sciences, voir Aladár Madarász, « A láthatalan kéz. Szemelvények egy metafora történetéből » (La main invisible. Chapitres de l'histoire d'une métaphore), *Közgazdasági Szemle*, année LXI, juillet-août 2014, pp. 801-844.

[19] Smith est connu de beaucoup comme l'auteur d'« un seul livre », mais une connaissance approfondie de l'ensemble de son œuvre et de l'époque permet de répondre aux critiques dont il fait l'objet, lui reprochant son incapacité à faire de l'économie une science capable de décrire les comportements

a trois devoirs à garder à l'esprit. [...] Premièrement, le devoir de protéger la société contre la violence et l'intrusion d'autres sociétés indépendantes. Deuxièmement, le devoir de protéger, dans la mesure du possible, chaque membre de la société contre l'injustice ou l'oppression de tout autre membre, ou encore, le devoir d'établir une administration impeccable de la justice ; et troisièmement, le devoir d'établir et de maintenir certains établissements publics et certaines institutions publiques, dont la création et le maintien ne peuvent jamais être dans l'intérêt d'un ou de plusieurs individus, parce que les profits qu'ils génèrent ne peuvent jamais rembourser les dépenses d'un individu ou d'un petit groupe d'individus. »[20] Dans l'interprétation de Smith, la défense nationale est porteuse de graves conséquences organisationnelles économiques (civiles), et la justice interne n'est pas non plus un rôle de « vitrine » pour l'État, car c'est un rôle qui garantit la structure économique et maintient ainsi l'ordre social, le système de division du travail et la production ininterrompue, tout comme la garantie des droits de propriété relatifs à la base technique et financière de la production est une tâche étatique. L'État organise également des travaux publics et maintient des institutions publiques, mais ces éléments et facteurs ne sont efficaces et efficients qu'entre les mains d'un État « fort », bien organisé, qui, selon Péter Ákos Bod[21], poursuit une politique mercantiliste dans l'intérêt de l'économie nationale. Pour Smith, les capacités (défense, administration, organisation des institutions publiques) avec lesquelles l'État peut contrecarrer les perturbations de la reproduction, et le faire efficacement, ne peuvent provenir que de la stabilité de son budget et de l'efficacité de son institution d'émission de billets de banque[22]. L'idée formulée à l'époque dualiste en Hongrie est toujours valable aujourd'hui : « Nos hommes d'État, qui estimaient que nous devions rattraper en peu de temps des siècles de négligence, étaient conscients dès le début que la société toute seule n'était pas capable de le faire, et que l'État avait un rôle beaucoup plus important à jouer en Hongrie que dans les États dont le développement était normal. L'État ne cherchait donc pas simplement à assurer l'état de droit et la libre circulation des forces sociales, mais intervenait activement dans les relations économiques. »[23]

---

humains est difficilement justifiable. Pour un contexte d'histoire des théories, voir D. John Mueller, *Redeeming Economics. Rediscovering the Missing Element*, ISI Books, 2010, 470 p.

20 Adam Smith, *Recherches sur la nature et les causes de la richesse des nations, 1776. (Notre traduction).*

21 Péter Ákos Bod, « Állami tulajdon, állami intervenció a mai tőkés gazdaságban » (Propriété d'État, intervention de l'État dans l'économie capitaliste d'aujourd'hui), *Tervgazdasági Közlemények*, 1986, nr. 5, pp. 50-66.

22 Pour en savoir plus sur la mesure de l'efficacité de l'intervention de l'État et sa littérature, voir László Vértesy, *Az állami beavatkozás joga és hatékonysága* (Le droit et l'efficacité de l'intervention de l'État), Nemzeti Közszolgálati Egyetem, 2014, 194 p.

23 Gyula Vargha, *A magyar hitelügy és hitelintézetek története* (L'histoire du crédit et des établissements de crédit de Hongrie), Pesti Könyvnyomda, 1896.

7.1.2 Sur les réalités hongroises pendant la période du dualisme et la construction de l'économie d'État

Quand l'État, durant la construction du capitalisme hongrois au 19e siècle, avait entre les mains les règles les plus importantes de la vie économique, il a également été capable d'influencer les relations de concurrence[24] et (je le mentionne comme une critique) de créer « dans intimité protégée par le pouvoir un compromis gentroïde »[25] qui a abouti à la perpétuation des traits féodaux-agraires, c'est-à-dire qu'elle a dissimulé la construction d'« une strate plus ou moins privée construite sur une base économique irréelle ».[26] Poursuivant la critique de l'historiographie marxiste, tout en lui reconnaissant une certaine véracité, il est important de souligner que les effets sociaux négatifs du dualisme se sont principalement fait sentir dans la question agraire non résolue, qui a conduit à l'émigration d'un million et demi de Hongrois en Amérique.[27] Mais un solide système de subventions affectées à l'industrie et à la construction et à l'exploitation des chemins de fer a transformé le système féodal en un système de marché, et le pays est passé d'une société d'ordres à une monarchie constitutionnelle. Farkas Heller considère qu'il est essentiel pour une économie fondée sur la propriété privée que, si la société se confie à la libre activité économique des individus, elle doit garantir que cette activité sera toujours exercée dans la mesure nécessaire pour assurer la sécurité de l'approvisionnement des besoins. Si les conditions économiques de la société doivent être créées par l'entreprise privée, il faut également s'assurer que l'activité individuelle sera dirigée vers toutes les branches de production dans la mesure nécessaire. Mais même cela ne suffit pas, écrit Farkas Heller, qui affirme que « l'entreprise privée ne peut être la base de l'économie sociale que si les producteurs individuels sont contraints d'échanger les biens produits, car ce n'est que de cette manière que l'on s'assure que l'un bénéficie également des biens produits par l'autre »[28]. En raison du sous-développement de la Hongrie, ces « éléments spontanés » d'institutionnalisation de la propriété privée auraient difficilement pu être réalisés, de sorte que l'intervention de l'État était nécessaire dans tous les domaines de la vie économique, ce qui a

24 Gyula Vargha, *op. cit.*

25 Endre Nagy, « Állami beavatkozás a monarchiabeli Magyarországon » (Intervention de l'État dans la Hongrie de l'époque de la Monarchie), in *Gazdaság- és Jogtudomány* (Économie et science juridique), Publication du IXe Département de l'Académie hongroise des sciences, 1977, XI, pp.112-113.

26 Endre Nagy, *op. cit.* Dans l'affirmation « la base économique irréelle », il y a une sorte de critique marxiste qui a cherché à nier les réalisations de l'État hongrois à l'époque du dualisme, mais le fait demeure que les problèmes sociaux et fonciers n'ont pas été résolus.

27 On peut citer à ce propos le poème intitulé « Hazám » (Ma Patrie) du poète Attila József (1937).

28 Farkas Heller, « Adalékok a magántulajdon közgazdasági szerepének kérdéséhez » (Contributions à la question du rôle économique de la propriété privée), *Magyar Társadalomtudományi Szemle*, 1909, pp. 89-107, 235-259. (Cité par László Tőkéczki dans *Magyar liberalizmus* [Libéralisme hongrois], p. 292.) Voir aussi Farkas Heller, *Közgazdaságtan* (Économie politique), année I : *Elméleti közgazdaságtan* (Économie théorique), 5e édition, Mérnök Továbbképzés Intézet, 1945 ; année II : *Alkalmazott közgazdaságtan* (Économie appliquée), 4e édition entièrement remaniée, 1947.

finalement créé des conditions de semi-marché, préservées par « l'approche de base » de la classe des propriétaires fonciers.[29] En raison de cette approche de base et de l'accumulation relativement limitée de capital qui en a résulté, le soutien de l'État est devenu indispensable à l'économie hongroise, qui est passée d'un mode de production féodal à un mode de production capitaliste. Mais pour nuancer les faits, et pour souligner le processus qui s'est déroulé, écrit Gusztáv Beksics, « un État agraire, indépendamment de toute autre chose, ne peut pas accumuler autant de capital que nécessaire aux fins de l'industrie. Il n'en a jamais collecté et nous n'en collecterons jamais, vu que l'accumulation du capital ne figure pas parmi nos principales vertus. »[30]

Ainsi, pour rattraper les pays développés, la conception de Beksics était que, d'une part, « nous devons faire tout ce qui est possible pour développer notre industrie par des moyens étatiques et sociaux » et, d'autre part, « le capital et l'expertise étrangers doivent donc créer des industries dans notre pays comme partout où ils en ont créé »,[31] ce qui est le cas encore aujourd'hui dans les pays économiquement retardés. Fonder la gestion économique de la Hongrie sur l'idée que « dans une économie totalement libre, il n'y a pas d'intervention financière »,[32] et façonner le système en conséquence, s'est avéré être une simple illusion aux 19e et 20e siècles. Pour citer Tivadar Surányi-Unger : « il est facile de voir que la plupart de nos services publics sont établis et maintenus sur la base de considérations de politique de pouvoir, de politique culturelle ou de politique sociale. Des considérations de défense, de sécurité publique et de morale figurent le plus souvent au premier plan. »[33] Très proche de la thèse smithienne (formulant le rôle économique de l'État sous une forme positive) et de la thèse d'Ákos Péter Bod, qui a défini le mercantilisme comme un moyen de développer l'économie nationale, elle fournit une base pratique et théorique qui peut être prise comme boussole et repère pour le présent. Pour une économie de marché naissante et émergente (et la Hongrie appartient à cette catégorie depuis le 19e siècle), un soutien efficace de l'État est indispensable. « L'octroi d'avantages est généralement une forme plus vigoureuse de soutien à la politique économique que la diffusion d'informations. Il ne suffit pas de stimuler par la simple information et la persuasion, mais de fournir une aide matérielle directe. »[34] En l'absence d'intervention de l'État, l'économie s'atrophiera et restera faible : « La propriété foncière hongroise est donc un bien honnête, mais non un trésor inépuisable, qui s'enrichira d'un peu d'aide de l'État, mais si l'État, sans aide, l'accable, elle sera affaiblie ou du moins ne s'élèvera pas au-dessus de son état actuel. Le propriétaire foncier hongrois

29 Endre Nagy, appuyé sur d'autres sources, est arrivé à la même conclusion. Voir *op. cit.*, pp. 85-114.

30 Gusztáv Beksics, *Új korszak és politikai programja* (La nouvelle époque et son programme politique), Athanaeum R. Társulat, 1889, p. 95.

31 Pour les citations suivantes, voir Gusztáv Beksics, *op. cit.*, p. 95.

32 Tivadar Surányi-Unger, *Magyar nemzetgazdaság és pénzügy* (Économie nationale et finances hongroises), Gergely R. Könyvkereskedése, 1936, p. 3.

33 Tivadar Surányi-Unger, *op. cit.*, p. 257.

34 *Ibidem*, p. 224.

est pauvre par rapport aux propriétaires fonciers d'autres États socialement avancés en termes de revenus, de crédit et de situation financière. »[35] Les éléments du modèle de développement de l'économie de marché dualiste peuvent être perçus dans la politique économique d'après 2010, tant dans ses aspects positifs que négatifs.

Keynes, qui prône la nécessité d'une « attention étatique » en cas de crise, a formulé des propositions pour maintenir l'économie de marché. Selon lui, « l'intervention de l'État dans le processus d'investissement peut ne pas plaire à un industriel du 19e siècle ou à un financier américain, mais c'est en fait le seul moyen de sauver l'ordre (capitaliste) fondé sur l'entreprise individuelle ».[36]

Le compromis est né dans le but de promouvoir une déduction cohérente de principes économiques clairs et s'est avéré durable, n'étant pas sérieusement remis en question jusqu'à la fin des années 1970, ni par le marché ni par les acteurs politiques lors de la crise qui a débuté en 2007-2008. Au-delà de la redécouverte de la philosophie keynésienne, il est essentiel de souligner les lignes éthiques de l'économie.[37]

La fonction de l'État est clairement différente lorsque, au nom d'un « mystérieux » ennemi extérieur, il arrache par la force sa base économico-technique aux propriétaires privés au nom d'un idéal supposé supérieur et subordonne sa gestion économique au maintien de cette situation.[38] L'ère de l'intervention totale de l'État en Hongrie, qui a dominé les premières années de l'introduction de l'économie planifiée de type soviétique, dans l'esprit de la conception volontariste et stalinienne, a commencé à « fondre » à partir de la fin des années 1950, mais ses fondements ont survécu dans le pays pendant quatre décennies, jusqu'à la fin du régime. Je tiens à souligner que la solution n'est pas l'intervention totale de l'État et l'abandon des mécanismes du marché, car cela marginaliserait les intérêts humains, l'initiative et les tendances à l'innovation, et conduirait même à l'élimination des ressources internes, et finalement à celle du système lui-même. Mais une voie qui aide les opérateurs économiques à devenir trop autonomes et qui réduit le contrôle et la régulation de l'État est évidemment aussi néfaste, comme l'ont montré les événements qui se sont déroulés en 2007-2008 – ou les événements précédents qui ont abouti à la crise économique mondiale de 1929-1933. En période d'échec du marché ou du semi-marché, on a tendance à renforcer l'influence du « contexte éthique plus large » sur les décisions économiques.

35 Béla Máriássy, *op. cit.*, p. 91.

36 Les idées de Keynes sont citées par Péter Ákos Bod, *A vállalkozó állam a mai tőkés gazdaságban* (L'État entrepreneur dans l'économie capitaliste de nos jours), Közgazdasági és Jogi Könyvkiadó, 1987, p. 54. Voir aussi pp. 117-208.

37 Péter Ákos Bod, *op. cit.*

38 Pour une illustration des idées de l'époque, voir *Pártegységgel a szocialista demokráciáért. Gerő Ernő előadói beszéde és zárszava. A Központi Vezetőség határozata. Az MDP Központi Vezetőségének ülése, 1956. július 18-21* (L'unité du Parti au service de la démocratie socialiste. Discours et paroles de clôture d'Ernő Gerő. La décision de la Direction centrale. Séance de la Direction centrale du Parti des travailleurs hongrois, 18-21 juillet 1956), Szikra Nyomda, p. 64.

Les doctrines fondées principalement sur les enseignements de l'Église[39] tentent de nuancer la thèse smithienne (« marché brut »), à savoir que dans un système dominé par les intérêts individuels, les intérêts de la communauté doivent être également affirmés.[40] Aux défaillances du « système déchu » dans les entreprises et même dans les banques peut remédier le système de responsabilité sociale[41], qui cherche à socialiser (redistribuer) une plus grande part des bénéfices réalisés sur le marché et à promouvoir plus largement le bien commun par la prise de décisions. Toutefois, le renforcement de l'activité RSE (responsabilité sociale des entreprises) en temps de crise est une question de mise en rapport. Les techniques modernes de RSE servent le bien public, mais elles sont aussi une « couverture » pour la survie de l'entreprise (par exemple, une usine de tabac, une banque), sa survie sur le marché, son image meilleure, plus « vendeuse ». Le deuxième ensemble d'idées est une alternative à la méthodologie du mode de production capitaliste, en vigueur depuis des centaines d'années, et qui est principalement liée à Antonio Genovesi, un prêtre-économiste catholique de Naples, mais qui apparaît également dans des écrits plus récents de l'Église catholique. Selon Genovesi, les valeurs civiques/civiles, le centrage sur les valeurs, la socialité, la coopérativité, le bien commun et l'éthique de la vertu sont essentiels, mais le monde n'a pas été façonné selon ces lignes spirituelles depuis des siècles. Les enseignements bibliques et les théories aristotéliciennes et augustiniennes réunies dans l'économie scolastique par saint Thomas d'Aquin n'ont pas été acceptés dans la pratique quotidienne des affaires, tout comme l'Antonio Genovesi n'est pas devenu le penseur dominant du 18e siècle – ni de la période

39 Bien que, en tant que catholique romain, je pense aux enseignements de l'Église mère, il est important de souligner que le protestantisme a (également) joué un rôle historique dans le développement du commerce moderne et de l'économie de marché qui l'accompagne. L'éthique professionnelle luthérienne et calviniste, qui met l'accent sur l'importance du travail, est un précurseur historique important du développement de la rationalité économique, ou de l'esprit d'entreprise. Selon Martin Luther, il n'y a qu'une seule façon de plaire à Dieu, à savoir en accomplissant son devoir dans le monde, dans lequel on agit correctement en restant dans la vocation où Dieu l'a placé et en s'efforçant d'être plus parfait, de progresser dans son travail.

40 Voir pour plus de détail à ce sujet Katalin Botos, « Morális alapú közgazdaságtan. A közgazdaságtan változóban » (Une économie politique sur des bases morales. Les transformations actuelles de l'économie politique), in *Piac és az állam az ember szolgálatában (?). Aktuális társadalmi, gazdasági kérdések a Katolikus Egyház tanításának tükrében* (Le marché et l'État au service de l'homme (?). Questions sociales et économiques actuelles à la lumière des enseignements de l'Église catholique), dir. Klára Katona, Pázmány Press, 2018, pp. 49-64.

41 Sur le bases systématologiques et le renouveau du RSE, voir B. Archie Caroll, « Caroll's Pyramid of CSR: Taking Another Look », in *International Journal of Corporate Social Responsibility*, https://jcsr.springeropen.com/articles/10.1186/s40991-016-0004-6, téléchargé le 13 janvier 2019 ; Csaba Lentner – Tibor Tatay – Krisztina Szegedi, « Társadalmi felelősségvállalás a központi bankok működésében – jogi, gazdasági, etikai kontextusban » (Responsabilité sociale dans l'opération des banques centrales, dans un contexte légal, économique et éthique), JURA, année 23, nr. 2, pp. 377-389 ; Csaba Lentner – Tibor Tatay – Krisztina Szegedi, « Social Responsibility in the Operation of Central Banks », in *Financial and Economic Review*, année 16, nr. 2, pp. 64-85.

qui a suivi.[42] Pour comprendre les vues de Genovesi sur la vie économique,[43] il faut partir de principes anthropologiques et éthiques, c'est-à-dire ne pas faire des concepts classiques de l'argent, de la population et du luxe l'objet de notre réflexion, mais plutôt de ceux de la confiance, du bénéfice mutuel et du bonheur, pour lesquels nos conditions actuelles sont peut-être moins adaptées, mais la réflexion y relative pourra constituer un progrès.[44] En d'autres termes, en tant qu'alternative à l'approche brute du marché, le commerce conforme au droit civil est acceptable pour Luther, tandis que la recherche immodérée du profit, le « commerce impie », ne l'est pas. En d'autres termes, le profit par l'abus et le vol sont à rejeter, ce qui est une exigence éthique pour toutes les nations européennes. La reprise des principes économiques ecclésiastiques et bourgeois proposés (tels qu'interprétés par Genovesi) ne fait jusqu'à présent que montrer que dans le climat social, renforcée par les crises, se crée un point de référence pour la responsabilité morale comme alternative, tandis que se formulent des opinions condamnant les techniques économiques de profit excessif comme une méthode non durable.[45]

Un cadre théorique essentiel permettant l'approche de nos conditions actuelles est la question de la propriété de l'État, le fonctionnement de l'État « centralisant les ressources ». Dans le chapitre sur « La transition vers une économie de marché », il a été démontré que le démantèlement de la propriété publique hongroise n'était pas en phase avec la pratique contemporaine dans les pays occidentaux, puisque les entreprises d'État ont joué (et jouent toujours) un rôle dominant en Autriche, en Allemagne, en France et en Italie, c'est-à-dire que la propriété publique était ancrée dans les économies capitalistes productrices de marchandises d'Europe occidentale, tout comme elle l'était en Hongrie sous le dualisme et entre les deux guerres mondiales. De toute

42 Mes réflexions sur les « courants » et les livres des ateliers spirituels de l'Église catholique, mais aussi spécifiquement les œuvres elles-mêmes, peuvent fournir un corpus de connaissances compréhensif. Csaba Lentner, « Beköszöntő gondolatok Baritz Sarolta OP könyvéhez » (Quelques pensées d'introduction au livre de OP Sarolta Baritz), in *Három dimenziós gazdaság. Lehet gazdálkodni erényetikai paradigmában* (Une économie à trois dimensions. La possibilité d'une gestion conforme à un paradigme d'éthique de vertu), Kairosz Kiadó, 2016, pp. 12-16 ; Csaba Lentner, « Angyalokról, hírnökökről. Ajánlás Paul H. Dembinski Professzor könyvéhez » (Sur des anges et des messagers. En guise de dédicace au livre du professeur Paul H. Dembinski), KETEG Oikonomia Alapítvány – Sapientia Hittudományi Főiskola, 2018, pp. 7-9.

43 Je me suis basé ici sur les développements de Genovesi, *op. cit.*, p. 21.

44 Dans l'interprétation de Károly Polányi, l'économie est formelle et substantielle en ce sens qu'il s'agit d'une série de choix et de décisions rationnels au niveau micro, tandis que (simultanément) au sens sociologique et anthropologique, il existe une interaction institutionnalisée entre la société et son environnement, visant à la satisfaction la plus complète possible des besoins sociaux. Karl Polányi – M. Conrad Arensberg – W. Harry Pearson, « Trades and Market inEarly Empires », 1957, https://archive.org/stream/in.ernet.dli.2015.530169/2015.530169.trade-and_djvu.txt, téléchargé le 13 janvier 2019. Tout comme Barna Mezey, Polányi voit l'essence de la gestion économique dans la satisfaction aussi étendue que possible des besoins par le truchement du mécanisme de coordination de l'État.

45 La base de l'activité économique est la durabilité, qui est susceptible d'assurer une qualité de vie qui s'améliore sans cesse. Voir à ce sujet Sándor Kerekes – Viktória Szirmai – Mózes Székely, *A fenntartható fogyasztás környezeti demenziói. Tanulmánykötet* (Les dimensions environnementales de la consommation durable. Recueil d'études), Aula Kiadó, 2011.

évidence, l'étendue et le rôle de la propriété de l'État peuvent être compris à l'intersection du développement historique, des relations et des principes politico-sociaux, ainsi que le fait que la propriété de l'État et l'activité de l'État sont essentielles à la formation d'un capitalisme mature (ce dont témoignent les exemples occidentaux[46] et l'époque du dualisme[47]).

La principale thèse de Károly Polányi, d'origine hongroise, est qu'une économie de marché autonome ne peut être dérivée de la « nature humaine », et que les sociétés de marché et le capitalisme lui-même n'ont pu être créés qu'à une période spécifique de l'histoire, en grande partie grâce à l'intervention de l'État. Il s'agit d'une thèse importante pour comprendre les changements dans l'espace post-soviétique et la critique de « l'État désétatisé » (privatisation, déréglementation). Polányi affirme qu'il existe des alternatives à la gestion du marché basée sur l'autorégulation des prix, comme la réciprocité, la redistribution et le ménage, qui, en tant que formes alternatives d'intégration et d'institutions, organisent et régulent la vie économique parallèlement aux mécanismes du marché. L'organisation purement marchande est, selon Polányi, autodestructrice, et la société met donc en place des mécanismes d'autodéfense différents selon les périodes historiques. L'État-providence lui-même en est un exemple. C'est grâce à ces idées que Polányi est devenu l'un des auteurs les plus cités dans la littérature critique des systèmes économiques néolibéraux.[48]

Au lendemain de la crise économique mondiale de 1929-1933 et de 2007-2008, la question de la régulation et de la centralisation entre les autorités étatiques a revêtu une importance particulière,[49] et c'est dans ce climat politique et économique que la consolidation des économies nationales s'est produite.[50] En particulier, la centralisation est une question technique

46 Éva Voszka, *Az állami tulajdon pillanatai. Gazdaságtörténeti és tudománytörténeti nézőpontok* (Moments de la propriété d'État. Perspectives d'histoire économique et d'histoire des sciences), Akadémiai Kiadó, 2018.

47 László Katus, « Az állami ipratámogatás politikai háttere a dualizmus korában » (L'arrière-plan politique du soutien de l'industrie par l'État à l'époque du dualisme), in *Válságos idők tegnap és ma. Pénz, gazdaság, politika a 19-21. században* (Temps critiques hier et aujourd'hui. Argent, économie et politique aux 19e-21e siècles), dir. Virág Rab, Pro Pannonia Kiadó Alapítvány, 2009, pp. 151-166.

48 Je me suis basé ici sur l'hommage à l'œuvre de Károly Polányi, écrit par Attila Meleg et Iván Szelényi, https://mta.hu/data/dokumentumok/ix_osztaly/Jubileumi%20megemlekezesek/Polanyi%20jav.pdf, téléchargé le 13 janvier 2019. Voir aussi Karl Polanyi, *The Great Transformation. The Political and Economic Origins of Our Time*, Beacon Press, 1944.

49 Par exemple, dans le fonctionnement de la Fed, de la BCE et d'autres grandes banques centrales des États-Unis, en vertu de la loi Glass-Steagal et de la loi Dodd-Frank, ou en Europe, grâce à l'obligation plus forte de respecter les critères de Maastricht. Le rôle des recommandations de l'OCDE et du G20 dans le renforcement de la réglementation est également crucial. La pratique hongroise est conforme à ces tendances internationales, avec une manifestation plus forte de la réglementation budgétaire et la fusion des fonctions de surveillance macro- et microprudentielle au sein de la banque centrale, ce qui permet une meilleure mise en pratique de la conformité légale.

50 Indépendamment des gouvernances politiques et économiques, l'État a le droit, mais aussi la responsabilité, d'organiser les services publics et la gouvernance sur son territoire administratif, en tenant compte d'un certain nombre de facteurs externes et internes de l'époque. Voir pour plus de détail Marianna Nagy, « A közigazgatás felelőssége a közhatalmi és közszolgáltatás-szervező

d'administration publique, par laquelle l'État peut remplir ses fonctions plus efficacement par le biais d'une administration économique centralisée, qui est un outil de gestion de crise opportun et que l'État a le « droit » d'utiliser. L'une des méthodes les plus anciennes pour accroître l'efficacité de la gestion de l'État (héritée de l'absolutisme) a toujours été la centralisation, la direction et la gestion unifiées de l'administration publique. « La concentration du pouvoir, les techniques de gestion centralisée dans une seule main ou un seul organe, semblent avoir été de tout temps la réponse évidente aux problèmes locaux et régionaux, et ont permis de réaliser les grandes tâches de l'État, qui exigent une concentration du pouvoir, face au sectionnalisme. »[51] Dans la conception de centralisation de Barna Mezey, la centralisation n'est rien d'autre que la création d'un organisme central (ou le renforcement des pouvoirs d'un organisme existant) auquel tous les organismes de liaison sont subordonnés et qui peut ainsi contrôler l'ensemble de l'organisation administrative.[52] En d'autres termes, la centralisation (aussi dans le processus d'administration économique) peut apporter l'unité administrative et l'efficacité dans la gestion des affaires publiques et la mise en œuvre de la législation. « Les techniques de centralisation ont inclus la consolidation du pouvoir entre les mains de l'État (nationalisation du pouvoir public), la centralisation de la désignation des fonctionnaires administratifs (par exemple, le droit de nommer un préfet ou un maire), ou même la centralisation du droit de prendre des décisions. La nationalisation a été appliquée comme méthode au 19e siècle. »[53] L'application de ces exemples historiques à notre époque justifie les méthodes de gestion de la crise en Hongrie après 2007-2008 et à partir de 2010, et démontre que la centralisation n'est pas un objectif mais « seulement » un moyen de parvenir à la consolidation, tout comme le renforcement de l'influence et du contrôle de l'État sur l'économie. Dans la « construction du capitalisme », dans le dépassement du retard de développement, la centralisation de l'État et son influence sur l'économie ne sont pas le « résultat final », mais un état temporaire jusqu'à ce que l'économie « se trouve elle-même ». Ajoutons que l'État ne peut pas non plus lâcher la main aux acteurs du marché par la suite, son activité de coordination rationnelle est toujours nécessaire.

---

tevékenységéért » (La responsabilité de l'administration publique dans l'organisation des pouvoirs et des services publics), in *Közigazgatási jog* (Droit administratif), II : *A közszolgáltatások szervezése* (L'organisation des services publics), dir. Marianna Fazekas, ELTE Eötvös Kiadó, 2017, pp. 219-229 ; Tamás Horváth M., « Effects of Western Governance Models in Eastern Europe after the Transition, Enlargement of Crises », in *Contemporary Governance Models and Practices in Central and Eastern Europe*, NISPAcee, 2015, pp. 53-71.

51 Andor Csizmadia – Gábor Máthé – Endre Nagy, *Magyar közigazgatástörténet* (Histoire de l'administration publique hongroise), Államigazgatási Főiskola, 1982, p. 70.

52 Cf. Győző Concha, *Politika* (Politique), première partie du deuxième tome . *Közigazgatástan* (Science de l'administration publique), Grill Károly Könyvkiadó Vállalata, 1905, p. 199. Sur la « réification » et la division de la science économique de l'époque, voir *ibidem*, p. 431.

53 Barna Mezey, « Államosítás és autonómia. Centralizáció és önkormányzatiság a XIX. század második felében » (Nationalisation et autonomie. Centralisation et gouvernement local dans la seconde moitié du 19e siècle), in *Autonómiák Magyarországon 1848-1998* (Autonomies en Hongrie 1848-1998), *op. cit.*, p. 19.

7.2 SUR L'IMPORTANCE DE LA DISCIPLINE BUDGÉTAIRE ET DU « BON SYSTÈME FISCAL », À LA LUMIÈRE DES OUVRAGES D'AUTEURS CLASSIQUES INTERNATIONAUX ET DES NORMES THÉORIQUES DU DUALISME

7.2.1 Sur les cadres d'économie financière du dualisme qui sont toujours des références constantes

Dans les cinq périodes du développement économique hongrois examinées dans cet ouvrage, le capitalisme d'État, qui s'est construit à partir du Compromis de 1867, joue un rôle décisif, surtout si – en l'absence d'une base de comparaison suffisante et adéquate--, l'on fait abstraction de la période de l'entre-deux-guerres, qui reposait sur une base de ressources délabrées et a servi à panser les blessures de guerre, de l'économie planifiée de type soviétique (en tant que mode de production étranger), qui limitait fortement le marché, et de la transition vers une économie de marché, qui dépendait fortement des structures héritées, et qui était marquée par un modèle de développement néolibéral insuffisamment adapté. Les caractéristiques communes de l'ère dualiste et du système « émergent » de l'après-2010 sont le rôle important de l'État dans l'économie, le large consensus politique et le fait que les techniques « affinées » de développement économique après 1867 partagent de nombreuses caractéristiques avec le présent. La définition de grande portée pour les deux périodes peut également être soutenue par la thèse de Lajos Lőrincz[54] qui , se référant à des exemples internationaux, affirme que les transformations d'une importance exceptionnelle – en particulier celles qui sont réussies – peuvent être considérées comme des réformes valables si elles nécessitent des amendements constitutionnels, génèrent des changements à tous les niveaux de l'administration, et sont élaborées, pensées et soutenues principalement par les forces politiques. Le Compromis et la Constitution de 2011 ont tous deux été le résultat d'un « accord » politique de grande envergure[55] qui a ouvert la voie au développement économique et à une méthodologie de développement économique très similaire. Ainsi, l'économie d'État de l'ère du dualisme et le cadastre scientifique qui s'en est inspiré sont d'une « importance fondamentale » pour aujourd'hui.

« Le Compromis de 1867, né au terme de décennies de lutte politique en Europe, était l'œuvre capitale de Ferenc Deák, et reposait sur la Pragmatica Sanctio, qui a préparé la voie à une version équilibrée du système de partage du pouvoir, qui signifiait pour les Hongrois la reconnaissance de l'indépendance

54 Lajos Lőrincz, « Közigazgatási reformok. Mítoszok és realitás » (Réformes de l'administration publique. Mythes et réalités), *Közigazgatási szemle*, 2007, nr. 2, p. 3.

55 Le consensus politique du Compromis et le mandat politique fort (majorité parlementaire des 2/3) dû aux élections de 2010, suivies de deux autres élections avec des résultats pareils, ont créé une base solide pour une transformation fondamentale du système économique. Il n'y a pas eu d'élections libres dans le cycle de l'économie planifiée, et il n'y a pas eu pareille série de victoires écrasantes dans la période 1990-2010.

du pays sur la base de la continuité juridique, en échange d'un compromis concernant les affaires communes de l'Autriche et de la Hongrie. Il s'ensuit que l'Article 3 de la loi 1848 et l'Article 12 de la loi 1867 (loi sur le Compromis) et l'Article 4 de la loi connexe 1869 (sur le pouvoir judiciaire) ont jeté les bases d'un État de droit fondé sur la séparation des pouvoirs. »[56] Malgré l'interprétation spécifique du consensus politique créé par le Compromis et de l'unité juridique, c'est-à-dire malgré l'« élan contractuel en dehors de la norme légale »[57], l'économie hongroise a commencé à se développer de manière spectaculaire (non sans quelques contradictions, il est vrai). Le développement des fonctions de finances publiques et d'émission de billets, étroitement corrélées à l'activité économique de l'État, a eu un impact sur l'amélioration du cadastre des finances publiques et son intégration dans un cadre théorique précis. Gyula Kautz, Sándor Matlekovits et Vilmos Mariska ont traité en profondeur – sans prétendre à l'exhaustivité[58] – la science[59]du fonctionnement économique de l'État pendant la période du dualisme, et ont élaboré dans leurs thèses des concepts scientifiques du système des finances publiques qui peuvent être considérés valables aussi pour le présent.[60] La définition exhaustive des termes techniques des finances publiques est intervenue à une époque où l'économie de marché commençait à se développer, ce qui a nécessité un fonctionnement moderne de la banque centrale[61] et des finances publiques, mieux adapté aux besoins des finances publiques moderne et à ceux du marché.

« L'économie nationale est l'ensemble unifié et organique des économies individuelles de la nation, et elle est unifiée et organique parce qu'elle n'est pas un ensemble possible d'économies individuelles sur le territoire de l'État, mais un système d'entités mutuellement dépendantes et complémentaires », écrit Sándor Matlekovits. Dans une formulation plus exacte, « l'économie est la science qui traite des lois du développement de l'économie nationale et

56 Gábor Máthé, « A Szent Korona – Eszme – Parafrázis » (La Couronne sacré – Idéal – Paraphrase), in *Eckhart Ferenc Emlékkönyv* (Hommage à la mémoire de Ferenc Eckhart), dir. Barna Mezey, Gondolat, 2004, p. 287.

57 Voir pour plus de détail Andor Csizmadia – Gábor Máthé – Endre Nagy, *Magyar közigazgatástörténet* (Histoire de l'administration publique hongroise), Deuxième partie, 3e chapitre, BCE–KIK, 2009, p. 61.

58 Ces passages relatives à l'ère du dualisme s'appuient en partie sur l'article suivant : Csaba Lentner, « Szemelvények a regnáló magyar közpénzügyi rendszerről – intézményi és nemzeti történeti háttérrel » (Aspects du système hongrois régnant de finances publiques, avec un arrière-plan institutionnel et historique), in *Album – Válság – Pénzügyek* (Album – Crise – Finances), dir. András Kálmán, Gondolat, 2017, pp. 15-42.

59 Voir aussi les références y relatives des Chapitres 1 et 2.

60 En plus de rendre hommage aux spécialites des finances publiques de l'époque, il est important de souligner que le cadastre scientifique de l'actuel système de gouvernance économique, qui fonctionne depuis près d'une décennie et dont la philosophie de base est très similaire, est toujours « formé » et contesté, comme c'était le cas il y a un siècle et demi. Ce livre est destiné à être l'un des ouvrages de base pour une étude des périodes historiques.

61 Voir Chapitre 2 sur la transformation en banque « dualiste » de la banque centrale commune.

des idéaux qui rendent possible l'épanouissement de la propriété commune dans son ensemble ».[62]

Il définit également dans ses écrits un cadre de finances publiques nécessaires au fonctionnement de l'économie nationale, c'est-à-dire les éléments du système de finances publiques, aussi bien que les fondements théoriques des dépenses publiques, des recettes publiques et de la fiscalité, et même une description du système des emprunts publics.[63]

« L'État acquiert, entretient et emploie des biens dans le but de réaliser son objectif. Cette activité de l'État est appelée gestion publique ou finances publiques. »[64]

Dans les écrits de Matlekovits, les descriptions relatives aux finances publiques et à la science des finances que nous venons de citer ont le même contenu.

À titre d'exemple : « La science des finances ou des finances publiques est un ensemble systématique de principes et de règles régissant les activités économiques de l'État. Son objet est l'activité économique de l'État, et sa tâche est d'énoncer les principes et les règles par l'application desquels l'État acquiert, maintient et applique de la manière la plus opportune les ressources matérielles nécessaires à la réalisation de ses fins. »[65]

Le concept d'économie d'État a été défini par Gyula Kautz[66] comme « la puissance économique d'un peuple constituant un État, organisée et dirigée à des fins publiques », « la satisfaction des besoins communs de la société par une puissance économique commune ».

L'éminent penseur des finances publiques de l'ère dualiste a également ajouté un cadre technique à son fondement théorique, en associant essentiellement « la forme organique des finances publiques » au concept d'économie d'État. « Même dans les pays plus avancés, la gestion économique est l'une des fonctions les plus remarquables de la puissance publique, et en particulier du gouvernement ; nous la considérons comme un certain système de finances publiques, formé sur la base d'un ensemble de motifs et de règles administratives, et nous l'appelons finance, ou, plus correctement, économie publique (et finances publiques) », écrit Kautz. Il poursuit :

« La finance est un système de gestion plus général et plus universel dans lequel les institutions, les services et les organes nécessaires aux fins publiques sont produits par les efforts de l'État sur la base des biens et des propriétés qu'il possède ou que les citoyens mettent à sa disposition (par le biais des impôts) [...] et l'État apparaît comme une grande entité économique qui agit en tant que représentant de tous les individus (et de leurs économies) formant la communauté publique dans la satisfaction des besoins publics. »

62 Sándor Matlekovits, *Nemzetgazdaságtan* (Science de l'économie nationale), 1874, *op. cit.*, pp. 2, 3.

63 Voir pour les détails : Sándor Matlekovits, *Pénzügytan* (Science des finances), 1876, *op. cit.*

64 *Ibidem*, p. 1.

65 *Ibidem*, p. 2.

66 Gyula Kautz, *Államgazdaság vagy pénzügytan* (Économie d'État ou science des finances), Franklin Társulat, 1885. Voir la nouvelle édition, Aula Kiadó, 2004, p. 41.

Kautz lie le sujet de l'économie étatique au fonctionnement de la puissance publique, par lequel l'État assure son fonctionnement par des conditions économiques, acquiert les moyens économiques nécessaires à la réalisation des fins publiques, et même organise les relations patrimoniales des individus, en adaptant les finances publiques au fonctionnement de l'État. Par ses activités, les finances publiques génèrent et gèrent la richesse nationale et le revenu national.[67] En d'autres termes, selon l'interprétation de Gyula Kautz, l'objet des finances publiques est « les biens matériels et les valeurs économiques (argent, capital, propriété) dont disposent les autorités publiques. Ces biens et valeurs sont les moyens de satisfaire les besoins publics, et sont soit la propriété directe del'État, soit ils sont constitués par les revenus qui découlent des biens et des revenus des citoyens. » Selon Kautz, l'économie d'État fait donc partie intégrante des finances publiques, et ainsi « la science qui s'occupe de l'analyse et de l'explication des phénomènes appartenant à cette sphère est appelée science économique ou science des finances publiques ».[68]

Les concepts de finances publiques et de gestion publique, qui sont toujours d'actualité, ont pris une nouvelle direction dès le début de la « restauration » de l'État hongrois, c'est-à-dire dès l'émergence du développement industriel-commercial et des progrès de la bourgeoisie au début du 19e siècle,[69] et ont été institutionnalisé à l'ère du dualisme. Le rétablissement de l'autonomie budgétaire du pays est précisé par l'article XII de la loi 1867, qui stipule que « selon la Pragmatica Sanctio, le souverain est commun, dans la mesure où la couronne de Hongrie appartient au même prince qui règne dans les autres pays, mais cela n'exige pas que les dépenses de la cour du prince soient déterminées en commun. Un tel accord commun n'est pas requis par l'objectif de la Pragmatica Sanctio, et il est plus conforme à l'indépendance constitutionnelle de la Hongrie et à la haute autorité du roi de Hongrie que le Parlement hongrois, sur proposition du ministère hongrois, vote séparément sur les dépenses de la cour du roi de Hongrie. Le vote et le service des dépenses de la cour ne sont donc pas considérés comme une affaire commune. » Cependant, malgré les réformes continues des finances publiques, qui, en leur temps, se sont stabilisées à cette époque, les responsables de ce domaine ont dû faire face à de nouveaux défis. Emil Klug et Adolf Soltész[70] ont écrit en 1917 :

67 Il s'agit de thèses formulées sur la base de l'ouvrage de Kautz, qui justifient les principes de fonctionnement de la gestion de l'État à l'époque du dualisme, principes qui sont similaires à ceux suivis aujourd'hui.

68 Kautz, *op. cit.*

69 Cf. par exemple István Széchenyi, *Hitel* (Crédit, 1830), *Világ* (Lumière, 1831), *Stádium* (Stade, 1833) ; Gergely Berzeviczy, *De Commercio et Industria Hungariae* (1797), *Oeconomica Publico Politica* (1818) ; Emil Dessewffy, *Alföldi levelek* (Lettres envoyées de la Grande Plaine hongroise, 1839-1942), *A magyar vám- és kereskedési ügy és annak végeligazítási módja* (L'affaire de la douane et du commerce hongrois et la voie à son règlement définitif, 1847) ; Menyhért Lónyi, *Hazánk anyagi érdekei* (Les intérêts matériels de notre pays, 1847) : Ágoston Karvassy, *Népszerű nemzetgazdaságtan* (Économie nationale pour le grand public, 1861) ; Farkas Heller, *Közgazdaságtan* (Économie politique, 1919-1920) I-II, *Pénzügytan* (Science des finances, 1920).

70 Emil Klug – Adolf Soltész, *A magyar egyenes adók* (Les impôts directs hongrois), Magyar Könyvnyomda, 1917, p. 12.

« … les dépenses publiques sont supérieures au niveau d'avant-guerre et le resteront même après la fin de la guerre. L'accroissement des besoins publics exigera une augmentation des recettes publiques dans tous les domaines, et donc aussi des impôts directs […] Ainsi, une charge publique beaucoup plus lourde que par le passé sera imposée aux citoyens contribuables, et dans un système où les anciens impôts, fondés sur des principes obsolètes, ne sont pas en harmonie avec les principes modernes qui ont été récemment introduits. La conséquence naturelle de ce qui précède est que les mesures existant dans la situation législative actuelle sont si compliquées et si lourdes que le grand public ne peut pas s'y adapter facilement. »

L'établissement de l'État civil en Hongrie dans la seconde moitié du 19e siècle a entraîné le développement des conditions économiques, de la réglementation et de la pratique de l'activité étatique. La consolidation apportée par le Compromis a entraîné un boom économique et la modernisation des finances publiques. Cependant le système hongrois dirigé par l'État a également comporté un certain nombre de tensions internes, principalement liées à la question agraire,[71] qui, en fin de compte, a également marqué la politique industrielle, car la classe ouvrière de mieux en mieux organisée voyait dans la classe des grands propriétaires terriens, qui continuait à diriger le pays, un obstacle à l'affirmation de ses intérêts politiques, malgré le fait que la classe des grands propriétaires terriens était finalement sortie des changements économiques du début du siècle, sinon comme perdante, du moins avec une légère perte d'influence.

« La raison fondamentale de cette situation n'était toutefois pas la prédominance du camp dit mercantile (lobby industriel), mais l'incapacité à opérer le changement de conception et de structure de l'agriculture, essentiel à la modernisation. Cela est également dû aux faiblesses et à la fermeture d'esprit du camp agraire, qui voulait préserver une forme d'agriculture déjà dépassée en Europe à cette époque. »[72] L'absence de solution donnée aux questions pendant des décennies, puis la collectivisation forcée après la seconde guerre mondiale et la politique agricole après le changement de régime, qui n'a pas tenu compte de la rationalité économique, ont entraîné – disons-le avec un certain scepticisme – le déclin irréversible du rôle de l'agriculture dans l'économie nationale au tournant des 20e et 21e siècles. Le rôle de l'agriculture dans l'économie nationale, qui a été au premier plan de la politique économique pendant des siècles, n'est plus que l'ombre de lui-même.

71 József Kelemen, *A magyar hitelügy története a legújabb időkig. Főbb kérdések elméleti összefüggéseinek tárgyalásával* (L'histoire du crédit hongrois jusqu'aux temps les plus récents, avec les aspects théoriques des questions principales), Budapest, 1938, p. 33.

72 Péter Sipos, « Előszó » (Préface) in Péter Láng, *Az agrárizmus és viszonya az iparfejlődéshez, a véderőhöz. Gazdasági és hadtörténeti adalékok a dualizmus korához* (L'agrarisme et son rapport avec le développement de l'industrie et de la défense nationale. Contributions d'histoire économique et militaire à l'étude de l'époque du dualisme), Zrínyi Nemzetvédelmi Egyetem, 2000, p. 5.

7.2.2 Quelques échantillons uniques relatifs à la fiscalité

Dans les cinq périodes historiques étudiées, les recettes de l'État par le biais du système fiscal constituent la source fondamentale du fonctionnement du pouvoir public. Le manque de confiance, d'obéissance, de bonne foi des contribuables envers l'État, le degré de capacité fiscale, les mauvaises pratiques de contrôle ou les lacunes législatives, ou encore le spectacle d'une gestion étatique gaspilleuse, tout cela influence le comportement des contribuables. Cependant, saisir la structure et l'efficacité d'un bon système fiscal est une question complexe et difficile, et un exemple en est l'administration et la pratique fiscales de Nagykőrös, une ville entre le Danube et la Tisza, à l'époque de l'occupation ottomane. D'après les livres de comptes de la ville de 1661 et 1663, malgré un environnement politique et militaire hostile, une pratique disciplinée, performante et même payante au profit de l'administration fiscale de plusieurs États a été établie.[73] Au cours de cette période, l'Empire ottoman connaît des changements importants. Dès 1656, la politique fiscale stricte du grand vizir Mehmed Köprülü est en vigueur, ce qui permet de sortir l'empire de la crise générale, de rééquilibrer les finances publiques, de restaurer l'administration provinciale et de renforcer l'armée. La municipalité d'Oppidium, située à la frontière nord de l'empire, « gardait méticuleusement la trace de toutes les recettes et dépenses du ménage municipal ».[74] La ville payait des taxes à la fois aux Turcs et aux Habsbourg. « Les dons aux bureaux turcs ont été effectués en espèces et en nature. Ce n'était pas prescrit par la loi, mais chaque ville payait ou apportait aux fonctionnaires le montant des taxes en fonction de leur suggestibilité ».[75] Les activités administratives des magistrats de la ville étaient nécessaires non seulement aux Turcs mais aussi à l'administration de l'État hongrois, même si la ville était située

[73] Sur la fiscalité d'autres villes situées dans la zone d'occupation turque, voir Klára Hegyi, *Egy világbirodalom végvidékén* (Aux confins d'un empire mondial), Gondolat, 1976 ; Áron Szilády – Sándor Szilágyi, *Okmánytár a hódoltság történetéhez Magyarországon , I (Nagykőrös, Czegléd Dömsöd, Szeged, Halas levéltáraiból)*, (Documents sur l'histoire de l'occupation turque en Hongrie des archives des villes de Nagykőrös, Czegléd, Szeged, Halas), Pest, 1863, pp. 121-122, 144, 282-284 ; Andor Csizmadia, *A magyar városi jog* (Le droit urbain hongrois), Kolozsvár, 1941 ; Jolán Majlát, *Egy alföldi civis-város kialakulása. Nagykőrös gazdaság- és társadalomtörténete a megtelepedéstől a XVIII. század végéig* (La formation d'une ville de la Grande Plaine hongroise. Histoire économique et sociale de Nagykőrös depuis l'établissement de la ville jusqu'à la fin du 18e siècle), Budapest, 1943, pp. 133-148 ; Mária Schwáb, *Az igazságszolgáltatás fejlődése a török hódoltság idején az alföldi városokban* (Le développement de la justice dans les villes de la Grande Plaine hongroise à l'époque de l'occupation turque), Budapest, 1939 ; Ferenc Szakály, *Magyar intézmények a török hódoltságban* (Des institutions hongroises sur les territoires occupés par les Turcs), 1997 ; Lajos Zoltai, « Debreczen a török uralom végén. A város háztartása, 1662-1692 » (La ville de Debreczen vers la fin de l'occupation turque. Les finances de la ville, 1662-1692), in *Gazdaságtörténeti Szemle*, 1903, pp. 289-425 ; *Nagykőrösi számadáskönyvek, 1661-1663* (Livres de raison de la ville de Nagykőrös, 1661-1663), Városi számadáskönyvek, année 33, année 1663.

[74] Szilvia Vásár, « Alföldi mezővárosok igazgatása, különös tekintettel Nagykőrös pénzügyi igazgatására » (Le gouvernement des bourgs de la Grande Plaine hongroise, surtout en ce qui concerne la gestion financière de Nagykőrös), in *Mezővárosaink jogélete a 18-19. században* (La vie juridique des bourgs hongrois aux 18e-19e siècles), Szeged, Pólay Elemér Alapítvány Könyvtára, 2010, p. 137.

[75] Szilvia Vásár, *op. cit.*, p. 138.

« physiquement loin » de ce dernier, dans la zone d'occupation turque. Les Turcs, en permettant aux communes de fonctionner, ont transféré aux magistrats locaux les tâches de perception directe des impôts et celles de police locale. Par conséquent, les magistrats élus de la population étaient avant tout des agents exécutifs, qui devaient accomplir ce que les autorités turques ou hongroises supérieures leur confiaient, et occupaient le niveau le plus bas de l'administration turque. »[76] Et ajoutons à la pratique de l'époque que, du côté hongrois, les impôts seigneuriaux étaient payés directement par les habitants de la ville, tandis que la municipalité payait l'impôt de la ville, et un gage sur les portions de ville gagées par les seigneurs terriens. À cela s'ajoutaient encore une taxe sur les terres louées aux propriétaires hongrois et la dîme versée à l'évêché de Vác.

Ce qui est intéressant dans cette pratique, c'est qu'à Nagykőrös, comme dans de nombreuses autres villes de la zone d'occupation, il n'y avait ni office turc ni office de l'État hongrois, bien que les organes administratifs hongrois fussent en contact avec la ville. La conclusion est que le paiement d'impôts adaptés à la capacité contributive du contribuable – même vis-à-vis de différentes administrations publiques – est plus facile à respecter s'il est effectué par une administration fiscale (municipale) qui est « proche » du contribuable et connaît ses activités, soit parce que le contribuable est discipliné volontairement, soit parce qu'il y est contraint. D'autre part, le paiement de l'impôt est également dans l'intérêt des contribuables, car il contribue au bon fonctionnement du commerce et des affaires, dont les profits facilitent le paiement de l'impôt. Par conséquent, lorsque le contribuable est politiquement loyal envers l'administration fiscale qui demande l'impôt ou qu'il en dépend fortement pour sa sécurité financière et de subsistance, l'évasion fiscale n'est pas courante. Toutefois (pour rappel et par contraste avec le chapitre 2), à l'époque du néo-absolutisme, « en 1859, 42,5 % des impôts effectivement payés ont été perçus par la menace d'exécution, 44,5 % par l'exécution en utilisant la force militaire, et seulement 13 % ont pu être perçus sans recours à la force. En Transylvanie, en 1859, plus de la moitié des ménages ont fait l'objet de mesures d'exécution ou d'autres mesures punitives, mais seulement 63 % des arriérés d'impôts ont été recouvrés. Dans l'ensemble de l'empire, 73 % des domaines saisis pour arriérés d'impôts se trouvaient dans les provinces hongroises. Au plus fort de la résistance nationale, au tournant de l'année 1860-61, le ministre des Finances signalait que l'évasion fiscale en Hongrie dépassait largement les 90 %. »[77] Le taux élevé d'évasion fiscale dans la société néo-absolutiste était largement motivé par l'opinion des contribuables selon laquelle l'administration fiscale était « étrangère » et inutile, et que leurs impôts étaient utilisés à des fins inappropriées (et même au profit du pouvoir étatique qui leur était hostile). Ainsi, la loyauté politique et la coopération du contribuable sont également nécessaires pour remplir

[76] *Ibidem.*

[77] Mária Ilonka, *op. cit.*, pp. 20-21.

ses obligations et, d'autre part, sa confiance dans le fonctionnement de l'État qui utilise l'impôt est également essentielle. Cependant, il est significatif qu'au cours de la période du néo-absolutiste, avec l'adoption de l'administration fiscale autrichienne avancée, le montant des impôts perçus a triplé en 14 ans, entre 1850 et 1864,[78] aidé par la consolidation politique et économique, l'abandon de la résistance passive, l'amélioration de la capacité fiscale et, surtout, une administration fiscale efficace. Ainsi, le « resserrement » de l'administration fiscale peut être un instrument approprié pour porter le recouvrement des impôts à un certain niveau.[79]

7.2.3 Sur l'organisation de la bonne gouvernance et de la bonne politique fiscale – avec références à l'époque du dualisme

À l'époque de la formation du capitalisme hongrois contrôlé par l'État, les auteurs contemporains ont défini de manière exacte les exigences en matière d'impôts et de système fiscal, selon des règles qui s'appliquent encore aujourd'hui. Pour comprendre les bonnes pratiques, partons de l'essence de l'État et de ses fonctions économiques, en nous basant tout d'abord sur les idées de Béla Máriássy.

« Les conditions fondamentales de l'État – l'autonomie de l'État, le bien-être matériel, la sécurité des personnes et des biens, la compréhension du public – ne sont possédées que par un État financier bien organisé ... »[80] Vilmos Mariska associe au maintien de l'État le soutien social et le « rayonnement » de la sécurité matérielle : « L'État [...] ne peut exister en tout temps et en tout lieu que s'il procure à l'ensemble de la population des avantages matériels et spirituels réels, des avantages certains perceptibles par la majorité. C'est la seule façon de justifier la nécessité de son existence, c'est le fondement de son existence ... »[81] Selon Béla Máriássy, il est essentiel que l'administration du système fiscal soit « coulant » et responsable : « La responsabilité est indispensable dans l'administration fiscale pour trois raisons : les besoins

[78] *Ibidem*, p. 22. Cf. la pratique fiscale hongroise d'après 2010, décrite au Chapitre 6. Le système est très similaire et efficace.

[79] Se référer à la période turque ou néo-absolutiste n'est pas exactement un signe de la distraction du chercheur. Si nous voulons comprendre les pratiques actuelles de la politique fiscale hongroise et les causes de la corruption et de l'évasion fiscale qui l'ont précédée (qui ont été massives pendant des décennies et qui sont aujourd'hui en déclin), nous devons nous pencher sur l'histoire de la Hongrie, le passé asiatique, la conquête turque, ou la « dissimulation éhontée » et la « prudence naturelle » à l'égard des autorités fiscales de l'État (de l'époque de l'économie planifiée) décrites par György Matolcsy, qui sont présentes dans nos racines, dans nos gènes, dans notre culture fiscale. En d'autres termes, la pratique hongroise actuelle diffère également, par exemple, de celle des pays islamiques (où le bakchich versé au deftedar est tout à fait normal), et plus particulièrement de la pratique en Afghanistan, des mœurs fiscales des tribus pachtounes, mais aussi des pratiques fiscales suédoises. La normativité d'un bon système fiscal diffère également dans l'espace et dans le temps (cf. György Matolcsy, « Magyar tőkefelhalmozás » [Accumulation de capitaux en Hongrie], in *Valóság*, 1991, nr. 1, pp. 1-13).

[80] Béla Máriássy, *Pénzügyeinkről* (De nos finances), *op. cit.*, p. 1.

[81] Vilmos Mariska, *Pénzügytan*, *op. cit.*, p. 12.

de l'État sont couverts par les impôts, l'administration désordonnée des impôts peut provoquer des troubles nationaux, l'exactitude est donc une condition essentielle, le paiement des impôts est irritant, il est dans l'intérêt des contribuables de le retarder, et ainsi l'administrateur fiscal doit être protégé contre les pertes par l'épée de Damoclès de la punition. La perception des impôts est très impopulaire, il faut donc revêtir les agents du manteau de la responsabilité. Si le public sait que le juge, le notaire ou le sous-préfet paie déjà de sa charge et même de sa fortune pour sa négligence, la haine cessera si le contribuable sait qu'il ne peut échapper à la sanction de la corruption par l'amitié ou l'autorité, et il essaiera par tous les moyens de payer sa dette. »[82]

Étant donné que, depuis des siècles, la capacité de collecte des recettes du système fiscal est moins déterminé par la capacité réelle des contribuables que par le niveau des dépenses publiques planifiées, force est de définir avec exactitude les besoins en dépenses (toujours actuelles) de l'État. Gyula Kautz écrit ce qui suit au sujet des « besoins de l'État » et des règles générales de son « alimentation » :

« En raison de la diversité des moyens matériels dont dispose l'État et de la conception actuellement dominante de l'État [...], il n'est guère possible de désigner des règles générales également valables et applicables à tous les peuples et à tous les pays, mais certaines d'entre elles peuvent être nommément désignées comme des règles générales :

a) [...] l'existence de l'État en tant qu'ensemble politique moral et sa capacité de développement doivent être garantis [...] l'évaluation des besoins publics doit être déterminée en fonction de la puissance économique de la nation, seuls les besoins découlant de l'intérêt public réel peuvent être pris en compte, et seulement si la mesure des dépenses publiques ne rend pas impossible la satisfaction des besoins économiques privés des citoyens.
b) Il y aura donc toujours des besoins qui, bien qu'il soit très souhaitable de les satisfaire, ne peuvent pas encore trouver une place dans les dépenses, parce que le coût qu'ils exigent dépasse la force économique du pays, et donc la tâche principale sera toujours d'évaluer correctement le budget de l'État et les besoins de l'État [...].
c) Le montant des dépenses publiques doit, en outre, être en rapport avec le revenu national (avec son importance et son ampleur). »[83]

Les règles de couverture des « besoins de l'État » – avant d'aborder les exigences contemporaines en matière de fiscalité – sont, encore selon Gyula Kautz, les suivantes :

(a)« Il faut obtenir le meilleur résultat et effet possible avec le moins de sacrifice possible de forces et de richesses, et au moindre coût possible.

[82] Béla Máriássy, *op. cit.*, p. 194.

[83] Gyula Kautz, *Államgazdaság vagy pénzügytan* (Économie d'État ou science des finances), *op. cit.*, pp. 29-30.

b) L'austérité ne doit pas être un principe absolu et directeur pour les dépenses publiques – c'est-à-dire que « la mesure des dépenses peut être déterminée en fonction de la valeur de la finalité ».
(c) Il convient de tenir compte de quelques considérations formelles :
aa) *momentum* des finances publiques ;
bb) un résultat égal peut être obtenue par moins de frais ;
cc) les besoins publics et la dépense seront déterminés par une représentation nationale consciencieuse, discernée, zélée et patriotique, et d'une manière strictement constitutionnelle ; la gestion financière etc. doit être surveillée, et le droit budgétaire constitutionnel de la nation doit être suffisamment garanti vis-à-vis du gouvernement ;
dd) les statistiques financières sont un outil utile ... »[84]

Il est également important de souligner qu'il faut éviter toute normativité (généralisation) entre les pays dans le domaine de la fiscalité et de la détermination des besoins de l'État, comme le fait remarquer Vilmos Mariska : « ... l'importance des besoins de l'État varie d'un pays à l'autre, différant notamment en fonction du niveau d'éducation de la nation, de ses conditions économiques, de sa position et du rang de puissance qu'elle occupe dans le classement des autres États. »[85]

Dans le cas des impôts et de la fiscalité, la définition de l'ampleur de la charge fiscale, de la répartition de l'impôt entre les classes sociales (fiscalité publique) et du moment où les impôts sont prélevés et perçus est également pérenne, d'après les théories de l'époque du dualisme. « Capacité contributive : elle exprime la capacité du contribuable à payer l'impôt sur la ressource fiscale dont il dispose sans porter atteinte à son économie privée. »[86] L'imposition ne doit pas dépasser un niveau qui obligerait le contribuable à abandonner sa production. « Si les paysans sont tellement accablés d'impôts, soit publics, soit seigneuriaux, qu'il leur reste peu du fruit de leurs travaux pour entretenir leur vie, il s'ensuit naturellement qu'ils ne peuvent plus employer leurs forces qu'à produire autant qu'il est indispensable pour l'entretien de leur vie, car l'homme le plus simple voit aussi que l'État ne doit rien exiger de celui qui n'a rien d'autre que son indispensable nécessaire ; ainsi l'impôt sur les agriculteurs doit être très modéré, afin que le cultivateur diligent du sol ait une récompense suffisante pour son labeur, et que ses efforts soient stimulés pour l'avenir »[87], écrit Ágoston Karvassy. Force est donc d'imposer les taxes dans une juste proportion, c'est-à-dire en fonction de la capacité fiscale des

[84] *Ibidem*, p. 32. L'ouvrage de Kautz aborde également les questions détaillées des recettes et des prêts de l'État.
[85] Vilmos Mariska, *op. cit.*, p. 16.
[86] *Ibidem*, p. 140.
[87] Ágoston Karvassy, *op. cit.*, pp. 37-38. (§ 34 : Terhek, adók és az adórendszer hibái [Charges, impôts, et les carences du système fiscal].)

classes sociales, des détenteurs de revenus, voire des groupes de détenteurs de revenus : « Et pour que l'impôt soit modéré, il faut que la charge publique ne repose pas sur les épaules de la seule classe paysanne, mais que toutes les parcelles de terre soient imposées sans distinction, et que tous les hommes contribuent à la charge publique selon l'exigence de la justice éternelle, un impôt modéré sur toutes les parcelles de terre favorisant l'industrie et la culture », car de cette manière, « le propriétaire est en quelque sorte obligé de cultiver toutes ses terres, de peur de payer des impôts sur des parcelles dont il n'a pas fait usage, si toutes les terres sont imposées ; aucune classe de personnes ne sera favorisée au détriment d'une autre, et en particulier, lorsque certaines classes de personnes ne sont pas imposées sur leurs terres, les autres, n'ayant pas cette exemption, ne peuvent pas rivaliser avec elles dans le prix de leurs produits. »[88] En outre, l'exigence d'une imposition proportionnelle à la valeur produite et le mode de perception étaient également précisés : « Un système d'imposition également préjudiciable à la culture de la terre, en vertu duquel l'impôt n'est perçu que sur la quantité des récoltes, sans égard à la fertilité de la terre, a pour conséquence de punir le cultivateur diligent et de renforcer le fermier paresseux dans sa faiblesse. »[89] Le moment de la perception et du paiement de l'impôt doit être adapté à la disponibilité et à la réalisation des recettes ou des revenus par l'agriculteur. L'auteur ajoute : « il est aussi très nuisible à la culture si les taxes sont exigées d'un seul coup, car alors les fermiers sont souvent obligés de vendre les semences ou leur bétail, au grand détriment de leur exploitation ».[90]

L'adaptation de la fiscalité à la capacité fiscale optimale, sa répartition entre les agriculteurs et les groupes sociaux, et l'adaptation de son prélèvement à la disponibilité des ressources financières peuvent favoriser la formation durable des revenus des particuliers et des entreprises et améliorer le fonctionnement de l'État. Selon les termes de l'époque : « De même que la réalisation des objectifs d'un individu dépend en grande partie de la possession de biens extérieurs, la plus grande prospérité d'une nation dépend de l'état favorable de ses richesses : plus la richesse d'une nation est grande, et mieux la richesse est répartie entre ses citoyens, plus grande sera la capacité du pays à payer des impôts, plus efficaces seront les mesures de police et d'application de la loi, plus il y aura de moyens pour toutes les branches de l'éducation des hommes, et plus grande sera la puissance de la nation pour garder et maintenir son indépendance et son autosuffisance contre les attaques extérieures : le bon état de fortune des citoyens doit donc être regardé comme une condition nécessaire pour que la chose publique se rapproche de son but : et comme les efforts zélés de l'individu ne peuvent surmonter tous les obstacles et toutes les difficultés qui sont jetés sur le chemin de sa propriété, il est nécessaire que le gouvernement et les lois dirigent leurs soins sur le bien-être des citoyens,

88 *Ibidem*, p. 140.

89 *Ibidem*.

90 *Ibidem*, p. 143.

et que les soins du gouvernement et des lois soient le sujet des sciences de l'économie de l'État. »[91]

Vilmos Mariska rappelle que dans l'organisation de la fiscalité et des dépenses de l'État, la justice générale, la moralité, le bien-être spirituel et matériel ne doivent pas être compromis, et que l' « économie de l'État » doit toujours être régie par le principe de la saine économie.[92] Un « bon système fiscal » et une structure coordonnée des dépenses publiques peuvent jeter les bases d'un État stable, à propos de quoi Vilmos Mariska, citant le ministre des Finances Menyhért Lónyay, a fait la remarque suivante : « Il n'y a pas de plus grande garantie de la sécurité de la prospérité matérielle et spirituelle et de la satisfaction du peuple, de la consolidation de la paix intérieure et du constitutionnalisme, qu'une finance bien ordonnée, payée par les contribuables sans entraver le développement des forces économiques, en proportion de leur capacité contributive, selon les principes d'égalité et d'équité, de la manière la plus économique et la moins onéreuse possible pour les contribuables, n'exigeant les sacrifices indispensables que pour répondre aux besoins de l'État qui, tout en maintenant un équilibre suffisant des finances publiques, fournit également les sommes nécessaires à la promotion du développement intellectuel et matériel du pays. »[93]

Les déficits qui surviennent lorsque les recettes et les dépenses budgétaires ne correspondent pas peuvent être temporaires ou permanents, mais, selon Máriássy, « un véritable déficit public dangereux se produit lorsque le gouvernement est incapable de couvrir ses dépenses ordinaires, lorsque les impôts sont au plus haut et toutes sortes d'impôts sont appliqués, ce qui ne permet ni augmenter les impôts ni en introduire de nouveaux, les impôts ne sont pas payés par les citoyens non pas pour des raisons politiques mais par incapacité, le prestige de l'État est ébranlé, le déficit est permanent et dure depuis de nombreuses années ».[94] Il est entendu que « le déficit est un jeu dangereux, il faut donc y mettre fin le plus tôt possible »,[95] et l'auteur voit le moyen d'y parvenir en « changeant l'esprit et la tendance dominants », en « éliminant les causes du déficit » et en « augmentant les revenus de l'État, en partageant le fardeau proportionnellement ».[96] Ses idées sont un guide pour le 21e siècle, tout comme les doctrines, principes et conceptions des finances publiques du dualisme. C'est pour cette raison qu'ils sont abondamment cités dans ce livre.

91 *Ibidem*, p. 145.
92 Voir Vilmos Mariska, *op. cit.*, p. 9.
93 *Ibidem*, p. 3.
94 Béla Máriássy, *op. cit.*, p. 98.
95 *Ibidem*, p. 290.
96 *Ibidem*, pp. 290-291.

7.2.4 Sur les dimensions smithiennes et anciennes-nouvelles de la taxation disciplinée et constructive[97]

Les principes classiques de la fiscalité ont été formulés par Adam Smith dans son ouvrage publié en 1776[98] et ont servi de principes généraux pour les gouvernements depuis lors ; aussi cette sous-section met-elle l'accent sur la validité et l'applicabilité de ces théorèmes. Le premier principe classique – peut-être le plus important – est que les contribuables doivent assurer le maintien des finances publiques en fonction de leurs capacités et de leurs revenus. Adam Smith lui-même désignait ce principe comme celui de l'égalité de la participation aux charges publiques. Dans ce cas, la capacité fait référence à la capacité du contribuable de supporter la charge fiscale et à son état de fortune, qui peut être défini comme une mesure de la charge publique. Au cœur de ce principe se trouve donc la participation générale aux charges publiques, qui a été introduite en Europe occidentale à la fin du 18e siècle.

Le deuxième principe smithien (prévisibilité) est que les impôts doivent toujours être spécifiquement déterminés, et que les lois fiscales, c'est-à-dire les conditions dans lesquelles les contribuables sont imposés, doivent être simples et précises. L'impôt ne doit pas être déterminé de manière arbitraire et il faut s'efforcer de minimiser les incertitudes quant à la situation économique du contribuable.

Le troisième principe classique est celui de la « commodité », selon lequel les obligations fiscales doivent être déterminées et perçues de telle sorte que le paiement de l'impôt cause le moins de « désagréments » possible au contribuable et que l'acquittement de l'impôt n'entraîne pas de problèmes de liquidité ou de déplacement de capitaux. Il faut créer les conditions les plus appropriées pour que les contribuables s'acquittent de leurs obligations fiscales. C'est sur ce principe qu'Adam Smith a préconisé la taxation de la consommation, car il pensait que les habitudes de consommation des contribuables étaient fonction de leur richesse.

Le quatrième principe qu'Adam Smith a retenu est l'administration bon marché de la fiscalité. Les impôts doivent être prélevés de manière à imposer la charge fiscale la plus faible possible au contribuable, ce qui implique la réduction de l'administration au minimum. Les impôts et la fiscalité elle-même (le respect des obligations fiscales[99]) ne doivent pas décourager les performances. Elle doit encourager les contribuables à accroître leurs performances économiques, c'est-à-dire leur assiette fiscale. Dans le même ordre d'idées, les pénalités fiscales ne doivent pas décourager les contribuables

[97] Pour une étude plus détaillée de la question, voir Csaba Lentner, « Az adórendszer és a közpénzügyek egyes elméleti, jogszabályi és gyakorlati összefüggései » (Certains aspects théoriques, légaux et pratiques du système fiscal et des finances publiques), in *Európai jog. Az Európai Jogakadémia folyóirata* (Droit européen. Revue de l'Académie européenne de droit), année XVIII, septembre 2018, pp. 30-36.

[98] Adam Smith, *op. cit.*

[99] Cela comprend les déclarations d'impôts, la tenue de la comptabilité et les autres obligations prévues par la loi sur la fiscalité, en plus du paiement des impôts.

ou restreindre indûment leurs activités, car les bénéfices de leur travail et de leurs performances sont nécessaires à l'ensemble de l'économie. Cela signifie également que les enquêtes de l'administration fiscale ne doivent pas harceler inutilement les contribuables, et que toute sanction doit être proportionnée à la gravité de l'omission ou de l'intentionnalité, voire leur donner une chance de reprendre une activité fiscale normale. La définition des principes fiscaux modernes est une question plus controversée, l'accent étant mis sur les exonérations fiscales, le revenu minimum garanti par l'État, aussi bien que son exonération fiscale.

Des charges fiscales excessives, une fiscalité publique disproportionnée, une administration fiscale laxiste, une législation « souple » et des conditions historiques et sociales défavorables ont toutes pour effet d' « encourager » la dissimulation d'impôts et les retards de paiement, au détriment du moral des contribuables, même de ceux qui respectent la norme. L'économie cachée[100] et la corruption[101] sont des phénomènes coexistants qui découlent l'une de l'autre. « La corruption est présente dans toutes les sociétés. Sa fréquence, sa gravité et ses formes sont déterminées par un large éventail de facteurs ».[102]

Au cours des deux premières décennies du changement de régime, 242 milliards de dollars US de capitaux ont été acheminés dans des paradis fiscaux,[103] avec une part importante de revenus non imposés. La Hongrie a donc subi des pertes significatives par rapport à sa taille en raison de l'inefficacité du contrôle de l'État et, d'autre part, du phénomène offshore qui permet une absorption illimitée de l'argent. Deux fois et demie du total de la dette publique hongroise a été transférée sur des comptes offshore dans le quart de siècle qui a suivi le changement de régime.

Dans le monde développé, la réduction de l'évasion fiscale et de l'économie souterraine est un objectif clé de la politique économique[104] car elle a un impact négatif sur l'économie nationale et désavantage même les entreprises respectueuses de la loi sur le plan de la concurrence. Elle réduit les recettes budgétaires, ce qui entraîne une plus grande concentration de la charge fiscale sur les activités légalisées, fausse les statistiques économiques et rend

100 Voir pour plus de details : Pál Belyó, *A rejtett gazdaság természetrajza* (L'histoire naturelle de l'économie dissimulée), Saldo, 2008 ; Tamás Bánfi, *Az adózó munkaadók és az adózó munkavállalók a korrupciómentes gazdaságban* (Employeurs et employés contribuables dans l'économie sans corruption), Département de sciences des finances de l'Université Corvinus.

101 Sur les sources de la corruption, l'importance de la lutte contre elle, sur les organismes nationaux et internationaux engagés dans cette lute et la réglementation y relative, voir Gusztáv Báger, *Korrupció*, Akadémiai Kiadó, 2012.

102 János Kornai, *Gondolatok a kapitalizmusról* (Réflexions sur le capitalisme), Akadémiai Kiadó, 2011, p. 152.

103 D'après les données fournies par *Tax Justice Network*, 2013.

104 Voir entre autres : Tamás Horváth M. – Ildikó Bartha – Péter Bordás – Sándor Madai – Judit Varga, *Honnan hová. A közpénzek védelméről* (Où allons-nous ? Sur la défense de l'argent public), Faculté de droit de l'Université de Debrecen, 2017. Le point de départ des auteurs est la conception selon laquelle la stratégie et la prise de décision du gouvernement doivent être planifiées et contrôlées dès la création des fonds publics. De cette manière, il est possible de calculer – et non de suivre passivement – la destination des dépenses de la communauté et de freiner l'économie souterraine dans son « embryon ».

donc la prise de décision plus difficile.[105] En même temps, le blanchiment de l'économie est étroitement lié au processus de la réduction de la charge fiscale. « Le blanchiment augmente le revenu et/ou la richesse imposable, permettant ainsi à la politique économique de réduire les taux d'imposition ».[106]

Une réglementation gouvernementale excessive[107] peut, à son tour, avoir pour effet d'encourager la participation à l'économie souterraine en augmentant le coût d'exploitation dans le secteur légal par rapport à l'économie souterraine. En outre, l'efficacité opérationnelle de l'État affecte également le niveau d'évasion fiscale. La faible qualité des services publics et les niveaux élevés de corruption réduisent la valeur d'utilité attendue des impôts, augmentant ainsi la propension à l'évasion fiscale.[108] Un système fiscal complexe, compliqué et comportant de nombreuses charges administratives est un obstacle à la compétitivité. Dans le même temps, le taux d'imposition n'est pas une considération primordiale pour les investisseurs qui envisagent de s'installer. « Dans la concurrence fiscale, la prévisibilité, la cohérence et la stabilité des règles fiscales sont aussi importantes que les taux d'imposition effectifs. Si une charge fiscale plus élevée pour les entreprises dans le pays d'accueil est associée à une infrastructure solide et développée, à un système moderne de services publics et à une main-d'œuvre compétitive, elle ne découragera pas les investisseurs, mais les attirera. En effet, une faible pression fiscale ne peut compenser un environnement économique généralement faible, instable et peu développé. La fiscalité n'est qu'un facteur parmi d'autres affectant les entrées de capitaux, et une charge fiscale allégée ne peut compenser des services publics sous-développés, des infrastructures incomplètes, un accès limité aux marchés ou de mauvaises conditions d'investissement. »[109]

Depuis 2010, des changements fondamentaux sont intervenus dans les relations fiscales des entreprises hongroises, l'État cherchant à établir une relation de coopération avec les citoyens, le secteur des entreprises et les banques.[110] L'État coopératif façonne les règles de manière à encourager la coopération du point de vue des partenaires et même à ramener les contribuables déviants au respect des normes. Ce modèle s'appuie sur les

105 Balázs Csomós – Emese Kreiszné Hudák, « A rejtett gazdaság mértékének csökkentése Magyarországon » (La réduction de l'ampleur de l'économie souterraine en Hongrie), Banque Nationale de Hongrie, Working Paper, 2015, https://www.mnb.hu/letoltes/csomos-balazs-kreiszne-hudak-emese-a-rejtett-gazdasag-mertekenek-csokkentese-magyarorszagon.pdf, téléchargé le 1er février 2019.

106 József Varga, « Az adóteher-csökkentés és a gazdaság kifehérítésének pályája Magyarországon 2010 után » (L'évolution de la réduction des charges fiscales et du blanchiment de l'économie en Hongrie après 2010), *Pénzügyi Szemle*, 2017, année 62, nr. 1, pp. 7-20.

107 Par exemple la réglementation excessive et compliquée de la déclaration des impôts.

108 Ádám Balog, « Adóelkerülés és rejtett gazdaság Magyarországon » (Évasion fiscale et économie souterraine en Hongrie), *Közgazdaság* (numéro spécial sur la politique fiscale), 2014, nr. 4, pp. 16-30.

109 László Nagy, « Az adórendszer hatása a vállalati versenyképességre és a tőkebeáramlásra » (Les effets du système fiscal sur la compétitivité des entreprises et l'influx des capitaux), *Pénzügyi Szemle*, 2017, année 62, nr. 1, pp. 21-36.

110 Péter Pál Kolozsi – Csaba Lentner – Bianka Parragh, « Közpénzügyi megújulás és állami modellváltás » (Renouveau des finances publiques et changement de modèle étatique), *Polgári Szemle*, 2017, année 13, nrs. 4-6, pp. 28-51.

avantages mutuels entre l'État et ses parties prenantes, poussant ainsi le secteur privé à une coopération durable, de sorte que les entreprises et les citoyens deviennent parties prenantes du succès de l'action de l'État, car ils s'identifient aux objectifs de ce dernier. Un État coopératif applique des préférences envers les bons contribuables, réduit les éléments administratifs de l'obligation fiscale et l'administration fiscale peut même servir de mentor. Le modèle de fiscalité coopérative réduit la méfiance à l'égard de l'administration fiscale ainsi que la nécessité de procéder à des contrôles permanents, car le nombre de contribuables respectueux des règles augmente et l'État peut collecter « en douceur » les recettes dont il a besoin.

Avant 2010, le système fiscal hongrois était le plus lourd et le plus progressif de la région en termes d'impôts sur le travail. En conséquence, le taux élevé d'évasion fiscale et l'élargissement des couches sociales inactives ont entraîné l'un des taux d'activité du marché du travail les plus faibles de l'UE.

Depuis 2010, cependant, une réforme fiscale a été introduite pour stimuler la reprise économique et l'emploi, entraînant un redressement budgétaire qui a permis de maintenir l'équilibre des finances publiques, la relance de la croissance économique et l'amélioration des chiffres de l'emploi. L'élargissement de la base des contribuables par le biais de taxes sectorielles[111] et la réduction de la charge fiscale sur les résidents nationaux et des taxes sur le travail ont entraîné des changements positifs, augmentant la demande solvable et la quantité d'argent disponible pour la consommation et l'investissement. Ces changements conduisent à un système fiscal plus coopératif, dans lequel l'État établit et applique des règles socialement plus acceptables, générant ainsi des recettes fiscales qui couvrent une plus grande part des dépenses publiques.[112] D'un point de vue juridique, l'État peut exercer une influence positive sur deux facteurs, les règles du système fiscal et les pratiques de l'administration fiscale, mais il est plus important de veiller à ce que la politique fiscale dans son ensemble soit plus largement acceptée par la société.

Après 2010, l'accent a été déplacé d'une taxation du travail à une taxation de la consommation, ce qui a encouragé l'emploi et réduit l'effet restrictif du système fiscal sur la croissance économique. Le gouvernement a mis l'accent sur l'augmentation des salaires et, à travers ceux-ci, sur la demande solvable, ce qui a valorisé les taxes de vente dans le flux des recettes budgétaires. Les impôts de crise ont considérablement amélioré la répartition des charges, et des mesures ciblées telles que la caisse enregistreuse en ligne, le système

111 Levente Kovács, « Banki különadók az Európai Unióban » (Impôts spéciaux bancaires dans l'Union européenne), *Pénzügyi Szemle*, 2012, nr. 3, pp. 355-356 ; Levente Kovács, « A bankadó változásai » (Les transformation de l'impôt bancaire), in Sándor Bozsik (dir.), *Pénzügy–Számvitel–Statisztikai füzetek II* (Finances–Comptabilité–Cahiers de statistique II), Miskolc, 2016, pp. 38-51.

112 L'apprentissage d'une règle de comportement entraîne également un changement d'attitude, car la partie coopérante ne suit pas et n'accepte pas les règles pour une seule fois, mais change son comportement, son attitude et sa façon de penser de manière permanente. Voir à ce sujet : Bianka Parragh – Dániel Palotai, « Az adórendszer és az adóigazgatás reformja Magyarországon » (La réforme du système fiscal et de l'administration fiscale en Hongrie), *Pénzügyi Szemle*, 2018, année 63, nr. 2, pp. 201-220.

de contrôle du transport routier de marchandises et la facturation en ligne, connectés au bureau des impôts, ont contribué à améliorer le processus de blanchiment de l'économie.

L'élargissement de l'éventail des personnes qui paient effectivement des impôts et la réduction du taux d'imposition de certaines couches surtaxées ont permis de réduire la part de l'économie grise et noire.[113] Outre le renforcement du cadre juridique et l'amélioration de la méthodologie de contrôle de la Cour des comptes de Hongrie, l'Administration nationale des impôts et des douanes (NAV) a également connu un changement de paradigme. D'ancienne autorité pénale, la NAV est devenue une organisation coopérative, axée sur le service, qui traite ses clients de manière équitable. Dans le cadre de la réforme de l'administration fiscale qui a été lancée, l'accent a été mis sur l'amélioration du moral des contribuables, ce qui peut être plus facilement réalisé par une administration fiscale orientée vers le client.

L'évasion fiscale et la prolifération de l'économie souterraine sont des conséquences inévitables du comportement des contribuables, surtout lorsque la charge fiscale dépasse leur capacité d'imposition. Parmi les modèles théoriques du comportement des contribuables, celui d'Allingham et Sandmo[114] est peut-être le plus complet, développant celui de Becker[115]. Le modèle de Corchòn[116] décrit les normes de coexistence des agents économiques, le comportement de l'État taxateur et le comportement du citoyen qui tente de se soustraire à ses obligations. Le modèle d'Ehrlich[117] décrit le choix entre le chemin non régulier et le chemin droit, où l'activité légale assure la stabilité, tandis que l'activité illégale génère des revenus plus élevés en l'absence de détection. Ces recherches[118] démontrent que la seule réduction de la charge

113 Selon les calculs de la Cour nationale des comptes, avant 2010, la part de l'économie gris-noir représentait 25 % du PIB, alors qu'en 2017, elle s'est réduit à 20 %. Cette réduction se traduira par des recettes supplémentaires de 500 à 600 milliards de forints pour le budget de l'État, qui pourra décider de nouvelles réductions d'impôts.

114 G. Michael Allingham – Agnar Sandmo, « Income Tax evasion. A Theoretical Analysis », *Journal of Public Economics*, 1972, pp. 323-338.

115 S. Gary, « Crime and Punishment : An Economic Approach », University of Chicago and National Bureau of Economic Research, *Journal of Political Economy*, 1968, année 76, nr.2, pp. 169-217.

116 C. Luis Corchón, « Tax Evasion and the Underground Economy », *Europen Journal of Political Economy*, 1992, année 8, pp. 445-454.

117 Isaac Ehrlich, « Participation in Illegitimate Activities », *Journal of Political Economy*, année 81, mai-juin 1973, pp. 521-575.

118 James Alm – Benno Torgler, « Culture Differences and Tax Morale in the United Stetes and in Europe », *Journal of Economics Psychology*, 2005, nr. 2, pp. 224-246 ; G. Ronald Cummings – Jorge Martinez-Vasquez – Michale McKee – Benno Torgler, « Effects of Culture on Tax Compliance : A Cross-Check of Experimental and Survey Evidence », CREMA, 2004, Working Paper nr. 13, Political Economy, http://ww.w.crema-research.ch/ papers/2004-13.pdf, téléchargé le 19 septembre 2018 ; H. Matthew Fleming – John Roman – Graham Farrel, « The Shadow Economy », *Journal of International Affairs*, 2000, pp. 53, 64-89 ; Pál Belyó, « A rejtett gazdaság előretörése az új gazdaságpolitikai gyakorlat következtében » (La poussée de l'économie souterraine à la suite de la nouvelle pratique de politique économique), *XXI. Század – Tudományos Közlemények*, 2012, nr. 27, pp. 25-46 ; S. Bruno Frez – P. Lars Feld, « Deterrence and Morale in Taxation : An Empirical Analysis », *CESifo Working Paper*, 2002, nr. 760, http://citeseerx.ist.psu.edu/viewdoc/download?doi=10.1.1.321.388&rep=rep1&type=pdf, téléchargé le 19 septembre 2018 ; F. Schneider, « The Shadow Economies of Western Europe », *Journal of The*

fiscale ne permet pas de réduire la taille de l'économie souterraine, et qu'à long terme, seule l'autonomie et l'amélioration des incitations des contribuables peuvent apporter des résultats durables, comme en témoignent l'époque de l'occupation turque, l'ère du dualisme et le modèle actuel d'État actif. Mais la première étape vers un bon système fiscal est sans aucun doute la réduction de la charge fiscale.

L'objectif à long terme de la politique fiscale est de promouvoir la croissance de l'économie nationale, des entreprises et des ménages, de garantir la stabilité financière de l'État, puis de faire profiter les détenteurs de revenus initiaux des avantages de la stabilité du secteur public, en créant des opportunités de revenus optimales. Le rapport entre les recettes centralisées et redistribuées et le PIB, ou la différence entre les deux, ne doit pas dépasser 3 % du PIB selon les critères de convergence de Maastricht, ce qui, indépendamment de la normativité de l'UE, est une garantie indispensable de finances publiques saines et de discipline fiscale et, globalement, de finances publiques saines et durables.[119] La « technique », l'étendue et la nature de la politique fiscale reflètent les priorités politiques du gouvernement et l'ensemble des principes de sa politique de finances publiques, tels qu'ils s'expriment dans ses priorités politiques envers les agents économiques et la société. Les « messages » véhiculés par les impôts sont principalement générateurs de revenus, par lesquels sont façonnés l'organisation matérielle, démographique, structurale et le confort de la société. Les impôts ont également un impact sur les relations économiques, sur la compétitivité des entreprises et des secteurs,[120] et sur l'environnement,[121] ainsi que sur la compétitivité globale de l'économie nationale[122]. Les systèmes fiscaux conçus de manière optimale présentent une cohésion interne et un pouvoir d'organisation économique et sociale, en permettant d'atteindre les objectifs de la politique économique.

Institute of Economic Affairs, 1997, année 17, nr. 3, pp. 42-48 ; Zoltán Szántó – István János Tóth, « A rejtett gazdaság és az ellene való fellépés tényezői » (L'économie souterraine et les facteurs de la lutte contre elle), *Közgazdasági Szemle*, 2001, nr. 3, pp. 203-218 ; András Semjén,« Az adózói magatartás különféle magyarázatai » (Les diverses explications du comportement des contribables), *Közgazdasági Szemle*, année LXIV, février 2017, pp. 140-184.

119 Le lien entre une gestion budgétaire durable et le plafond d'endettement défini par la Loi fondamentale est analysé par Gábor Kecső, « Adósságfékek az államháztartásban: költségvetési politika rövid pórázon » (Blocage des dettes du budget national : la politique budgétaire menée à la baguette), in Marianna Farkas (dir.), *Jogi taulmányok. Az Eötvös Loránd Tudományegyetem Állam- és Jogtudományi Doktori Iskoláinak III. konferenciája* (Études juridiques. IIIe Conférence de l'École doctorale de la Faculté de droit de l'Université Eötvös Loránd), ELTE AJK, 2012, pp. 417-429.

120 László Nagy, « Az adórendszer hatása a vállalati versenyképességre és a tőkebeáramlásra. Nemzetközi összehasonlítás a közép-kelet-európai térségben » (L'impact du système fiscal sur la compétitivité des entreprises et les entrées de capitaux. Comparaison internationale dans la région d'Europe centrale et orientale), *Pénzügyi Szemle*, 2017, année 62, nr. 1, pp. 21-36.

121 Zoltán Nagy – Beáta Gergely, «The Hungarian Regulation of the Emission Trading System », *Lex Ex Scientia*, 2017, année XXIV, pp. 70-78.

122 Étudié dans son contexte par Pál Péter Kolozsi, « Hogyan törhetünk ki a közepes fejlettség csapdájából » (Comment sortir du piège du développement moyen), *Pénzügyi Szemle*, 2017, année 62, nr. 1, pp. 71-83.

En cas de récession, le gouvernement, en réduisant les impôts, laisse (proportionnellement) davantage de revenus aux titulaires de revenus, ce qui favorise leur marge de manœuvre économique, à condition que les membres du secteur des entreprises ne restreignent pas leurs processus de reproduction et la taille de leur portefeuille d'approvisionnement, de sorte qu'il peut même y avoir une augmentation de la production. Avec des pourcentages de taux d'imposition plus faibles, il y a une chance que la production des entreprises augmente, de sorte que des taux d'imposition identiques ou réduits sur les ventes génèrent toujours plus de recettes pour le budget public.[123] Cependant, il est essentiel que l'État cherche à promouvoir – sur la base de la recette keynésienne – l'augmentation de la demande solvable (réductions de l'impôt sur le revenu, programmes d'emploi, activité de coordination en vue de l'augmentation des salaires), afin que l'offre excédentaire puisse être réalisée sur le marché.[124]

Si le gouvernement tente de surmonter la crise en augmentant les impôts, c'est-à-dire en procédant à l'augmentation du volet recettes du budget, il obtient rarement des résultats. De même, les instruments fiscaux visant à la fois à augmenter les recettes et à réduire les dépenses sont rarement efficaces,[125] surtout en période de crise. Si le gouvernement augmente les taux d'imposition au-delà d'un certain niveau de capacité ou de tolérance fiscale, les entreprises et les familles restreindront la production et la génération de revenus ou dissimuleront leurs gains, ce qui ne permettra pas d'augmenter les recettes fiscales comme prévu,[126] avec pour conséquence que l'assainissement budgétaire a peu de chances d'être atteint. « Des taux d'imposition élevés

[123] En réalité c'est bien l'essentiel di mécanisme keynesien de la gestion des crises Ajoutons qu'il s'accompagne dans une certaine mesure du développement des capacités militaires, qui favorise l'emploi, et entraîne l'accroissement de la demande solvable. Keynes a moins étudié le rôle de gestion des crises de la politique monétaire à son siècle.

[124] Keynes voyait la construction de pyramides par des travailleurs publics, la garniture de bouteilles de whisky vides avec des dollars, leur enterrement, puis leur déterrement et le paiement de tout cela comme un moyen d'augmenter l'emploi et la demande solvable.

[125] Voir l'échec de l'ajustement de la trajectoire de convergence en 2006. Pour en savoir plus, voir Csaba Lentner, « A demokrácia pénzügyi csapdája » (Le piège financier de la démocratie), *Polgári Szemle*, 2017, année 3, nr. 2, pp. 30-44. Une situation similaire s'est produite lors du paquet d'ajustement de la politique économique de 1995. La production a chuté, le chômage a augmenté et la demande solvable a été fortement limitée. Bien que la situation budgétaire et la balance des paiements se soient temporairement améliorées, les sacrifices en termes de croissance ont été plus importants que l'impact macroéconomique positif de l'amélioration du solde budgétaire.

[126] Cela peut également être illustré par la courbe de Laffer, qui montre que l'augmentation des taux d'imposition au-delà d'un certain niveau ne génère plus de recettes fiscales supplémentaires. Voir pour plus de détail Sándor Nagy, « A Laffer-görbe és a gazdasági egyensúly » (La courbe de Laffer et l'équilibre économique), *Gazdaság és társadalom*, 2007, année 18, nr. 2, pp. 7-15. Une interprétation détaillée de la courbe de Laffer pour les conditions actuelles est présentée par György Matolcsy – Dániel Palotai, « A magyar modell : A válságkezelés magyar receptje a mediterrán út tükrében » (Le modèle hongrois : La recette hongroise pour la gestion de la crise à la lumière de la voie méditerranéenne), *Hitelintézeti Szemle*, 2018, année 17, nr. 2, pp. 5-42.

deviennent, au-delà d'un certain point, un net désavantage tant pour l'économie réelle que pour le budget. »[127]

En période de crise, réduire les impôts, éventuellement en imposer de nouveaux[128] à ceux qui n'ont pas été taxés ou qui ne le sont pas en fonction de leur capacité contributive, ou une combinaison des deux,[129] parallèlement à la rationalisation des dépenses publiques et à la réduction des capacités des services publics parallèles sont des méthodes de politique fiscale qui favorisent la stabilité fiscale et la croissance.[130] Un instrument typique de l'ère du dualisme[131] et de la politique fiscale post-2010[132] consiste à accroître le rôle des impôts indirects de type TVA[133] et à « restreindre » les impôts sur le revenu,[134] le mécanisme d'action étant que l'emploi, la création d'emplois, la stimulation de l'activité productive et la « coordination » de la croissance des salaires par le gouvernement[135] conduisent à une augmentation de la demande solvable, méthode dans laquelle la taxation des dépenses est la plus évidente. En d'autres termes, il génère des recettes publiques prévisibles et est facilement « supportable » pour la population, qui est taxée dans la phase de transmission et bénéficie de la dynamique des salaires. La politique fiscale, qui déclenche et stimule le « dynamisme interne », joue un rôle de catalyseur

127 *Ibidem*, p. 12.

128 Voir les mesures prises par le gouvernement hongrois après l'été 2010. *Ibidem*, pour les comparer à la méthodologie de gestion des crises employée dans la Méditerranée.

129 En 2010, l'État hongrois a réduit l'impôt sur les détenteurs de revenus, le taux de l'impôt sur le revenu baissant à 16 % (au lieu des 36-40 % précédents), puis à 15 %. Le taux d'imposition est de 10 % jusqu'à une base d'imposition positive de 500 millions de forints, ce qui n'est généralement pas un taux de base d'imposition en Hongrie correspondant à la taille des entreprises internationales. Au-delà de 500 millions de base d'imposition positive, le taux d'imposition des sociétés est de 19 %. Actuellement, l'assiette de l'impôt sur les bénéfices des sociétés est uniformément de 9 % et celle des petites entreprises, de 13 %.

130 Pour un résumé détaillé de l'impact général de la crise économique sur la politique fiscale et de certains des changements intervenus dans la politique fiscale italienne, allemande et hongroise après la crise de 2008, voir Gábor Kecső, « Nemzetközi összehasonlító adójogi konferencia: Adópolitika a gazdasági válság és az egyenlőtlenségek növekedése idején » (Conférence internationale de droit fiscal comparé : la politique fiscale en temps de crise économique et d'inégalité croissante), *Új magyar közigazgatás*, 2011, année 4, nr. 12, pp. 54-61.

131 Voir en particulier les mesures fiscales introduites par le ministre des Finances puis Premier ministre Sándor Wekerle. Frigyes Fellner, « Az egyenes adók reformja Magyarországon » (La réforme des impôts directs en Hongrie), *Adó- és illetékügyi Szemle*, 1914, année 3, nr. 4, pp. 210-222 ; Sándor Matlekovits, *Magyarország államháztartásának története: 1867-1893* (Histoire des finances publiques hongroises, 1867-1893), vols. 1-3, 1894, Grill Kiadó.

132 György Matolcsy, *Egyensúly és növekedés* (Équilibre et croissance), *op. cit.*, p. 644 ; Csaba Lentner, « Az új magyar állampénzügyi rendszer – történeti, intézményi és tudományos összefüggésekben » (Le nouveau système hongrois des finances publiques, dans un contexte historique, institutionnel et scientifique), *Pénzügyi Szemle*, 2015, année 60, nr. 4, pp. 458-472.

133 Voir Figure 1 pour le temps présent.

134 La comparaison et la juxtaposition des deux périodes sont arbitraires, et correspondent aux intérêts de recherche de l'auteur. Il est toutefois vrai que J. M. Keynes, A. Smith et d'autres attribuent un rôle important aux impôts indirects.

135 Csaba Lentner – Bianka Parragh, « Érdekegyeztetés, konszenzuskeresés, participáció » (Conciliation des intérêts, recherche de consensus, participation), in Mária Bábosik (dir.), *Vezetés a közjó szolgálatában : Közpénzügyi gazdálkodás és menedzsment* (Gestion au service du bien public : Gestion et management des finances publiques), Állami Számvevőszék – Typotext, 2017, pp. 515-555.

en stimulant les entreprises et les travailleurs, et les résultats (impôts) sont facilement « collectés » dans la phase de consommation. Les incitations fiscales pour les entreprises et les travailleurs servent à augmenter le contenu en revenus (bénéfices) de la production des entreprises et la croissance des salaires pour la population, tandis que la banque centrale, en vertu de son mandat politique primaire, empêche le gonflement des salaires et des revenus.

Un outil courant en temps de crise, mais déjà axé sur la préparation de la croissance, consiste à sous-planifier l'inflation[136] dans la loi budgétaire, puis à réserver l'afflux de recettes excédentaires[137] en vue d'une utilisation ultérieure pour le développement et l'investissement, tout en maintenant le volet des dépenses publiques au niveau initial et dans les orientations privilégiées.[138]

Il est recommandable à la politique fiscale d'encourager les investissements productifs[139] et technologiquement plus avancés, notamment dans la production de nouveaux actifs, en particulier celle des biens et des services commercialisables. La politique monétaire peut être utilisée pour réduire la masse monétaire en augmentant les taux d'intérêt ou pour augmenter celui-ci en réduisant celle-là ; il s'agit d'un outil typique, on pourrait dire classique, du cycle économique, et il était également courant après la crise de 2007-2008.[140] En temps de conjoncture favorable, la politique fiscale peut réaliser une intervention économique rapide et efficace, mais elle peut aussi recourir à une intervention économique plus lente mais plus « stable ». Toutefois, au cours de la période suivant la crise de 2007-2008, il est apparu clairement que la politique fiscale ne pouvait à elle seule surmonter la crise : la banque centrale devait élargir sa boîte à outils et déployer des objectifs et des instruments favorisant la croissance. De manière optimale, la politique fiscale et la politique monétaire devraient être coordonnées.

Un système fiscal est un ensemble de taxes basées sur une même philosophie de base, collectées dans une période donnée, généralement dans un cycle gouvernemental. Il s'appuie sur l'histoire économique et sociale du pays

136 Comme par exemple dans la loi budgétaire de 2001-2002.

137 La création de fonds dits souverains, qui réservent les excédents de recettes publiques, est un instrument accepté à l'étranger. En Hongrie, il n'existe pas de fonds souverain spécifique, mais András Kecskés pense qu'il faut l'envisager. Voir András Kecskés, « A szuverén alapok jogi háttere és nemzetgazdasági szerepvállalása » (Le contexte juridique et le rôle des fonds souverains dans l'économie nationale), *Pro Futuro*, année 6, nr. 2, pp. 151-169.

138 En témoigne la logique du Plan national de développement Széchenyi. Csaba Lentner, *Rendszerváltás és pénzügypoitika* (Changement de régime et politique financière), *op. cit.*, Chapitres 13-17. Un autre instrument d'investissement a été l'émission d'obligations par la Banque hongroise de développement (MFB) avec une garantie de l'État, qui n'a pas augmenté les dépenses budgétaires – du moins à présent.

139 Le financement public de transactions improductives qui favorisent la construction de pyramides keynésiennes et l'enfouissement puis le déterrement de bouteilles de whisky vides n'est pas viable à long terme. De même, si les programmes de travaux d'utilité publique ne s'orientent pas davantage vers les secteurs productifs, des inefficacités en matière d'emploi et de performances économiques peuvent apparaître.

140 Les faibles taux d'intérêt ont stimulé les prêts aux entreprises, ce qui a contribué à relancer la croissance économique, et la baisse des taux d'intérêt de la banque centrale a également facilité le financement de la dette publique.

donné, mais est adaptée aux besoins du présent. Il est spécifique à chaque pays et tient compte, dans l'élaboration de ses mécanismes, des processus d'intégration internationale et, en raison de l'ouverture des frontières, des systèmes fiscaux des autres pays. La principale exigence d'un bon système fiscal est qu'il doit être applicable et exécutoire. Il doit être simple, transparent, et le public doit comprendre sa nécessité. Ses modalités spécifiques dépendent des objectifs du gouvernement, de l'indépendance fiscale interne, des principes constitutionnels et des considérations de rationalisation économique. La mentalité fiscale de la société concernée entre aussi en ligne de compte. En Hongrie, le système fiscal a subi un certain nombre de transformations[141] depuis l'abolition de l'exonération de l'impôt de la noblesse, voire depuis la fin des années 1980. Le système fiscal est un indicateur important de la compétitivité du pays.[142] Le système fiscal hongrois est essentiellement de structure centrale, mais comprend également des taxes locales. Les préférences fiscales ont changé fréquemment au cours des dernières décennies, mais l'absence de stabilité du système avec des changements fréquents et souvent imprévisibles a généré des incertitudes dans le secteur entrepreneurial. La présence encore forte de l'économie souterraine empêche le système fiscal hongrois de réaliser un niveau optimal des recettes publiques.[143]

Un bon système fiscal a pour effet de générer la croissance, le développement et la viabilité opérationnelle, tant au niveau des contribuables qu'au niveau des finances publiques, et d'encourager le paiement le plus complet possible des impôts établis et, en cas de disparités, de permettre aux autorités fiscales de percevoir les impôts dans le cadre de leurs compétences.

Le système fiscal est le domaine technique de la politique fiscale (essentiellement de technique juridique), qui façonne, crée et soutient les effets économiques. Cependant, ce ne sont pas les lois fiscales individuelles[144] ni la législation qui définissent le paiement des impôts, mais la Loi fondamentale de la Hongrie,[145] en particulier son chapitre sur les finances publiques,[146] qui constitue le cadre normatif directeur pour le fonctionnement des mécanismes

141 Pour en savoir plus, voir Csaba Lentner (dir.), *Adózási pénzügytan és államháztartási gazdálkodás* (Économie financière de l'imposition et gestion des finanaces publiques), 2015. Voir aussi les numéros y relatives d'*Adókódex*.

142 Zoltán Pitti, *A közteherviselési rendszerek működésének elméleti és gyakorlati kérdései* (Les questions théoriques et pratiques du fonctionnement des systèmes de participation aux charges publiques), manuscrit, 2009, Bibliothèque de l'Université Corvinus.

143 Les caisses enregistreuses en ligne, le système de contrôle du transport routier de marchandises, la facturation électronique, l'extension des pouvoirs de comtrôle de l'Office national des impôts et des douanes (NAV) et les actions anti-corruption de la Cour nationale des comptes de Hongrie ont contribué à consolider la situation. Les recettes générées par le blanchiment ont servi à stabiliser les finances publiques et à renforcer le respect des obligations fiscales.

144 Par exemple, la loi sur l'impôt sur le revenu des personnes physiques régit également l'imposition des entreprises individuelles, tandis que la loi générale sur l'impôt sur les ventes fixe des règles détaillées en matière de facturation. La loi sur l'impôt sur les sociétés contient la liste des normes d'amortissement.

145 La Loi fondamentale de la Hongrie (25 avril 2011). Recueil de la législation en vigueur. Voir à ce sujet István Stumpf, *Reinventing Government. Constitutional Changes in Hungary*, Gondolat, 2017.

146 Articles 36-44.

fiscaux. En raison des « défauts de naissance » du changement de régime, « dans le modèle constitutionnel et de gouvernance précédemment établi, des tensions internes se sont accumulées, entraînant de graves dysfonctionnements et une accumulation de problèmes non résolus à travers les cycles politiques »,[147] ce qui a fait qu' en 2006-2010, le problème de la dette publique était déjà ingérable. Le décret légal de la politique économique visant à mettre fin à l'indiscipline fiscale est la Loi fondamentale et ses lois financières cardinales (la loi sur la Cour des comptes, la loi sur la Banque nationale, la loi sur les municipalités et la stabilité, la loi sur les finances publiques), ainsi que la législation sur le régime fiscal, qui donne à l'autorité fiscale les pouvoirs appropriés. L'ensemble de ces règles, une gestion cohérente des finances publiques et une meilleure discipline des contribuables sont les principales composantes de la stabilisation des finances publiques hongroises.

Le fonctionnement des finances publiques hongroises au cours des dernières décennies a été essentiellement basé sur la coercition fiscale, par laquelle un cercle bien défini de propriétaires et de commerçants à revenu initial, et les activités économiques de ce cercle ont été taxées pour obtenir la majeure partie des revenus de l'État.[148] Les dépenses publiques ne peuvent pas être couvertes par les recettes de la plupart des États,[149] mais selon le critère de déficit budgétaire de Maastricht, ils doivent s'efforcer de maintenir l'écart entre les recettes et les dépenses à un maximum de 3 % du PIB.[150] Ainsi, du point de vue des finances publiques, la contrainte fiscale apparaît au premier plan dans les pays qui produisent régulièrement des déficits budgétaires,[151] car ces États n'ajustent pas en premier lieu le niveau et le mode d'imposition à la capacité des contribuables à en supporter la charge, mais au niveau prévu des dépenses budgétaires, c'est-à-dire qu'ils veulent couvrir autant que possible les dépenses budgétaires par les recettes fiscales. Dans le passé, cette pratique était encore compliquée en Hongrie par le fait que certains des contribuables potentiels, principalement les sociétés internationales et les banques, ne payaient pas d'impôts proportionnellement à leur capacité fiscale et ne contribuaient pas aux charges publiques en raison du régime fiscal permissif.[152] D'autre part, les carences du contrôle fiscal n'ont pas permis de

147 István Stumpf, *Erős állam – alkotmányos korlátok* (État fort – barrières constitutionnelles), Századvég Kiadó, 2014, pp. 17, 18.

148 Il faut y ajouter aussi les recettes provenant de la privatisation dans les années 1990 et 2000.

149 Les déficits sont la principale caractéristique des économies de marché avancées trop dépensières, des États providence prématurés.

150 Sur les critères de convergence et la procédure de déficit excessif, voir Gabriella Csűrös, *Uniós pénzügyek. Az európai integráció fejlődésének pénzügyi jogi vizsgálata* (Les finances de l'UE. Une analyse juridico-financière du développement de l'intégration européenne.), HVG–ORAC, Budapest, 2015, pp. 189-196, 231-151.

151 En Hongrie, le déficit budgétaire (croissant) est devenu un facteur spécifique au système au cours des deux décennies de transition vers une économie de marché. Cette situation a été aggravée par le déficit de la balance des paiements extérieurs, faisant du phénomène du déficit double une caractéristique des deux positions macroéconomiques déficitaires jusqu'en 2010.

152 Les taxes sectorielles et les taxes bancaires sont des outils de gestion de crise. Toutefois, à mesure que la crise s'atténue, il est souhaitable de réduire leur rôle et leur taille, ce qui augmentera la production

résoudre de manière adéquate le problème de l'évasion fiscale pendant des décennies. En conséquence, les entreprises « rangées »[153] qui étaient repérées par l'administration publique et pouvaient être taxées ont été contraintes de prendre la place des non-contribuables, de sorte que leur charge fiscale est devenue bien supérieure à leur capacité fiscale.

En réalité, le bon système fiscal existe principalement en tant que catégorie théorique. Il n'existe pas de système qui satisfasse parfaitement les contribuables et le budget fiscal à tous égards. Dans le même temps, le système fiscal est censé ne pas pousser le moral des contribuables à des limites extrêmes. Il doit favoriser l'allocation optimale des ressources aux facteurs de production, et non éliminer l'intérêt de maintenir la production. Il est essentiel que le système fiscal garantisse l'harmonie entre l'État en tant que détenteur de revenus dérivés et les détenteurs de revenus primaires (particuliers et entreprises), et qu'il y ait un intérêt mutuel dans le fonctionnement et le maintien du système. La contrainte fiscale, c'est-à-dire la nécessité de couvrir la plus grande partie possible des dépenses budgétaires à presque n'importe quel prix a entraîné une prolifération des comportements d'évitement fiscal au cours des deux premières décennies du changement de régime. La contrainte fiscale résultait de l'effet combiné de l'insuffisance de l'intégration dans le filet fiscal des contribuables disposant d'une forte base de capital, principalement de propriété étrangère, de la politique fiscale consistant à leur accorder des avantages fiscaux et, d'autre part et simultanément, de la « surimposition » des résidents nationaux disposant de moins de capital et donc de moins de capacité fiscale. Le déficit moral et financier des relations fiscales organiques (contribuable-gouvernement) a été causé à la fois par des taux d'imposition élevés sur les résidents nationaux – et donc « logiquement » par l'augmentation de l'évasion fiscale –, et par des politiques économiques qui n'ont pas donné la priorité à l'intégration du marché du travail. Il s'agit de pratiques qui se sont « orientées » vers la fourniture de prestations sociales au lieu du travail, et la nécessité de répondre aux besoins de ceux qui ont droit à des aides publiques (chômeurs, renflouement d'entreprises déficitaires) et la couverture financière des dysfonctionnements de l'État sous-organisé ont amené les autorités chargées de la perception des impôts à faire peser une charge croissante sur les imposables. La généralisation de la pratique consistant à taxer les recettes publiques à n'importe quel prix, mais surtout à un prix autre que celui de la capacité à taxer, a créé une contrainte fiscale chronique.

---

et la volonté de prêter de ce groupe de contribuables. C'est l'essence même d'une politique économique dans la phase suivante.

[153] Il s'agit des travailleurs gagnant un salaire supérieur au salaire minimum et principalement des entreprises nationales, enregistrées auprès des autorités fiscales.

7.3 MODIFICATION DES POLITIQUES DE BANQUE CENTRALE APRÈS LA CRISE. RENAISSANCE DE LA PENSÉE INSTITUTIONNELLE

7.3.1 Les crises qui ont provoqué les changements

Les crises de 1929-1933 et de 2007-2008 ont fondamentalement transformé les pratiques des finances publiques. Les réflexions de Béla Földes[154] à la fin du 19e siècle sont toujours d'actualité : « Les crises ont des conséquences très fâcheuses. Elles détruisent les valeurs individuelles et matérielles, éradiquent la condition de base de la vie économique, la confiance, privent de nombreux membres de la société d'une source de revenus, créent le dénuement et la pauvreté, perturbent le processus démographique, et il n'est pas rare qu'ils mettent en danger la force morale du peuple et causent de nombreux maux moraux (crime, suicide). Mais les crises ont aussi des effets bénéfiques : c'est généralement le seul moyen de redonner à l'activité économique les bonnes proportions et la bonne direction. » Les effets bénéfiques de ces deux crises sont le renforcement de l'influence économique de l'État, la montée en puissance de la pensée institutionnelle et le nouveau rôle (disciplinant) des banques centrales et de la régulation financière. Comme les économies de marché émergentes ont tendance à être plus vulnérables et plus durablement touchées par la crise, cela conduit (aussi) souvent à une critique des pratiques antérieures de politique monétaire.

L'idée formulée sur la base des réalités hongroises est que dans une économie de marché émergente, où les conditions économiques et sociales sont plus rudimentaires que dans une économie de marché avancée, où les conditions financières et sociales ont mûri pendant des siècles dans un « calme » relatif (du moins par rapport à la Hongrie), la méthodologie de la gestion monétaire doit être quelque peu différente. Il n'est pas possible de poursuivre les mêmes pratiques de politique monétaire dans ces deux groupes de pays, ni de forcer l'alignement sur les politiques monétaires des économies de marché avancées (en particulier celles de la BCE), et d'ignorer les faiblesses des facteurs de production nationaux en termes de manque de capital et de déficit des entreprises, ainsi que les faiblesses des finances publiques héritées de l'économie planifiée. En Hongrie, après 2013, la fonction et la position publiques de la Banque nationale ont été redéfinies par la Loi fondamentale et la loi cardinale sur la Banque nationale.

En 1969, István Hagelmayer ne considérait pas que la conception d'avoir une banque unique (système bancaire à un seul niveau) eût été défectueuse, mais il voyait le problème dans le fait que la banque unique devait remplir simultanément les fonctions de banque centrale et de banque de crédit, alors que les deux fonctions n'ont pas été séparées et que le lien entre elles n'a pas

154 Béla Földes, *A nemzetgazdaság és pénzügytan kézikönyve* (Manuel d'économie nationale et de science financière), 2e édition remaniée, Zilahy Sámuel, 1885, p. 320.

été établi. Ainsi, sans l'établissement d'un lien institutionnel entre ces deux fonctions, à quoi s'ajoutait encore une spécialisation irrationnelle, la Banque Nationale de Hongrie n'était une banque centrale que dans un sens très limité : plutôt une banque de crédit, apparemment omnipotente dans ses activités de prêt, opérant sans contraintes institutionnelles et sans considérations commerciales.[155] À partir de 1987, dans la situation créée par la « restauration » du système bancaire à deux niveaux, les banques commerciales sous le contrôle du gouvernement ont commencé à opérer aux côtés de la banque centrale, qui a également accepté les exigences du gouvernement, de sorte que l'opération au sens classique (occidental) de la banque centrale et des banques commerciales a également montré un certain nombre de lacunes. Dans la nouvelle structure, la banque centrale hongroise a obtenu un double rôle. 1) Elle s'est progressivement éloignée des tâches d'économie réelle et des fonctions de refinancement de la dette publique, c'est-à-dire de l'idée keynésienne selon laquelle le secteur nominal peut influencer l'économie réelle, principalement par le biais des taux d'intérêt et en augmentant ou en réduisant les investissements (crédits d'investissement), la demande d'investissement pouvant façonner les performances économiques globales par le biais du niveau des taux d'intérêt et de l'ouverture des canaux de crédit. 2) Cependant, dans l'approche monétaire qui s'est imposée depuis les années 1970 (École de Chicago), le secteur réel ne peut être influencé à long terme et seulement de manière limitée à court terme. Dans cette théorie (et cette pratique) néolibérale, les acteurs du marché sont capables de s'autocorriger et d'éviter les crises, et la stabilité de l'économie résulte de la stabilité des prix, qui est la tâche principale des banques centrales. A la fin des années 1990, cette conception néolibérale avait complètement éclipsé les fonctions de développement de l'économie réelle et de financement de la dette publique de la Banque Nationale de Hongrie. Les problèmes ont été aggravés par le fait que la politique budgétaire, qui a en grande partie (et parfois malgré elle) éludé les réformes structurelles, a encore augmenté la dette publique héritée de l'économie planifiée, que la banque centrale a géré en effectuant des opérations limitées de neutralisation (compensation), mais elle a complètement négligé sa tâche la plus importante, à savoir le soutien efficace des résidents internes et celui des opérations exigées par la dette publique, c'est-à-dire le refinancement. En définitive, une politique budgétaire souple et, ici et là, une politique monétaire stricte ont été mises en œuvre au cours des deux décennies de transition vers une économie de marché. János Simon décrit succinctement cette pratique défavorable par la question qu'il pose :[156] « Est-il possible d'avoir

[155] István Hagelmayer, « A bankrendszer és feladatai » (Le système bancaire et ses tâches), *Hitel és pénzforgalom*, février 1969, année XIII, p. 165.

[156] János Simon, « A jegybank közjogi jogállása: gondolatok a gazdaság és a jog kapcsolatáról a jegybanktörvény legutóbbi módosítása ürügyén », (Le statut de droit public de la banque centrale : réflexions sur les relations entre l'économie et le droit à la lumière de la récente modification de la loi sur la banque centrale), in *Gazdaság és jog* (Économie et droit), *op. cit.*, p. 103.

deux politiques économiques non convergentes dans un même pays ? » Il considère également la question des relations de répartition comme un problème majeur. Comme il le dit si bien, « la banque centrale a agi comme un Robin des Bois pour protéger les intérêts des personnes à revenus fixes – retraités, fonctionnaires, ouvriers, bénéficiaires de la sécurité sociale – ceux des touristes hongrois, des importateurs et de ceux qui investissaient dans le forint en raison des taux d'intérêt élevés. Dans le même temps, ses efforts pour atteindre l'objectif inflationniste n'ont pas permis de limiter l'augmentation du déficit public, que l'État a financé en maintenant des taux d'intérêt extrêmement élevés sur la dette libellée en forint ou en prenant un risque de change important sur la dette libellée en devises étrangères en raison de la force exceptionnelle du forint. » Des décennies plus tard, après tous ces développements, on peut dire que le laxisme de la politique budgétaire n'a finalement pas été entièrement compensé par la banque centrale dans son rôle de Robin des Bois, et que l'efficacité de la banque centrale a diminué ; elle est même « venue à la rescousse » des politiques gouvernementales de plus en plus dysfonctionnelles des années 2000, ou plus précisément à la rescousse de ses victimes. Tant par sa politique de taux de change et de taux d'intérêt que par son attitude de surveillance complaisante, elle a permis aux ménages et aux municipalités de s'endetter en devises étrangères. Le gouvernement n'a pas été en mesure de créer des emplois dans une mesure significative, les salaires et les revenus n'ont pas augmenté autant que les groupes cibles l'espéraient, de sorte que les besoins de consommation et d'investissement ont été satisfaits par les fonds des banques commerciales à la suite de « l'approbation de la banque centrale », ce qui a causé de graves problèmes de liquidité et de fonctionnement pour les municipalités et les ménages dès les premières années de la crise en 2007-2008. En outre, la pratique de la banque centrale consistant à se « découpler » du refinancement partiel de la dette publique n'a pas réduit le déficit budgétaire en rendant les titres publics commercialisables et disponibles pour les emprunteurs extérieurs dans une mesure significative dans le contexte de la convergence de la banque centrale avec l'UE.[157] La thèse de János Simon, formulée en 2005, est une « justification préliminaire » de la suggestion de l'auteur de ce livre selon laquelle les deux domaines de la politique économique (la branche des finances publiques) devraient avoir des philosophies économiques convergentes. En d'autres termes, ils ne doivent pas être compensatoires, ni « en avance » ou « en arrière-garde », mais synchrones. En d'autres termes, le temps est venu pour les banques centrales de se doter d'un système de ciblage multi-mandats et des outils pour y parvenir, parallèlement à la création et à l'exigence d'une

157 Sur les (mauvaises) interactions entre la banque centrale et le budget, voir Csaba Lentner, « A bankszabályozás tudományos rendszertana és fejlődéstörténete » (Taxonomie scientifique et histoire du développement de la réglementation bancaire), in *Bankmenedzsment – Bankszabályozás – Pénzügyi fogyasztóvédelem* (Management et réglementation bancaires, protection financière des consommateurs), *op. cit.*, 2013, pp. 27-86.

gestion budgétaire disciplinée. Cela signifie qu'une banque centrale qui fonctionne efficacement doit opérer dans un contexte macroéconomique et social. Cette approche, comme la pensée institutionnelle, a été renforcée par la crise. L'une des principales thèses de l'ouvrage est que la banque centrale doit devenir un acteur institutionnel des finances publiques, tout en conservant son statut indépendant, comme l'illustre l'exemple de nombreuses banques centrales de premier plan[158] dans le monde. L'autorité monétaire est donc un acteur institutionnel du système de finances publiques, un domaine de l'administration publique,[159] qui coopère avec la politique budgétaire pour des objectifs communs de politique économique.[160]

Un autre phénomène international est que les banques commerciales qui attendent un renflouement de l'État (et même ceux qui se socialisent à celui-ci) acceptent les activités croissantes de réglementation et de contrôle de l'État, et les intègrent même dans leur politique commerciale, afin d'éviter la faillite et de poursuivre leurs activités.[161]

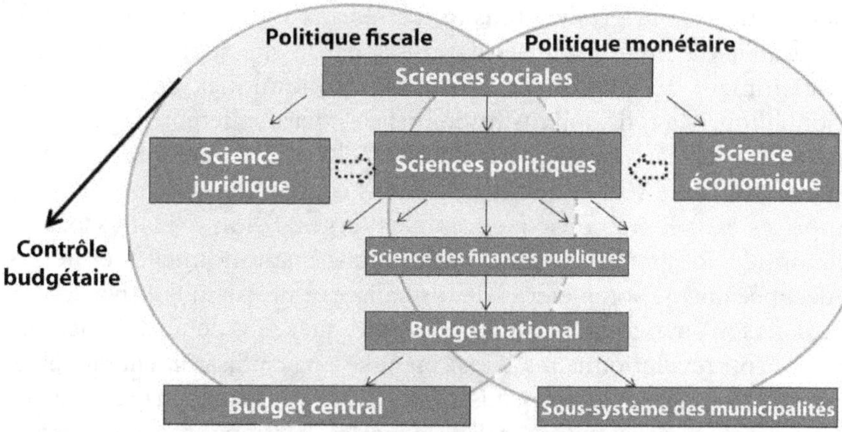

Figure 1. Un cadre empirique pour le modelage post-crise des sciences politiques et des finances publiques – avec la Hongrie comme étude de cas. Tableau établi par nous, 2019

[158] Pour un exposé détaillé des politiques de banque centrale de type nouveau, voir Balázs Vonnák (dir.), *Modern jegybanki gyakorlat* (Pratique moderne de banque centrale), Magyar Nemzeti Bank, 2017.

[159] À l'Université nationale du service public et à son prédécesseur, l'ancien Institut hongrois d'administration publique, la gestion financière et budgétaire est une matière distincte dans les sujets de l'examen de la fonction publique gouvernementale, qui comprend, depuis plusieurs décennies, les activités de réglementation et de contrôle de la banque centrale

[160] Cf. ce qui a été dit plus haut à propos du cadastre des sciences de l'État, qui prend forme dans le domaine interdisciplinaire du droit et de l'économie.

[161] Sur les nouveaux cadres taxonomiques de la science bancaire, voir Csaba Lentner, *op. cit.*, 2013, pp. 27-86.

7.3.2 Sur la renaissance de la pensée institutionnelle et la valorisation du rôle de la banque centrale[162]

La crise de 2007-2008 et la gestion de la crise qui a suivi ont également donné un nouveau contenu à la réflexion économique et financière. L'intensification de l'intervention de l'État dans l'économie et la montée en puissance du contrôle et de la réglementation étatiques convergent vers un modèle d'État actif à l'échelle mondiale, dont les disciplines académiques sont en train de prendre forme. Les pratiques de politique monétaire à mandat unique qui ont prévalu en Europe continentale pendant des décennies sont également en cours de révision. Les politiques de banque centrale qui favorisent la stabilité financière et la croissance économique, en plus de la modération de l'inflation, passant au premier plan à la Fed, à la Banque d'Angleterre, en Hongrie et à la Banque centrale européenne.

En citant les classiques de la pensée institutionnelle, il est important de noter que les théoriciens les plus éminents de plus de deux siècles de pensée économique se sont presque tous intéressés aux finances publiques, mais ce n'est qu'il y a environ un siècle qu'est apparue une approche cherchant consciemment à intégrer les processus économiques dans la réalité sociopolitique. La réflexion institutionnelle est particulièrement pertinente aujourd'hui, car la crise financière de 2007-2008 a montré que le marché ne peut être laissé seul et que les questions économiques ne peuvent être comprises sans leurs conséquences plus larges. Selon Ronald Coase,[163] l'économie a longtemps négligé les questions institutionnelles et ne s'est préoccupée que de compléter et de formaliser ce qu'Adam Smith a écrit en 1776 dans son ouvrage *La Richesse des nations*, qui a sans doute déclenché des changements révolutionnaires. Ainsi, on ne s'est pas suffisamment intéressé à ce qui se passe au sein d'une organisation – Coase lui-même s'en préoccupait – ni au contexte social et politique dans lequel les décisions économiques sont prises et ont leur impact.

Selon la formule succincte de Douglass North[164], « les institutions comptent ». Par institutions, l'école institutionnelle de l'économie – suivant

[162] Ce chapitre s'appuie dans une large mesure sur Csaba Lentner, « New Concepts in Public Finance after the 2007-2008 Crisis », *Economics and Working Capital*, 2017, nrs. 1-4, pp. 2-8.

[163] Ronald Coase, « The Institutional Structure of Production. Lecture to the Memory of Alfred Nobel », 9 décembre 1991, http://nobel prize.org/nobel_prizes/economics/laureates/1991/coase-lecture.html, téléchargé le 8 octobre 2018 ; Ronald Coase, « The Nature of the Firm », *Economica, New Series*, 1937, année 4, nr. 16, pp. 386-405.

[164] C. Douglas North, « The Historical Evolution of Polities », *International Review of Law and Economics*, 1994, année 14, nr. 4, pp. 381-391 ; C. Douglas North, *The New Institutional Economics and Development*, Washington, University of St. Louis, 1993, http://econ2.econ.iastate.edu/t esfatsi/New InstE.North.pdf, téléchargé le 8 octobre 2018.

la tradition de Thorstein Veblen,[165] Walton Hamilton[166] et John R. Commons[167] – entend tous les facteurs qui influencent les décisions économiques : les règles formelles, à savoir les lois et autres réglementations étatiques, et les facteurs informels, c'est-à-dire la culture et même le contexte religieux. Il est aujourd'hui difficile de croire, mais c'est un fait, que pendant longtemps les économistes ont été pour ainsi dire détachés des réalités quotidiennes et n'ont pas tenu compte du fait que les gens réagissent différemment aux différents processus et décisions de politique économique et de finances publiques dans des contextes juridiques et culturels différents. L'expérience de la Hongrie au cours des deux décennies qui ont suivi le changement de régime montre à quel point cette question est importante, car les recettes qui ont fonctionné dans les économies de marché plus développées et les pays qui avaient fait l'apprentissage de la démocratie depuis plus longtemps étaient moins adaptées aux spécificités des pays émergents et ont souvent échoué. Les politiques économiques importées, étrangères aux conditions nationales, se sont avérées inefficaces pour garantir la croissance économique et la stabilité financière à long terme.

L'approche institutionnelle, qui mettait l'accent sur l'importance des règles et des normes, est passée au second plan avec la montée en puissance des idées de John Maynard Keynes[168] dans les années 1930. Quelques décennies plus tard, l'institutionnalisme est réapparu dans la pensée économique dans les années 1980 et 1990, avec l'émergence de Coase et de North, et du disciple de Coase, Oliver Williamson, lauréat du prix Nobel 2009[169]. Toutefois, les fondements théoriques de ces idées n'ont pas filtré dans la pratique quotidienne avant la crise de 2007-2008. Le règne absolu des écoles favorisant les mécanismes de marché n'a pas été contesté pendant très longtemps, et il a fallu une série d'effondrements économiques pour que le monde se rende compte qu'il n'existe pas de marché qui s'auto-guérit, ni de rationalité sans contrainte, ni de système de finances publiques qui fonctionne efficacement sans règles.

Il ne fait aucun doute que les finances publiques doivent également tenir compte du fait que les transactions économiques et financières ont des coûts, et que l'une des principales tâches de la gouvernance économique consiste à réduire, ou plus précisément à optimiser, ces coûts. Il faut donc mettre en place des institutions, des règles et des lois qui réduisent les coûts de transaction. Si l'on admet que ces coûts sont généralement le résultat de l'incertitude et

165 Thorstein Veblen, *The Theory of the Leisure Class*, Macmillan, 1898.

166 H. Walton Hamilton, « The Institutional Approach to Economic Theory », *American Economic Review*, 1919, année 9, nr. 1, pp. 309-318.

167 John R. Commons, « Institutional Economics », *American Economic Review*, 1936, année 26, nr. 1, Supplement, Papers and Proceedings of the Forty-eighth Annual Meeting of the American Economic Association, pp. 237-249.

168 John M. Keynes, *The General Theory of Employment, Interest and Money*, 1936, http://cas2.umkc.edu/economics/people/facultypages/kregel/courses/econ645/winter2011/generaltheory.pdf, téléchargé le 31 janvier 2019.

169 Oliver E. Williamson, « The New Institutional Economics : Taking Stocks and Looking Ahead », *Journal of Economic Literature*, 2000, année 38, nr. 3, pp. 595-613.

du risque, alors l'un des objectifs de l'État ne peut être autre que de créer un cadre permettant de maîtriser et de réduire l'incertitude du marché. L'un des principaux axes de la réflexion institutionnelle a donc été d'explorer le type de matrice réglementaire nécessaire pour créer une économie et un État qui fonctionnent bien. Selon la classification de Dani Rodrik[170], quatre groupes d'institutions peuvent être distingués comme étant essentiels au développement économique et social. Il s'agit des institutions et des règles qui garantissent la protection des droits de propriété (*market creating institutions*), sans lesquelles le développement économique est inconcevable dans un système d'économie de marché, de même que la protection et la garantie des droits de propriété, qui est une condition préalable au développement. Deuxièmement, il y a les institutions de régulation du marché (*market regulating institutions*). L'économie classique reconnaît également qu'il existe des défaillances du marché auxquelles il faut remédier. Il s'agit notamment des externalités, des asymétries d'information et des conséquences anticoncurrentielles des économies d'échelle. Troisièmement, il y a les institutions de stabilisation du marché (*market stabilizing institutions*), qui comprennent toutes les institutions visant à assurer un environnement économique stable, notamment la stabilité des prix, la réduction de la volatilité macroéconomique, voire l'évitement des crises financières (banques centrales, régimes de change, réglementation fiscale et monétaire). Quatrièmement – *last but not least* – les institutions de légitimation du marché (*market legitimizing institutions*) ont été incluses dans le modèle de Rodrik, car il ne suffit pas de prouver la « supériorité » de l'économie de marché dans les manuels et les revues, mais il faut aussi faire accepter par la société ce qui nécessite des institutions qui gèrent les chocs et les aspects négatifs du marché et qui construisent et protègent la confiance sociale (sécurité sociale, gestion du chômage, assistance sociale, retraites et contrôle des finances publiques). Ces groupes, organisés dans une matrice institutionnelle, doivent être cohérents et résilients, c'est-à-dire qu'ils doivent avoir des « contenus idéologiques » qui se chevauchent dans le cadre d'une politique économique, et sont résistants aux effets négatifs.

Un domaine important pour une approche institutionnelle du système des finances publiques est la réglementation des banques centrales. Il s'agit de l'un des premiers domaines à avoir fait l'objet d'une révision majeure à la suite de la crise, dans l'espoir d'améliorer l'efficacité (globale) de la politique économique. Selon le modèle de Rodrik, la banque centrale est l'une des institutions stabilisatrices les plus importantes de l'économie, ce qui, dans l'approche classique, signifie assurer la stabilité des prix, mais aujourd'hui, la responsabilité des banques centrales en matière de stabilité macroéconomique globale, voire de stabilité sociale, est de plus en plus mise en avant. La crise

170 Voir Dani Rodrik, *Trade Policy reform as Institutional Reform*, 2000, https://www.sss.ias.edu/files/pdfs/ Rodrik/Research/trade-policy-reform-institutional-reform.PDF, téléchargé le 8 février 2018 ; Dani Rodrik – Arvind Subramarian, « The Primacy of Institutions », *Finance and Development*, http://www.imf.org/ external/pubs/ft/ fandd/2003/06/pdf/rodrik.pdf, téléchargé le 8 octobre 2018.

financière a mis fin au consensus précédent sur la politique monétaire, mettant en évidence ses effets redistributifs. Il est devenu essentiel, pour la modélisation et la transparence des décisions des banques centrales, de développer un cadre interprétatif permettant d'évaluer et de valider les décisions de politique monétaire dans un contexte macroéconomique et social complexe.

La réflexion sur la politique des banques centrales était très monolithique dans les décennies qui ont précédé la crise, et les études sur l'indépendance des banques centrales de Barro et Gordon[171] et de Kydland et Prescott[172] ont fixé le cadre de la réflexion. Les approches plus réalistes et plus complexes ont dû attendre jusqu'à présent, même si John Woolley[173] a typologisé, dès 1983, les facteurs gouvernementaux et extra-gouvernementaux, ainsi que les facteurs structurels, qui peuvent influencer la prise de décision des banques centrales.

Selon le consensus simpliste d'avant la crise (en particulier en Europe continentale), il était « conseillé » aux banques centrales d'opérer dans le cadre « un objectif–un instrument », ce qui signifiait qu'elles devaient prêter attention surtout à l'inflation (un objectif) et, si elles intervenaient pour corriger les développements inflationnistes, elles le faisaient par le biais des taux d'intérêt à court terme (un instrument). Cependant, la crise a bouleversé ce paradigme,[174] les banques centrales utilisant désormais un large éventail d'instruments et se concentrant sur d'autres objectifs, tels que la stabilité financière, la promotion du crédit, la croissance, le soutien à la politique économique du gouvernement, en plus de l'objectif inflationiste, qui reste l'objectif principal. Le consensus post-crise est que la stabilité des prix est une condition nécessaire mais non suffisante pour une croissance économique durable à long terme, c'est-à-dire que la banque centrale doit chercher à atteindre la stabilité macroéconomique avec les outils dont elle dispose potentiellement. Cependant, les fondements théoriques profonds de cette évolution n'ont pas encore été développés, cependant que la pratique des banques centrales a évolué dans ce sens et la primauté de l'objectif de stabilité des prix a été maintenue.

Le point de vue simpliste d'avant la crise, selon lequel la banque centrale ne devrait se préoccuper que de l'inflation, résulte essentiellement de la « dichotomie classique », selon laquelle l'économie réelle ne peut être influencée à long terme par des variables nominales. Cela peut être compris en termes de politique monétaire et de neutralité à long terme de la monnaie.

171 J. Robert Barro – B. Gordon David, « A Positive Theory of Monetary Policy in a Natural Rate Model », *Journal of Political Economy*, 1983, année 91, nr. 4, pp. 589-610.

172 E. Finn Kydland – C. Edward Prescott, « Rules rather than Discretion : the Inconsistency of Optimal Plans », *Journal of Political Economy*, 1977, année 85, nr. 3, pp. 473-492.

173 T. John Woolley, « Political Factors in Monetary Policy », in R. Donald Hodgman (dir.), *The Political Economy of Monetary Policy : National and International Aspects*, Conference Series, 26, 1983, http:// www. bos.frb. org/economic/conf/conf26/conf26i.pdf, téléchargé le 8 octobre 2018.

174 J. Olivier Blanchard – David Romer – Michael Spence – E. Joseph Stiglitz (dirs.), *In the Wake of the Crisis Leading Economists Reassess Economic Policy*, MIT Press, Cambridge (Massachusetts), 2012.

Selon cette théorie, bien que la politique monétaire puisse influencer la croissance économique à court terme – en stimulant ou même en restreignant la demande –, à long terme, son impact sur les variables réelles (emploi, croissance, etc.) disparaît. Le niveau d'équilibre de ce dernier est essentiellement déterminé par l'évolution de l'offre, telle que la disponibilité de la technologie, la démographie ou les préférences des agents économiques.

Selon la conception dominante d'avant la crise, l'effet stimulant de la politique monétaire sur l'économie réelle est donc temporaire, c'est-à-dire que la hausse de la demande à court terme est oblitérée à long terme par la hausse du niveau des prix. À court terme, la banque centrale est en mesure de stimuler ou de freiner l'économie, c'est-à-dire d'atténuer les fluctuations économiques. En revanche, elle ne peut pas apporter de changement durable à l'économie réelle, car ses actions se traduisent en définitive par des variations du niveau des prix.

La compétitivité internationale ne peut également être stimulée que temporairement par des instruments de politique monétaire, tels que la dépréciation de la monnaie. Tous les prix et coûts intérieurs s'ajustent à une variation du taux de change nominal sur une période plus ou moins longue, de sorte que la politique monétaire ne peut avoir un impact durable sur l'économie réelle. La croissance potentielle est déterminée par l'augmentation des facteurs liés à l'offre (progrès technologique, augmentation du capital et de la main-d'œuvre disponibles, etc.). Pour la politique monétaire, l'unique moyen d'y contribuer est le maintien de la stabilité des prix.

Ainsi, le fondement théorique de l'approche hégémonique d'avant la crise est que si la banque centrale poursuit un objectif de croissance et d'emploi, elle perdra sa crédibilité, et sans crédibilité de la banque centrale, les actions de politique monétaire seront moins efficaces.[175] Par conséquent, les coûts liés à la réalisation de la stabilité des prix pourraient augmenter considérablement par la suite. Finn E. Kydland et Edward C. Prescott ont reçu le prix Nobel d'économie en 2004 pour leur travail théorique sur ce sujet (leur article a été écrit en 1977).[176]

En 1975, Thomas J. Sargent et Neil Wallace ont formulé[177] la théorie néoclassique selon laquelle, en raison des anticipations rationnelles, la politique monétaire ne peut avoir un impact durable sur la production et l'emploi, car les agents rationnels anticipent la stimulation monétaire, et les salaires et

[175] Ce n'était pas le cas de la banque centrale américaine avant et après la crise, où l'objectif inflationniste n'est que l'énième objectif de politique monétaire. Le principal objectif de la Fed a été et reste le maintien d'une situation saine en matière d'emploi. Les banques centrales d'Europe continentale, quant à elles, ont conservé l'objectif principal de modérer l'inflation, mais ont également utilisé des outils pour soutenir l'économie et renforcer la stabilité financière.

[176] E. Finn Kydland – C. Edward Prewscott, « Rules rather than Discretion: the Inconsistency of Optimal Plans », *Journal of Political Economy*, juin 1977, https://casee.asu.edu/upload/Prescott/1977-Kydland-JPE-Rules%20 Rather%20than%20Discretion%20The%20Inconsistency%20of%20Optimal%20Plans.pdf, téléchargé le 31 janvier 2019.

[177] Thomas Sargent – Neil Wallace, « Rational Expectations, the Optimal Monetary Instrument, and the Optimal Money Supply Rule », *Journal of Political Economy*, 1975, année 83, nr. 2, pp. 241-254.

les prix augmentent immédiatement. Le nouveau paradigme économique, cependant, est l'idée d'une « économie à haute pression ».[178] Des études empiriques récentes montrent que les récessions ont entraîné une réduction permanente du niveau du PIB dans deux tiers des cas, un phénomène que nous appelons hystérèse. De plus, dans un tiers des cas, le décalage par rapport à la tendance précédente n'est pas constant dans le temps, mais augmente. Il n'y a pas encore d'accord complet sur l'explication de ce phénomène, mais il est de plus en plus admis empiriquement que la tendance à la croissance durable à long terme d'une économie n'est pas indépendante du cycle qu'elle a traversé. Le phénomène d'hystérèse rend la politique économique anticyclique extrêmement précieuse, car non seulement elle stabilise l'économie autour de la ligne de tendance par le biais de la politique fiscale et monétaire, mais elle peut également avoir un impact significatif sur le niveau du PIB à long terme.

Si la récession réduit la tendance de la croissance à long terme, une économie à haute pression est susceptible de retrouver sa trajectoire d'avant la crise. Au début des années 1970, le concept d'économie à haute pression est apparu dans la littérature, selon lequel si la politique économique maintient l'économie sous une pression de la demande supérieure à la moyenne, il est possible d'atteindre durablement un PIB plus élevé. Dans une économie maintenue de manière durable et prévisible sous pression de la demande, les entreprises augmentent leur demande de facteurs de production, de machines, d'équipements et de main-d'œuvre en prévision de la croissance de leurs marchés à long terme. La demande de produits de la part des consommateurs peut également croître de manière régulière, car l'emploi et les revenus sont plus prévisibles.

Une objection courante à l'idée d'une économie à haute pression est qu'elle est risquée du point de vue de l'inflation. Toutefois, la dynamique de l'inflation a récemment changé de manière significative en raison de deux facteurs, qui réduisent le coût potentiel d'une économie à haute pression. Premièrement, les anticipations d'inflation sont faibles et bien ancrées, et deuxièmement, la courbe de Phillips reliant l'économie réelle et l'inflation s'est aplatie récemment. Il en résulte que l'impact de la croissance de la production sur l'inflation diminue. Cette thèse s'applique aussi principalement à la politique budgétaire, mais peut également être interprétée dans le contexte de la politique monétaire. Le concept d'économie à haute pression trouve son origine chez Okun (1973).[179] L'idée est également justifiée par la recherche de 2016 de Fatès et Summers,[180] où les auteurs montrent que dans les économies avancées en 2010-2011, chaque point de pourcentage de baisse du PIB causé

178 D'après le Rapport de croissance de décembre 2016 de la Banque Nationale de Hongrie.

179 A. Okun, « Upward Mobility in a High Pressure Economy », *Brooking Papers on Economic Activity*, Printemps 1973, pp. 207-253.

180 Antonio Fatès – H. Lawrence Summers, « The Permanent Effects of Fiscal Consolidations », NBER Working Paper, nr. 22374, publié en juin 2016, revu en août 2016, NBER Program(s) : EPG, http://www.nber.org/ papers/w22374, téléchargé le 7 décembre 2018.

par le resserrement budgétaire a entraîné une baisse de 1 % de la production potentielle.

Comme l'a dit István Hetényi[181] à l'époque, la politique économique n'est rien d'autre qu'un outil permettant d'influencer les acteurs économiques, qui a (aussi) quatre dimensions au sens classique. Elle favorise la croissance économique, équilibre les comptes budgétaires et extérieurs, maintient l'inflation à un niveau raisonnable et modéré, contribue à la modernisation de l'économie nationale et renforce le pouvoir créatif des membres de la société et leur attitude innovante dans le domaine de la production et des affaires publiques. Selon l'approche de l'ancien ministre des Finances, la promotion de la croissance économique ne doit pas seulement avoir une dimension économique nationale, mais doit également être étendue aux entreprises, aux secteurs et même aux ménages, et la somme de ces éléments fournira le potentiel de croissance de l'économie nationale. Si les équilibres financiers sont perturbés dans un domaine, la croissance économique s'arrêtera au bout d'un moment. Trop d'emprunts à l'étranger, avec leurs charges d'intérêts, détournent les ressources qui pourraient être affectées à l'investissement, aux facteurs de reproduction élargie et aux dépenses sociales, c'est-à-dire à des sources de croissance, et l'échéance des remboursements des prêts crée une sorte de stress dans la gestion, avec un effet négatif sur la capacité de planifier à d'autres fins. Des positions extérieures instables attaquent le taux de change, provoquant des sorties de revenus excessives. Des déficits budgétaires élevés et croissants déclenchent des effets inflationnistes. La perception classique est que la réduction de l'inflation est une fonction de la banque centrale, mais en fait, ce n'est pas le cas. La politique budgétaire visant à améliorer l'équilibre fiscal est également essentielle pour faire baisser le niveau des prix, car l'inverse, un déficit croissant, génère en soi des effets inflationnistes. Dans le même temps, les tarifs des services publics ou les taxes de vente, par exemple, abaissés par la politique budgétaire, peuvent réduire considérablement l'inflation, comme l'ont montré le contrôle des prix et la réduction des taxes de vente par les autorités hongroises après 2010. La politique fiscale ne parvient pas à elle seule à atteindre les objectifs de la politique économique. La politique monétaire à elle seule n'y parvient pas non plus, mais une combinaison des deux, travaillant dans la même direction, peut y arriver. Par cette classification des objectifs de politique économique, István Hetényi affirme la nécessité de la coordination de la politique fiscale et monétaire.

S'il y a de la croissance, un équilibre financier soutenant la croissance, et un intérêt des entreprises et des travailleurs pour une reproduction élargie, la politique économique peut réussir. Mais le succès ne dure pas éternellement. L'économie nationale et ses entreprises sont quotidiennement en concurrence sur les marchés extérieurs dans le cadre de l'économie mondiale. Les produits

[181] L'évocation des idées d'István Hetényi, ministre des Finances de 1980 à 1986, est basée sur ses conférences données entre 1986 et 1989 à l'Université d'Économie de Budapest.

qui sortent du secteur des entreprises de l'économie nationale sont également en concurrence sur les marchés intérieurs, en particulier dans un pays qui est libéralisé en termes de commerce extérieur ouvert. La politique économique dans son ensemble, et le système des finances publiques qui en est le cœur, doivent être sans cesse renouvelés et modernisés pour répondre efficacement aux défis qui se présentent constamment. Une économie nationale compétitive est celle dont les finances publiques, c'est-à-dire le système fiscal, la politique de subventions et les affaires monétaires, sont capables de s'adapter aux changements constants de l'économie mondiale, assurant ainsi la stabilité et même la possibilité de croissance des secteurs économiques et sociaux. Ainsi, la politique fiscale n'est pas le seul moyen de faire face à la crise financière, et dans la période post-2007-2008, les banques centrales ont inauguré des programmes d'assouplissement quantitatif, d'achat d'actifs, de relance de l'investissement et des politiques de taux de base bas, se positionnant comme des institutions efficaces de gestion de crise.

Ainsi, pour remplir les (éternelles) quatre dimensions des objectifs de la politique économique, les domaines budgétaire et monétaire doivent travailler de manière cohérente dans la même direction. La gestion de la crise de 2007-2008 a montré que la croissance économique ne dépend pas seulement du système fiscal et de la réglementation fiscale, mais aussi et au moins autant des programmes de soutien à l'investissement des banques centrales, des taux de base bas des banques centrales et du crédit moins cher des banques commerciales qu'ils déclenchent par la transmission monétaire. Les équilibres budgétaires et extérieurs dépendent non seulement de l'efficacité des politiques gouvernementales en matière d'impôts, de subventions et du développement de structures d'entreprises axées sur l'exportation, mais aussi du taux d'intérêt de base de la banque centrale, qui influe également sur le financement de la dette publique ; ils dépendent aussi des instruments directs et indirects d'amortissement de la dette publique par les instruments de la banque centrale, ainsi que de la politique de change, qui maintient la monnaie nationale stable par rapport aux autres devises. La modération de l'inflation est un outil classique des banques centrales, mais dans les années d'après-crise, l'application du contrôle central des prix et la réduction des impôts indirects ont également pu déclencher une baisse significative du niveau des prix à court terme. La satisfaction des exigences de modernisation de l'économie nationale est le résultat de la combinaison d'un financement actif par l'État des instruments de politique patrimoniale, et des instruments de la banque centrale qui garantissent la stabilité des ressources, des revenus, de l'épargne et des ressources à valeur stable pour l'investissement. À la suite de la crise de 2007-2008, il est apparu clairement que l'interprétation de la politique monétaire/politique économique ne peut plus se faire dans le seul cadre de la politique fiscale du gouvernement. Les quatre objectifs (croissance, équilibre, inflation modérée, capacité de renouvellement) que les autorités budgétaires gouvernementales tentent d'atteindre n'ont pu être assurés dans les années qui ont suivi la crise de 2007-2008 que par une forte implication de la banque centrale. Les mécanismes de la banque centrale, bien que ne créant pas ou ne distribuant pas d'argent public, sont devenus une partie intégrante, un soutien du système de finances publiques, un agrégat organisationnel.[182] Des interventions plus énergiques de la banque centrale dans la gestion de la crise post-2007 ont également contribué à la valorisation des sciences de l'administration, leur donnant un rôle plus important dans la régulation et le contrôle du marché des capitaux et de l'argent, en plus de la politique monétaire et de la gestion disciplinée des finances publiques. Il a été confirmé que des finances publiques et des sous-systèmes de finances publiques clairs, transparents et efficaces, ainsi que la coopération de la politique monétaire avec eux dans une « direction unique », constituent la solution pour sortir de la crise. Dans ce processus, l'État, par le biais de ses propres instruments, crée un cadre juridique, exige et applique une gestion disciplinée et garantit le contrôle. Dans une situation nouvelle et consolidée, il appartient toutefois à la banque centrale de poursuivre des objectifs monétaires différents et d'utiliser des instruments différents, c'est-à-dire de généraliser les prêts basés sur le marché et, par le biais de ses instruments, d'en créer les conditions, tout en maintenant la stabilité financière et un niveau d'inflation modéré.

En guise de conclusion, qui pourrait également servir d'épigraphe à ce livre, reprenons les pensées d'István Bibó. Bibó a écrit que si nous transformons une solution appropriée trouvée à un moment donné pour une situation donnée en une vérité générale, elle devient facilement un dogme, et quand nous essayons d'appliquer notre formule précédemment construite à une situation avec une structure différente, elle pèse lourdement sur la tâche concrète.[183]

Ainsi, l'utilisation continue de l'ancienne méthodologie peut être préjudiciable, inefficace, et peut même conduire à une nouvelle crise ou à une aggravation de la crise. Ainsi, un renouvellement du référentiel théorique et pratique qui existait avant la crise de 2007-2008 est inévitable.[184] Et un

182 Voir la politique d'assouplissement quantitatif de la Fed, le programme Funding for Lending de la Banque d'Angleterre, les programmes d'achat d'actifs de la Banque centrale européenne, ou encore le programme de prêts à la croissance ou le programme d'autofinancement (financement de la dette publique) de la Banque Nationale de Hongrie.

183 István Bibó, « Az államhatalmi ágak elválasztása egykor és most » (La separation des pouvoirs hier et aujourd'hui), in *Válogatott tanulmányok* (Études choisies), dir. Tibor Huszár, année II, Magvető Kiadó, 1986 pp. 378-379.

184 Je prends pour modèle l'oeuvre scientifique et pédagogique de mes professeurs, Tamás Bácskai, Ernő Huszti, et Mme Péter Simon. Dans la monographie qu'ils ont rédigée ensemble, intitulée *L'Argent* (Kossuth, 1974), ils qualifient de pertinentes les mesures de gestion de crise prises par la banque centrale pendant la crise de 1929-1933 (pp. 197-229). Mais près d'un demi-siècle plus tard (en 2019), Ernő Huszti plaide pour la poursuite du développement de la politique monétaire après 2013, et pour la nécessité de « poursuivre la construction » de l'économie en investissant davantage l'épargne à valeur ajoutée générée par la politique budgétaire et monétaire. Il ne se contente donc pas de retenir comme vérité générale la solution déjà trouvée aux problèmes monétaires de l'après-2013, ou les pratiques

chercheur peut prouver son utilité à la société en proposant de nouvelles méthodes, en plaçant les faits, les processus et les solutions proposées dans un nouveau contexte,[185] ce que ce livre a tenté de faire.

de gestion de crise du début du 19e siècle, ni même de privilégier la gestion de crise du début du 21e siècle, et il propose une solution nouvelle dans une situation nouvelle. Voir Ernő Huszti, *op. cit.*

185 Voir, par exemple, la matrice institutionnelle de Dani Rodrik, grâce à laquelle l'interprétation des processus peut aider à comprendre les périodes économiques, dans *Economic Rules. The Rights and Wrongs of the Dismal Science*, W. W. Norton Company Inc., 2015.

CHAPITRE 8
Épilogue[1]

8.1 PROBLÈMES « DORMANTS », DÉFIS NON TRAITÉS EN FONCTION DE LEUR IMPORTANCE

Au cours de la période 2010-2019, la Hongrie a connu la décennie la plus réussie en termes économiques de ses cent dernières années. La première étape a été le redressement budgétaire, dont le succès a été suivi du redressement monétaire à partir de 2013 (nous avons été exemptés de la procédure de déficit excessif de l'Union européenne), qui a entraîné un changement complet de modèle de politique économique. Dans un environnement économique en reprise, le taux de chômage a été ramené de la fourchette défavorable de 10-11 % au début de la décennie à près de 3 %, une réduction plus importante que dans les autres pays de la région de Visegrád (V-4)[2] et moins de la moitié, pour faire bonne mesure, du taux de 7-8 % dans la zone euro en 2019. La Banque Nationale de Hongrie a joué un rôle clé dans la relance de l'économie, en abaissant le ratio d'endettement, en favorisant les prêts aux entreprises par le biais du refinancement et d'instruments réglementaires indirects, et en réduisant le service des intérêts sur la dette publique grâce à la baisse du taux de base de la banque centrale. Il ne fait aucun doute que, depuis près d'une décennie, la croissance économique et l'équilibre budgétaire sont des caractéristiques continues et simultanées de l'économie hongroise.[3] La décennie qui vient de s'achever, et qui correspond à trois législatures consécutives (10-12 ans), se transforme en une ère d'histoire économique, cependant que la poursuite de cette politique économique homogène est assombrie par le ralentissement économique[4] provoqué par l'épidémie de

[1] La rédaction des chapitres 1 à 7 du livre a été achevée en 2019, et la traduction anglaise a été publiée au début de 2020. Avant les éditions chinoise et française, il était nécessaire de préciser certains chiffres statistiques de la période précédente au chapitre 6, mais surtout d'évaluer brièvement l'impact escompté de la crise épidémique sur les finances publiques et de donner mon avis sur l'avenir du cours de la politique économique hongroise qui a commmencé après 2010. Le chapitre « Épilogue » n'est donc pas tant un résumé qu'un chapitre complémentaire, qui résume les options pour l'avenir et encourage la poursuite de la réflexion.

[2] Groupe de Visegrád : Pologne, République tchèque, Slovaquie, Hongrie.

[3] Pour une description complète de la trajectoire économique de la dernière décennie et une comparaison avec les décennies précédentes, voir en détail Barnabás Virág (ed.), *Tízszer tíz év számokban (Trianon 100) – Magyarország elmúlt 100 évének gazdaságtörténete* (Dix fois dix ans en chiffres [Trianon 100] – L'histoire économique des cent dernières années de la Hongrie), Banque Nationale de Hongrie, 2020. p. 336.

[4] Vivien Czeczeli, Pál Péter Kolozsi, Gábor Kutasi, Ádám Marton, « Economic Exposure and Crisis Resilience in Exogenous Shock : The Short-Term Economic Impact of the Covid-19 Pandemic in the EU », *Public Finance Quarterly*, 2020.

Covid-19 au début de 2020. Les années 2020-2021 peuvent être considérées comme un test de résistance pour le nouveau type de politique économique hongroise qui se met en place depuis 2010. L'évaluation de la résilience du modèle fiscal et budgétaire, détaillée au chapitre 6, revêt une importance particulière. Mais les problèmes – bien qu'à plus petite échelle – étaient déjà évidents à la fin de la décennie précédente.

Si l'on considère les données macroéconomiques, sectorielles et relatives aux ménages pour la période 2010-2019, il est important de souligner que nous avons été efficaces au cours de la décennie précédente, mais surtout seulement par rapport à ce que nous étions auparavant.[5] Il est vrai que nous avons mieux réussi à gérer la crise que, par exemple, les pays méditerranéens de la zone euro. Mais en tant qu'ancienne économie planifiée de type soviétique et en tant que nouvelle économie de marché émergente, nous avons été moins efficaces que les pays d'Europe centrale et orientale dans une position similaire pour rattraper notre retard en termes de vitesse et par rapport à eux. Les performances de rattrapage de la Hongrie sont inférieures à celles des pays de la région. Voir le tableau 1 pour les données.

Tableau 1 : PIB par habitant à parité de pouvoir d'achat en pourcentage de l'UE-28

Pays	2010	2019	Taux d'amélioration (rattrapage)
Estonie	65,3	83,3	18 %.
Lettonie	52,9	68,6	15,7 % (en millions d'euros)
Lituanie	60,3	83,0	22,7 %
Hongrie	65,1	72,7	7,6 %
Pologne	62,4	72,4	10 %
Roumanie	50,9	69,2	18,3 %
Slovaquie	69,7	75	5,3 %

Source : Eurostat, 2020 (chiffres en euros en pourcentage du PIB)

Bien que les performances de la Hongrie en matière de rattrapage soient significatives, elle est à la traîne par rapport à d'autres pays de la région, principalement parce que, bien que la Hongrie ait mené à bien une consolidation fiscale puis monétaire efficace, et ait même commencé à

[5] La gestion plus efficace de l'économie nationale par rapport à l'ancienne n'est pas négligeable, car au cours des décennies précédentes, la dette publique n'a cessé d'augmenter, notamment le niveau des engagements extérieurs, et l'économie a stagné et s'est contractée. Voir plus récemment la crise de transformation du changement de régime (János Kornai) et la définition que j'ai introduite, la crise du changement de régime, le quasi-effondrement causé par les dépenses budgétaires excessives et la crise des subprimes dans la première décennie des années 2000. La durée que j'étudie est plus longue (allant de la seconde moitié des années 1980 à la fin de la première décennie des années 2000) que celle examinée par Kornai, qui va d'environ la seconde moitié des années 1980 au milieu des années 1990.

« rattraper », la source de ce rattrapage a résidé principalement dans des ressources étendues et des mesures extraordinaires. Des lois ont été adoptées pour renforcer la discipline fiscale et budgétaire, l'activité réglementaire de l'État a été étendue et la banque centrale a cherché à promouvoir l'équilibre financier et le dynamisme économique en fournissant de la monnaie de refinancement. Dans un pays d'environ 10 millions d'habitants, quelque 759 à 808 000 personnes ont réintégré le marché du travail,[6] avec un nombre important de personnes (environ 100 000) ayant trouvé un emploi grâce aux programmes de travail d'utilité publique. Le gouvernement a mené une politique efficace de relance des investissements et des revenus et, surtout, la banque centrale s'est engagée dans des opérations de refinancement, tant dans le secteur des entreprises que dans la gestion de la dette publique. Compte tenu de la situation de la Hongrie, la prochaine étape vers un rattrapage durable, est d'améliorer la compétitivité et la pénétration des marchés d'exportation du secteur des petites et moyennes entreprises, essentiellement à capitaux nationaux, en améliorant la qualité des services dans les industries du savoir et de la santé, afin qu'une main-d'œuvre plus qualifiée et en meilleure santé puisse continuer à gagner des parts de marché en offrant des produits de qualité. Les PME absorbent 75 % de l'emploi dans le secteur marchand, alors qu'elles ne représentent que 40 % du PIB (ce qui indique en soi un déficit d'efficience) et comptent pour 25 à 40 % des investissements dans l'économie nationale (subventions de l'UE et autres sources nationales). Leur potentiel d'investissement en capital propre est très limité. Leurs niveaux de capital et de liquidité sont inférieurs à ceux des multinationales et leurs indicateurs de productivité sont beaucoup plus modestes. Par exemple, le niveau de productivité des micro-entreprises est à peine la moitié de celui des entreprises de taille moyenne et seulement une fraction de celui des multinationales. Selon l'enregistrement statistique du 31 mars 2021, la Hongrie compte 101 824 entreprises qui n'emploient pas plus de 5 personnes. La capacité d'innovation de ce grand nombre d'entreprises est limitée, et même le paiement du salaire minimum et des charges publiques en constante augmentation est souvent un problème.[7] Elles ne peuvent fonctionner que dans un écosystème macroéconomique favorable, qui dépend du budget de l'État et de son niveau de soutien. Il est important de souligner qu'au cours des trois dernières décennies environ, le secteur national des PME a été soumis (pour revenir à une thèse

[6] Si l'on exclut les personnes employées dans des établissements étrangers et les travailleurs saisonniers d'été, 644 000 nouveaux emplois ont été créés, ce qui constitue un résultat considérable entre mars 2010 et mars-mai 2019.

[7] En Hongrie, le salaire minimum en juin 2021 est de 167 400 forints, soit 483 euros au taux de change de 350 forint/euro, devant la seule Bulgarie (332 euros) de l'Union européenne. En Slovénie, il est de 1100 euros, en République tchèque de 575 euros, en Slovaquie de 600 euros, en Roumanie de 472 euros, mais au Luxembourg, par exemple, il est de 2200 euros. Le projet consiste à porter le salaire minimum hongrois à 578 euros, soit à 200 000 forints. Mais cela est inabordable pour les micro- et petites entreprises sans un allégement fiscal de la part du gouvernement.

formulée antérieurement) à un cadre réglementaire macroéconomique non coordonné, changeant d'un cycle gouvernemental à l'autre. D'autre part, elles sont devenues fortement dépendantes des subventions pour leur développement, surtout au cours de la dernière décennie, et les entreprises n'ont pas été fortement incitées à passer à une structure de production plus efficace sous la forme de quasi-subventions (échéances plus longues, prêts à faible taux d'intérêt, fonds non remboursables). En fait, on n'enregistre que trop peu d'exemples (et le soutien de la Chambre de commerce et d'industrie hongroise faisait défaut dans ce domaine) de l'amélioration de leurs économies d'échelle, de la promotion et de l'encouragement de fusions saines et donc de l'amélioration de leur rentabilité.

Dès la seconde moitié de la décennie précédente, les problèmes d'inefficacité du secteur des PME nationales[8] et les dangers d'être pris au piège des revenus moyens[9] en raison des exigences des entreprises internationales[10] en matière de bas salaires par rapport à l'Europe occidentale et d'aides publiques substantielles à l'installation en Hongrie étaient déjà apparents, et cela est encore plus aigu dans le contexte de la crise épidémique et du resserrement des aides de l'État et de la banque centrale. En d'autres termes, si, pour quelque raison que ce soit, la transition vers une économie basée sur le savoir est retardée, les risques que la Hongrie reste coincée dans le piège des revenus moyens augmentent de manière exponentielle.

La définition du piège de développement à revenu moyen a été utilisée pour la première fois par Gill et Kharas (2007)[11] dans leur classification des modèles de croissance des pays d'Asie de l'Est après la crise des années 1990. Dans leur analyse, ils ont montré que les pays tombant dans le piège du revenu moyen étaient ceux qui avaient initialement connu une croissance rapide et atteint un niveau moyen, mais qui n'étaient pas en mesure de passer de là à des économies de marché avancées à revenu élevé. Les auteurs ont étendu leur analyse à d'autres pays et ont inclus des facteurs supplémentaires

8 Dès 2017, la Banque Nationale de Hongrie a attiré l'attention à ce problème latent, et elle a élaboré son programme global de compétitivité en 330 points, marqué par des actions concrètes, des calculs d'impact et des ressources, mais il n'a pas reçu le soutien global des différents partis politiques, et surtout de la Chambre de commerce. Pour en savoir plus sur les tâches et le programme de compétitivité, voir György Matolcsy, *Egyensúly és növekedés 2010-2019* (Équilibre et croissance 2010-2019), Special Issue, 2020, pp. 9-31, DOI : 10.24307/psz.2020.1202, en chinois : https://cn.polgariszemle.hu/2019-09-08-08-59-40/151-2021-04-16-18-11-52/933-2021-04-16-09-24-51.

9 Voir Péter Pál Kolozsi, « How Can We Escape the Middle Income Trap ? », *Public Finance Quarterly* (1963-) 62 : 1 pp. 74-87, 14 p. (2017)

10 Le niveau technique en Hongrie a beaucoup changé grâce aux entreprises internationales, mais généralement, les véritables phases de R&D, les phases de travail qui produisent une plus grande valeur ajoutée, n'ont pas eu lieu en Hongrie. C'est le cas depuis le début du changement de régime.

11 Indermit Gill – Homi Kharas, « An East Asian Renaissance: Ideas for Economic Growth », The World Bank, Washington, p. 383, https://openknowledge.worldbank.org/handle/10986/6798 téléchargé le 19 juin 2021.

dans leur exploration du problème.[12] Selon Ohno (2010),[13] les pays les plus menacés sont ceux qui sont incapables de remonter la chaîne de valeur, car la croissance devrait toujours provenir, de l'invention du produit à la vente sur le marché, des usines d'assemblage employant une main-œuvre à faible ou moyenne qualification des entreprises internationales entrantes.[14] Il s'agit d'un problème auquel la Hongrie est confrontée depuis plus d'un siècle et demi, et qui se manifeste par le manque de capacité d'innovation et d'un écosystème constructif résultant de la situation politique et économique. Seule une partie du secteur des PME nationales peut être catalysée dans l'innovation par les multinationales et, comme nous l'avons souligné, ce secteur international n'est pas toujours d'un niveau de haute technologie. La voie à suivre aux 19e et 21e siècles a dépendu et dépend du développement d'une structure économique compétitive permettant les exportations et la libéralisation des marchés, afin de générer un contenu à forte valeur ajoutée dans les biens et services destinés à la consommation intérieure, ce qui nécessite de monter plus haut sur la chaîne de valeur de la production et des services. En outre, il peut paraître de plus en plus nécessaire de construire un système innovant à partir des ressources internes des entreprises nationales au lieu de se positionner plus haut dans les chaînes de valeur et les centres de fonds de roulement à l'étranger (importés ou non). En fait, c'est un pas en avant si, en plus des multinationales occidentales, nous obtenons également des positions plus fortes dans les processus de chaîne de valeur des grandes entreprises de l'Est et de l'Extrême-Orient. En d'autres termes, au lieu d'une orientation occidentale unilatérale, nous nous orientons plus fortement vers les entreprises asiatiques de haute technologie, c'est-à-dire que nous réduisons notre orientation excessive vers les entreprises d'Europe occidentale et d'Amérique du Nord.[15]

12 Indermit Gill – Homi Kharas, « The Middle-Income Trap Turns Ten », World Bank. Policy Research Working Paper, 7403 August 2015. Washington, https://openknowledge.worldbank.org/bitstream/handle/10986/22660/Theomiddleoincomeotrapoturnsoten.pdf?sequence=1&isAllowed=y, téléchargé le 19 juin 2021. Il y a également des indications bien fondées que la mondialisation divise l'économie mondiale en acteurs forts à croissance rapide et en acteurs faibles à la traîne, et que le « milieu » pourrait se vider, c'est-à-dire que les pays « actuellement » au milieu pourraient stagner, ce qui, à plus long terme, pourrait conduire à leur déclin. Voir par exemple Geoffrey Garret, « Globalization's Missing Middle », *Foreign Affairs* 2004, 83, pp. 84–96, https://doi.org/10.2307/20034139.

13 Kenichi Ohno, « Avoiding the Middle Income Trap: Renovating Industial Policy Formulation in Vietnam », *ASEAN Economic Bulletin*, 2010, 26 (1), pp. 25–43, https://www.grips.ac.jp/vietnam/KOarchives/doc/EP32_ADB_HQ_MIT.pdf, téléchargé le 19 juin 2021.

14 Il faut être prudent dans l'analyse du piège des revenus moyens, car les indicateurs, pris isolément, ne reflètent pas nécessairement la réalité. Au mieux, les indicateurs basés sur le PIB donnent une image des tendances de la croissance économique. Cependant, comme nous l'avons souligné, l'indicateur du PIB présente de sérieuses faiblesses qui en font une mesure inexacte de la croissance économique, même réelle (voir, par exemple, Amartya Sen – Jean Fitoussi – Joseph Stiglitz, « Mauvaise mesure de nos vies. Pourquoi le PIB ne s'additionne pas », *The New Press*, 2010, https://wcfia.harvard.edu/publications/mismeasuring-our-lives-why-gdp-doesnt-add, téléchargé le 19 juin 2021.

15 C'est essentiellement l'objectif de la diversification de l'économie extérieure du gouvernement hongrois depuis 2010, dans le cadre de laquelle la politique économique d'ouverture à l'Est et au Sud a été

Après l'arrêt de la Procédure de déficit excessif de l'UE (après 2013), d'autres décisions appropriées de politique budgétaire n'ont pas été prises, ce qui a entraîné une expansion plus modérée que prévu du taux de croissance de la demande solvable des entreprises et des ménages, et donc de la capacité de consommation et d'investissement.[16] Le problème sous-jacent est que les réductions de l'impôt sur le revenu des personnes physiques qui ont débuté en 2010 (à hauteur de 20 %) se sont arrêtées après 2013, lorsque la Procédure de déficit excessif de l'UE a été levée et la croissance s'est redressée en même temps. Il n'y a pas eu de réduction à un seul chiffre de l'impôt sur le revenu des personnes physiques, qui aurait pu procurer à la population un surplus de revenu, mais qui n'aurait pas réduit les recettes fiscales pour le budget, puisque l'augmentation de la demande solvable générée par une nouvelle réduction de l'impôt sur le revenu des personnes physiques aurait pu conduire, et continuerait de conduire, à une plus grande volonté de dépenser. Grâce à cela, les recettes fiscales de l'État pourraient continuer à s'accumuler par le biais des taxes générales sur les ventes et les droits d'accise (impôts indirects), compensant largement le « manque à gagner » sur l'impôt sur le revenu des personnes physiques et des sociétés.

La tendance à la baisse de l'impôt sur les sociétés s'est également interrompue, ce qui donne aujourd'hui aux entreprises une moindre capacité à investir par elles-mêmes, et leurs réserves ne sont pas ce qu'elles devraient être. Dans la situation économique plus tendue provoquée par l'épidémie, les investissements et les développements peuvent donc être réalisés presque exclusivement à partir de ressources publiques ou de ressources supplémentaires (aides). Un autre problème est que les avantages concurrentiels des économies d'échelle dans le secteur des petites et moyennes entreprises, essentiellement des propriétés hongroises, n'ont pas été développés, c'est-à-dire que les petites entreprises n'ont pas été incitées à fusionner, et qu'il n'y a eu aucun soutien direct ou indirect de la part du gouvernement ou des chambres de commerce, et aucun débat public n'a eu lieu sur le sujet. Pendant la crise, les petites et moyennes entreprises ne sont plus confrontées au problème de la compétitivité, mais à celui du maintien de leurs activités et de l'obtention du soutien public nécessaire à cette fin. Les mesures retardées ne font qu'exacerber les difficultés causées par la crise de l'économie, de la société et du secteur des PME. La leçon de la crise sera qu'en construisant la nouvelle trajectoire économique, nous devrons nous efforcer non seulement de faire converger les mécanismes

---

élaborée, et grâce à laquelle nos relations économiques avec la République populaire de Chine et la Russie, ainsi qu'avec d'autres anciennes républiques soviétiques, sont revitalisées.

16 Le ministre György Matolcsy, qui a opéré le revirement de la politique budgétaire, est devenu gouverneur de la Banque Nationale de Hongrie en 2013, et a façonné et dirigé l'hyperactivité de cette branche monétaire. Malheureusement, en raison du ralentissement de la politique budgétaire après 2013, il faut maintenant, en raison de la crise épidémique, consacrer plus d'argent aux PME défavorisées dont le capital est insuffisant et soutenir davantage la population, car ses revenus n'ont pas augmenté comme prévu à la suite des réductions d'impôts, bien que les salaires nets et bruts aient plus que doublé en termes nominaux en monnaie nationale entre 2010 et 2019.

budgétaires et monétaires dans la même direction (comme cela s'est produit entre 2013 et 2019), mais aussi de faire en sorte que la vitesse d'action soit la même.[17] Parmi les problèmes hérités qui affectent le secteur des affaires et la population, il convient de mentionner la dépréciation continue de la monnaie nationale, qui s'explique dans de nombreux cas par les politiques économiques hongroises, parfois en contradiction avec le Fonds monétaire international, l'Union européenne et les intérêts des milieux d'affaires qui les soutiennent.[18]

Le ralentissement de la poursuite des réformes et des réductions d'impôts durant la décennie 2010-2019 préfigurent sans doute les contours du piège des revenus moyens. Ce danger consiste en ce que les économies de ceux qui partent d'une position défavorisée par rapport aux pays développés peuvent rattraper leur retard de manière dynamique pendant un certain temps, mais à un certain point, les progrès s'arrêtent et la dynamique se ralentit. Le pays reste économiquement « moyennement développé » et n'est pas en mesure de sortir de cette situation. De vastes réserves de ressources pour la croissance (telles qu'une main-d'œuvre pouvant être attirée sur le marché du travail, une discipline de gestion induite par une réglementation financière plus stricte, un « enthousiasme social » et des ressources brutes « gratuites » commencent à s'épuiser, tandis que la transition vers une structure économique fondée sur le savoir et la technologie est à la traîne. Bien qu'il y ait eu des exemples de réussite de rattrapage économique au cours des cinquante à soixante dernières années, comme le Japon et la Corée du Sud en Extrême-Orient et la Finlande en Europe, l'adaptabilité de ces modèles à l'économie hongroise n'est que partielle. Des politiques économiques réussies ailleurs ne fonctionnent pas nécessairement dans une autre subculture. En d'autres termes, l'importation de politiques économiques doit être envisagée avec prudence et appliquée avec modération.

La Hongrie – surtout à la lumière de la crise épidémique – ne parviendra à rejoindre les rangs des pays développés que si elle parvient à effectuer la transition vers une économie durable, fondée sur le capital et le savoir, avec l'aide de l'épargne interne générée et des fonds européens. Les indicateurs de solde affaiblis en 2020 doivent être améliorés dès 2021, et surtout à partir de 2022, par rapport à l'année précédente. Sans cela, un nouveau rééquilibrage après 2022 est peu probable. Si nous n'y parvenons pas, nous risquons de créer un déséquilibre permanent et de perdre le modèle de politique économique

17 Voir György Matolcsy – Dániel Palotai, « The Interaction between Fiscal and Monetary Policy in Hungary over the Past Decade and a Half », *Financial and Economic Review*, année 15, nr. 2, juin 2016, pp. 5–32.

18 Au cours de la dernière décennie, le taux de change forint/euro a fluctué dans une fourchette assez large d'environ 269-370 forints (taux central de la Banque Nationale de Hongrie). Cela a eu un impact négatif sur la prévisibilité, l'évolution en termes de parité de pouvoir d'achat, le niveau de la dette publique et le service de la dette, alors que (malgré cela) les indicateurs macroéconomiques et d'équilibre se sont améliorés régulièrement.

« équilibre et croissance » qui s'est déjà avéré gagnant, ce qui compromettrait les chances de rattraper le retard dans les années 2020 et au-delà.

Le renforcement de l'économie hongroise ne sera pas possible en restaurant l'ancienne structure économique, la taille des entreprises et les normes de production (qui avaient déjà montré quelques problèmes avant la crise), mais en avançant vers la nouvelle révolution technologique des années 2020, qui exigera des entreprises des preuves d'efficacité.[19] Le défi n'est pas simplement de relancer la croissance et le rattrapage,[20] mais de construire une voie de rattrapage durable en créant un environnement commercial compétitif. Ces ressources financières peuvent provenir des budgets nationaux et de l'UE, ainsi que de la politique de la banque centrale,[21] qui réduit son rôle de soutien mais renforcera la concurrence sur le marché à l'avenir.

Sur la base de l'expérience, et selon les calculs de la Banque nationale, 75 % de la croissance sur une trajectoire de rattrapage durable et sûre pourrait provenir de l'essor de la productivité et 25 % de la croissance de l'emploi, la réalisation de cette dernière (il convient de le noter) étant presque plus difficile que l'augmentation de la productivité, qui ne sera pas par ailleurs facile, en particulier au niveau du secteur des petites et moyennes entreprises. Bien que le taux de chômage soit encore de 3 %, l'activité sur le marché du travail de la main-d'œuvre potentielle libre qui le sous-tend est assez faible, les personnes peu qualifiées vivant dans des enclaves professionnelles régionales, tandis que l'émigration est forte en raison des salaires plus élevés à l'Ouest. Le défi est donc complexe. On privilégie les entreprises internationales à plus forte valeur ajoutée, qui peuvent diffuser plus fortement leur capital de connaissances

[19] Pour illustrer, en utilisant l'analogie d'une voiture, disons que si le moteur a une « défaillance de soupape », c'est-à-dire un problème d'étanchéité, une partie de l'énergie générée dans la chambre d'explosion est « perdue », et la puissance produite est réduite. Il est vain d'essayer de rendre le véhicule plus performant, le rapport optimal entre vitesse et puissance ne sera pas atteint. En outre, si le réservoir d'essence présente des fuites, de sorte qu'une partie importante de l'input est gaspillée avant même que le véhicule ne démarre, la chute de la puissance par unité de carburant est encore plus spectaculaire, et l'investissement supplémentaire est gaspillé. Ainsi, sans réparer les valves, sans retirer les joints et boucher le réservoir de carburant, il est peu probable que les résultats escomptés seront atteints.

[20] Les ressources sont abondantes pour relancer l'économie, et l'abondance des ressources disponibles pour l'investissement peut conduire à une surchauffe de l'économie. Relever le défi ne dépend donc pas de l'argent, mais de l'utilisation rationnelle et efficace des ressources. Voir plus loin dans la section suivante sur les sources d'investissement spécifiques, les opportunités, les ressources nationales et européennes.

[21] Les politiques des banques centrales du monde entier subissent des changements fondamentaux. Les opérations d'assouplissement quantitatif (QE) vont vraisemblablement être réduites. Cela se produira très probablement aussi en Hongrie. En fait, la technique de consolidation de la dernière décennie, après la crise des subprimes, a placé les banques centrales dans un rôle de premier plan. Leurs instruments de refinancement se sont essentiellement épuisés, trop d'argent est sorti sur les marchés et l'inflation est montée en flèche. Dans ce qui est peut-être la première étape du changement de politique monétaire hongroise après 10 ans, la Banque nationale a relevé le taux de base de 0,6 % à 0,9 % le 22 juin 2021, rendant plus chers les prêts des banques commerciales et les rendements des obligations d'État de référence (taux d'intérêt).

dans le secteur des PME nationales et les intégrer plus solidement dans leurs processus de production.

Enfin, les deux segments (intensif et extensif), s'ils étaient combinés, généreraient une croissance annuelle moyenne du PIB de 4 à 4,5 %, s'ils dépassaient durablement le taux de croissance moyen de l'UE d'environ 2 %, et si au moins la moitié de la croissance provenait de l'amélioration de la productivité, la chute dans le piège des revenus moyens pourrait être évitée. La clé pour gagner la décennie 2020 est une augmentation de la valeur réelle de la valeur ajoutée brute par habitant, surtout en termes de parité de pouvoir d'achat en dollars américains ou en euros : donc une amélioration de la productivité effective est inévitable.

8.2 LA POLITIQUE ÉCONOMIQUE DU « DÉPASSEMENT EN MONTÉE » – OU LES POSSIBILITÉS D'UN NOUVEAU DÉPART APRÈS LA CRISE ÉPIDÉMIQUE

En période de crise économique, qu'elle soit due à des facteurs externes (exogènes) ou internes (endogènes), il est plus difficile d'échapper ou même d'éviter le piège du développement des revenus moyens qu'en période cyclique, lorsque les conditions favorables sont à nouveau éloignées de plusieurs années.

À partir du début de 2020, le pays est frappé par une épidémie de contagion au sommet du cycle de croissance et par ses effets économiques, qui limitent la présence de la main-d'œuvre sur le lieu de travail, réduisent ainsi la production et les revenus, même si la demande de la plupart des biens et services n'est pas aussi élevée que pendant la période cyclique. L'activité économique basée sur les secteurs des services (par exemple, le tourisme, l'hôtellerie) et la demande solvable est en très forte baisse.[22] Il est important de souligner que la hausse du chômage[23] et l'augmentation temporaire (espérons-le) du déficit budgétaire en Hongrie ne sont pas dues aux politiques du gouvernement ou de la banque centrale, mais à des causes externes et imprévues. La situation est donc différente de celle de 2008, lorsque les gouvernements de l'époque ont créé un piège de la dette au niveau national, puisque les secteurs financés par l'étranger en devises étrangères ont été au bord de la faillite en raison de

[22] En 2020, au premier semestre 2021, les secteurs basés sur le tourisme et l'hôtellerie, qui sont composés principalement de petites entreprises, ont chuté de 85 à 90 %, avec une baisse de 5,1 % du PIB en 2020. Le rapport entre la dette publique brute et le PIB a augmenté de 15 % en un an, mais le taux de change forint/euro a été favorable (positivement) dans l'intervalle (environ 350 forints). Si le taux de change forint/euro devait se maintenir – comme c'était le cas auparavant – à environ 370 forints, le ratio de la dette publique au PIB passerait à plus de 85 %, soit davantage qu'en 2009-2010.

[23] Ou, pour l'instant, comme solution partielle, le nombre d'emplois bénéficiant de subventions salariales par le biais d'aides publiques, évitant artificiellement le chômage effectif, le « glissement » dans la catégorie des chômeurs.

la forte dépréciation du taux de change en 2008, depuis ménages jusqu'aux finances publiques.

La crise actuelle et les possibilités de reprise peuvent être décrites par différents caractères de l'alphabet, qui sont les concepts qui dominent le discours professionnel. La « théorie R », qui se réfère au phénomène de « rebond », estime que l'économie ne supporte les conséquences négatives de la crise que pendant une très courte période, et revient presque immédiatement après la sortie de la crise à son état antérieur. Ce concept a prévalu au niveau de la politique officielle pendant quelques mois à partir du début 2020, ce qui était clairement un signe d'optimisme excessif. La « théorie F » faisait référence à une fluctuation de la situation économique, semblable à des montagnes russes, qui se produisait (encore et encore) à chaque vague de l'épidémie. Cette théorie de type de crise illustre bien ce qui s'est passé au printemps-automne 2020 et au premier semestre 2021. La « théorie L » implique la vision d'une crise prolongée, qui nous fait réfléchir et qui est également plus proche des faits, comme la « théorie EM » (type de crise à « effets mixtes »), qui met l'accent sur l'impact décisif de la crise sur des groupes sociaux, des régions géographiques, des secteurs et des industries particuliers, plutôt que sur le résultat macroéconomique global. Elle suggère qu'il y aura probablement des secteurs qui prendront des années pour « trouver leurs marques ».

En juin 2021, nous semblons être confrontés à une crise prolongée qui touche tous les segments de l'économie et de la société nationales, et ce à des degrés différents. Dans ce contexte, alors que les positions budgétaires hongroises (solde budgétaire, dette publique, inflation) et le PIB sont en territoire négatif, les prévisions du gouvernement et de la banque centrale laissent entrevoir une chance de reprise (voir tableau 2). De même, les institutions d'expertise étrangères supposent également une « reprise » (voir tableau 3). Mais ce serait déjà un bon résultat si, d'ici à la fin de 2022, l'économie hongroise retrouvait son statut d'avant le krach de 2019.[24]

[24] Dans les chiffres de croissance du PIB présentés dans les tableaux, n'oublions pas qu'ils partent d'une base faible.

Tableau 2 : Faits et projections macroéconomiques, 2019-2023

	2019	2020	2021	2022	2023
	Faits	**Prévisions**			
Inflation (moyenne annuelle)[1]					
Inflation de base	3.8	4.2	3.8 - 4.0	2.9 - 3.0	3.0
Inflation de base nette des effets de la fiscalité indirecte	3,4	3.7	2.8 - 3.0	2.7 - 2.8	3,0
Inflation	3,4	3.4	3.5 - 3.6	2.9 - 3.0	3,0
Croissance économique					
Dépenses de consommation des ménages	4.6	(-4.1) - (-3.7)	2.4 - 4.9	4.6 - 5.0	3.0 - 3.3
Consommation finale communautaire[6]	3,5	0.9 - 1.2	1.0 - 1.7	2.1 - 2.2	1.3 - 1.8
Formation brute de capital fixe	12.2	(-13.7) - (-11.8)	6.4 - 8.8	6.8 - 8.6	3.0 - 3.5
Consommation intérieure	6.0	(-4.6) - (-4.0)	2.9 - 5.1	4.7 - 5.1	2.7 - 2.9
Exportations	5.8	(-9.7) - (-9.3)	6.1 - 8.8	6.6 - 7.7	4.0 - 4.9
Importations	7.5	(-7.5) - (-7.0)	5.3 - 7.9	6.2 - 7.1	3.7 - 4.3
PIB	4.6	(-6.5) - (-6.0)	3.5 - 6.0	5.0 - 5.5	3.0 - 3.5
Productivité du travail[5]	3,3	(-3.2) - (-3.0)	4.2 - 5.8	3.3 - 4.5	2.4 - 3.2
Solde extérieur[2]					
Balance des comptes courants	-0,2	(-0.7) - (-0.6)	(-0.4) - (-0.2)	(-0.3) - (-0.1)	(-0.2) - 0.1
Capacité de financement externe	1,5	1.7 - 1.8	2.0 - 2.1	1.8 - 1.9	2.3 - 2.6
Gouvernement général					
Solde SEC	-2,1	-8,5	-6,3	-3,5	-3,0
Dette publique	65,4	80,0	78,9	76,9	75,7
Ratio dette centrale/PIB	17,3	20,0	17,6	16,0	14,1
Marché du travail					
Salaire brut moyen dans l'économie[3]	11,4	9.4 - 9.6	6.6 - 7.3	6.9 - 7.4	6.6 - 7.2
Emploi dans l'économic	1,0	(-1.5) - (-1.3)	(-1.1) - (-0.2)	0.9 - 1.5	0.4 - 0.7
Salaire brut moyen de l'industrie[3]	11,6	8.9 - 9.2	5.6 - 6.5	6.2 - 6.9	7.0 - 7.8
Emploi compétitif	1,4	(-1.3) - (-1.0)	(-1.3) - (-0.2)	1.2 - 2.0	0.4 - 0.7
Taux de chômage	3,4	4.3 - 4.5	4.6 - 5.4	3.9 - 4.3	3.5 - 3.6
Coûts salariaux unitaires nominaux du secteur concurrentiel	6,7	10.9 - 11.0	-1.0 - (-0.3)	0.6 - 1.4	3.2 - 3.4
Revenu réel des ménages[4]	4.2	(-2.7) - (-2.2)	3.2 - 5.0	3.9 - 4.3	3.0 - 3.3

1 Sur la base de données non corrigées des variations saisonnières.
2 Chiffres basés en partie sur les ratios PIB/PIB projetés.
3 Pour les employés à temps plein.
4 Estimations de la Banque Nationale de Hongrie.
5 Économie nationale, sur la base des données des comptes nationaux
6 Comprend la consommation publique et les transferts des administrations publiques et des institutions sans but lucratif.

Source : Banque Nationale de Hongrie, juin 2021

Tableau 3 : Prévisions de l'économie hongroise par des instituts et organes étrangers, 2020-2023

	2020	2021	2022	2023
Indice des prix à la consommation (augmentation annuelle moyenne, %)				
BNH (décembre 2020)	3.4	3.5 - 3.6	2.9 - 3.0	3,0
Consensus Economics (novembre 2020)[1]	3.2 - 3.4 - 3.6	0.8 - 3.0 - 3.8		
Commission européenne (novembre 2020)	3.4	3.3	3.0	
FMI (octobre 2020)	3.7	3.4	3,0	3,0
OCDE (décembre 2020)	3.5	3,3	3,6	
Enquête Reuters (décembre 2020)[1]	3.0 - 3.3 - 3.7	2.8 - 3.2 - 3.8	3.0 - 3.2 - 3.5	3.0 - 3.2 - 3.5
PIB (croissance annuelle, %)				
BNH (décembre 2020)	(-6.5) - (-6.0)	3.5 - 6.0	5.0 - 5.5	3.0 - 3.5
Consensus Economics (novembre 2020)[1]	(-6.9) - (-6.0) - (-4.1)	3.0 - 4.7 - 7.2		
Commission européenne (novembre 2020	-6.4	4.0	4.5	
FMI (octobre 2020)	-6.1	3.9	4,0	3,8
OCDE (décembre 2020)	-5.7	2,6	3,4	
Enquête Reuters (décembre 2020)[1]	(-6.6) - (-5.9) - (-4.5)	3.5 - 4.5 - 7.1	3.6 - 4.7 - 6.0	3.0 - 3.6 - 4.0
Balance des comptes courants[3]				
BNH (décembre 2020)	(-0.7) - (-0.6)	(-0.4) - (-0.2)	(-0.3) - (-0.1)	(-0.2) - 0.1
Commission européenne (novembre 2020)	-1.1	-0.3	-0.3	
FMI (octobre 2020)	-1.6	-0.9	-0,6	-0,5
OCDE (décembre 2020)	-2.5	-2.0	-1,3	
Solde des administrations publiques (SEC 2010)[3]				
MNB (décembre 2020)	(-9.0) - (-8.0)	(-6.5) - (-6.0)	(-4.0) - (-3.0)	(-3.5) - (-2.5)
Consensus Economics (novembre 2020)[1]	(-9.0) - (-7.6) - (-5.1)	(-6.5) - (-4.5) - (-3.0)		
Commission européenne (novembre 2020)	-8.4	-5.4	-4.3	
FMI (octobre 2020)	-8.3	-3.9	-2,3	-1,3
OCDE (décembre 2020)	-8.0	-7.5	-6.0	
Enquête Reuters (décembre 2020)[1]	(-9.0) - (-8.2) - (-5.9)	(-7.0) - (-5.2) - (-3.8)	(-4.5) - (-3.3) - (-1.5)	(-3.0) - (-2.6) - (-1.5)

Projections de croissance du PIB de nos partenaires extérieurs (croissance annuelle, %)				
MNB (décembre 2020)	(-6.5) - (-6.0)	2.8 - 5.7	3.7 - 4.8	1.3 - 1.6
BCE (décembre 2020)	(-7.6) - (-7.3) - (-7.2)	0.4 - 3.9 - 6.0	3.0 - 4.2 - 4.3	2.1 - 2.9
Consensus Economics (novembre 2020)[2]	-6.0	4.0		
Commission européenne (novembre 2020)[2]	-6.4	3.9	3.1	
FMI (octobre 2020)[2]	-6.2	4.6	3,2	2,4
OCDE (décembre 2020)[2]	-6.3	3,1	3,3	

1 Pour les enquêtes Reuters et Consensus Economics, la moyenne des réponses des analystes est indiquée à côté de leurs valeurs minimales et maximales pour donner une idée de la distribution.
2 Valeurs calculées par la Banque Nationale de Hongrie ; les prévisions individuelles par pays de ces institutions sont prises en compte en utilisant le système de pondération utilisé par la Banque Nationale de Hongrie pour dériver ses propres indicateurs de la demande extérieure. Certaines institutions ne font pas de prévisions pour tous les pays partenaires.
3 En pourcentage du PIB.

Sources : Consensus Economics, BCE, Commission européenne, FMI, OCDE, Enquêtes Reuters, Banque Nationale de Hongrie

En clarifiant le contexte théorique d'une gestion de crise efficace, il est important de faire le point sur les options et de trouver les outils et méthodes qui auront un impact optimal. Dans les crises que nous avons connues, les agents économiques subissent une baisse de la demande solvable. La production chute, les finances publiques sont déstabilisées, l'économie s'effondre et les salaires et revenus sont réduits. Il est donc logique que des politiques économiques contracycliques soient utilisées pour améliorer la durabilité de l'économie. Cependant, les crises nationales et internationales du début des années 2000 ont démontré que les instruments budgétaires des gouvernements ne suffisaient pas à enrayer le ralentissement économique et les banques centrales devaient être mises en mode de gestion de crise, notamment en ce qui concerne la relance de la croissance économique et le rétablissement de la stabilité financière. La situation actuelle soulève également des questions d'efficience relatives à la gestion de la crise. En d'autres termes, quel impact positif peut être envisagé à partir d'une unité de monnaie de refinancement émise par le gouvernement (des contribuables) ou la banque centrale. Les gouvernements et les banques centrales doivent agir avec la prudence nécessaire pour atténuer les conséquences négatives de la crise et favoriser la reprise. Et les retards dans la reconnaissance de la crise ou dans le lancement des mesures de gestion de crise peuvent causer des problèmes « sur le terrain », peut-être même plus graves que des mesures de gestion de crise inadéquates.

L'impact économique de l'épidémie met encore plus en avant les nouveaux défis du 21e siècle, à savoir l'approche régionale, c'est-à-dire le contrepoids à la mondialisation. Il convient de mentionner la numérisation, la révolution de l'argent, le changement de son rôle traditionnel et de ses modes de présentation, l'émergence d'une économie verte plus respectueuse de l'environnement, l'évolution des habitudes de consommation de la société, des modes de vie et, peut-être en conséquence, le vieillissement des sociétés et le renoncement massif à fonder une famille. Répondre à ces demandes et à ces défis met à l'épreuve la Hongrie. Nous sommes également poussés à agir, car en dehors d'éviter le piège de la croissance, l'économie et la politique sociale hongroises doivent également répondre aux nouveaux défis du nouvel ordre mondial après la situation épidémique, afin que nous puissions être compétitifs et réussir tant dans nos relations avec la société qu'avec nos concurrents extérieurs.

Les conditions de financement sont diversifiées pour maintenir les bases opérationnelles de l'économie hongroise et même pour aller de l'avant. En ce qui concerne le cadre budgétaire national, la loi budgétaire a été modifiée pour prévoir un déficit de 7,5 % pour 2021 et de 5,9 % pour 2022. Ces chiffres de déficit sont bien pires que ceux de la période 2013-2019, ce qui est également le cas pour le ratio de la dette publique. En un an seulement, le niveau de la dette publique, qui n'avait cessé de baisser depuis dix ans, a été rétabli. Cependant, il est essentiel que l'augmentation du déficit, et l'excédent de dépenses publiques qui le sous-tend, soutienne la demande solvable et finance l'investissement. Pour faire face à la crise, le gouvernement hongrois et la Banque Nationale de Hongrie dépensent l'équivalent d'environ 20-25 % du produit intérieur brut (PIB).

A côté du financement du budget national, l'économie hongroise sera bientôt stimulée par environ 1000 milliards de forints de prêts chinois et 3000 milliards de forints de prêts russes à l'investissement, une source de financement importante pour le PIB de la Hongrie, qui s'élève à environ 50 000 milliards de forints.[25]

Une autre possibilité est que nous pourrons obtenir des subventions importantes du cycle budgétaire 2021-2027 de l'Union européenne. En 2021, l'aide budgétaire nette normale de l'UE atteindra 2,7 % du PIB hongrois, soit quelque 1500 milliards de forints. Cette somme s'ajoute aux 2500 milliards de forints (à l'origine) du programme de redressement et de résilience de l'UE, pour lequel le gouvernement hongrois a déjà soumis sa demande. En additionnant les ressources d'investissement externes et les enveloppes d'aide à l'investissement prévues par le budget hongrois pour 2021 et 2022, les conditions d'un énorme boom de l'investissement se dessinent. Nous parlons de quelque 20 000 milliards de forints qui pourraient être consacrés aux investissements à court terme, ce qui équivaut à près de 35-40 % du PIB annuel de la Hongrie.

Il convient toutefois de noter que le taux d'investissement de la Hongrie a toujours été proche de 30 % du PIB ces dernières années, et que les investissements publics se situent autour de 10 %, ce qui nous place en première ou deuxième position dans l'UE. Si l'on ajoute à cela 20 milliards

25 En juin 2021, le taux de change forint/euro oscille autour de 350, soit environ 20 forints de moins que le maximum précédent. Les prêts russes et chinois sont destinés à l'extension de la centrale nucléaire de Paks et à l'élargissement de la ligne ferroviaire Belgrade-Budapest.

de forints d'investissements, nous avons une réelle opportunité d'améliorer notre position économique. L'abondance d'argent fera grimper encore plus les taux d'investissement de l'État et des entreprises, stimulant encore plus la consommation de la population, ce qui pourrait provoquer une surchauffe de l'économie, qui à son tour augmentera les pressions inflationnistes. Nous pouvons voir qu'il s'agit d'un risque sérieux, car le taux moyen de dépréciation de la monnaie est déjà de l'ordre de 4 à 5 %. En outre, la reprise de l'activité d'investissement nécessite des importations étrangères, ce qui pourrait entraîner une détérioration des positions extérieures et de la balance des paiements. C'est le résultat du fonctionnement du multiplicateur d'investissement, et des effets secondaires d'une forte activité d'investissement. Le gouvernement hongrois doit donc trouver une voie médiane, ce qui signifie également qu'une source d'investissement supplémentaire, à savoir le prêt de l'UE de 3 400 milliards de forints (en principe librement mobilisable), n'est pas nécessaire pour l'instant.

L'activation des ressources d'investissement soulève toutefois un autre défi : il faut investir les ressources dans les secteurs qui garantissent réellement la compétitivité, notamment dans la santé, les énergies renouvelables, les transports, l'économie circulaire et le développement de l'enseignement universitaire, et favoriser le développement des petites et moyennes entreprises capables d'innover et de fusionner. Il faut donc que l'évaluation de l'analyse de rentabilité des ressources d'investissement à déployer soit plus complexe que par le passé.

Pour que l'économie hongroise évite le piège des revenus moyens au cours de la prochaine décennie, elle devra pour ainsi dire effectuer un « dépassement en montée » et passer à la vitesse supérieure de rattrapage. Le désir de compétitivité, qui n'était qu'à un stade initial dans une trajectoire stable de finances publiques et de croissance, doit maintenant être poursuivi dans des conditions modifiées, dans une période de crise et d'après-crise, et dans un environnement fiscal et monétaire changeant. L'évolution des déficits budgétaires et de la dette publique est évidemment une source de financement pour surmonter les problèmes actuels, mais l'augmentation drastique de la dette publique et de l'inflation pourrait obliger les banques centrales, y compris celle de la Hongrie, à reconsidérer la politique monétaire expansionniste menée au cours de la décennie précédente.[26] L'accent sera mis sur les réserves de la politique budgétaire et, dans certains endroits, sur sa limitation et même sur le potentiel d'assouplissement du déficit,

[26] Voir sur ce sujet Claudio Borio – Piti Disyatat, « Monetary and Fiscal Policy : Privileged Powers, Entwined Responsibilities », *SUERF Policy Note*, nr. 238, mai 2021, p. 12, https://www.suerf.org/docx/f_bb36e395b063bec9205952807471e86a_24711_suerf.pdf, téléchargé le 20 juin 2021. La crise de Covid-19 a mis en évidence l'interrelation entre la politique monétaire et la politique fiscale, confrontée à un effondrement économique sans précédent. Les autorités monétaires et fiscales ont agi à l'unisson pour stabiliser les marchés et relancer l'activité. Les deux politiques ont jusqu'à présent bien fonctionné ensemble. Mais on peut se demander si elles continueront à le faire alors que la crise s'estompe et que les conséquences d'éventuelles tensions apparaissent.

ainsi que sur le pouvoir disciplinant des conseils budgétaires, tandis que la politique monétaire devrait viser la stabilité des prix et la stabilité financière, ce qui peut (classiquement) servir le développement durable. Les banques centrales doivent consolider et neutraliser les effets inflationnistes des déficits budgétaires des gouvernements qui ne font pas forcément preuve d'une forte discipline budgétaire. Dans l'intervalle, la politique budgétaire doit inévitablement se concentrer sur la croissance et la structure adéquate de l'économie. Cependant, la « normalisation conjointe » envisagée dans l'étude de Claudio Borio et Piti Disyatat (2021),[27] déjà citée, peut poser un certain nombre de défis et de nouveaux problèmes, même si sa mise en œuvre est sans aucun doute souhaitable. En d'autres termes, les objectifs budgétaires et monétaires qui coïncidaient pendant la crise de Covid peuvent maintenant diverger pendant la consolidation. En Hongrie, dans le cadre de la reprise et du rattrapage durable, il semble approprié que la politique fiscale crée une structure fiscale compétitive et, à travers elle, une structure d'entreprise compétitive, par le biais d'un ajustement (désormais) qualitatif du budget, plutôt que de « bourrer » plus d'argent dans l'ancienne structure d'entreprise existante par une nouvelle inflation excessive du déficit. La banque centrale, tout en conservant son indépendance, doit réprimer le « poids mort » négatif des deux dernières années en ramenant le déficit et l'inflation associée à la médiane, afin que le développement durable puisse être envisagé. – « Nous devons également éviter un syndrome post-Covid dans l'économie », c'est l'une des idées principales des conférences données en été 2021 et des écrits du gouverneur de la Banque Nationale de Hongrie, György Matolcsy.[28] On peut supposer que les développements économiques de la décennie qui vient de commencer dépendront de l'efficacité de l'interdépendance et de la normalisation conjointe (mutuellement non dommageable) des deux branches des finances d'État.

Pour la Hongrie, cette modernisation fiscale et monétaire pose évidemment la question de savoir si la structure économique du pays peut être déplacée sur les mégatendances (plaques tectoniques[29]) qui ont été réarrangées pendant

[27] *Ibidem*.

[28] Voir, notamment, la conférence de György Matolcsy « Restart and Recovery » (Hungary is restarting, Economic Policy Summit Conference, 9 juin 2021), et celle intitulée « The Fourth Campaign », Magyar Nemzet Online, 21 juin 2021.

[29] Métaphoriquement parlant, nous sommes confrontés à des changements de la même ampleur (avec un peu d'exagération) que ceux qui ont conduit à la formation de la forme actuelle de la Terre. Il y a cinq millions d'années, deux montagnes volcaniques (le mont Somló et le mont Ság) se sont élevées des plaines au bord de la Petite Plaine en Hongrie, à l'emplacement de l'ancienne mer Pannonienne. En se promenant dans des cratères éteints depuis des milliers d'années, il est frappant de voir comment le mouvement de certaines plaques terrestres a entraîné la disparition de plusieurs espèces animales et végétales, alors que d'autres ont survécu. Un processus similaire peut être observé dans les migrations de population du bassin des Carpates, il y a 1000-2000 mille ans. Certains peuples et royaumes ont disparu (par exemple, les Avars, les Huns), d'autres ont survécu (par exemple, les Hongrois). Il s'agit donc de découvrir les processus et méthodes physiques et sociaux qui nous font avancer (vers le haut), assurent la survie et la durabilité, et de s'y accrocher. C'est l'essence même de la survie du monde, de la société.

la crise épidémique, et si une politique monétaire et fiscale peut être créée qui convergera dans cette direction. En d'autres termes, sera-t-il possible de sauter sur les plaques tectoniques qui vont dans le sens de la modernisation et de l'efficacité ? A la lumière de ces nouvelles mégatendances, nous devrons sortir victorieux de la nouvelle décennie, qui sera « verte, numérique et intelligente ».[30] Le fait que la Banque Nationale de Hongrie est devenue la première banque centrale d'Europe dotée d'un mandat de durabilité environnementale (« vert »), à la suite de la modification de la loi sur la banque centrale hongroise entrée en vigueur en août 2021, constitue une avancée importante, tout comme le fait que la Banque Nationale de Hongrie a déclaré que nous devons nous orienter vers des transformations sociales en phase avec la révolution technologique et embrasser la révolution monétaire qui nous entoure, au lieu d'y résister.

Sortir de la crise épidémique actuelle, puis du piège des revenus moyens, eh bien, les finances publiques stables qui ont été établies pour 2019 nous aideront (notons que nous avons commencé à descendre du haut, et non à descendre encore plus bas). Un autre « soulagement » est l'accent plus important mis sur l'amélioration des facteurs endogènes, dont la méthodologie est déjà connue. Mais la difficulté sera de réaffirmer notre trajectoire de compétitivité, en panne depuis 2017, surtout dans un nouveau type d'environnement international et de finances publiques nationales probablement changeantes. Il n'est pas exclu que les principaux problèmes après 2021 soient le chômage, la dette publique et l'inflation, tandis que l'on ne doit pas compter avec la stagnation du PIB (bien que des baisses modestes de la production réelle ne soient pas exclues), car les entreprises internationales qui représentent la grande majorité du PIB en Hongrie sont résistantes à la crise et disposent de réserves, de stratégies financières et d'innovation suffisantes. Et dans certains cas, la solution pourrait être que, encouragées par l'environnement réglementaire de la politique économique hongroise, les multinationales de l'Occident et de l'Extrême-Orient apportent en Hongrie des technologies qui nécessitent une plus grande valeur ajoutée et des spécialistes plus qualifiés, ce qui permettra aux petites et moyennes entreprises hongroises de s'intégrer plus fortement et de monter dans la chaîne de valeur.

30 Conférence de György Matolcsy « Restart and Recovery » (Conférence au sommet sur la politique économique « Hungary is Restarting », 9 juin 2021).

Annexes

DONNÉES MACROÉCONOMIQUES DE L'ÉPOQUE DU DUALISME À AUJOURD'HUI : ACCENT SUR LE COMMERCE EXTÉRIEUR, L'INFLATION, LA DETTE PUBLIQUE ET LES DONNÉES DE PRODUCTION NATIONALE (RECHERCHE DE SOURCES, BASE DE DONNÉES DE L'OFFICE CENTRAL DES STATISTIQUES)[1]

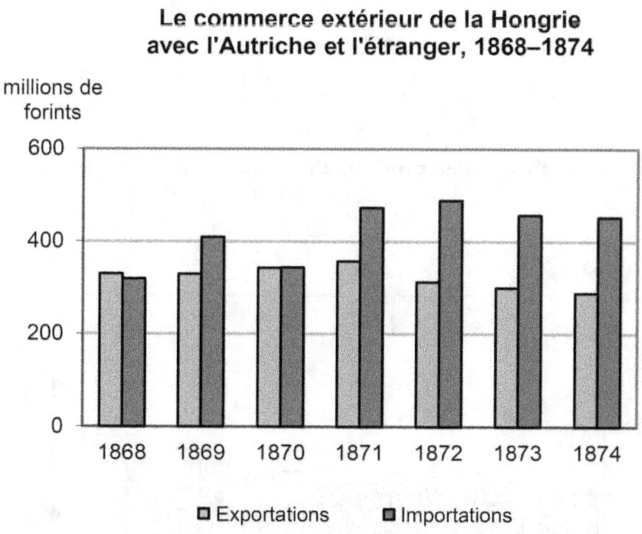

Figure 1 : le commerce extérieur hongrois entre 1868 et 1874
Sources : Barsi, 1874 ; Tinódi Varga, 1888

[1] Les chiffres présentés en annexe peuvent différer des informations numériques fournies dans le texte principal des chapitres, car ils sont tirés des ateliers de recherche (chercheurs nommés) mentionnés. L'objectif de la compilation de l'annexe est de mettre ces données – qui sont principalement disponibles dans la base de données de l'Office central des statistiques et sont pour la plupart vérifiées –, à la disposition des chercheurs et de fournir une base pour des analyses comparatives. Cependant, il est important de noter qu'il n'y a pas de différences significatives dans le contenu des données des chapitres et de l'annexe. L'Office central des statistiques corrige la définition de certaines données historiques au cas par cas et de temps en temps en suivant des méthodologies différentes.

Tableau 1 : la valeur des échanges avec l'extérieur de la Hongrie entre 1868 et 1874 (en millions de forints)
Sources : Barsi, 1874 ; Tinódi Varga, 1888

	Importations	**Exportations**
1868	319,7	330,0
1869	409,0	329,7
1870	344,1	342,9
1871	472,3	357,6
1872	488,1	313,1
1873	456,8	300,1
1874	452,4	288,9

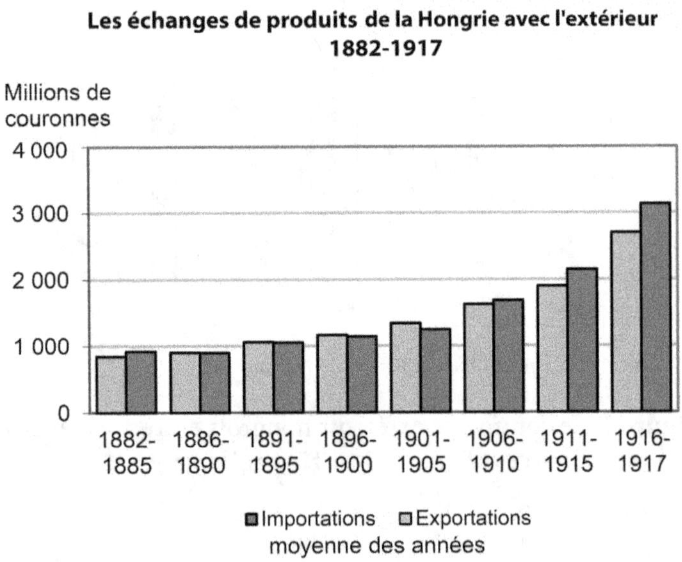

Figure 2 : le commerce extérieur de la Hongrie entre 1882 et 1917
Source : Szőnyi, 1923

Tableau 2 : le commerce extérieur hongrois
entre 1882 et 1917 (en millions de couronnes)
Source : Szőnyi, 1923

	Importations	Exportations
1882–1885	920,3	843,0
1886–1890	897,0	902,2
1891–1895	1050,5	1058,7
1896–1900	1141,5	1160,6
1901–1905	1242,8	1339,0
1906–1910	1685,7	1625,6
1911–1915	2147,3	1900,7
1916–1917	3131,7	2700,2

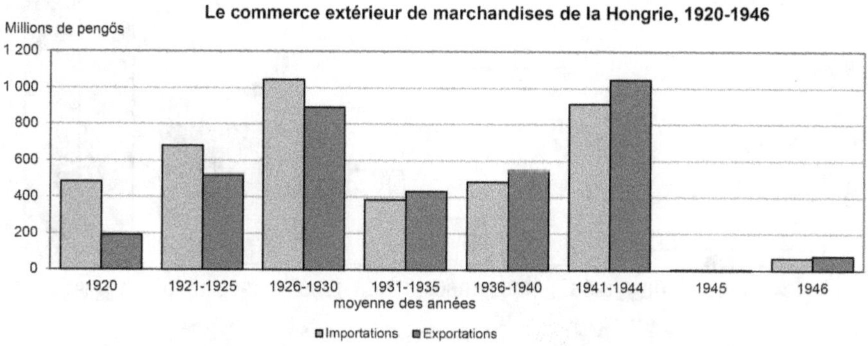

Figure 3 : le commerce extérieur de la Hongrie entre 1920 et 1946
Sources : Szabóky, 1923a ; Meszlényi, 1931 ; Szőlőssy, 1932 ; Pap, 1938

Tableau 3 : le commerce extérieur de la Hongrie
entre 1920 et 1946 (en millions de *pengős*)
Sources : Szabóky, 1923a ; Meszlényi, 1931 ; Szőlőssy, 1932 ; Pap, 1938

	Importations	**Exportations**
1920	484,1	190,6
1921-1925	680,0	516,9
1926-1930	1044,3	892,1
1931-1935	385,6	430,4
1936-1940	484,6	546,7
1941-1944	910,5	1045,9
1945	2,4	1,4
1946	65,4	76,7

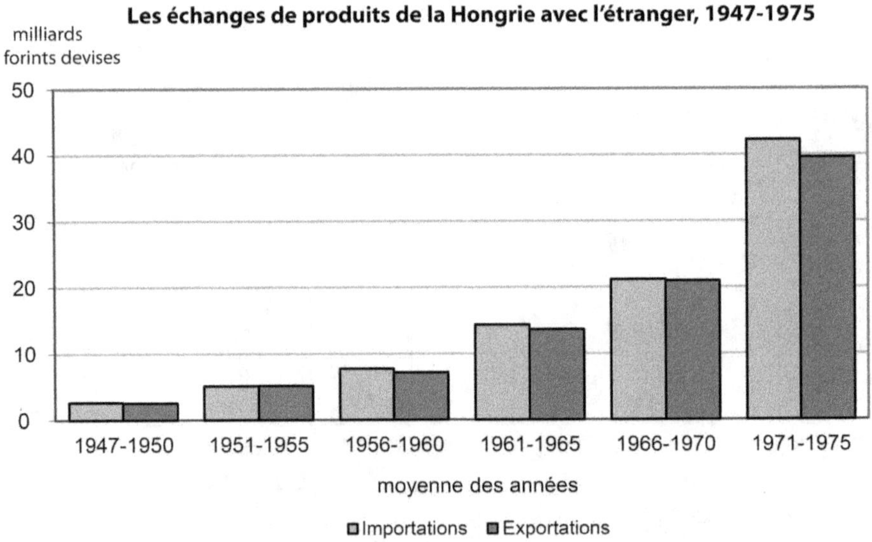

Figure 4 : le commerce extérieur de la Hongrie entre 1947 et 1975
Source : Gyarmati–Püski–Barta, 2000

Tableau 4 : le commerce extérieur de la Hongrie entre 1947 et 1975
Source : Gyarmati–Püski–Barta, 2000

	Importations	Exportations
1947-1950	2 629,5	2 531,3
1951-1955	5 159,2	5 193,0
1956-1960	7 770,4	7 158,4
1961-1965	14 356,2	13 654,0
1966-1970	21 148,8	20 931,2
1971-1975	42 230,6	39 592,4

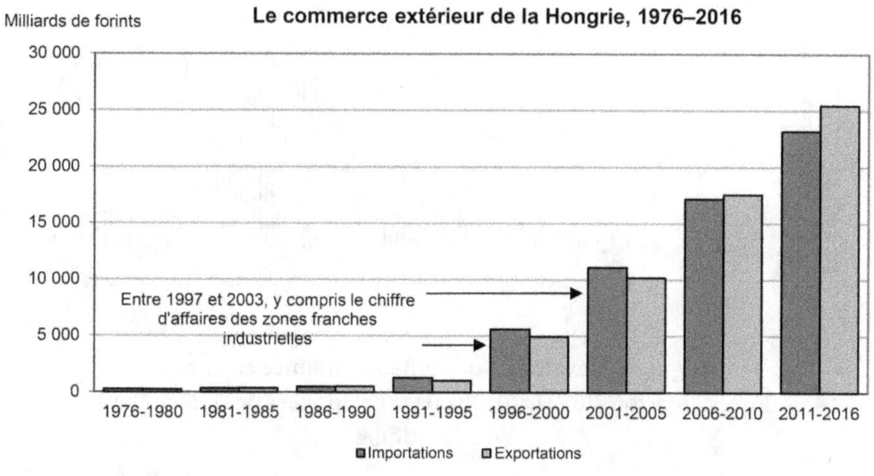

Figure 5 : le commerce extérieur de la Hongrie entre 1976 et 2016
Sources : Office central des statistiques, 2010 ; Gyarmati–Püski–Barta, 2000

Tableau 5 : le commerce extérieur de la Hongrie entre 1976 et 2016 (moyennes annuelles, milliards de forints)
Sources : Office central des statistiques, 2010 ; Gyarmati–Püski–Barta, 2000

	Importations	**Exportations**
1976–1980	268,0	235,5
1981–1985	335,2	342,8
1986–1990	479,7	501,2
1991–1995	1274,0	1035,7
1996–2000	5 589,2	4955,0
2001–2005	11 085,8	10 184,7
2006–2010	17 158,9	17 528,0
2011–2016	23 184,3	25 443,1

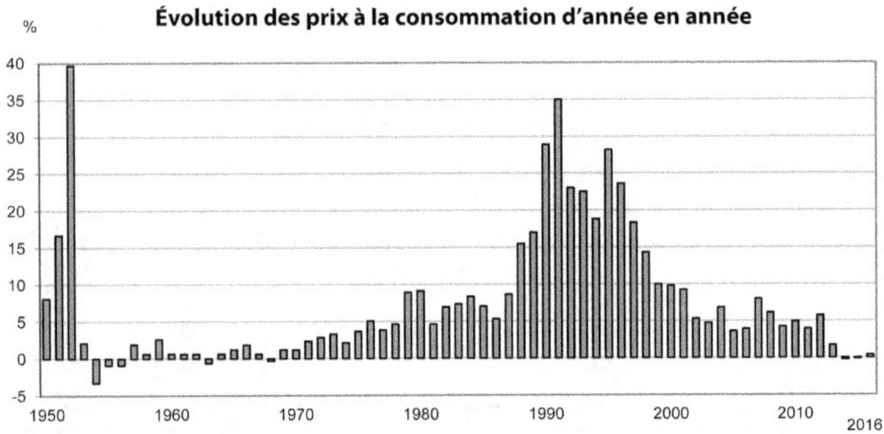

Figure 6 : l'évolution de l'inflation d'année en année
Sources : Marton, 2012a, 2012b ; base de données de l'Office central des statistiques

Tableau 6 : l'évolution de l'inflation d'année en année (données en pourcentages)
Sources : Marton, 2012a, 2012b ; base de données de l'Office central des statistiques

Année	%
1950	8,1
1951	16,7
1952	39,6694215
1953	2,1
1954	–3,3
1955	–0,9
1956	–0,9
1957	1,89873418
1958	0,62111801
1959	2,6
1960	0,625
1961	0,62111801
1962	0,61728395
1963	–0,61349693
1964	0,61728395
1965	1,22699387
1966	1,81818182
1967	0,5952381
1968	–0,3
1969	1,18343195
1970	1,16959064
1971	2,31213873
1972	2,82485876
1973	3,2967033
1974	2,12765957
1975	3,64583333
1976	5,02512563
1977	3,8277512
1978	4,60829493
1979	8,9
1980	9,1
1981	4,6
1982	6,9
1983	7,3

Année	%
1984	8,3
1985	7
1986	5,3
1987	8,6
1988	15,5
1989	17
1990	28,9
1991	35
1992	23
1993	22,5
1994	18,8
1995	28,2
1996	23,6
1997	18,3
1998	14,3
1999	10
2000	9,8
2001	9,2
2002	5,3
2003	4,7
2004	6,8
2005	3,6
2006	3,9
2007	8
2008	6,1
2009	4,2
2010	4,9
2011	3,9
2012	5,7
2013	1,7
2014	–0,2
2015	–0,1
2016	0,4

Tableau 7: la dette publique avant et après
la première guerre mondiale (données en couronnes)
Source : Szabóky, 1923b

Avant la Grande Guerre	8 817 415.697
Après la Grande Guerre	1 878 821.552

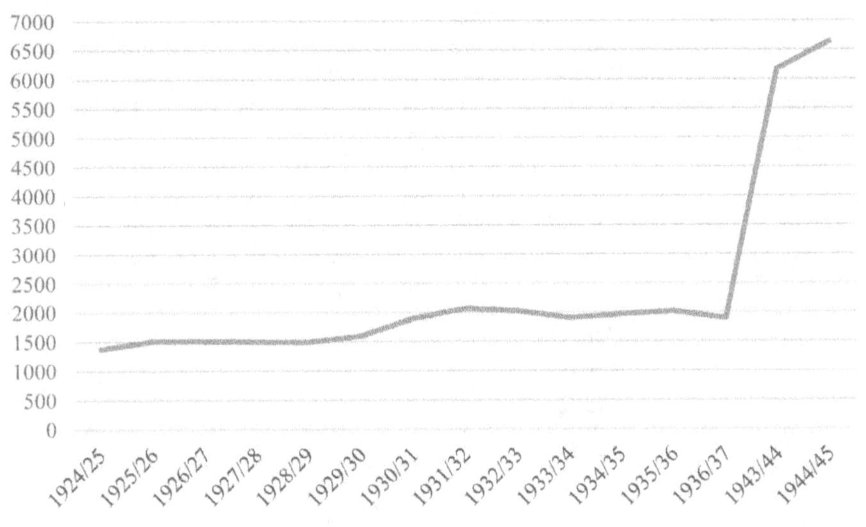

Figure 7 : l'évolution de la dette publique pendant l'entre-deux-guerres et après la deuxième guerre mondiale (données en millions de *pengős*)
Sources : Szőnyi, 1938 ; Csikós-Nagy, 1996

Tableau 8 : l'évolution de la dette publique pendant l'entre-deux-guerres et après la deuxième guerre mondiale (données en millions de *pengős*)
Sources : Szőnyi, 1938 ; Csikós-Nagy, 1996

1924/25	1375,3
1925/26	1508,3
1926/27	1505,1
1927/28	1489,4
1928/29	1487,7
1929/30	1595,2
1930/31	1894,4
1931/32	2064,4
1932/33	2016,8
1933/34	1898,5
1934/35	1958,5
1935/36	2012,2
1936/37	1885,9
1943/44	6170,6
1944/45	6634,6

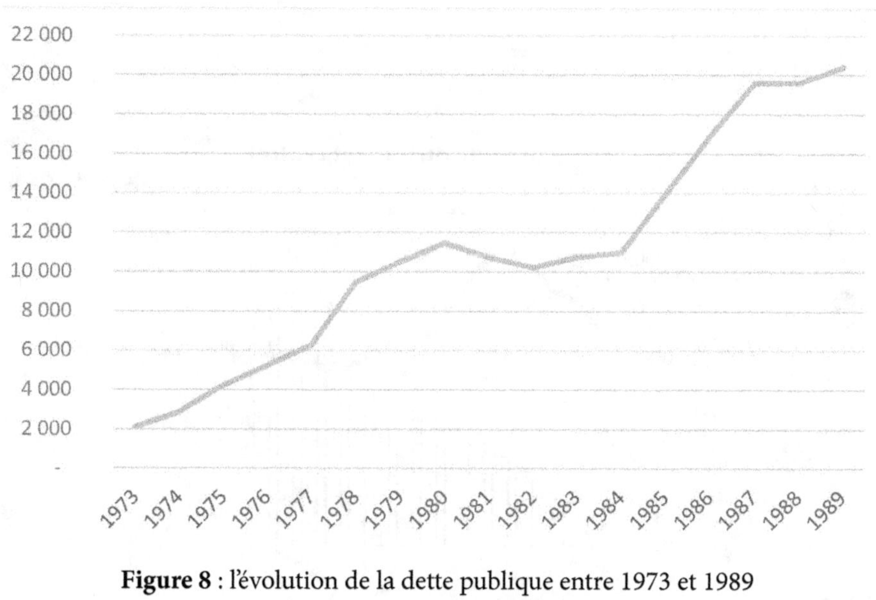

Figure 8 : l'évolution de la dette publique entre 1973 et 1989 (données en millions d'USD)
Source : Banque Nationale de Hongrie, 1993

Tableau 9 : l'évolution de la dette publique entre 1973 et 1989 (données en millions d'USD)
Source : Banque Nationale de Hongrie, 1993

1973	2 118
1974	2 861
1975	4 199
1976	5 214
1977	6 253
1978	9 468
1979	10 507
1980	11 455
1981	10 740
1982	10 216
1983	10 745
1984	10 983
1985	13 955
1986	16 907
1987	19 584
1988	19 602
1989	20 390

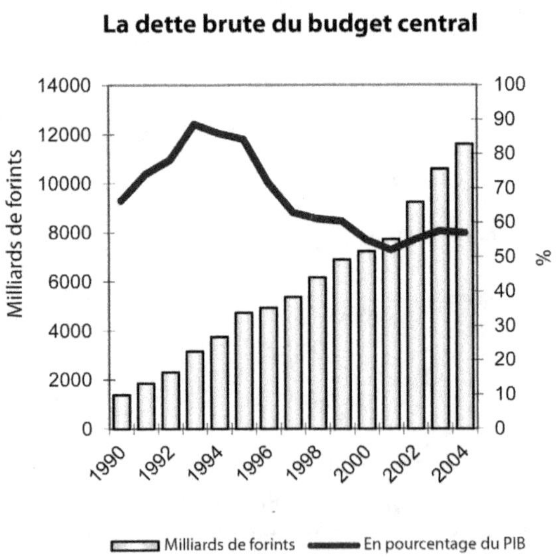

Figure 9 : la dette brute du budget central
Source : Office central des statistiques, 2010

Tableau 10 : la dette brute du budget central entre 1990 et2004 (données en milliards de forints et en pourcentage du PIB)
Source : Office central des statistiques, 2010

	Milliards de forints	Pourcentage du PIB
1990	1386,2	66,4
1991	1850	74,1
1992	2305,1	78,3
1993	3147,5	88,7
1994	3751,6	86
1995	4733,5	84,3
1996	4932,3	71,6
1997	5370,7	62,9
1998	6165,8	61,1
1999	6886,4	60,4
2000	7226,2	54,9
2001	7719,5	52
2002	9224,2	55,1
2003	10587,7	57,5
2004	11592,4	57

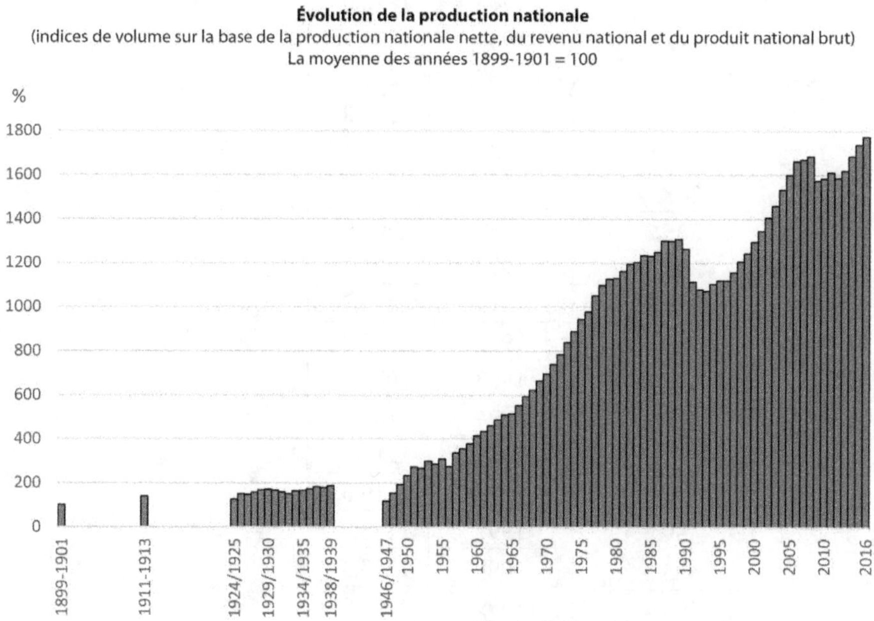

Figure 10 : l'évolution de la production nationale entre 1899 et 2016
Source : Office central des statistiques, 2017

Tableau 11 : l'évolution de la production nationale
(données en pourcentages ; l'année de base = la moyenne de 1899-1901

Időszak	%
1899–1901	100
1911–1913	139,2
1924/1925	125,1
1925/1926	149,8
1926/1927	147,6
1927/1928	156,9
1928/129	167,5
1929/1930	169,7
1930/1931	166,6
1931/1932	157,7
1932/1933	150,2
1933/1934	163,4
1934/1935	164,9
1935/1936	172,2
1936/1937	182,7
1937/1938	178,7
1938/1939	186,9
1946/1947	117,0
1947/1948	153,5
1948/1949	192,5
1950	233,6
1951	272,1
1952	265,6
1953	298,5
1954	285,2
1955	308,8
1956	273,8
1957	336,2
1958	354,6
1959	377,3
1960	413,5
1961	432,9
1962	459,3
1963	485,4
1964	508,3

Időszak	%
1965	513,5
1966	551,3
1967	592,6
1968	621,8
1969	664,6
1970	695,9
1971	739,1
1972	784,2
1973	838,2
1974	887,7
1975	942,8
1976	976,7
1977	1051
1978	1097,2
1979	1126,7
1980	1129
1981	1161,7
1982	1194,2
1983	1202,6
1984	1235
1985	1231,3
1986	1249,8
1987	1301,2
1988	1299,8
1989	1308,9
1990	1263,1
1991	1112,9
1992	1078,3
1993	1071,8
1994	1102,8
1995	1119,4
1996	1119,5
1997	1156,5
1998	1205,3
1999	1243,9

Időszak	%
2000	1296,2
2001	1345,1
2002	1405,6
2003	1459,5
2004	1532,5
2005	1599,7
2006	1661,4
2007	1668,8
2008	1683,6
2009	1573,1
2010	1583,8
2011	1611,3
2012	1585,5
2013	1619,1
2014	1684,6
2015	1737,6
2016	1772,4

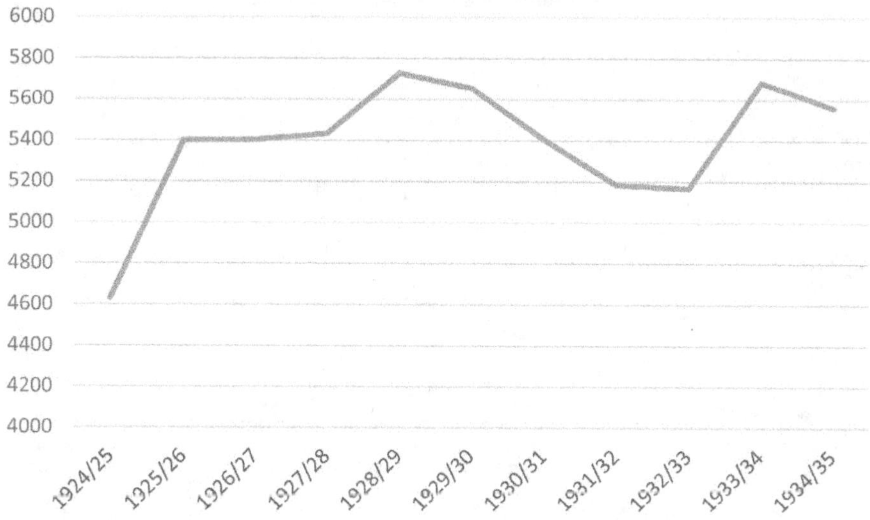

Figure 11 : le revenu national de la Hongrie
(données en millions de pengős)
Source : Szigeti, 1938

Tableau 12 : le revenu national de la Hongrie
(données en millions de pengős)
Source : Szigeti, 1938

1924/25	4631,2
1925/26	5400,3
1926/27	5401,9
1927/28	5433
1928/29	5728,3
1929/30	5655,5
1930/31	5404,9
1931/32	5183,3
1932/33	5167,6
1933/34	5682,9
1934/35	5559,2

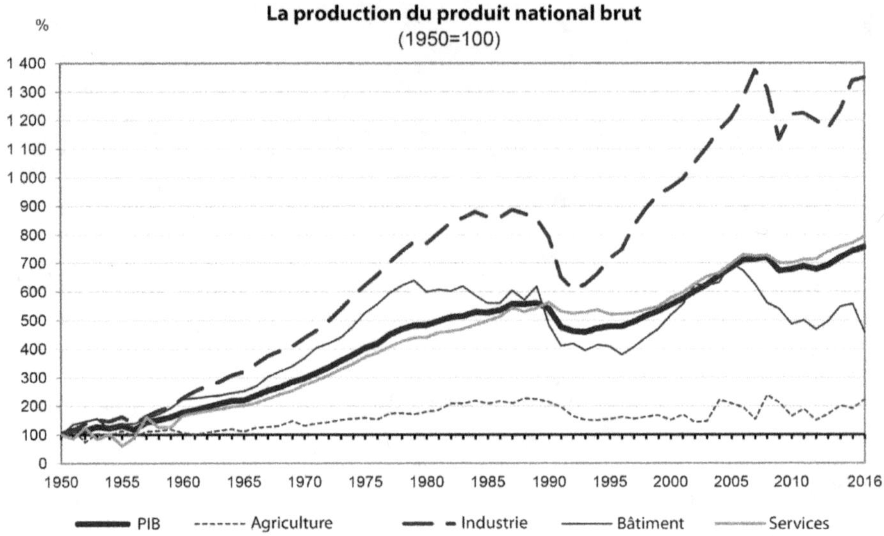

Figure 12 : l'évolution du produit national brut
en Hongrie entre 1950 et 2016
(année de base : 1950)
Sources : base de données du l'Office central des statistiques ;
la publication « Statistique des siècles », 2017

Tableau 13 : l'évolution du produit national brut en Hongrie entre 1950 et 2016 (année de base : 1950 ; données en pourcentages)
Sources : base de données de l'Office central des statistiques ; la publication « Statistique des siècles », 2017

	PIB	Agriculture	Industrie	Bâtiment	Services
1950	100,0	100,0	100,0	100,0	100,0
1951	116,5	118,7	117,0	136,1	86,5
1952	113,7	74,1	137,4	145,8	124,4
1953	127,8	102,8	151,8	155,5	83,8
1954	122,1	98,0	146,3	120,8	101,4
1955	132,2	112,9	162,1	136,1	60,8
1956	117,2	94,5	137,0	138,8	90,5
1957	143,9	111,1	164,7	155,4	160,7
1958	151,8	113,9	183,9	172,1	125,7
1959	161,5	118,4	197,7	192,9	125,7
1960	177,0	106,1	227,8	223,6	166,3
1961	185,3	100,8	251,5	227,4	174,9
1962	196,6	107,6	269,8	232,6	182,2
1963	207,8	114,4	285,2	236,8	189,5
1964	217,6	119,3	308,3	245,3	197,1
1965	219,8	111,0	320,6	252,2	201,2
1966	236,0	123,7	347,2	268,1	209,7
1967	253,7	126,9	375,7	303,2	225,4
1968	266,2	131,0	393,0	321,7	240,5
1969	284,5	148,1	409,1	339,7	253,0
1970	297,9	130,8	437,8	368,2	274,0
1971	316,4	139,4	464,9	404,0	289,9
1972	335,7	143,2	497,9	419,3	308,2
1973	358,8	151,1	539,7	440,7	329,8
1974	380,0	155,6	584,0	479,0	347,6
1975	403,6	159,2	621,9	525,5	371,9
1976	418,1	152,6	657,4	556,0	386,4
1977	449,9	174,0	702,1	594,9	407,7
1978	469,7	174,4	740,7	621,1	426,9
1979	482,3	171,0	776,3	639,1	438,9
1980	483,3	179,3	768,5	599,5	440,7
1981	497,3	185,9	805,4	606,7	457,4
1982	511,2	208,7	842,4	602,4	461,5
1983	514,8	209,0	858,5	619,3	470,3
1984	528,7	217,9	879,9	587,1	484,4

	PIB	Agriculture	Industrie	Bâtiment	Services
1985	527,1	208,6	862,3	560,1	498,0
1986	535,0	216,5	859,7	560,6	512,9
1987	557,0	209,4	887,2	604,4	543,2
1988	556,4	226,5	873,9	571,1	530,2
1989	560,3	223,6	856,5	618,5	542,9
1990	540,7	213,3	791,4	483,1	562,4
1991	476,4	196,0	650,5	410,6	530,9
1992	461,6	163,7	606,9	418,4	524,5
1993	458,8	150,7	625,1	395,4	528,2
1994	472,1	150,1	662,6	414,0	536,7
1995	479,2	154,1	715,6	408,6	521,3
1996	479,2	161,7	747,8	380,0	521,8
1997	495,0	155,2	832,3	407,4	525,5
1998	515,8	162,0	891,4	440,4	538,1
1999	532,3	167,2	939,5	470,3	547,8
2000	554,7	150,5	964,0	517,4	578,4
2001	575,7	169,9	993,9	555,1	596,4
2002	601,7	142,5	1051,5	625,1	627,4
2003	624,5	147,1	1104,1	621,3	652,5
2004	655,7	220,9	1162,6	631,9	665,5
2005	684,6	208,3	1206,8	699,5	698,1
2006	711,3	194,6	1280,4	672,9	728,9
2007	714,1	152,8	1375,1	623,8	725,2
2008	720,6	237,7	1313,2	560,8	727,4
2009	673,0	210,6	1132,0	539,5	699,8
2010	677,7	164,1	1220,3	486,6	700,5
2011	689,2	189,3	1225,2	500,2	712,4
2012	678,2	149,8	1199,5	468,2	713,1
2013	692,5	171,8	1168,3	496,8	740,9
2014	720,2	201,0	1237,2	548,9	757,9
2015	742,5	190,7	1338,7	557,2	770,8
2016	757,3	222,8	1349,4	457,4	793,9

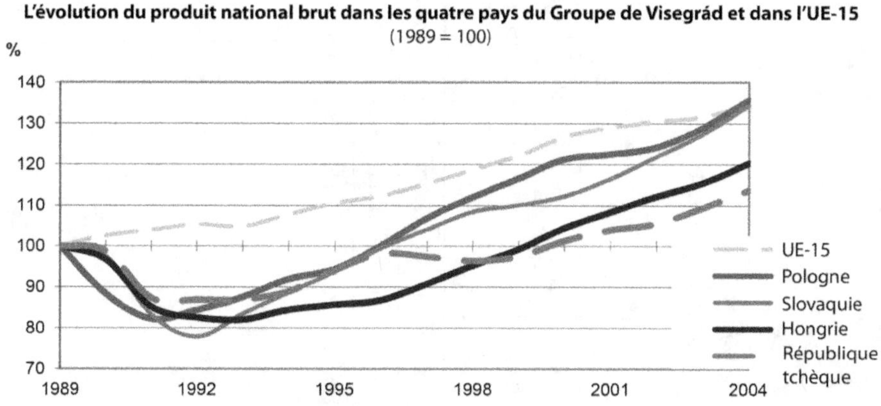

Figure 13 : l'évolution du produit national brut dans les quatre pays du Groupe de Visegrád et dans l'UE 15
Source : Office central des statistiques, 2005

Tableau 14 : l'évolution du produit national brut dans les quatre pays du Groupe de Visegrád et dans l'UE-15
Source : Office central des statistiques, 2005

	1989	1990	1991	1992	1993	1994	1995	1996	1997	1998	1999	2000	2001	2002	2003	2004
UE-15	100	102,5	103,935	105,286	104,865	107,801	110,496	112,374	115,296	118,755	122,199	126,720	129,001	130,420	131,594	134,489
Pologne	100	88,40	82,212	84,3495	87,5547	91,9325	94,4147	100,079	106,885	112,015	116,608	121,272	122,485	124,2	128,919	135,752
Slovaquie	100	97,50	83,265	77,8527	83,4581	88,6325	93,7732	99,4934	104,070	108,441	110,067	112,269	116,535	121,895	127,381	134,387
Hongrie	100	96,70	85,1927	82,5517	82,0564	84,4360	85,7025	86,8167	90,8103	95,26	99,2609	104,422	108,390	112,184	115,437	120,285
Rép. tchèque	100	98,80	87,3392	86,9025	86,9894	88,9031	94,1484	98,1027	97,4159	96,3444	97,5005	101,303	103,936	105,496	109,399	113,665

Ouvrages de référence

Béla Csikós-Nagy, *A XX. század magyar gazdaságpolitikája. Tanulságok az ezredforduló küszöbén* (La politique économique hongroise du 20e siècle. Leçons à tirer au tournant du millénaire), Budapest, Akadémiai Kiadó, 1996, p. 105.

György Gyarmati - Levente Püski - Róbert Barta, *Magyarország a XX. században* (La Hongrie au 20e siècle), Babits Kiadó, vol. II, 2000, pp. 641-649.

Ádám Marton, « Infláció, fogyasztói árak Magyarországon a második világháború után I (1945–1968) » (Inflation et prix à la consommation en Hongrie après la deuxième guerre mondiale I, 1945-1968), *Statisztikai Szemle,* 2912, année 90, nr. 5, pp. 373–393.

Ádám Marton, « Infláció, fogyasztói árak Magyarországon a második világháború után II (1968–2011) » (Inflation et prix à la consommation en Hongrie après la deuxième guerre mondiale II, 1968-2011) *Statisztikai Szemle,* 2012, année 90, nr. 6, pp. 489–520.

Emil Meszlényi, « Magyarország külkereskedelmi forgalma az 1930. évben » (Le commerce extérieur de la Hongrie en 1930), *Statisztikai Szemle,* 1931, année 9, nr. 2, pp. 135–144.

Banque Nationale de Hongrie, Rezső Nyers (dir.), *Külső eladósodás és adósságkezelés Magyarországon* (Endettement extérieur et gestion de la dette en Hongrie), 1993.

László Pap, « Magyarország Trianontól napjainkig. Külkereskedelmi forgalom » (La Hongrie depuis le traité de Trianon jusqu'à nos jours. Le commerce extérieur), *Statisztikai Szemle,* 1938, année 16, nr. 4, pp. 464–475.

Alajos Szabóky, « Magyarország külkereskedelmi forgalma 1922-ben » (Le commerce extérieur de la Hongrie en 1922), *Statisztikai Szemle,* 1923a, 1re année, nrs. 3–4, pp. 100–115.

Alajos Szabóky, « A háború előtti magyar államadósságok » (La dette publique hongroise avant la guerre), *Statisztikai Szemle*, 1923b, 1re année, nrs. 1–2, pp. 44–54.

Gyula Szigeti, « Nemzeti jövedelem, nemzeti vagyon és fizetési mérleg » (Revenu national, richesse nationale et balance des paiements), *Statisztikai Szemle,* 1938, année 16, nr. 4, p. 494.

Zoltán Szőllősy « Nemzetközi külkereskedelmi forgalom » (Le commerce avec l'étranger), *Statisztikai Szemle,* 1932, année 10, nr. 4, pp. 278–282.

Gyula Szőnyi, « Magyarország külkereskedelmi forgalma az 1882–1913. években » (Le commerce extérieur de la Hongrie dans les années 1882-1913), *Statisztikai Szemle,* 1923, 1re année, nrs. 1–2, pp. 38–42.

Gyula Szőnyi, « Állami pénzügyek » (Finances d'État), *Statisztikai Szemle,* 1938, année 16, nr. 4, pp. 500–505.

« Az 1872. évi áruforgalom összehasonlítva a megelőző négy év forgalmával » (Les échanges de l'an 1872, comparés à ceux des quatre années précédentes), *Hivatalos Statistikai Közlemények,* 1874, année 7, cahier 4, Országos Magyar Királyi Statistikai Hivatal (Office royal hongrois des statistiques), József Barsi (dir.), préface de Károly Keleti, Ede Párniczky, pp. 290–293.

« Magyarország öt évi áruforgalmának eredményei » (Les résultats de cinq ans de commerce hongrois), *Hivatalos Statisztikai Közlemények,* 1888, année 23, Országos Magyar Királyi Statistikai Hivatal (Office royal hongrois des statistiques), Sándor Tinódi Varga (dir.), pp. 1042–1043.

Office central des statistiques, *Az átmenet évei, az átmenet tényei. Magyarország 1990–2004* (Années et faits de la transition. La Hongrie 1990-2004), Budapest, 2005.

Office central des statistiques, *Magyarország 1989–2009. A változások tükrében* (La Hongrie 1989-2009 à la lumière des changements), Budapest, 2010.

Office central des statistiques, *Századok statisztikája. Statisztikai érdekességek a magyar történelemből* (Statistiques des siècles. Curiosités statistiques de l'histoire hongroise), Angéla Kátainé Marosi – Dávid Rózsa (dirs.).

Bref résumé de l'ouvrage

Les tribus hongroises venues des steppes asiatiques au cours des 9e-10e siècles ont occupé et peuplé la partie du milieu de l'Europe centrale, la zone située entre les chaînes de montagnes des Alpes et des Carpates, traversée par les cours d'eau du Danube et de la Tisza. L'adoption du christianisme, la fondation de l'État, puis la mise en place de l'administration étatique de type occidental ont commencé en Hongrie avec un retard de plusieurs centaines d'années sur les pays d'Europe occidentale. À partir du milieu du 16e siècle, le développement du pays a été brutalement arrêté à la suite des guerres perdues contre l'Empire ottoman, suivies de la soumission de la Hongrie à l'Empire des Habsbourg « libérateurs » qui ont régné sur le pays jusqu'à la fin de la première guerre mondiale. Il est vrai cependant que pendant la seconde moitié du 19e siècle la modification des rapports entre l'Autriche et la Hongrie a permis à cette dernière à réaliser des progrès notables dans les domaines économique et social.

Les combats sanglants contre des puissances oppressives, tels que la guerre d'indépendance conduite par le prince François II Rákóczi, la révolution et la guerre d'indépendance de 1848-1849 ou la révolution de 1956 contre l'empire soviétique ont renforcé la volonté de la nation de mettre en œuvre une politique économique fructueuse.

Incluse dans la sphère d'influence de l'Union soviétique après la seconde guerre mondiale, la Hongrie a néanmoins réussi à s'accaparer la position de « caserne la plus heureuse » et de « pays vitrine » au sein du système d'économie planifiée de type soviétique. Les aspects financiers d'une économie de marché brutale après la désintégration du bloc de l'Est, ainsi que ceux d'un rôle actif de l'État après 2010 peuvent fournir des informations précieuses à ceux qui s'intéressent à l'histoire économique riche en péripéties de ce pays.

Sur l'auteur

Csaba Lentner (Pápa, 1962) est professeur de science des finances publiques à l'Université nationale de l'administration publique et à l'Université réformée « Károli Gáspár », lauréat du Prix « Wekerle Sándor » pour son œuvre scientifique (2013), Officier de l'ordre de mérite de la Hongrie (2018), et décoré du Prix d'administration publique « Magyary Zoltán » pour son éminente œuvre pédagogique et son rôle dans la vie publique professionnelle.

Après des études à l'Université des sciences économiques de Budapest, il a obtenu son diplôme de doctorat en 1995, et a passé son habilitation en science des finances publiques en 2003. Il a passé des examens d'expertise fiscale et d'expertise comptable entre 2003 et 2005.

Lentner a commencé sa carrière professionnelle comme économiste analyste à la Banque Nationale de Hongrie. Dans les années 1990, il était membre du conseil d'administration de différentes entreprises et de banques, aussi bien que président de comités de surveillance, avant de devenir président de commission de l'assemblée municipale de Budapest, puis député à l'Assemblée nationale. La soutenance de sa thèse de doctorat en 1995 marquait le début de sa carrière universitaire ; quelques années plus tard, il a été élu directeur de département, directeur d'UER, puis vice-doyen et vice-président. Il est membre du Comité de futurologie de l'Académie hongroise des sciences et vice-président de l'Association des Sociétés scientifiques de gestion. Il a fait des travaux de recherche à Cambridge, à la Sorbonne, à l'Université centrale des Minorités de Pékin (Minzu University of China), à la Bank of England et à la Réserve fédérale des États-Unis (Fed, Washington).

Depuis 2013, Lentner est aussi vice-président de la Fondation « Pallas Athénée » de la Banque Nationale de Hongrie. En 2020, il a été élu membre du Conseil scientifique du Réseau national de recherche « Eötvös Loránd » et du Collège de sciences sociales de l'Institut d'étude de la famille « Kopp Mária ».

De par ses ascendants du côté maternel, le professeur Lentner a des liens avec la France. Un de ses arrière-arrière-grands-oncles, le comte Miklós Kiss de Nemeskér était colonel de l'armée hongroise pendant la guerre d'indépendance nationale de 1848-1849, puis diplomate envoyé par Kossuth à Londres. Comme il ne pouvait pas rentrer en Hongrie après la défaite, il décida de s'établi en France. Ses propriétés furent confisquées, et il fut condamné à mort et pendu en effigie. Il fit des études à la Sorbonne, devint officier breveté d'état-major, puis, après l'élévation de son ami Louis Bonaparte à la dignité impériale, il obtint le titre de comte (« Nicolas de Kiss de Nemeskér ») pour ses mérites militaires, diplomatiques et économiques, et fut même nommé chevalier de la Légion d'honneur (diplôme nr. 7 119). Adversaire intransigeant de l'Empire des Habsbourg, il pensait servir la cause de l'indépendance hongroise en luttant dans les rangs de l'armée italienne contre les Impériaux, où il fut bientôt promu général et fut décoré de l'Ordre des Saints-Maurice-et-Lazare. Il fut enterré au caveau familial du cimetière de Villecerf.

Ses ascendants maternels directs restés en Hongrie s'illustrèrent comme évêques, recteurs et prêtres luthériens, ou obtinrent des postes dans l'administration et l'armée. Les ascendants du côté paternel de Csaba Lentner étaient des mercenaires recrutés dans les environs de Salzbourg, qui participèrent aux combats contre l'occupant turc aux 16e-17e siècles, et reçurent des terres en Hongrie après le refoulement des armées ottomanes.

www.ingramcontent.com/pod-product-compliance
Lightning Source LLC
LaVergne TN
LVHW011437061026
849535LV00004BA/844
9782140273797